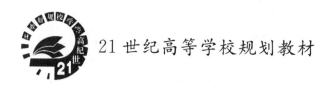

21世纪高等学校规划教材

现代教育技术

（第2版）

主　编　陈晓慧
副主编　周国华
编　委　张艳丽　阎瑞华
　　　　孙　崴　袁　磊

北京邮电大学出版社
·北京·

内 容 提 要

本书注重理论与实践的结合，内容涵盖范围广，特别注意信息时代教育技术发展的特点与要求。全书共分九章。第一章简要介绍教育技术的定义、理论基础，并对教育技术与教育改革进行多角度的阐释；第二章介绍教育技术应用于学科教学的基本原则；第三章对教学媒体进行简要的概述；第四章呈现一些优秀的教学设计案例；第五、第六章以教学资源为研究对象，对教学资源素材的获取与加工以及教学资源的设计与开发进行详细的阐述；第七章对信息技术与课程整合进行论述；第八、第九章对网络教育及信息技术教育的应用做了较全面的阐述。

本书除作为高等师范院校教育技术公共课教材使用以外，也可供其他高等院校、培训机构的教师、学生、研究人员和管理人员阅读参考。

图书在版编目（CIP）数据

现代教育技术/陈晓慧主编. —2版. —北京：北京邮电大学出版社，2012.12(2017.8重印)
ISBN 978-7-5635-3254-4

Ⅰ. ①现… Ⅱ. ①陈… Ⅲ. ①教育技术学 Ⅳ. ①G40-067

中国版本图书馆 CIP 数据核字（2012）第 251553 号

书　　名	现代教育技术
主　　编	陈晓慧
责任编辑	张保林
出版发行	北京邮电大学出版社
社　　址	北京市海淀区西土城路 10 号（100876）
电话传真	010-82333010　62282185（发行部）　010-82333009　62283578（传真）
网　　址	www.buptpress3.com
电子信箱	ctrd@buptpress.com
经　　销	各地新华书店
印　　刷	北京泽宇印刷有限公司
开　　本	787 mm×960 mm　1/16
印　　张	21
字　　数	462 千字
版　　次	2012 年 12 月第 2 版　2017 年 8 月第 3 次印刷

ISBN 978-7-5635-3254-4　　　　　　　　　　　　　　定价：36.00 元

如有质量问题请与发行部联系

版权所有　侵权必究

前　言

21世纪是一个信息高速发展的时代,信息和通信技术已经成为我们社会和经济发展重要的推动力量,网络技术与现代教育技术的普遍应用渗透到社会和经济的方方面面,它既为我们带来新的机遇,也为我们带来新的挑战。1999年,陈至立同志在为《中国教育报》"制高点——现代教育技术"专题新闻版撰写的《应用现代教育技术,推动教育教学改革》一文中指出:"要深刻认识现代教育技术在教育教学中的重要地位及其应用的必要性和紧迫性;充分认识应用现代教育技术是现代科学技术和社会发展对教育的要求,是教育改革和发展的需要。"

目前,现代教育技术是高等师范院校教师理论与技能通识教育课中的一门非常重要的公共基础课。它以培养学生现代教育技术素质,增强学生的职业技能为目标,内容涉及教育技术的基本概念与发展历程、教育技术能力标准、多种教学媒体的教育应用、教学资源的设计与开发等。

本书的编写,注重理论与实践的结合,内容涵盖范围广,特别注意信息时代教育技术发展的特点与要求,充分关注教师教育与发展的基本特征,将通晓现代教育技术的基本知识与培养学生的教育技术应用能力放在突出地位,为培养和造就适应未来社会经济发展需要的从事基础教育的教师奠定良好的职业基础,是一部适用于高等师范院校专业公共必修课及通识教育课程的参考书。

本书的作者都具有丰富的教育技术教学和研究经验,曾参与过多部教材的编写工作,对教育技术的理论研究和实践应用具有较深的造诣,对整本书的编写倾注着全部的热情,它是集体智慧的结晶,希望本书的问世能够为师范院校的教育技术公共课教学提供有力的支持。

本书由陈晓慧教授主编,负责本书的总体思路和全书的审定工作。全书共分为九章,第一章、第八章由张艳丽撰写,第二章、第九章由孙崴撰写,第三章由阎瑞华撰写,第四章由袁磊撰写,第五章、第六章由周国华撰写,第七章由陈晓慧撰写。

我们参考和引用了国内外许多文献资料与专著,在此向所有给予我们支持与帮助的同仁们致以最衷心的感谢。责任编辑张保林同志付出了艰辛的劳动,在此表示谢意,同时,感谢北京邮电大学出版社的同志为本书的出版所做的工作。

由于我们的能力和水平有限,虽然付出极大的努力,但书中难免会有一些疏漏,恳请各位读者提出宝贵意见。

陈晓慧

目 录

第一章 教育技术学概述 ... 1
- 第一节 教育技术与教育改革 ... 1
- 第二节 国内外教育技术发展历程 ... 7
- 第三节 教育技术能力标准 ... 12
- 第四节 教育技术的理论基础 ... 15
- 思考题 ... 32

第二章 教育技术应用于学科教学的基本原则 ... 33
- 第一节 以学生发展为中心 ... 33
- 第二节 以教学内容为依据 ... 40
- 第三节 教学策略的优化观念 ... 53
- 思考题 ... 64

第三章 教学媒体及其应用 ... 65
- 第一节 教学媒体及其分类 ... 65
- 第二节 教学媒体的选择 ... 84
- 思考题 ... 94

第四章 优秀教学设计案例分析 ... 95
- 第一节 教学设计概述 ... 95
- 第二节 教学设计的模式 ... 99
- 第三节 教学设计模式应用及案例分析 ... 103
- 思考题 ... 119

第五章 教学资源素材的获取与加工 ... 120
- 第一节 文本素材的获取与加工 ... 120
- 第二节 图形图像素材的获取与加工 ... 140
- 第三节 音频素材的获取与加工 ... 146
- 第四节 动画素材的获取与加工 ... 166
- 第五节 视频素材的获取与加工 ... 181
- 思考题 ... 196

第六章　教学资源的设计与开发 …… 197
第一节　录音教材的设计与制作 …… 197
第二节　教育电视节目的设计与制作 …… 201
第三节　多媒体课件的设计与制作 …… 211
思考题 …… 229

第七章　信息技术与课程整合 …… 230
第一节　信息技术与课程整合的理论与技术基础 …… 230
第二节　信息技术与课程整合的方法与策略 …… 237
第三节　信息技术与课程整合的教学模式及案例分析 …… 241
思考题 …… 263

第八章　远程教育 …… 264
第一节　远程教育概述 …… 264
第二节　网络教育 …… 275
第三节　网络教育模式及案例分析 …… 279
第四节　网络课程的设计与开发 …… 280
思考题 …… 290

第九章　信息技术教育应用的新发展 …… 291
第一节　虚拟现实技术在教育中的应用 …… 291
第二节　流媒体技术在教育中的应用 …… 298
第三节　人工智能技术在教育中的应用 …… 306
第四节　移动学习在教育中的应用 …… 311
第五节　教育游戏在教育中的应用 …… 316
第六节　WEB 2.0 技术在教育中的应用 …… 321
思考题 …… 326

参考文献 …… 327

第一章　教育技术学概述

> **学习目标：**
> 1. 能够理解教育技术 94 定义的基本内容。
> 2. 了解国内外教育技术发展历程。
> 3. 了解教育技术能力标准与教师专业发展。
> 4. 了解教育技术学的基本理论基础的主要内容。

教育技术学是教育学科领域中的年轻分支,目前人们关注的教育技术学,是指以信息通信技术为依托,以人类学习理论、传播理论、系统科学理论为基础,对人类学习过程和资源进行设计、开发、管理的全部理论与实践。现代教育技术的应用,使人们对教学过程、模式、手段有了全新的认识,拓展了人们的教育视阈,带给了人们全新的教育理念、方式,引起了一场特殊意义上的教育革命。

第一节　教育技术与教育改革

一、教育技术的概念与内涵

如果以美国教育传播与技术协会(Association for Educational Communications and Technology,AECT)1963 年正式发表的第一个有关教育技术的定义来看,教育技术学只有 50 多年的历史。50 多年来,随着在教育技术领域中认识的不断深入,实践活动的不断丰富,人们对教育技术的定义描述形式也发生了不断变化。

顾明远先生主编的《教育大辞典》中指出:教育技术是人类在教育活动中所采用的一切技术手段和方法的总和[①]。教育技术包括有形(物化形态)的和无形(智能形态)的技术。物化形态的技术指的是凝固或体现在有形的物体中的科学知识,它包括从黑板、粉笔等传统的教具到计算机、卫星通信等一切可用于教育的器材设施、设备及相应的软件;智能形态的技术指的是那些以抽象形式表现出来,以功能形式作用于教育实践的科学知识、系统方法等[②]。

---

① 顾明远.教育大辞典:教育技术卷[M].上海:上海教育出版社,1990.
② 尹俊华.教育技术学导论[M].北京:高等教育出版社,1996.

而对于作为一个学科的教育技术学,顾明远先生则指出:教育技术学以教育科学的教育理论、学习理论、传播科学和系统科学理论为基础,依据教育过程的客观性、可再现性、可测量性和可控制性,应用现代科学技术成果和系统科学的观点与方法,在既定的教育目标下探索提高教学效果的技术手段和教学过程优化的理论规律与方法……基本内容为:教学中应用的技术手段,即各种媒体(软件和硬件)及其理论、设计制作技术、开发应用;研究教学过程及其管理过程优化的系统方法,其核心内容是教学设计、实施与控制和评价技术。

一种普遍的观点认为:人类有了教育活动,也就伴随了保证教育活动实施的教育技术的产生。教育技术随着教育理论、实践和信息技术的发展而产生。当教育技术发展到了有一定理论基础,有清晰的研究范畴的时候,即产生了专门用于研究教育技术现象及其规律的学科——教育技术学。作为一个学科,教育技术学关注现代教育技术应用于教育、教学过程中所蕴涵的理念、规律及模式。所以,教育技术学是运用信息技术促进教育科学不断完善和教育实践不断深化的桥梁。

需要指出的是,人们目前对于"教育技术"与"教育技术学"这两个词汇并没有严格区分,需要根据上下文来区别它们的含义。

1. AECT'1994 教育技术定义及说明

1994 年,AECT 出版了西尔斯(Seels)与里奇(Richey)合作的《教学技术:领域的定义和范围》,书中指出了教育技术的定义。该定义是在 AECT 主持下,通过美国众多教育技术专家的参与,经过一系列专题学术会议的研讨,并由 AECT 正式批准而使用的,它在一定程度上反映了美国和国际教育技术界的看法。

教育技术 AECT'1994 定义的表述如下[①]:Instructional technology is the theory and practice of design, development, utilization, management, and evaluation of processes and resources for learning. 国内一般将其译为:教学技术是关于学习过程和学习资源的设计、开发、利用、管理和评价的理论与实践。

该定义明确地指出了教育技术的研究对象是学习过程和学习资源,教育技术的研究领域是设计、开发、运用、管理与评价。

根据 AECT'1994 定义可以看出教育技术的内涵包括以下方面:

(1)教育技术学是一门理论与实践相结合的学科。

教育技术学以教育理论、学习理论、传播理论、系统科学作为理论基础,形成和发展了以教学设计为核心的基本理论框架,这种理论框架把教与学、技术方法与伦理紧密结合起来。因此,教育技术是以先进理论为指导的教学实践活动,又在实践的基础上形成和发展教育技术自身的理论。

(2)学习过程是教育技术研究与实践的对象。

---

① 张剑平.现代教育技术:理论与应用[M].北京:高等教育出版社,2006:4.

学习是学习者通过与信息和环境相互作用而获得知识、技能和态度诸方面的提高,从而引起个人经验相对持久变化的过程。这里的环境包括传递教学信息所涉及的媒体、设施、方法。将学习过程作为教育技术研究与实践的对象,是教育技术经过长期的探索和实践后确立的,是教育技术研究领域上的一次大的转变。这种转变,由关注技术本身转向关注技术应用的目的——优化学习过程。

(3)学习资源是优化学习过程的必要条件。

学习资源是指那些可以提供给学习者使用,能帮助和促进他们进行学习的各类信息、人员、设施、技术和环境。这些学习资源既可以单独使用,也可以经过设计后综合使用。现代科学技术的发展,使学习资源不断变化和丰富,不论从种类还是使用方式、作用和效果都为优化学习过程提供了必要的条件,同时也迫使人们对学习资源进行科学而富有创造性的设计、开发、运用、管理与评价。

(4)对学习过程与学习资源的研究是一个系统过程。

无论是对学习过程的认定、分类、设计,还是对资源的设计与开发,管理与评价都依据系统的思想和方法进行全面的规划与实施。

图 1-1-1 给出了教育技术 AECT'1994 定义中的研究形态、研究内容与研究对象以及它们之间的关系①。定义中没有具体描述作为物化形态的媒体,这表明教育技术关注的重点已经从"硬件"向"软件"进化,即越来越重视的是技术方法和方法论而不是设施本身。

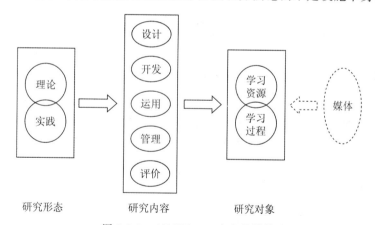

图 1-1-1　AECT'1994 定义的结构

AECT'1994 定义是美国众多教育技术专业人员五年劳动的结晶,是对以往实践和理论成果的概括、总结和超越,是不同学术思想争论、沟通、融合的结果,同时也是各派观点之间妥协的产物。其成果不仅是一个抽象的定义,更重要的是系统构建教育技术学范畴体系的成功尝试。尤其是形成了表现教育技术学五大范畴之间相互关系的结构图,并提出了每个范畴下

---

① 张剑平.现代教育技术:理论与应用[M].北京:高等教育出版社,2006:5.

属的二级子范畴体系。

从 1963 年到 2005 年，AECT 对教育技术定义不断地进行更新与拓展，其提出的 AECT'1994 定义已广泛被人们所接受，它是教育技术发展史上的一个里程碑，对我国教育技术的发展产生了深远的影响，加速了中国电化教育向现代教育理论的过渡和学科建设的成熟，对我国教育技术事业的发展和教育技术学科的确定起到了极大地促进作用。AECT'1994 定义，被作为我国教育技术领域的基础定义而广泛地引用于教育技术类教科书，本章的内容主要以此为基础展开讨论。

2. AECT 2005 教育技术定义

AECT 2005 关于教育技术的定义：Educational technology is the study and ethical practice of facilitating learning and improving performance by creating, using, and managing appropriate technological processes and resources。可以初步翻译为：教育技术是通过创造、使用、管理适当的技术性的过程和资源，以促进学习和提高绩效的研究与符合伦理道德的实践。

该新界定的定义表明：

(1) 界定的概念名称是"教育技术"(Educational Technology)，而不是"教学技术"(Instructional Technology)。

(2) 教育技术有两大领域："研究"(study) 和"符合道德规范的实践"(ethical practice)。这里，"ethical practice"的翻译颇值得讨论。从字面上看，似乎可译为"伦理实践"、"道德实践"、"人性化的实践"、"规范的实践"等。究竟选用哪一个词合适必须从新界定的内在含义与形成背景去理解与表述。从 AECT 的门户网站(http://www.aect.org)上，查到了大约在 2001 年修订的《美国 AECT 的道德准则》(About AECT：Code of Ethics)。其中提出了作为道德规范的 25 条准则，"旨在帮助个体的与团体的会员保持一种高的行业行为水准"。据此推断，不仅教育传播与技术协会的个人会员与团体会员必须遵守道德准则，所有教育技术实践活动的参与者也要遵守一定的道德规范。只有符合一定道德规范的教育技术实践才可能取得较好的效果。值得注意的是，作为一般师生运用教育技术只要符合道德规范即可，而作为 AECT 成员则必须遵从道德准则(Code of Ethics)，显然，对后者的要求高些。

(3) 教育技术有双重目的："促进学习"(facilitating learning) 和"改善绩效"(improving performance)。由此看出，随着教育技术研究领域的新的发展，教育技术的目的已从"为了学习"(for learning)扩展到进一步"促进学习"而不是"控制或强迫学习"(Facilitating rather than controlling or causing learning)，扩展到学习之外的"绩效"的改善方面，扩展到对学校教育与企事业人员培训的双重考虑，扩展到教学效果、企业效益与教育投入(成本)等多因素的整体评价。

(4) 教育技术有三大范畴："创造"(creating)、"使用"(using)、"管理"(managing)。与 AECT'1994 定义比较，相当于将 1994 定义中的五大范畴整合为新界定中的三大范畴。其对应关系是：①将 1994 定义中的"设计"(design)、"开发"(development)两个范畴合为了一个范畴——"创造"。因为随着人们对技术的越来越普遍的使用，简单的"设计"与"开发"已不能很好地表达教育技术的"先进性",而"创造"是一种比"设计"、"开发"要求更高且具创新含义的过程,"创造"更能表达21世纪教育技术发展中"避免低水平重复"这一意愿。②将1994定义中的"利用"(utilization)范畴改成了一个较简单的词"使用"(using)。因为在新界定的领域中,已经对所有的教育技术实践活动与行为提出了较高要求——"符合道德规范",加上教育中技术的运用越来越普及,因而可进行这种简化。③将1994定义中的"管理"(management)与"评价"(evaluation)两个范畴简化为"管理"(managing)一个范畴。这里,新界定中的"managing"是动名词形式,包含管理的过程与状态双重含义,而1994定义中的"management"是名词形式,表达的只是事物的一种性质或状态。同时,按管理科学的解释,"管理"范畴本身在一定程度上包括"评价"这一子范畴。因为管理中的"计划、组织、协调、指挥与控制",是建立在准确、及时、经常性的"评价"基础之上的。

(5)教育技术有两大对象:"过程"(processes)和"资源"(resources)。不过,新界定中的"过程"和"资源"之前有一个限定词:"appropriate technological",表明是指适当的技术性的"过程"与"资源",这与1994定义中的"学习过程"与"学习资源"有一定区别。

(6)教育技术的主要特征在于其技术性。表现为教育技术研究的重点是适当的技术性过程与技术性资源;表现为技术实践的"符合道德规范"性、技术工具与方法运用的先进性、技术使用效果的高绩效性。

目前,对教育技术2005定义的讨论仍在进行中,从定义的不断变化来看,教育技术的发展无论从形式表述、内容范畴上都处于逐步趋于完善的过程中。

作为一个发展中的学科,教育技术学理论与实践面临着许多变革和挑战。对人类学习过程、知识本质、学习资源的新认识,使得教育者不得不重新审视学科建构的基本视阈。特别对于教育技术学来说,在信息与通信技术(ICT)的发展已经改变和扩展了在课堂和远程支持学习的可能性。随着越来越多的学习资源的数字化,对于如何创建、存储和运用资源的长期被接受的概念正面临挑战。但对于目前这个领域的专家来说,AECT'1994定义仍被看作一个具有普遍意义的关于教育技术的描述。

二、教育技术对教育改革的促进作用

《国家中长期教育改革和发展规划纲要》指出:"百年大计,教育为本。教育是民族振兴、社会进步的基石,是提高国民素质、促进人的全面发展的根本途径,寄托着亿万家庭对美好生活的期盼。强国必先强教,优先发展教育、提高教育现代化水平,对实现全面建设小康社会奋斗目标、建设富强民主文明和谐的社会主义现代化国家具有决定性意义。"

21世纪是一个信息高速发展的时代,信息和通信技术已经成为我们社会和经济发展重要的推动力量,网络技术与现代教育技术的普遍应用已渗透到社会和经济的方方面面,它既为我们带来新的机遇,也为我们带来新的挑战。21世纪的竞争,是经济实力的竞争,科学技术的竞争,是人才的竞争,归根结底是教育的竞争。为此,世界各国对当前教育的发展及教育技术在教育中的应用都给予了前所未有的关注,都试图在未来的信息社会中让教育走在前列,以便在国际竞争中立于不败之地。

1999年陈至立同志在为《中国教育报》"制高点——现代教育技术"专题新闻版撰写的《应用现代教育技术,推动教育教学改革》一文中指出:"要深刻认识现代教育技术在教育教学中的重要地位及其应用的必要性和紧迫性;充分认识应用现代教育技术是现代科学技术和社会发展对教育的要求,是教育改革和发展的需要。"由此可见,现代教育技术对教育改革有着决定性的重要意义,为教育改革的顺利进行提供了有力保障。

教育改革旨在培养和提高学生的理论、实验、观察、思考以及创新能力,为社会提供合格的对应(专门)人才和德、智、体、美全面发展的新一代。简言之:以培养具有创新能力的专门人才和德、智、体、美全面发展的新一代。教育改革的目的就是为了能够更好地培养出适应社会需求的人才,现代教育技术对于培养具有很强的信息获取、信息分析、信息加工的能力,富有创造性、能合作共事、拥有高尚道德精神的21世纪所需的新型人才起着重要的作用。教育技术对教育改革的促进作用主要体现在以下几个方面:

(一)教育技术促进教育思想与教学观念的转变

观念是行动的灵魂,思想是行动的先导,一切先进的教学改革都是从新的教育观念中生发出来的,确立新的教育观念,是教育教学改革的首要任务。没有先进的教育观念指导教育教学,就没有教育的现代化,所以转变教育思想与教学观念是教育改革和教育现代化的先导和动力,是影响和支配教育改革及实现教育现代化的基础与决定性因素。因此,教育改革必须把传统的教育思想、教学内容、教学方法站在时代的高度去进行改革。

传统的教学模式是以教师为中心,学生的主体地位得不到充分体现,忽视了学生的主体参与和自主探究,严重阻滞了学生个性的发展和创新能力的培养。作为教育改革和发展所必需的物质基础与技术支撑的教育技术以现代教育理念、教育思想和学习理论为基础,能够促进教育思想、教学观念、教学内容、教学手段的变革,并将其贯穿到整个教育教学过程中,以实现教育过程的最优化。

(二)教育技术推动教学模式的改革

1. 教育技术为教学模式改革提供理论指导

教育技术以现代教育理论做指导,以行为主义学习理论、认知主义学习理论、建构主义学习理论为理论基础,它为教学模式改革提供了理论指导与技术支持。教育技术改变了传统的"满堂灌、填鸭式"的教学模式,使其转向注重培养学生对知识的综合应用能力、自学能力、合作学习能力的"以学习者为中心"的教学模式。

2. 教育技术为教学模式改革提供技术支持

教育技术把模拟与数字音像技术、多媒体技术、网络技术、人工智能技术、虚拟现实技术引入课堂,展现给学生集图形、图像、声音、动画、视频于一体的教学信息,为学生提供多种感官刺激,能够激发学生的学习兴趣,提高学生学习的积极性与主动性。

综上所述,我们可以看出,教育技术为教学模式的改革提供了理论基础与技术支持,教育技术推动着教学模式的改革,教学模式的改革离不开教育技术,教学模式的改革也将促进教育技术的发展。

(三)教育技术促进教材形式的改变

教材是有关讲授内容的材料,如书籍、讲义、图片、讲授提纲等。传统教材呈现教学信息形式单一,基本上以文本形式,辅以少数图片呈现,现代教育技术促进教材形式的改变,多媒体教学系统的引入为教和学增加新的维度和方向,以图形、图像、声音、动画、视频等多媒体形式呈现教育教学信息,注重学生自主学习能力的培养,改变了传统的教学形式,形成整体化、多通道、全方位的教育信息加工、传输模式,使一些在传统教学手段下难以表述的教学内容、具有危险性的实验能形象、生动、直观地展现出来,从而加深学生对问题的理解,提高学生学习的积极性,为培养和发展学生的思维能力提供有力保障。

(四)教育技术促进教学环境发生变化

我们已步入信息时代,以互联网和计算机的发展为技术支持的教育技术使高等院校、高职院校、中等职业院校及中小学学校的教学环境都发生了翻天覆地的变化,各类院校逐步建设多媒体教室、计算机网络教室、远程教育教室、语音实验室,教育技术的发展摆脱了传统教学环境定时、定点、定位的束缚,充分利用网络优势,使受教育者随时随地获得更多更新的知识信息。

第二节 国内外教育技术发展历程

一、国外教育技术发展历程简介

由于世界各国的科学和教育发展水平不同,信息技术在教育中的应用经历了不同的发展历程,对这个领域的研究和探讨也就有了不同的典型特征。人们目前在谈到这个问题的时候,往往着眼点在以美国为首的发达国家的教育技术发展状况,其发展历程大致经过以下阶段[①]:

1. 初始阶段(17世纪—19世纪末)——直观技术与哲学认识论(感觉论)

在理论上直观技术是以哲学认识论(感觉论)为基础的。英国唯物主义哲学家培根曾说过,感觉是一切知识的源泉。马克思在《1844年经济学——哲学手稿》中说:"人同世界的任何一种属人的关系——视觉、听觉、嗅觉、味觉、触觉、思维、直观、感觉、愿望、活动、爱——总之,他的个体的一切官能,……是通过自己的对象性的关系,亦即通过自己同对象的关系,而对对

---

① http://202.116.65.197/edutecres/ReadNews.asp? NewsID=246

象的占有。"从17世纪开始逐渐形成的,以班级教学为认识形式,以书本、粉笔、黑板、图片、模型及口语为媒体的直观技术是较为简单和原始的教育技术。

2. 发展阶段(19世纪末—20世纪60年代)——媒体技术兴起与教育心理学理论

国外有人把这个阶段的教育技术称之为"教育中的技术"(Technology in Education)。这一阶段以视觉教育或听觉教育为特征。在理论上也脱离了哲学母体,不再仅是从认识论出发来描述了,而是开展了广泛的、有多个代表人物和流派理论探讨。然而各种理论又都属于教育心理学的范畴,没有形成教育技术学的理论体系。

19世纪末至20世纪,是世界科学技术迅速发展的年代,其中尤以电子科学技术的发展最为突出。1822年,法国人尼克福、尼普斯发明的照相术在19世纪末被广泛使用;1884年,爱迪生发明了电影放映机并由法国的卢米埃尔兄弟于1895年在巴黎公映电影;德国的一位传教士发明了幻灯。1900年,无线电传播人声试验成功,而后这些发明又都取得长足的进步,成为新型的教学媒体,向学生提供了生动的视听形象,使教学获得不同以往的巨大效果。1906年美国出版了一本叫作《视觉教育》的书,1910年,克莱恩在纽约出版了第一本《教育电影目录》。然而,视觉教学作为一场正式的教学改革运动,是在1918年至1928年期间,这场运动称为视觉教学(Visual Instruction)运动,标志教育技术的发端。

与此同时兴起了播音教育,1920年,英国的马可尼剑佛电台播出了教育节目,每日两次。1923年成立了"教育播音咨询委员会"。1929年成立了"学校播音中央评议会",每年评审教育节目1~4次。1929年美国俄亥俄广播学校成立。1931年日本、1932年澳大利亚和新西兰也相继开办了学校广播,使单纯的视觉教育与听觉教育逐渐被视听教育所代替。

视听教学理论的主要代表人物是爱德加·戴尔。他在其《视听教学法之理论》(1946年)一书中提出了"经验之塔"理论。戴尔认为,人们学习时,由直接到间接,由具体到抽象获得知识与技能比较容易。他用一个学习经验的塔形体图来表示不同学习方式的学习效果。

另一方面,俄亥俄州立大学心理学家普莱西在20世纪20年代和30年代初期设计了好几种自动教学机,并开展实验,然而由于教学机设计的问题和客观条件不成熟,普莱西的自动教学机对教育技术的发展影响不大。直到20世纪50年代中期心理学家斯金纳发起新的程序教学运动,普莱西的早期贡献方为人们真正认识。

这个时期,斯金纳提出了新行为主义学习理论。他在1954年发表的题为《学习的科学和教学的艺术》一文中,根据自己的操作性条件反射和积极强化的理论,重新设计了教学机器,从而使美国20世纪50年代至60年代初程序教学运动达到高潮,后来发展成为不用教学机器只用程序课本的"程序教学"。再以后,他的理论应用于电子计算机,开始了计算机辅助教学(CAI),也成为教育技术的重要标志之一。

3. 形成阶段(20世纪60年代至今)——系统技术与教育技术学

20世纪60年代初,视听教学领域又出现了新的趋势,它同时受到两个方面的影响,一是传播理论,另一是早期的系统理论。

香农(Shannon)创立的信息论引入教育、教学领域,产生了视听传播学。视听传播学主要涉及学习过程的讯息的设计和使用。传播学的产生,把人们的注意力从"物"引向从信源(教师或视听材料)到受者(学习者)的信息传播过程上来。

在传播学向视听教学渗透的同时,系统理论也开始对教育、教学发生作用和影响。教育是一个复杂的系统,是由教育目的、教育内容、教育媒体、教育方法、教育设施以及教师、学生、管理人员等组成的有机整体。教育系统整体功能的最优发挥,不仅需要各组成部分充分发挥各自的作用,更取决于系统中各要素的最优配合和协调一致。因此,只有用系统的观点对教育的各个部分(包括媒体)进行综合的、整体的考虑,对教学过程进行系统设计,才是实现教育最优化的根本途径,于是逐渐由媒体应用转向了系统设计,由媒体技术进入系统技术阶段。

在信息论、控制论、系统论兴起的时期,传播学、行为科学、系统设计渗透于教育之中,"教育技术"作为一个独立的科学概念和专门术语逐渐形成。20世纪60年代初,Education Technology(教育技术)一词首先在美国一些书刊、杂志中出现,并很快在国际上传播开来。

美国从20世纪60年代开始讨论教育技术的定义,与此同时,教育技术学的理论体系也在逐步形成,以1987年著名心理学家罗伯特·M·加涅主编的《教育技术学基础》一书,最具代表性。它概述回击了当时权威的教育技术学专家的诸多学术观点,反映了20世纪80年代教育技术学研究的广阔前景。

这个时期,其他国家也都开展了对教育技术的研究。

值得说明的是,20世纪70年代中期,微型计算机问世,计算机教育进入新的应用阶段。1970年,美国教育传播和技术协会(AECT)成立,首次提出教育技术的概念并进行了定义。此后,AECT又在1972年、1977年两次对定义进行了修改,并在原有的传播理论、行为主义学习理论的基础上,将系统理论作为教育技术的理论基础。随着多媒体计算机、网络技术、远程通信技术等媒体技术的发展,教育技术的理论研究和实践领域不断扩大,内涵不断丰富,这个阶段,认知学习理论、建构学习理论等学习心理学的新发展被引入到教育技术学研究领域中,成为教育技术学研究的重要理论基础。

二、我国教育技术的发展历程

我国的教育技术萌芽于20世纪20年代,至今已走过90多年的历程,我国学者李龙从时间上将教育技术的发展历程划分为四个阶段[①]。

1. 初创阶段(20世纪20年代—40年代末期)

在国外(主要是美国)视听教育的影响下,我国从20世纪20年代开始在南京、上海、无锡、苏州等地开展了最初的电化教育实验,其中包括幻灯、电影、广播在教育中的应用。1920年,商务印书馆创办的一家公司开始拍摄无声教育电影。1922年,商务印书馆出版了我国第一本

---

① 李龙.信息化教育:教育技术发展的新阶段[J].电化教育研究,2004(4).

教育技术专著《有声电影教育》(陈有松著)。

在这个时期,为了培养电化教育专业人才,江苏省成立了教育学院,当时的金陵大学理学院开办了电影播音教育专修科,国立社会教育学院设立了电化教育专修科。当时的国民政府教育部委托金陵大学理学院举办电化教育培训班,并选派留学生赴美学习有关课程、攻读学位。1947年,北平师范学院(现北京师范大学)建立了直观教育馆,并开设了电化教育选修课。

为了推动电化教育的开展,金陵大学理学院于1941年创办了《电影与播音》杂志,国立社会教育学院电化教育专修科于1942年出版了《电教通讯》,当时的教育部社会教育司编印了《电化教育》资料,舒新城于1948年出版了《电化教育讲话》专著。

由于旧中国经济不发达,科学技术落后,当时的政府对教育的重视和投入不足,电化教育只是在少数城市和地区有所开展,未能大规模推广。

2. 奠基阶段(20世纪50年代初期—60年代中期)

1949年10月1日,新中国成立,电化教育随着教育事业受到重视而得到了发展。从1949年开始,北京人民广播电台和上海人民广播电台开始举办俄语讲座、文化补习,建立广播学校;1950年,北京外国语学校利用灵格风唱片辅助教学;1951年,辅仁大学、西北大学开设电教课程;1953年,西北师范学院、北京外国语学院建立电教室;上海外国语学院从1954年起积极开展电化教育,并于1959年建成了我国第一座电教大楼。1958年以后,更多的高校建立了电教机构,开展电化教育工作。就连地处边疆的内蒙古师范学院(现内蒙古师范大学)也于1958年建立了电影幻灯教学小组,有组织地开展电化教育工作,并于1963年开设了"电影、广播与教学"的选修课。

在普教系统,电化教育也得到了迅速发展。1958年,北京开始筹建电化教育馆。随后上海、南京、沈阳、哈尔滨、齐齐哈尔相继成立电化教育馆,负责中小学电化教育的开展。

到1965年,我国的电化教育工作已经具备了一定的基础,取得了很大的成绩。可惜由于历史的原因,从20世纪60年代中期至70年代中后期,电化教育处于停顿状态。

3. 发展阶段(20世纪70年代末期—90年代初期)

党的十一届三中全会以后,我国的教育技术获得了长足发展。到1993年前后已经初步形成了自己的理论体系和课程结构体系[①]。1995年,中国教育科研网开通,标志着中国网络教育开始迈步。2000年,教育部制定了在中小学普及信息技术教育和实施"校校通"工程的战略目标,基础教育信息化工程开始实施。主要表现在以下几个方面:

(1)电教机构的设立。

从1979年开始,教育部成立了电化教育局和中央电教馆,负责全国的教育技术管理和业务指导工作。各省、市、县,普遍建立了电教馆(站);全国800多所高等学校设立了不同级别的电教机构;部分中小学建立了电教组、电教室,配备了专职电教人员。到90年代初期,全国已

---

① 尹俊华.教育技术导论[M].北京:高等教育出版社,1996.

形成了10多万人的电化教育专业人员队伍。1991年,中国电化教育协会成立。

(2) 电化教育深入开展。

电化教育媒体从幻灯、投影、电影、广播、录音扩展到电视、录像、卫星广播电视,以及计算机;电教人员和教师自制电教教材,电化教育深入课堂教学。

(3) 出版电化教育书刊。

这一时期创办了《电化教育》(《中国电化教育》的前身)、《电化教育研究》、《外语电化教学》等一批有影响的杂志,并出版了数10种电化教育(教育技术)著作和教材。

(4) 培养电化教育专门人才。

为了适应电化教育事业的发展,从开办短期培训班到建立电化教育专业,进行专门人才的培养。从1983年开始,华南师范大学、华东师范大学首先招收了四年制本科专业;1984年,教育部批准了东北师范大学招收第一届电化教育专业本科生;1986年,北京师范大学、河北大学、华南师范大学开始招收电化教育专业硕士研究生;1993年,北京师范大学设立教育技术学博士点。据不完全统计,到2007年底,全国近250所院校设置了教育技术学专业,40多所高等院校具有教育技术学专业硕士学位授予权,6所院校具有博士学位授予权。

(5) 发展广播电视教育。

为了适应改革开放对人才的需求,党中央和国务院决定建立面向全国的中央广播电视大学。1979年2月6日,中央广播电视大学与全国28所省、自治区和直辖市广播电视大学同时开学。至90年代初,已发展成为由一所中央广播电视大学,43所省、自治区、直辖市和计划单列市广播电视大学,575所地(市)广播电视大学(分校)和1500多个县级广播电视大学工作站(分校)组成的广播电视高等教育系统。与此同时,广播电视中等专业教育、电视职业高中、电视师范教育和农业实用技术培训等都得到了迅速发展。

教育电视的兴起,促进了教育电视台(站)的建设。20世纪80年代初,各地开始建设教育电视台(站)和电视收转站。1986年,中国教育电视台成立,运用卫星进行教育电视广播。至90年代初期,全国各地有教育电视台(站)500多座,教育电视单收站3 000多个,放像点30 000多个,与中国教育电视台一起初步形成了卫星电视教育网络。

(6) 电化教育研究得到深入开展,教育技术学科体系开始形成。

这一时期,对电化教育的定义、概念、本质等问题展开了热烈的讨论,并对媒体在教学中的作用开展了研究。

从20世纪80年代后期开始,在国外教育技术系统观的影响下,国内电教界转向了"系统方法"、"教学设计"、"多媒体组合教学"的研究,从"媒体观"转向了"系统观"。教育技术也逐渐取代电化教育的称谓,成为教育学下属二级学科专业名词。

这一时期的主要特点是引进了以教学设计为代表的系统方法,开始有意识地注意行为主义和认知学习理论对教学的影响;媒体以音像技术为主,并开展了计算机辅助教学试验。

4. 深入发展阶段(20世纪90年代中期以后)

20世纪90年代中期以后,随着对国外教育技术研究的逐步深入,尤其是美国AECT'1994

定义的引入，对我国教育技术的进一步发展起到了极大的促进作用。在此基础上，我国教育技术工作者对教育技术学科的定义、定位、学科体系进行了深入的讨论，取得了丰硕的成果。

在这个时期，媒体技术更多地涉及多媒体计算机和网络以及仿真教学系统；智能技术中的教学设计理论与实践得到了深入研究和广泛应用，绩效技术已开始得到教育技术工作者的重视；由于建构主义学习理论的发展，引起了对学习理论的深入探讨。

这一时期的特点是：以多媒体计算机和网络为主的媒体技术得到迅速发展，以教学设计和绩效技术为代表的智能技术得到重视；教育技术研究成果丰富，教育技术学科初步得以确立。

进入90年代中期之后，世界范围的教育改革主题鲜明地指向了终身学习和学习化社会的构建。信息技术的发展突飞猛进，在社会发展和人们的生活中扮演了突出的角色。认知学习理论的成果不断丰富，教育改革的呼声日益高涨，教育技术在教育过程中的广泛应用成为了教育改革的制高点。多媒体计算机网络的教育应用，远程教育的开展，教育资源开发的不断需求，使得教育技术学从理论到实践领域的研究和应用范围不断扩大，各种学术组织不断出现，专门学术刊物显著增多，在众多学科中的学术影响日益突出，与其他学科的联系与合作也日益广泛。

第三节 教育技术能力标准

一、制定教育技术能力标准的重要意义

(一)教师专业化发展的必要条件

众所周知，应用现代教育技术，促进各级各类教育的改革与发展（尤其是促进基础教育的改革与发展），已经成为当今世界各国教育改革的主要趋势和国际教育界的基本共识。国际教育界之所以会有这样的共识，是因为现代教育技术的本质是利用技术手段（特别是信息技术手段）优化教育教学过程，从而达到提高教育教学效果、效益与效率的目标。

而确保这些目标的实现，正是现代教育技术的优势所在。但是技术是要靠人来掌握的，要让现代教育技术的上述优势得以发挥，需要靠教师去实施。这样，就对教师教育提出了更高的要求——在教师的专业技能中，提高应用教育技术的能力已变得越来越重要。《中小学教师教育技术能力标准》的制定，就是要从制度上保证广大教师具有合格的应用教育技术的专业技能。

(二)基础教育课程改革的迫切需求

基础教育新课程改革的核心是要培养学生的创新精神，让青少年生动、活泼、主动地发展，这就要求教师改变在课堂上的教学方式与行为模式。而应用教育技术正是改变教师的教学方式与行为模式的最重要手段。此外，信息技术与各学科教学的整合还是新课改成功的必要条件，而有关信息技术与课程整合的理论、方法（即如何在各学科教学中进行有效的整合）则是现

代教育技术研究的基本内容。所以,制定《中小学教师教育技术能力标准》来引导教师尽快提高应用教育技术的能力是基础教育课程改革的迫切需求。

(三)教师培训规范化的需要

中小学教师的教育技术能力培训是一个庞大的市场,由政府主持制定一套国家级教师教育技术能力标准,对于规范所有培训机构的培训要求与培训行为(不管这些培训机构是企业还是事业单位)以及建立准入制度和评价体系都具有重要的指导作用。

二、我国教育技术能力标准的体系结构及主要内容

通过分析国外众多标准的制定经验,我们发现,美国的教育技术标准有较好的理论基础、较严密的逻辑关系和较完整的体系结构,英国的标准(包括英国的教师专业发展标准和中小学校长职业标准)从总体上看,系统性、条理性不太强,但有些条目的内容颇有新意而且要求具体,有较强的可操作性。所以,在研制我国教育技术能力标准的体系结构与基本内容的过程中,我们着重借鉴了美国和英国的相关经验。

(一)我国教育技术能力标准的体系结构

根据我国国情和对中小学的实际调研情况并借鉴美、英的经验,最终形成了具有我国特色的"4(14)N"教育技术能力标准体系结构:4——表示有4个能力素质维度;(14)——表示有14个一级指标;N——表示有N个概要绩效指标(对于教学人员、管理人员、技术人员这三类子标准,N依次为41、46、44)。

4个能力素质维度的具体内容是:应用教育技术的意识与态度(包括信息需求意识、信息应用与创新意识、对信息的敏感性与洞察力以及对信息的兴趣与态度等);教育技术的知识与技能(包括教育技术的基本理论与方法、基本操作技能、信息的检索加工与表达、信息安全与评价等);教育技术的应用与创新(包括教学设计、教学实践、信息技术与课程整合、自主学习与协作学习等);应用教育技术的社会责任(包括信息利用及传播有关的道德、法律、人文关怀等)。

(二)教育技术能力标准的主要内容

教育技术能力标准由教学人员、管理人员和技术人员三部分组成。由于我们高等师范学生毕业后基本上会从事教学工作,以下将教学人员教育技术能力标准具体内容列出,以供参考。

1. 意识与态度

(1)重要性的认识。

①能够认识到教育技术的有效应用对于推进教育信息化、促进教育改革和实施国家课程标准的重要作用;

②能够认识到教育技术能力是教师专业素质的必要组成部分;

③能够认识到教育技术的有效应用对于优化教学过程、培养创新型人才的重要作用。

(2)应用意识。

①具有在教学中应用教育技术的意识;

②具有在教学中开展信息技术与课程整合、进行教学改革研究的意识;

③具有运用教育技术不断丰富学习资源的意识;

④具有关注新技术发展并尝试将新技术应用于教学的意识。

(3)评价与反思。

①具有对教学资源的利用进行评价与反思的意识;

②具有对教学过程进行评价与反思的意识;

③具有对教学效果与效率进行评价与反思的意识。

(4)终身学习

①具有不断学习新知识和新技术以完善自身素质结构的意识与态度;

②具有利用教育技术进行终身学习以实现专业发展与个人发展的意识与态度。

2. 知识与技能

(1)基本知识。

①了解教育技术基本概念;

②理解教育技术的主要理论基础;

③掌握教育技术理论的基本内容;

④了解基本的教育技术研究方法。

(2)基本技能。

①掌握信息检索、加工与利用的方法;

②掌握常见教学媒体选择与开发的方法;

③掌握教学系统设计的一般方法;

④掌握教学资源管理、教学过程管理和项目管理的方法;

⑤掌握教学媒体、教学资源、教学过程与教学效果的评价方法。

3. 应用与创新

(1)教学设计与实施。

①能够正确地描述教学目标、分析教学内容,并能根据学生特点和教学条件设计有效的教学活动;

②积极开展信息技术与课程的整合,探索信息技术与课程整合的有效途径;

③能为学生提供各种运用技术进行实践的机会,并进行有针对性的指导;

④能应用技术开展对学生的评价和对教学过程的评价。

(2)教学支持与管理。

①能够收集、甄别、整合、应用与学科相关的教学资源以优化教学环境;

②能在教学中对教学资源进行有效管理;

③能在教学中对学习活动进行有效管理；
④能在教学中对教学过程进行有效管理。
(3)科研与发展。
①能结合学科教学进行教育技术应用的研究；
②能针对学科教学中教育技术应用的效果进行研究；
③能充分利用信息技术学习业务知识，发展自身的业务能力。
(4)合作与交流。
①能利用技术与学生就学习进行交流；
②能利用技术与家长就学生情况进行交流；
③能利用技术与同事在教学和科研方面广泛开展合作与交流；
④能利用技术与教育管理人员就教育管理工作进行沟通；
⑤能利用技术与技术人员在教学资源的设计、选择与开发等方面进行合作与交流；
⑥能利用技术与学科专家、教育技术专家就教育技术的应用进行交流与合作。

4. 社会责任

(1)公平利用。努力使不同性别、不同经济状况的学生在学习资源的利用上享有均等的机会。
(2)有效应用。努力使不同背景、不同性格和能力的学生均能利用学习资源得到良好发展。
(3)健康使用。促进学生正确地使用学习资源，以营造良好的学习环境。
(4)规范行为。能向学生示范并传授与技术利用有关的法律法规知识和伦理道德观念。

第四节 教育技术的理论基础

理论是对现实的抽象，它能够指导实践，并具有组织和总结知识，预测和启发等重要功能。因此，研究教育技术的理论基础，有助于我们确定教育技术的学科性质、研究对象，指导教育技术实践工作等。下面将对学习理论、视听理论、传播理论以及系统理论的基本观点展开讨论。

一、教育技术学的学习理论基础

教育技术学存在的价值就在于对学习过程和学习资源的优化。学习理论是对人类学习基本规律的描述，对教育技术学理论研究和实践应用具有重要作用。学习理论以各种流派形式解释了学习过程发生的实质和条件，为各种教学的实施奠定了基础。正是在学习理论的指导下，教育技术学才有可能真正地为人类的学习提供有效的支撑。下面就几种有影响的学习理论进行介绍。

(一)行为主义学习理论

1. 学习是刺激和反应的联结

有机体接受外界刺激并作出相应的反应,这种刺激和反应之间的联结(S-R)就发生了学习。其基本观点在于:

巴普洛夫(I. P. Pavlov)首先发现条件反射机理,从而开辟了高级神经活动的研究领域。条件反射概念解释了学习现象最基本的生理机制,对学习理论的发展产生了深远的影响。

华生(John B. Waston)在巴普洛夫经典条件反射的基础上,提出人的学习是塑造行为的过程,这种学习可以通过替代的刺激—反应的联结来实现,即刺激—反应学习理论。

2. 学习是尝试错误的过程

美国著名心理学家桑代克(Edward L. Thorndike)受达尔文进化论影响,认为人类是由动物进化来的,动物和人一样进行学习,只是复杂程度不同而已。他通过动物实验来研究学习,提出了联结主义的刺激—反应学习理论。他设计了著名的迷笼实验,把一只饥饿的猫关进一个笼子里,笼外放着食物,笼门用活动的门闩关着,饿猫在笼子里焦躁不安地碰撞,偶然碰到那个活动的门闩,门被打开了,饿猫吃到了食物。如此反复饿猫获得食物的时间越来越短。实验表明,猫的操作水平是相对缓慢、逐渐和连续不断地改进。由此,桑代克得出一个重要结论:饿猫的学习是经过多次试误,由刺激情境和正确反应之间的联结构成的。

3. 突出强化在学习中的作用

美国著名心理学家斯金纳(B. F. Skinner)站在极端行为主义和操作主义的立场上对动物和人的行为进行研究,提出了操作性条件反射学说,揭示出动物的操作反应与强化安排之间的许多规律性问题。20世纪50年代前后,他将操作性条件反射与强化安排的原理应用于教学实践,创造了程序教学机,设计了程序教学方案,对后来教育技术中的计算机辅助教学产生重要影响。

斯金纳提出两种学习形式:一种是经典性条件反射学习,用以塑造有机体的应答行为;另一种是操作性条件反射学习,用以塑造有机体的操作性行为。西方学者认为,这两种反射是不同的联结过程;经典性条件反射是 S-R 的联结过程;操作性条件反射是 R-S 的联结过程,这便补充和丰富了原来的行为主义。

(二)认知学习理论

1. 格式塔(Gestait)的顿悟论

格式塔是德语中"完形"的译音,其理论也称之为完形心理学。格式塔学派强调经验和行为的整体性,认为整体不等于部分之和,整体具有部分之中没有的性质,主张对心理进行整体的研究。他们认为,学习是组织的一种完形,是对事物式样和关系的认知。在学习中要解决问题,必须对情境中事物的关系加以理解,如我们面前呈现一张桌子时,我们认知为桌子,尽管它是由桌面、桌腿等构成的。也就是说，人们知觉一个事物时是对其整体和关系的认识。对于学习过程，格式塔学派解释为顿悟，即学习就是一种突然的领悟和理解，领悟是对情境全局的知觉，是对问题情境中事物关系的理解，也就是完形的组织过程。格式塔学派进一步证明，动物的学习是由顿悟，而不是尝试错误来实现的。因为动物的一切活动朝向一定的目标，而且是在观看整个情境后进行的，由不能到能的突然转变不是渐进的，而是豁然开朗；动物学到的东西能够保持和迁移，能将一种情境中领悟的东西应用到另一种新情境中去。

2. 布鲁纳的认知——发现学习理论

布鲁纳把认知结构定义为反映事物间稳定联系的内部认知系统，是用来感知和概括新事物的一般方式，它是在过去的经验基础上形成的，并在学习过程中不断变化，是进一步学习和理解新知识的重要内部因素和基础，也称之为"表征"。表征有三种形式：动作性表征、映像性表征和符号性表征，这三种表征在儿童智慧发展中不断演变，经历三个阶段。第一阶段，婴幼儿时期（1～2岁）主要依靠动作去感知世界；第二阶段（3～7岁），儿童开始在头脑中利用视觉和听觉的表象或映像代表外界事物并尝试借助映像解决问题；第三阶段，大约从6～7岁开始，这时个体能运用语言、数字等符号代表经验，同时应用这些符号获得新的经验。随着个体发展到一定阶段，个体认知结构中的三种表征同时存在、相互补充，共同完成认知活动。人主要是通过这三种表征完成认知活动，三种不同的认知方式体现了不同的学习方式。

布鲁纳认为学习是一个主动形成和发展认知结构的过程，是在内在动机的推动下，学习者主动对新知识加以选择、转换、储存和应用的过程。知识的获得是与已有知识经验、认知结构发生联系的过程，在这个过程中，已有的经验具有特别重要的作用。知识的转化是对新知识进一步分析和概括，使之转化为另一种经验形式，以适应新的任务。知识的评价是对知识转化的一种检验，主要是看对知识的分析、概括是否恰当，运算是否正确等。

布鲁纳还对学习的内容提出自己的主张，强调要使学习者掌握各门学科的基本结构。他认为，学科的基本结构包括两个方面，一个是学科的基本知识结构，另一个是学习的态度和方法。知识的结构，也就是指知识间的相互联系；学习结构，就是学习知识是怎样相互关联的。

3. 奥苏贝尔的认知同化论

奥苏贝尔是另一位认知学习理论的代表人物，他从20世纪50年代中期开始致力于有意义言语材料的学习与保持的研究，他从两个维度对学习做了区分：从学生学习的方式上将学习分为接受学习和发现学习，从学习内容与学习者认知结构的关系上又将学习分为有意义学习和机械学习。这样学习就可分为有意义的接受学习，有意义的发现学习，机械的接受学习和机械的发现学习。奥苏贝尔认为学校中的学习应该是有意义的接受学习和有意义的发现学习，但他更强调有意义的接受学习，认为它可以短时期内使学生获得大量的系统知识，这正是教学的首要目标。

奥苏贝尔认为有意义的学习的实质就是以符号代表的新观念与学习者认知结构中原有的适当观念建立起非人为的和实质性联系的过程。奥苏贝尔所定义的认知结构是一个人的观念的全部内容与组织或一个人在某个知识领域的观念的内容与组织。认知结构中原有的知识是"观念的支架",或称之为起固定作用的观念。有意义学习就是新观念被认知结构中起固定作用的观念同化,储存并相互作用,原有的观念同时发生变化,新知识纳入原有的认知结构中,从而获得意义的过程。奥苏贝尔的所谓非人为的、实质性的联系是指新知识与学习者认知结构中已有的表象、已有意义的符号、概念或命题的联系。建立起非人为的、实质性的联系是有意义学习的两个标准。非人为的联系是指新的观念与原有观念建立了内在联系,而不是任意的联系。实质性的联系是指用不同语言或其他符号表达的同一认知内容的联系。要想实现有意义的学习,必须同时具备如下两个条件:第一,学习者应具有有意义学习的心向,即积极主动地把新知识与学习者认知结构中原有的适当结构联系起来的倾向性;第二,学习材料对学习者应具备潜在的意义,即学习材料可以和学习者认知结构中的适当观念相联系。如果学习材料本身具有逻辑意义,学习者认知结构中又具有同化新知识的适当观念,这种学习材料对于学习者就构成了潜在的意义。另外,除了这两个必备条件之外,奥苏贝尔认为在有意义学习中,影响新知识学习的最重要条件是学习者原有认知结构的适当性,包括在认知结构中是否有适当的、起固定作用的观念可利用,新观念与同化它的原有观念的分化程度,原有观念的稳定性与清晰性3个方面。

(三) 学习理论的新发展

从20世纪60年代开始,当代认知心理学的风暴开始席卷心理学的各个领域,它吸取信息论、控制论、系统论、计算机科学等研究成果,坚持对人的认知过程进行严格的实验研究,采用信息加工的观点研究人的认知过程,进一步深化了认知主义学习理论,并为其注入了新的内容。同时也将行为主义与认知主义进行一种有效结合,由此构成了兼具行为主义学习理论和认知主义学习理论,以认知信息加工理论为核心的现代学习理论;而认知主义学习理论自身的研究也同样没有停滞,又发展出了更强调主体作用的建构主义学习理论;同时,人本主义心理学的兴起,又预示着未来学习理论的研究将出现认知主义与人本主义心理学的融合,将认知主义的分析观与人本主义的整体观相结合,学习者将不仅是一个主动的信息加工者,同样也是一个充满需要,富于潜能,具有社会品质的完整人,使学习理论的研究更符合人类的实际。

1. 信息加工学习理论

罗伯特·加涅被公认为是将行为主义学习观与认知主义学习观相结合的代表。他从两大理论中汲取合理的成分,一方面承认行为的基本单位是刺激与反应的联结,另一方面又着重探讨刺激与反应之间的中介因素——认知活动。

加涅认为,学习是学习者神经系统中发生的各种过程的复合。学习不是刺激、反应之间的一种简单联结,因为刺激是由人的中枢神经系统以一些完全不同的方式来加工的,了解学习也就在于指出这些不同的加工过程是如何起作用的。在加涅的信息加工学习观中,学习的发生同样可以表现为刺激与反应,刺激是作用于学习者感官的事件,而反应则是由感觉输入及其后继的各种转换而引发的行动,反应可以通过操作水平变化的方式加以描述。

加涅根据信息加工理论提出了学习过程的基本模式,认为学习过程就是一个信息加工的过程,即学习者将来自环境刺激的信息进行内在的认知加工的过程,并用图1-4-1具体描述了典型的信息加工模式。

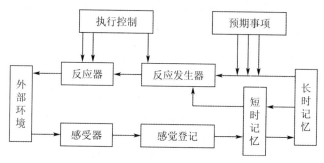

图1-4-1 学习的信息加工模式

这一模式表示,学习者从环境中接受刺激,并使刺激作用于感受器而转变为神经信息,这个信息进入感觉登记,在感觉登记阶段,记忆储存的时间非常短,一般在百分之几秒内就可以将来自各感受器的信息登记完成,最初的刺激是以映像的形式保持在感觉登记器中,并不是所有的信息都予以登记,有一部分会很快消逝;被感觉登记的信息会很快进入短时记忆,在这里进行编码,以便储存,在短时记忆中信息保持的时间也很短,一般只保持2.5~20秒,最长不超过一分钟,短时记忆的容量也很有限,一般只能储存7个左右的信息项,一旦超过这个数目,新的信息就会驱赶走原有的信息;通过复述、精加工和组织编码等,信息就会从短时记忆转移到长时记忆中储存,以备日后回忆,长时记忆是永久性的信息储存库;当需要使用信息时,信息经过提取得到恢复,又可转移到短时记忆中,这时根据所提取信息的适当性,或做进一步的寻找,或通过反应发生器作出反应,被提取出的信息也可以从长时记忆直接通向反应器活动起来,从而产生反应,作用于环境。

在这一信息加工过程中,还包括"预期事项"与"执行控制"两个环节。预期事项是指动机系统对学习过程的影响,是指学习者期望达到的目的,即为学习动机,其功能是使学习者引起学习,改善学习和促进学习;执行控制即已有经验对现在学习过程的影响,它决定着信息加工过程中哪些信息从感觉登记进入短时记忆,如何进行编码,采用何种提取策略等,主要起调节、控制作用。根据上述信息加工的流程,加涅进一步认为,学习包括外部条件和内部条件,学习过程实际上就是学习者头脑中的内部活动,与此相应,把学习过程划分为8个阶段:

(1)动机阶段。一个人为了学习,首先必须有学的动机。有时学习不可能一开始就能被达到目的的某个诱因所激发(学教育前不一定对教育理论感兴趣),在这种情况下就必须建立动机。动机可以借助学习内部发生的预期这一过程而建立起来。预期实际上也就是学习者希望达到某个目标时将要取得的"报酬"、"鼓励"和"结果"。

(2)了解阶段。这个阶段主要的心理过程是注意和选择性知觉,可以接受与学习目标有关的刺激,并储存于自己的记忆中,以接受输入信息,产生感觉登记。

（3）获得阶段。这个阶段是所形成的一些知识到达短时记忆,以后进一步转入长时记忆中,持久地储存。此阶段主要的心理过程是编码、存入。因为在短时记忆中,暂时留下的东西显然与直接知觉的事物不同,这里就有转换作用,即把知觉的事物转换成很容易储存的一种形式,这个过程叫编码,即对获得的信息进行处理、加工、制作,把所学习的材料转化为表象或概念,和已组织好的信息相联系并形成系统,这样才便于长时记忆。

（4）保持阶段。该阶段的心理过程主要是记忆储存,因为经过上几个阶段把学习到的信息经过编码过程使材料改变后,接下来就要在长时记忆中储存下来。所以说该阶段主要涉及的就是记忆储存问题,长时记忆的容量是极大的,没有证据表明,新学习的内容记不住是因为头脑中没有"空的位置",所以直到目前为止,未能够确定出这个容量的范围。

（5）回忆阶段。回忆阶段就是把学习的知识恢复,再现出来。在这个阶段中,进行处理或加工的过程称为检索,也就是设法在记忆的储存库中进行探索,使学到的知识复活。检索是一个寻找的过程,需要线索的帮助,也受外部刺激的影响。

（6）概括阶段。这一阶段主要的心理过程是迁移,因为习得材料的恢复,不一定在同样的情况下发生,这就涉及学习中的迁移问题,也就是获得的知识能够灵活加以运用。

（7）操作阶段。在这一段相应的心理过程是反应。通过反应发生器把学习者的反应组织起来,使学习者完成一定的新操作和新任务。

（8）反馈阶段。与这一阶段相应的心理过程是强化。反馈的功能主要有两个:一是证实预期;二是对学习过程起强化作用,学习者完成了新任务,完成了新的操作并意识到自己已经达到了预期目标,从而也使学习的动机得到了强化,在学习动机阶段建立预期,此刻在反馈阶段得到了证实。

2. 建构主义学习理论

建构主义观点认为,世界是客观存在的,但对世界的理解和赋予的意义却是由每个人决定的,我们是以自己的经验为基础来建构现实,每个人的经验都是由自己的头脑创建的,因此每个人的经验及对经验的信念是有差异的,从而也导致了对外部世界理解的差异。

在建构主义的学习观中,学习是学习者建构自己知识的过程,这就意味着学习者不是被动地接受刺激,他要对外部信息进行主动的选择与加工,主动地去建构信息的意义,而外部信息的意义并不是由信息本身决定的,外部信息本身没有意义,意义是学习者通过新旧经验间反复、双向的作用过程而建构成的。每个学习者都会以自己的原有经验为基础对新信息进行编码,形成自己的理解,原有知识又因新经验的进入而发生调整和改变,所以信息也不是简单地积累,还包含新旧经验冲突所引发的观念和结构重组。

建构主义者将学习看成是学习者通过新旧经验间双向的相互作用建构自己的经验体系的过程。这包含两方面的意义:①对新信息的理解是通过运用已有经验,超越所提供的新信息而建构的。②从记忆系统中所提取的信息本身,也要按具体情况进行建构,而不单是提取。建构一方面是对新信息意义的建构,同时又包括对已有经验的改造与重组。这与皮亚杰关于通过同化与顺应实现的双向建构的过程是一致的。当今的建构主义者用建构来解释学习,说明知识、技能的获得和运用。而且,他们对后一种建构给与了更高的重视,认为学习者形成的对概念的理解是丰富的,有着经验背景的,从而在面临新的情境时,能够灵活的建构起用于指导活动的认知结构和策略。

传统教学认为,通过字词就可以将观念、概念甚至知识体系传递给学习者。建构主义学习观认为,虽然事物是客观存在的,但事物的意义并非独立于人们而存在,而是依据人们以自己的方式去建构事物的意义,教学必须增进学习者之间的合作,使他们看到不同的观点,从而全面地建构事物的意义,因此合作学习受到建构主义者广泛的重视。

建构主义学习理论对教育技术学的启示在于:

①在课程理念上重视学生的生活经验,重视学生的问题解决能力的培养。

②对教学内容要进行精心安排,提供有效地进行建构的网络化知识。重视非线性,多路径的知识系统设计。

③运用教育技术提供各种有助于学生知识建构的教学情境。事实证明,以多媒体技术为基础的计算机辅助教学和网络教学,都得到了建构主义学习理论的有力支持,使得这类教学形式做到了以学生为中心进行自主学习,从而实现知识自主建构。

④重视社会性互动。建构主义学习理论重视教学中教师与学生、学生与学生之间的互动,合作学习、交互性教学在建构主义教学中广为采用。目前的网络多媒体教学、远程教学的学习社区和课程资源的建设和管理都体现了这一思想。

3. 人本主义学习理论

人本主义在20世纪60年代作为一场运动和一个学派出现时,是想要成为真正的关于人的科学。他们认为,心理学应该探讨的是完整的人,而不是对人的各个从属方面(如行为和认知)进行分割地、还原论地分析。在他们看来,其他大多数心理学家都是从第三人称的角度来考察人的行为的,而研究心理学的真正的方式,是通过一个人自己来考察自己,即要从第一人称的角度来考察行为。也就是说,要从行为者而不是从旁观者的角度来描述行为。人本主义者的共同信仰是:每一个人都具有发展自己潜力的能力和动力。因此,他们特别关注人的自我实现。个体可以自由地选择自己发展的方向和价值,并对自己选择的结果负责。人本主义的基本假设是:在任何情况下,一个人的行动取决于他是怎样从他自己的角度来知觉世界的。因此,他们非常重视一个人看待自己、看待他人的方式。由此,人本主义者认为:"行为与学习是知觉的产物,一个人大多数的行为都是他对自己看法的结果。"真正的学习涉及整个人,而不仅仅是为学习者提供事实。真正的学习经验能够使学习者发现他自己独特的品质,发现自己作为一个人的特征。从这个意义上说,学习即成为一个完善的人是真正的学习。

人本主义学习观的代表人物卡尔·罗杰斯(G. R. Rogers)对学习问题进行了专门的论述。他根据已有的经验和研究,归纳出了人本主义的学习原则:

①人类具有学习的先天潜能。人生来就对世界充满好奇心,这将有助于促进人的学习和发展,只要条件合适,每个人所具有的学习、发现、丰富知识经验的潜能和愿望就能释放出来,除非这种天生的好奇心和求知欲受到挫伤。

②学习者感到学习内容与自己的目的有关时,才会产生意义学习。只有那些有助于达到自己目标的知识,才会被认为是对自己有价值的事情,学习者因此才能够投入精力,加速完成。

③当学习者发现材料不符合自己的学习目标或威胁到自己的价值观时,就难以产生意义学习。

④当外部威胁降到最低限度时,学习就比较容易接受和同化那些威胁自我的学习内容。罗杰斯十分强调学习气氛对学习者的影响,认为如果学生能够在一种相互理解和相互支持的环境学习,就能够消除外部威胁。所以,教师不要过分给学生施加压力,应鼓励学生自发参与学习活动,并在学生参与学习活动时给予适当的建议,这要比正规教学活动有效得多。

⑤当对自我的威胁降低时,学生就会以不同的方式来接受经验,学习才能取得进展。嘲笑、羞辱、轻视等都会威胁到学生的自我,威胁到学生对自己的看法,从而严重干扰。而在一种对自我没有多少威胁的环境中,学生就会抓住各种机会学习,以增强自我。

⑥大多数意义学习是从做中学的。让学生直接体验到面临的实际问题,通过设计各种场景,让学生扮演各种角色,以从中得到切身的体会,这是促进学习的最有效的方式。

⑦当学生积极主动,认真负责地参与或投入到学习中,才会取得良好的效果。这就要求学习者自己要求目标,自己确定达到目标的学习方法,自己确定学习进程,自己评价和检测是否达到了预定的目标。

⑧学习者的情感和认知都参与进去,而且由学习者自我发动的学习才能取得持久、深刻的效果。只有全心投入到学习中的学习才能对学生自身产生深刻的影响,学习不仅是一种认知活动,也需要情感的参与和共同活动,而由学生自我发动的学习才是学生自己的学习。

⑨当学生以自我批评和自我评价为主,把他人评价放在次要地位时,独立性、创造性和自主性才会得到促进。

⑩现代社会最重要的学习是学习过程的学习,能够对经验开放并把它们结合进自我的变化过程之中。现代社会是不断变化的,必须使学生能够顺应这种变化,能够面对所处的情境,不断进行新的挑战性的学习,从而学会支配自己的学习。

人本主义学习理论对教育技术学的启示在于,学生是学习的主体,他们的意愿、兴趣、经验和价值观应该在教学中得到充分的尊重和体现。运用教育技术进行教学设计和实施时,应该充分考虑学生学习的意义,确保所提供的教学内容和方式促进学生全面的发展。

二、教育技术学的视听理论基础

教育技术学依据视听理论的一些基本观点设计不同的教学活动,促进人类学习活动的有效开展。

(一)初期的视觉教学论

1928年,韦伯在《图像在教育中的价值》一文中阐述了视觉教学的重要性:"视觉感官在教育过程中起重要作用,教育中仅仅使用语言会使学习者的兴趣减弱,易导致言语主义;照相技术的改进使学习者的教材环境得以扩充;实验教育已证明:视觉教具使得课程形象化,从而在学习过程中产生了显著的经济效益。"

初期的视觉教学理论的核心部分包括如下三个方面:

①视觉媒体能提供具体、有效的学习经验。应用视觉教具,使学习从生动、直观向抽象思维方向发展符合人类认识发展过程的规律。

②视觉教具的分类应以其所能提供的学习经验的具体程度为依据。韦伯按照具体→抽象连续统一体的思想对典型视觉教具的分类是:现实世界→模拟的现实→图画的现实→图解的符号→词语符号。

③视觉教材的使用要与课程有机结合。早期视觉教学论的基本内容在今天看来仍然是正确的,视听教学领域的"代言人"戴尔正是在这些基本概念的基础上发展出了以"经验之塔"为核心的视听教学理论体系的。

(二)戴尔的"经验之塔"理论

1946年,美国教育技术专家戴尔在他的《视听教学法》一书中,研究了录音、广播等视听教学手段如何运用于教学,会产生怎样的教学效果等一系列问题,总结了视听教学方法,提出了视听教学理论。戴尔把人类获取知识的各种途径和方法概括为一个"经验之塔"来描述,称之为"经验之塔"理论。他认为经验有的是由直接方式(做)得来的,有的是由间接方式得来的,他把学习的经验分为直接(做的)经验、观察(替代)经验和抽象经验三大类,并按抽象程度进行排列,形成如图1-4-2所示的金字塔形状。塔的最底层的内容提供的经验最直观、具体,逐层上升直接感觉的程度越来越低,趋向抽象的程度越来越高。

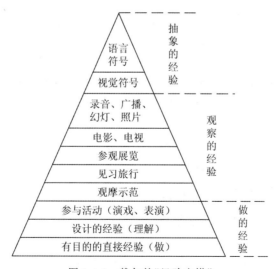

图1-4-2 戴尔的"经验之塔"

"经验之塔"是一种关于学习经验分类的理论模型,比视听教学运动初期所有分类方法都更有实用价值。塔中的各类学习经验可以简述如下:

(1)直接的、有目的的经验。它在塔的最底部,奠定了人类学习的基础。在实践活动中,学习者用感官接触事物,接受事物的刺激,由此形成的感觉印象是认识的起点,其特点是以生动具体的形象直接反映外部世界。

(2)设计的经验。它是一种经过编辑的现实。为了克服直接经验的局限,学习者需要通过人为设计的各类模型和模拟器学习,它有助于学习者区别对象的本质和非本质的东西,从而更好地形成概念。

(3)参加演剧的经验。世界上有许多事情无法亲身经历。学习者通过设计的实验学习,可以弥补因空间限制而无法体验感知客观事物的某些直接经验,但学习者在时间、思想、文化等方面也同样受到限制,参加演剧可以弥补这一缺憾。戴尔认为,学习者通过参加演剧以接近某些实际情境,可以在按原样复制的情境中获得体验。

(4)演示。演示是对重要的事实、观念、过程的一种形象化的解释,积极参与可以使学习者更加自主地观察演示。

(5)校外考察旅行。它是一种突出了教学性质的旅行,作为一种学习途径,主要目的是使学习者观察在课堂上看不到的事物,包括访问、考察等活动。

(6)展览。参观展览也是一种学习途径。举办展览,一般只包括模型、照片、图表以及一些实物等等,因此,参观展览的学习经验比校外考察旅行更为抽象。

(7)电视和电影。戴尔认为,电视和电影提供的仅是一种视听经验,学习者在观看事物的发展时并无直接接触、品尝等体验,他们只是观察,只能以一种想象的方式参与其中,不如实地参观时身临其境,感受深刻。

(8)广播、录音、静画。它们提供的内容更加抽象了。照片和图解缺乏电影电视画面的动感;广播和录音则缺少视觉形象。但它们给学习者提供的是视听刺激,故仍属一种"观察"的学习经验。

(9)视觉符号。它包括地图、图表、示意图等提供的学习经验。在视觉符号里,人们看不到事物的真实形态,只看到一种抽象的代表物。学习中,学习者所接触到的符号与自己已认识的事物往往毫无相似之处。

(10)词语符号。词语符号可以是一个词、一个概念或一条原理等。它们与其所代表的事物或观念不存在任何视觉上的提示,因此,词语符号的学习是最抽象的学习经验。

(三)"经验之塔"所表现的学习经验分类

综上所述,"经验之塔"所表现的学习经验可分为三大类:
(1)"做"的学习经验,包括有目的的、直接的经验,设计的经验和演剧的经验。
(2)"观察"的学习经验,包括演示、校外学习旅行,展览、电视电影、广播、录音、静画。
(3)"使用符号"的学习经验,包括视觉符号和词语符号。

(四)"经验之塔"的理论要点

(1)最底层的经验即做的经验,是最直接最具体的经验,越往上升,越抽象。这并非意味所有的经验需要一个由底层到顶层的阶段,而是说明各种经验的具体与抽象程度。

(2)教育应从具体经验入手,逐步过渡到抽象。有效的学习方法,应该首先给学生丰富的具体经验。

(3)教育不能只满足于获得一些具体经验,而必须向抽象化发展,使具体经验普遍化,最后形成概念。

(4)在学校中,应用各种教学工具,可以使教学更为具体、直观,从而获得更好的抽象。

(5)位于经验之塔中层的视听教具,比用言语、符号更能为学生提供较为具体和易于理解的经验,它能冲破时空的限制,弥补学生直接经验的不足。

(6)如果把具体经验看得过重,使教育过于具体化,则是很危险的。

(五)"经验之塔"理论在教育技术学研究和应用中的指导意义

"经验之塔"理论是教育技术学历史上重要的理论之一,尽管它诞生已有大半个世纪,但它对现在乃至今后教育传播过程的研究仍然意义重大。

(1)把学习经验分为具体和抽象,提出学习应从生动直观向抽象思维发展,符合人类的认识规律。在"经验之塔"的由具体逐渐向抽象过渡的图解中,视听教材处于较具体的一端,这构成了教学中应用视听教材的理论依据。

(2)提出了视听教材分类的理论依据,即应以其所能提供的学习经验的具体或抽象的程度作为分类依据。强调根据教学媒体在教学过程中的作用来分类,而不应该仅以简单的列举方式分类。这一分类依据在目前看来已是很简单的基本分类思想为以后教学媒体分类学的研究以及教学媒体的选择研究奠定了基础。

(3)视听教材必须与课程相结合。以后形成的教学系统方法等可以说都是这一基本思想的发展与深化。当今,教育技术所面临的最重要的问题恐怕就是对于网络媒体的利用与推广了,而"经验之塔"其实已经为我们提供了理论指导。首先,它可以帮助我们找到网络媒体在教学中的位置,即它所使用的教学层次,我们可以很方便地把新的教学手段加入到"塔"的适当位置上。其次,必须与课程相结合的理论更是需要所有的教育工作者牢记。因为网络的强大威力已经在教学中产生了盲目使用的问题,这是在使用新媒体时所必须要重视的不良倾向。当然,从发展教育技术的角度看,以"经验之塔"为核心的视听教学论也存在着一些局限性:第一,视听教学论仅重视视听教材本身的作用,而忽略了视听教材的设计、开发、制作、评价及管理等方面。米艾亨利指出:"从发展科学的角度来看,'经验之塔'有一个特殊的弱点,就是它强调孤立的媒体种类或技术,而忽略了整个教学的计划的过程。"这就形成了媒体论的教育技术观。媒体论使人们将注意力集中于如何利用视听媒体特点使教学形象化、具体化,这在客观上妨碍了人们接受教育传播等新思想、接受关于教学中使用媒体的新的理论基础。第二,在关于媒体在教学过程中的作用与地位的问题上,视听教学论把视听教材看成一种辅助教学的工具,置其于辅助物的地位。而在实际应用中,教学媒体已经发挥了远远超出了"教具"的作用,但是教具论阻碍了人们在这方面的认识。在传统的教学形式中,通常由教师控制课堂教学,新媒体或资料仅是辅助教具或作为丰富教学的手段,而且要根据教学时间的允许程度来使用。因此,它们对改进学习方面的作用是有限的。在这种传统的教育条件下,视听教材是一般教材的昂贵补充物。我们看到,如今的教育工作者们已经认识到并开始摆脱以"经验之塔"为核心的视听教学论所带来的一些误区了。教学过程以及教材的设计评价已经被摆在了非常重要的位置上,而计算机技术的飞速发展更是使人们认识到了教学媒体的巨大威力,在有些领域,新的多媒体课件已经完全取代了原来教师和课本的职能。

由此可见,"经验之塔"理论对教育技术发展历程的确产生了非常重大的影响,只有教育工作者们都本着实事求是的客观态度和批判继承的精神对待这些经典理论,才能在教学过程中真正发挥它们的积极作用[①]。

三、教育技术学的传播理论基础

(一)传播理论简介

传播一词译自英语 communication,也有人把它译成交流、沟通、传通、传意等,它来源于拉丁文 communicure,意思是共用或共享。现在一般将传播看作是特定的个体或群体即传播者运用一定的媒体和形式向受传者进行信息传递和交流的一种社会活动。

传播学者在研究传播过程时,往往把传播过程分解成若干要素,然后用一定的方式研究这些要素之间的相互关系,这样就形成了多种传播模式,最主要的两种模式是工程学模式(engineering models)和心理学模式(psychological models)。其中工程学模式以香农-韦弗模式为代表。

20 世纪 40 年代,数学家香农(Claude E. Shannon)出于对电报通信问题的兴趣,提出了一个关于通信过程的数学模型。此模型最初是单向直线式的,不久,他与韦弗(Warren Weaver)合作改进了模型,添加了反馈系统(见图 1-4-3)。此模型后来被称为香农-韦弗模式,在技术中应用获得了巨大成功。

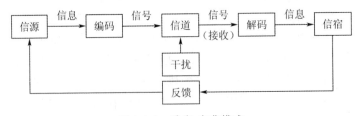

图 1-4-3 香农-韦弗模式

心理学模式关注的是信息源、接受者以及传播产生的效果,尤其是传播对接受者来说发生了什么效果。罗密佐斯基(A. J. Romiszowski)综合了工程学模式和心理学模式的优点,形成了一个比较适用于教育的双向传播模式(见图 1-4-4)。

---

① http://eblog.cersp.com/userlog22/146075/archives/2007/600215.shtml

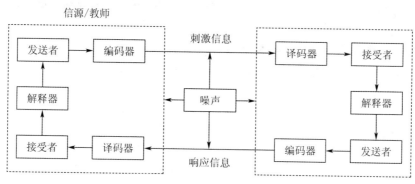

图 1-4-4　双向传播模式

（二）传播理论在教学中的应用

许多研究者利用传播理论的概念及有关模型中的要素来解释教学过程，并提出了许多关于教学传播过程的理论模式，从而产生了教育传播学研究这一专门的领域，以讨论教育教学过程中信息流动和控制的基本规律。主要表现在以下几个方面：

1. 从传播学的角度说明教学过程所涉及的要素

美国政治学家 H·拉斯韦尔提出了表述一般传播过程中的五个基本元素"5W"的直线性的传播模式，有人在此基础上发展成"7W"模式（见表1-4-1）。其中每个"W"都类同于教学过程中的一个相应要素，这些要素自然也成为研究教学过程、解决教学问题的教学设计所关心和分析、考虑的重要因素。

表 1-4-1　7W 模式

Who	谁	教师或其他信息源
Says what	说什么	教学内容
In which channel	通过什么渠道	教学媒体
To whom	对谁	教学对象即学生
With what Effect	产生什么效果	教学效果
Why	为什么	教学目的
Where	在什么情况下	教学环境

2. 指出了教学过程的双向性

早期的传播理论认为传播是单向的灌输过程。它认为受者只是被动地接受信息，只能够接受传者的意图。这种传播思想忽视了受传者的主动性和自主性，显然是一种片面的认识。后期的传播学研究者们提出的模式强调了传播者和受传者都是积极的传播主体。受传者不仅接受信息、解释信息，还对信息作出反应，说明传播是一种双向的互动过程，借着反馈机制使传播过程能够不断循环进行。教学信息的传播同样是通过教师和学生双方的传播行为来实现的,所以教学过程的设计必须重视教与学两方面的分析和安排,并充分利用反馈信息随时进行调整和控制,以达到预期的教学目标。

3. 确定了教学传播过程的基本阶段

教学传播过程是一个连续动态的过程。但为了研究方便起见,南国农、李运林将它分解为六个阶段(见图1-4-5):

图 1-4-5 教育传播过程的六阶段

(1)确定教学信息。教学传播过程的第一步是确定所要传递的教学信息。传递什么信息,要依据教学目的和课程的培养目标。一般来说,课程的文字教材是按照教学大纲由专家精心编写的,通常都体现了要传递的教学信息。因此,在这一传播阶段,教师要认真钻研文字教材,对每单元的教学内容作仔细分析,将内容分解成若干个知识点,并确定每个知识点要求达到的学习水平。

(2)选择传播媒体。选择传递信息的媒体,实际上就是信息编码的活动。某种信息该用何类符号和信号的媒体去呈现和传递,是一个较为复杂的问题,需用一套原理作指导。如选择媒体要能准确地呈现信息内容;要符合学生的经验和知识水平,容易被接受和理解;容易得到,需要付出的代价不大,而又能取得较好的传播效果。

(3)媒体传递信息。这时首先要解决两个问题:一是信号要传至多远,多大范围。要根据信号的传递要求,应用好媒体,保证信号的传递质量。二是信息内容的先后传递顺序问题。在应用媒体之前,必须做好信息传递的结构设计,在媒体运作时,有步骤地按照设计方案传递信息。媒体传递信号时应尽量减少各种干扰,确保传送质量。

(4)接收和解释信息。在这一阶段,学生接收信号并将它解释为信息意义,实际上就是信息译码的活动。学生首先通过各种感官接收经由各种媒体传来的信号,然后学生依据自身的经验和知识,将符号解释为信息意义,并随之储存在大脑中。

(5)评价和反馈。学生接收信号解释信息之后,增加了知识,发展了智力,但是否达到了预定的教学目标,需要进行评价。评价的方式和方法很多,可以观察学生的行为变化,也可以通过课堂提问、课后书面作业以及阶段性的反馈信息。

(6)调整和再传递。通过将获得的反馈信息与预定的教学目的作比较,可以发现教学传播过程中的不足,以便调整教学信息、教学媒体和教学顺序,进行再次传递。如在课堂提问时发现问题,可即时进行调整;在课后作业中发现问题,可进行集体补习和个别辅导;在远距离教学中发现问题,可以增发辅导资料,或在一定范围内组织面授辅导。

4. 揭示了教学传播过程的若干规律

现代教学中随着传播学逐渐和教育学不断地结合,常把教学看成信息的传播过程,形成了综合运用传播学和教育学的理论与方法来研究和揭示教育信息传播活动的过程与规律,以求得最优化的教育效果。

(1)共识律。所谓共识,一方面指尊重学生已有的知识、技能的水平和特点,建立传通关系;另一方面指教师根据教学目标、内容特点、通过各种方法和媒体来为学生创设相关的学习环境,传授知识,以便使学生已经具有的知识技能与即将学习的材料产生有意义的联结,从而达到传播的要求。在教学传播活动中,共同的知识技能基础是教师与学生之间得以交流和沟通的前提。教学信息的选择、组合和传递必须首先顾及学生已有的知识、技能的水平和特点并考虑到学生的发展潜能。由于教学传播过程的动态平衡特性和学生心智水平的不断发展,"共识"的状态总是相对的,总是按"不共识⇨共识⇨不共识"的循环反复地螺旋式上升。例如,在创设共识经验的过程中,教师必须将教学目标设定在学生的"最近发展区"上,即学生能达到的知识水平层面上。

(2)谐振律。所谓谐振,是指教师传递信息的"信息源频率"同学生接受信息的"固有频率"相互接近,两者在信息的交流和传通方面产生共鸣。它是教学传播活动得以维持和发展,获得较优传播效果的必备条件。传播的速度过快或过慢,容量过大或过小都会破坏师生双方谐振的条件,从而造成传播过程中的滞阻现象。教师或信息源的传递速率和传递容量,必须符合学生的认知速率和可接受水平。但仅凭这点还不足以产生信息传播的谐振现象。教师还需要创设一种民主宽松、情感交融的传通氛围,即师生双方应该建立起合作关系;还需要时时注意收集和处理来自学生方面的反馈信息,以及时调控教学传播活动的进程。为了产生和维持谐振现象,各种信息符号系统、方式和方法还应当有节奏地交换使用。

(3)选择律。任何教学传播活动都需要对教学的内容、方法和媒体等进行选择,这种选择是适应学生身心特点、较好地达到教学目标的前提,并旨在以最佳的"代价与效果比"成功地实现目标,即最小代价原则。教育技术领域最为关注的是教学媒体的选择。教师和学生对媒体的选择,一般来说,总与可能获得的报偿或成效成正比关系,与所需付出的努力成反比关系。据此,选择媒体时就要应考虑尽可能降低需要付出的代价,提高媒体产生的功效。如果产生的功效相同,我们应该选择代价低的媒体;如果需付出的代价相同,我们应该选择功效大的媒体。

(4)匹配律。所谓匹配,是指在一定的教学传播活动环境中,通过剖析学生、内容、目标、方法、媒体、环境等因素,使各种因素按照各自的特性,有机和谐地对应起来,使教学传播系统处于良好的循环运转状态之中。实现匹配的目的在于围绕既定的教学目标,使相关的各种要素特性组合起来,发挥教学系统的整体功能特性,因为每一要素都具有多重的功能特性和意义。目标的特点规定着各相关要素必须发挥与目标相关的功能,以便优化地达成既定的目标。否则,这些相关要素会产生游离松散、功能相抵的现象。在教学传播活动中,必然要使用到多种传播媒体,而各种媒体有各自不同的多重的功能特性,只有对它们了解熟悉,扬长避短、合理组合、科学使用,才能使它们相得益彰,决然不是随便凑合在一起便可产生匹配的效果的。

(三)教学传播中媒体的作用

当媒体应用于传递以教育教学为目的的信息时,称之为教育传播媒体,它成为连接传者与受者之间的中介物。人们把它当成传递和取得信息的工具。

在一般的教学理论研究中,将教育者、学习者、学习材料三者作为教学系统的构成要素,它们在教学环境中,带着一定的目标,经过适当的相互作用过程而产生一定的教学效果。为后面讨论方便起见,我们称之为教学系统的三元模型。在现代教育传播活动中,媒体起着相当大的作用,因此必须将媒体作为教学传播系统的要素之一,于是我们得到如图1-4-6所示的教育传播系统四元模型。四元模型实际上是由三元模型细化而来的,因为我们把学习材料看作媒体化的教学信息,把学习材料这一要素分成了"教学信息"(即内容)与作为内容载体的"媒体"两部分。这四个组元在适当的教学环境中相互作用而产生一定的教学效果。

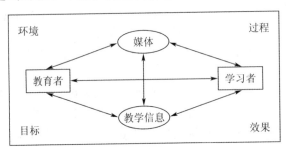

图1-4-6 教育传播系统构成图

总之,教学与信息传播之间有着很大的联系。从信息论角度来看,教学也是一种信息传播活动,教育技术与教育传播必然紧密相联。作为教育技术学的信息论理论基础的教育传播学正是研究教育中信息活动的学科,即是研究教学中信息知识的传递与接收的理论学科。从信息传输机制来看,教学信息通过教学者采用一定的方法技巧,应用信息传播媒体传播给学习者,刺激其知识结构产生反应,并在教学者与学习者之间可以双向交流对信息的不同认识。通过对教育传播学深入地学习和探讨,我们对教学中的信息传播系统的各个要素进行分析与组织,将能使教学过程的设计与开发更具有坚实的理论基础和实际价值。

四、现代教育技术的系统科学基础

系统科学理论包含系统论、信息论和控制论,是一门新兴的科学方法理论。系统科学把事物、对象放在系统中加以考察,研究整体与部分(要素)、整体与外部环境之间的相互作用和相互联系,研究系统的成分、结构和功能的关系,研究通过信息的传递和反馈实现对系统的稳定和发展的有效控制方法,以求得整体把握,获得最佳功能,实现整个系统的最优化。系统科学深刻地揭示了事物运动发展的特性和规律,成为信息时代人们认识世界、改造世界的科学方法论,对哲学、自然科学、社会科学各个领域都产生了极大的影响。教学过程是一个多因素、多层次、多功能的复杂系统,因而系统科学方法是现代教育技术的基本方法。

教育技术学应用系统科学的方法优化教育教学过程,在系统科学理论的指导下去设计、开发、运用,管理和评价学习过程与学习资源。

(一)信息论基础

信息论是关于各种系统中信息的计量、传递、变换、存储和使用规律的科学。

我们知道,教学过程的实质就是教育信息传递、变换和反馈的过程。因此教师的备课实际上就是将教育信息的存储状态进行重新组织、变换,同时设计以适当的表述方法和顺序传递给学生。在传递过程中,一方面,教师要运用反馈原理,不断地从学生的及时反馈和延时反馈信息中获得调节和控制的依据,从而发现问题,改进教法,优化教学效果;另一方面,学生也可以从教师那里获得反馈评价,找到自己在学习中的问题,从而改进自己的学习方法,提高学习能力。

根据教育信息论的观点,教育活动是双向的,教师既向学生传输信息,也从学生那里获得反馈信息,并给学生以反馈评价,同时强调媒体在信息传递和变换中的作用。

(二)控制论基础

控制论是研究各种不同控制系统的一般控制规律和控制过程的科学。

将控制论应用于教育领域所形成的理论称为教育控制论,运用教育控制论研究在教育系统中运用信息反馈和调节系统的行为,从而达到既定教学目标的理论。根据教育控制论,为了较好地实现教学目标,首先需要考虑优化教学的五个指标:

(1)时间(t):教学实施所需时间;
(2)教学信息量(u):根据时间计算教学内容;
(3)负担量(c):学生理解并消化教学信息所需的时间;
(4)成本(s):进行教学活动所需的经费;
(5)成绩(w):学生对教学信息的掌握程度(我们平常称其为评估)。

由此,可以推断:我们在教学中,要在学生不感到压力大、负担重的前提下,尽量用较少的时间使学生获得较多的知识,培养学生的素质和能力,教学成本要合理化。因此,要取得最好的教学效果,就需要对教学目标、教学内容、教学形式、教学手段、教学结构、教学程序以及教学质量进行全面、系统的控制。

(三)系统论基础

系统是指某一环境中相互联系的若干元素所组成的集合体。系统论是从系统的角度研究现实系统的模式、原则和规律,并对其功能进行数学描述的科学。将系统论应用于教育实践所形成的理论,成为教育系统论。教育系统论把教育看成一个系统,而组成该系统的元素是教师、学生、环境、媒体等。

(四)系统科学理论对现代教育技术的指导意义

系统科学理论,对人类认识世界、改造世界,有着深远的影响。用"三论"的理论和方法指导教育科学,特别是从中提炼和抽象出来的系统科学的基本原理[1](反馈原理、有序原理和整体原理),对研究现代教育技术和指导其实践具有重要的意义。

1.反馈原理

指任何系统只有通过信息反馈才能实现控制。在教学实践中主要强调信息传递必须具有

---

[1] http://course.fjnu.edu.cn/fjnu/courseware/590/tpl_course_0723m489.html

双向性。反馈的作用在于:使教师及时地获得学生学习态度和学习成效的反馈信息,调整教学程序、教学信息传递速度和教学方法,从而保证教学按照预定的教学目标和教学计划,高效率、高质量地有序进行。

2. 有序原理

指任何一个系统的要素及子系统必须调整自身的秩序,或重建新的秩序,获得自身的发展和完善,称为有序化。在教育中强调要处理好教学系统内部的要素之间,以及与外部环境之间的关系,使它们之间的信息交换处于开放、有序的状态。

在现代教育技术的实施过程中,向学生呈现生动直观的教育信息与方法,更能启发学生按照从感性到理性、从直观到抽象、从简单到复杂、从个别到系统的认识过程进行积极思维。因此,有序是最有效的学习方法。

3. 整体原理

整体性是系统的根本属性。整体原理指系统中各要素是相互作用、相互依存的,系统的整体功能不仅包括各孤立部分的功能之和,还应加上各部分相互作用而形成的新结构产生的功能。优化的课堂教学,应重视从教学整体进行系统分析,综合考虑课堂教学过程中的各个要素,包括教学目的的确定、优化的教学方法、优化的媒体选择,并注意各要素之间的配合、协调,发挥系统的整体功能才能达到优化的目标。

我们要以系统、综合的观点来考察教育教学的过程与现象,并运用系统的方法将整个教育体系看成由相互联系的各部分组成的系统,对具体的教学过程进行系统的分析和研究,从而来解决教育教学问题,以实现最优化。运用系统科学的理论和方法,尤其是运用系统科学的反馈原理、有序原理和整体原理等基本原理,对研究现代教育技术和教育实践有着极其重要的意义。

思 考 题

1. 试说明教育技术学 AECT'94 定义。
2. 说明教育技术学发展的基本轨迹。
3. 简述教育技术对教育改革的促进作用。
4. 制定教育技术能力标准有何重要意义?
5. 行为主义学习理论的基本观点有哪些?
6. 布鲁纳认知学说的基本观点有哪些内容?
7. 奥苏泊尔认知学说的基本观点有哪些内容?
8. 简述加涅信息加工理论的主要内容。
9. 建构主义学习理论的主要观点有哪些?
10. 罗杰斯人本主义学习理论的基本内容有哪些?
11. 试描述戴尔"经验之塔"理论的主要观点。
12. 传播理论对教育传播的影响有哪些?
13. 试论述系统观点对教育技术学的影响。

第二章　教育技术应用于学科教学的基本原则

> **学习目标：**
> 1. 理解以学生发展为中心的教育理念。
> 2. 掌握学生特征分析的方法。
> 3. 掌握教材内容分析的常用方法。
> 4. 熟练运用教育技术手段进行教学策略优化。

教育技术是通过软技术和硬技术来解决教学中问题的,相对于以媒体技术为代表的硬技术,软技术更加重要,媒体技术能否在学科教学中发挥作用不是看哪种媒体技术更先进,而是要看哪种媒体更适合具体的学习情境,更能促进学生主体作用的发挥,更有利于教学策略的优化。因此,教育技术应用于学科教学的基本原则应该包括三个方面:以学生发展为中心,以教学内容为依据,以教学策略的优化为目标;教师应该从这三个方面出发考虑应该在什么时候、用什么样的媒体、以什么样的方式来呈现什么样的教学内容。

第一节　以学生发展为中心

运用现代教育技术辅助教学已成为大势所趋,如何在学科教学中恰当运用现代媒体是很值得研究的课题,其中非常重要的一条是要适合教学受体——学生。我国新课改正在如火如荼地进行,"以学生发展为中心"是新课程的核心理念,它强调尊重学生,提高学生的学习兴趣,优化教学环境,加强课堂互动和合作,适当地激励学生,让学生成为课堂学习活动的主体。学生的学习成果,既不是由内因决定的,也不是由外因决定的,而是由内因和外因的相互作用决定的。内因就是学习者的内部条件,即学生学习的内在规律。当教学活动的设计符合学生学习的内在规律时,才能有效地促进学习。所以,教师要为学生创造一个理想的外部条件,必须以学生的学习规律为出发点。因此,要想取得教学的成功,必须重视对学生特征的分析。分析学生特征的目的是了解学生的认知发展特征、学习准备情况、学习风格、学习动机,为教学内容的选择与组织、教学活动的设计、教学策略与媒体的选用提供依据,从而使教学真正符合学生发展的需要。

一、学生认知发展特征

认知发展是指主体获得知识和解决问题的能力随时间的推移而发生变化的过程和现象。① 目前对认知发展研究最多的方面是认知发展的机制和阶段性,瑞士心理学家皮亚杰的认知发展阶段论在国际上具有广泛的影响。

1. 皮亚杰的认知发展阶段学说

皮亚杰认为个体从出生至儿童期结束,其认知发展要经过四个时期:

(1)感知运动阶段(0～2岁)。这一阶段是智力与思维的萌芽阶段。

(2)前运算阶段(2～7岁)。在这一发展的全过程中,儿童头脑中有了事物的表象,而且能用词代表头脑中的表象。他们能进行初级的抽象,能理解和使用初级概念及其间的关系。所谓初级概念,是儿童从具体实际经验中学得的概念。因此,他们能设想过去和未来的事物。然而由于在他们的认知结构中,知觉成分占优势,所以他们只能进行直觉思维。

(3)具体运算阶段(7～11岁)。这个阶段的儿童的思维水平有了质的变化,不像前运算阶段的儿童单凭直觉表象考虑问题,认知结构中已有了抽象概念,而能进行逻辑推理。他们能进行第二级抽象,能理解和使用第二级概念及其关系。所谓第二级概念,是通过儿童原有的概念,以下定义的方式所获得的概念。但在获得与使用第二级概念时,他们需要实际经验做支柱,需要借助具体事物和形象的支持来进行逻辑推理。

(4)形式运算阶段(11～15岁)。随着认知发展从具体逐渐向抽象过渡,日益趋于认知成熟的儿童逐渐摆脱具体经验的支柱,能够理解并使用相互关联的抽象概念。其思维特征表现为假设-演绎思维、抽象思维和系统思维等。

皮亚杰在进行上述年龄阶段的划分时,提出了下列重要原理:(1)认知发展的过程是一个结构连续的组织和再组织过程,过程的进行是连续的,但它造成的后果是不连续的,故发展有阶段性;(2)发展阶段是按固定顺序出现的,出现的时间可因个人或社会变化而有所不同,但发展的先后次序不变;(3)发展阶段是以认知方式的差异而不是个体的年龄为根据。因此,阶段的上升不代表个体的知识在量上的增加,而是表现在认知方式或思维过程品质上的改变。

2. 皮亚杰的认知发展阶段理论的教育启示

(1)教育中要注意发挥学生的主体性。皮亚杰认为知识的获得是儿童主动探索和操纵环境的结果,学习是儿童进行发明与发现的过程。他认为教育的真正目的并非增加儿童的知识,而是设置充满智慧刺激的环境,让儿童自行探索,主动学到知识。这意味着我们在教育中要注意发挥学生的主体性,不要把知识强行灌输给学生,相反,要设法向儿童呈现一些能够引起他们的兴趣、具有挑战性的材料,并允许儿童依靠自己的力量解决问题。

(2)教学要符合学生所处阶段的认知方式倾向。皮亚杰认为认知发展是呈阶段性的,处于

---

① 陈琦,刘儒德. 当代教育心理学[M]. 北京:北京师范大学出版社,2002.

不同认知发展阶段的儿童其认识和解释事物的方式与成人是有区别的。因此要了解并根据儿童的认知方式设计教学,如果忽视儿童的成长状态,一味按照成人的想法,只会给儿童带来压力和挫折,让他们感到学习是一件痛苦而不是有趣的事,扼杀了儿童学习的欲望与好奇心。

(3)教师要注意学生的个别差异并进行因材施教。皮亚杰对认知发展阶段的划分是以个体认知方式而非年龄为标准的,个体认知发展的速率是不同的,有快有慢,并不是同样年龄的儿童其认知水平就是相同的。因此在教学中要注意个别差异,做到因材施教。

(4)教师要为学生创造合作的机会,鼓励学生发现和探索知识。皮亚杰很重视社会交往对儿童认知发展的作用。他认为与同伴一起学习,相互讨论,使儿童有机会了解别人的想法,特别是当他人的想法与自己不同时,会激发儿童进行思考,因为同伴间地位平等,儿童不会简单地接受对方的想法,而试图通过比较、权衡进而自己得出结论,这对儿童自我中心性的发展具有重要意义。教师常扮演权威的角色,儿童会养成被动接受"正确"答案的习惯,丧失了自主探索的机会。因此,在教学中教师应注意引导学生去发现知识而不是给予,同时应多采取小组讨论、合作学习的形式。

二、学习准备

学生特征分析的一个重要组成部分是了解学生的学习风格、学习准备状态等方面的情况,学习准备状态包括起点能力和一般特征两个方面。

1. 学生的一般特征

学生一般特征是指对学生从事学习活动产生影响的心理、生理和社会文化特点,包括认知成熟度、性别、个人对学习的期望、文化背景等。相同年龄的学生具有大致相同的感知能力、信息处理的能力,但个体间也会存在智商、认知成熟度等方面的差异。因此,在教学过程中,教师应把握学生在一般特征方面的相同点,并以此作为集中教学时选择教学内容、制订教学策略等工作的依据,同时还要充分重视学生在一般特征方面的差异,并以此作为制订个别化学习策略、进行个别辅导等工作的依据。

获得学生一般特征信息一般可以通过以下几种途径:
(1)访谈:包括对学生本人进行访谈,以及对学生的教师、班主任、家长、同学的访谈。
(2)观察:利用观察表对学生的学习活动和与他人的交往等方面进行观察记录。
(3)问卷调查:通过对学生或与学生有关人员填写的问卷进行分析,获得相关信息。
(4)文献调研:查阅有关研究学生智力、技能、情感等一般特征的文献。

2. 学生的预备知识与技能、目标知识与技能、对有关学习内容的认识与态度

预备知识与技能是学生从事特定学科内容的学习时已经具备的有关知识与技能以及对有关学习内容的认识与态度,对部分分析可以帮助教师确定学生初始能力,也是教学的起点。对目标技能的预测有助于教师在确定教学内容方面做到详略得当。学生对于学习内容的认识与态度对教学的效果也会产生重要的影响。我们可以通过编制预测题来获得学生预备知识、目

标知识的掌握情况；通过访谈、观察等方法获得反映学生预备能力、目标能力的资料；通过调查问卷、态度量表、访谈等方法获得学生对所学内容的认识水平和态度的资料。

三、学习风格

学习风格是指学生感知不同刺激并对不同刺激作出反应这两方面产生影响的所有心理特征。它是指学生在学习过程中偏好某种或某些教学策略的学习方法，它源于学生个性在学习中的定型和习惯化。学习风格多种多样，但无优劣之分。教学不是为了改变学习者的学习风格，而是为了促进其发展和完善。

按照信息加工的方式可以将学生的学习风格进行以下分类：

1. 感知通道偏爱

对感知通道的偏重是指学生在学习时对视觉、听觉和动觉的偏爱程度。视觉型的学生，习惯从视觉接受学习材料，比如书、景色、图片和电视图像等。这样的学生喜欢自己看书或笔记，或通过电视等视觉媒体提供的图像来进行学习，而教师的纯语言讲授不太适合他们。听觉型的学生偏重听觉刺激，他们对语言、音响的接受能力和理解能力比较强，比如他们喜欢在学习时，有音乐做背景；在学习外语时，喜欢多听多说，而不关心具体单词的写法或句型结构。动觉型的学生喜欢自己动手参与到学习过程中去，对能够动手操作的学习和认知活动感兴趣。在对这种学生的评价中，教师用手拍拍他的肩膀表示赞许要比口头表扬效果好。

2. 场依存性和场独立性

场依存性是指个体依赖自己所处的周围环境的外在参照，从环境的刺激交往中去定义知识、信息。场独立性是指个体依赖自己所处的生活空间的内在参照，从自己的感知觉出发去获得知识、信息。

研究表明，场依存性往往有较强的整体性、综合性，较多地采用整体性的知觉方式，其认识是以对象所处的客观场合为参照系，所以其知觉很容易受错综复杂的背景的影响，很难从包含刺激的背景中将刺激分辨出来，并表现出循规蹈矩和条理化的学习倾向，偏好常规和求同，喜欢从现有的认知方式出发去寻找解题的方法。而场独立性具有较高的分析性、系统性，善于运用分析性的知觉方式，其认识是以自己的存储信息为参照系，能较容易地把要观察的刺激同背景区分开来，不会因背景的变化而改变，并倾向于随意、自主、求异创新，喜欢多方面寻找问题的答案，常提出与众不同的想法和见解。

场依存性的学生在学习过程中易受环境因素的影响，学习努力程度往往被教师鼓励或暗示所决定；他们乐于在集体环境中学习，在集体中较为顺从，能与别人和睦相处，充满情意；他们喜欢交往，对人文学科和社会学科更感兴趣。相比之下，场独立性的学生在学习过程中不受或很少受外界环境因素的影响，惯于单独学习、个人研究、独立思考，具有较强的内在学习动机；在相互交往中，他们不易被个人感情所左右，也不受群体压力的影响；他们更擅长数学和自然科学方面的学习。

3. 沉思型和冲动型

沉思与冲动的认知方式反映了个体信息加工、形成假设和解决问题过程的速度和准确性。

沉思型学生在碰到问题时倾向于深思熟虑，用充足的时间考虑、审视问题，权衡各种解决问题的方法，然后从中选择一个满足多种条件的最佳方案，因而错误较少，他们的优势是应对阅读、再认测验、推理测验、创造性设计。

冲动型学生反应速度快，倾向于很快地检验假设，根据问题的部分信息或未对问题做透彻的分析就仓促做出决定，但容易发生错误、约束力弱，他们的优势是应对多角度和速度型的任务。

4. 整体策略和序列策略

学生在学习策略方面存在重要差异，有些学生倾向于把问题视为一个整体，注重全面地看问题，在同一时间内，从各个角度对问题进行观察和思考，并依据对主题综合的、广泛的浏览，在大范围中寻找与其他材料的联系。在学习过程中，他们往往较多地运用理性思考，首先从现实问题出发，然后联系到抽象问题，再从抽象问题到现实问题中去，并以此检验问题之间的异同之处。这些学生采用的学习策略就是整体性学习策略，也被称为同时加工策略。

序列型学习策略是通过对外界信息逐一进行加工而获得意义，是按部就班地以线性方式处理信息的。这种策略也被称为即时加工策略。采用该策略的学生往往把注意力集中于小范围，擅长用逻辑严谨、紧抓要点的方法，把学习材料分成许多段落来学习。在学习过程中，他们习惯于按照题目顺序以此学习抽象性题目或现实性题目，由于通常都按顺序一步一步地前进，所以只是在学习过程快结束时，才对所学的内容形成一种比较完整的看法。

整体策略和序列策略各有优缺点，因此，不能片面地认为谁更优，最佳的学习方式是根据不同性质的问题或任务，把两者有机结合起来，进行综合性学习。

四、学习动机

动机与学习联系密切，在学习过程中，它直接影响到学生注意力集中在特定学习目标上的程度，因此，激发学生学习动机的主要目的是使学生能够积极地进行学习，能够付出时间和必要的努力来学习知识技能。

1. 动机理论

动机理论是心理学家用以解释行为动机的本质及其产生机制的理论和学说。动机这一心理学主题自从20世纪30年代以来，在这一领域曾出现了许多不同的理论，出现了许多不同的观点和比喻看法。

研究者普遍认为动机是驱使人从事各种活动的内部原因。按照动机的起因，可分为内部动机和外部动机。外部动机指的是个体在外界的要求或压力的作用下所产生的动机，内部动机则是指由个体的内在需要所引起的动机。

表2-1-1是一个动机性学习的模型，这个模型是一般的，不代表任何一种特定的动机理论，这个模型描述了任务前、任务中、任务后三个阶段。

表 2-1-1　动机性学习模型①

任务前	任务中	任务后
目标	教学变量	归因
	教师	
期待	反馈	目标
自我效能感	材料	
结果	设备	期待
价值观	情景变量	情感
	同辈	
情感	环境	价值观
需要	个人变量	需要
	知识建构	
社会支持	技能获得	社会支持
	自我调节	
	活动选择	
	努力	
	坚持性	

　　任务前,学生受具体的目标、对学习结果的期待、自我效能感、价值观、情感、需要、社会支持等因素的影响。例如,由于受前序任务的影响,学生的自我效能感有高有低,效能感高的学生对学习目标的完成更有信心,对学习结果的期望也更高。

　　任务中,教学、情景和个人变量在学习过程中也发挥主要作用。教学变量包括教师、反馈形式、材料以及设备,这些因素可能提高学生的学习动机,同时也可能产生相反的结果。例如,教师的反馈可能激励学生,也可能令学生感到沮丧,教师提供的学习材料和学习资源可能使学生对所学知识理解得更清晰,也可能更糊涂或无济于事。情景变量包括社会和环境因素,如地点、时间、干扰刺激、周围发生的事件等,这些因素有可能提高或减弱学习动机。动机的神经机制理论指出:环境对动机的激发状态过低,环境线索不容易引起注意;激发状态过高,无关的环境线索也会超出阈限,反而干扰注意力的集中,因此,环境的刺激过高或过低都不好。个人变量包括知识的建构和能力的获得等,另外,还包括自我调节变量和动机行为(如活动的选择、努力、坚持性)。学生的个人因素除了对当前的学习结果产生影响外,还会对后继的学习动机产

---

①　郭顺清.现代学习理论与技术[M].广州:中山大学出版社,2007:29.

生影响。

任务后,是指任务完成后的时间以及完成任务的过程中对活动和自己进行反省的时间。执行任务前的那些重要变量在反省时同样也很重要,另外,归因变量(对结果的原因知觉)也是非常重要的。所有这些变量都以一种循环的形式影响着以后的动机和学习。那些认为自己正趋近学习目标,并对成功又积极归因的学习者,倾向于保持学习的高自我效能感、积极的结果期待、价值知觉和情感状态。

综上所述,动机与学习有着紧密的联系,对于促进学生的发展具有重要的作用,因此,教育技术在学科教学中的应用一定要注意对学生学习动机的激发,教师在进行教学设计时一定要注意动机的设计。

2. 动机设计

我们可以借助教育技术手段来激发学生的内部动机。例如,我们可以通过设置问题来激发学生的好奇心,或者通过增加社会互动和社会赞许的机会来激发学生的成就动机。科勒(1987)发展了一个他称为 ARCS 的动机设计的模式,ARCS 是由注意(attention)、贴切(relevance)、信心(confidence)、满意(satisfaction)几个代表动机形成条件的词语的首字母组成,这个模式是对多个动机理论的指导原则和观点的综合。表 2-1-2 列示了 ARCS 模式的动机引起的种类。

表 2-1-2 ARCS 模式的动机引起的种类(R·M·加涅)[①]

	种类和亚类	处理的问题
注意		
A1	感知的唤起	我做什么才能引起他们的兴趣?
A2	好奇的唤起	我怎样才能激起求知的态度?
A3	变异	我怎样才能保持他们的注意?
贴切		
R1	目标定向	我怎样才能最好地满足学生的需要(我知道他们的需要吗?)
R2	动机匹配	我怎样、何时向我的学生提供合适的选择、责任感和影响?
R3	熟悉	我怎样才能将教学与学生的经验联系在一起?
信心		
C1	学习需要	我怎样才能帮助学生建立积极期望成功的态度?
C2	成功的机遇	学习经历将怎样支持或提高学生对自己的胜任能力的信念?
C3	个人的控制	学生将怎样清楚地明白他们的成功是建立在努力和能力基础之上?

---

① 何克抗.教学系统设计[M].北京:北京师范大学出版社,2002.

续表

	种类和亚类	处理的问题
满意		
S1	自然的结果	怎样才能给学生提供应用他们新获得的知识技能的有意义的机会？
S2	积极的结果	什么东西将对学生的成功提供强化？
S3	公平	我怎样才能帮助学生对他们自身的成就保持积极的感受？

ARCS模式的每个类别包含了学习者动机问题的设计者可能问的问题。例如，在"注意"这个类别下，教师或设计者可能通过展示Flash动画或图片来吸引学生的注意力，激发学生的兴趣。教师在利用教育技术手段来激发学生的学习动机时，可以就表2-1-2中的问题问问自己，以帮助自己进行教学过程的设计。ARCS模式使得动机领域的研究成果更容易被运用到实际的教学中。

第二节 以教学内容为依据

教学内容是学与教相互作用过程中有意传递的主要信息，包括教师传授的知识和技能、灌输的思想和观点、培养的习惯和行为等。当下正值新课程改革，基于生成性教学思维理念，人们对于教学内容有了新的认识："教学内容，系指教学过程中同师生发生交互作用、服务于教学目的达成的动态生成的素材及信息。"[①]教学内容分析则是通过对教学内容的分解，明确构成教学或使教学成立的各种成分、要素、侧面，以及对整体的教学内容有明确的认识、理解和评价。

教材是教学内容的一个重要"载体"，教师通过对教材内容的选择、取舍、加工而组织成教学内容。对于既定的教学内容，教师在教学的过程中，应该通过学习内容的分析，找出构成学习内容的各个要素及其相互间的层级关系，为媒体、策略的选择和设计打好基础。

一、教材

1. 什么是教材

教材是在教学过程中协助学生达到教学目的的各种知识信息材料按照一定的教学目标，遵循相应教学规律而组织起来的理论知识体系。教材是由三个基本要素，即信息、符号、媒介构成，用于向学生传授知识、技能和思想的材料。

---

① 李臣之.普通高中综合实践活动课程目标与内容浅析.教育科学研究,2004.

2. 教材的功能

(1)教材对教学目标的作用。

现代教学目标不仅要体现教学基础知识,培养基本技能,还着重培养学生的自学能力,"教会学生学会学习",因此教学目标的达成需要一定的教材来实现。从这个意义上说,教材是教学目标的最直接的体现者。

(2)教材对教学环境的作用。

教学环境处于教学活动的外围,其作用表现为相对静止,但实际上它却以特有的影响力干预教学活动的过程,影响教材的展示,影响教学活动的效果。因此,调控优化教学环境必须注意与教学活动的中心内容——教材学习的协作配合,并明确调控优化教学环境为教材教学服务的意识,从而体现教材对教学环境的引导作用。

(3)教材对教学策略的影响。

既定的教材制约教学策略的选择和运用,但教材并没有限定教学策略的作用,同一教材可由不同的教学策略来实施。

(4)教材对教学评价的作用。

教材是教学评价的重要工作内容,是课程评价的具体内涵,具体反映了学什么内容及用什么标准来测评教学的质量,因此教材的结构优化、设计与运用成效亦可作为检查教学质量的重要标准和内容。

3. 教材的特点

教材是知识载体,它是帮助教师施教、学生学习、最终促进学生发展的有效工具。其特点可以总结为以下几个方面:

(1)教材的科学性。

教材的首要功能是传递人类文化知识经验的精华,反映现代科技发展水平,因此教材所选择的内容,首先要保证其科学性和逻辑性,中小学教材更是如此。

(2)教材的教育性。

教材作为道德教育与品德教育的重要途径,具有重大的教育价值。

(3)教材的教学性。

编制教材的目的是为教学,而且要符合学生的认知特性,深入浅出,循序渐进,这是教材不同于一般科学著作的特性,它明确反映在教材的结构和内容上。

(4)教材的规范性。

尽管教材会随社会的进步而变化,但教材的基本结构已形成,尤其是中小学教材,强调知识的基础性,因此,教材内容具有相对稳定性,在教材的编制体例、印刷规格、符号、质量要求等方面都有相对统一标准。

(5)教材的艺术性。

教材作为学生获取知识能力的支持工具,应当利于学生认知、理解、吸收、消化、运用,为此教材在表达上要求符合审美特性。

(6)教材的实践性。

教材是科学实践、生产实践、生活实践、教学实践综合作用的产物,是各种社会实践宏观规律的综合反映,仅靠理论思辨或某一种社会实践是难以建设优质教材的。

(7)教材的发展性。

教材本身的成长是一个反复使用并不断完善的过程,同时,随着知识信息的激增,社会的进化,教育的发展,教材需要不断更新换代,才能适应社会的需求。

二、教材分析

新课程理念下的教材分析,强调以学生发展为立足点和归宿,强调以学生经验为出发点,遵循学生的认知规律,帮助学生有效、有意义地建构。教材分析的主要任务是对教材内容的选择、取舍、加工进而组织成教学内容,因此,对教材的层级结构进行分析,并基于教材的层级结构对教学内容序列化是教材分析的基本内容。

(一)教材结构化分析的方法

对教材分析要在教学论和学习论的指导下,用系统的方法进行分析,常用的教材结构化分析方法有归类分析法、图解分析法、层级分析法、信息加工分析法等。

1. 归类分析法

所谓归类分析法就是把教材内容按某一标准或线索进行组织的方法。它是研究对有关信息进行分类的方法,旨在鉴别为实现教学目标所需学习的知识点。归类组织起来的教学内容与学生的认知结构一致,是学生形成概念的主要途径,有利于学生对概念的迁移。根据奥苏伯尔的理论,这样组织起来的教材内容如果先行呈现给学生,那么它能起到"先行组织者"的作用。根据归类所采用的标准,归类法可以分为:

(1)实用归类。

为了某一实用的目的,人们常根据事物的某一方面的特征,对一组事物进行分类,这种方式就是实用归类。这种分类不一定能反映事物的本质特征,但可以达到某一实用的目的。应用这种方法组织教材内容有利于实现预定的教学目标,使学生掌握同类事物或知识共同的方面,同时也有利于学生的记忆。例如,对言语信息进行分析的最有效手段是确定信息的主要类别,例如一个国家的省市名称可以按地理区域的划分来归类。

(2)本质归类。

本质归类就是按照事物的关键特征或本质特征,对教材内容进行归类的方法。按照事物的本质对教材内容归类,不仅有利于学生概念的形成,而且有利于提高学生的抽象概括能力。应用这种方法对教材内容归类实质上是找出概念体系的过程,最终的结果是形成概念的体系。如图 2-2-1 所示。

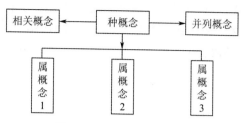

图 2-2-1 概念归类示意图

(3)归类在教学内容分析中的作用。
①通过归类揭示事物的共同特征,有利于学生掌握概念和原理。
②通过归类使教学内容系统化,有利于学生形成知识结构和记忆。
③归类是发现和总结事物规律的基本方法,是学生学习的一种有效的方法。

归类作为一种科学认识的方法,可以发现科学规律;作为一种学习的方法,是发现学习策略的一项具体的技术。对教材内容进行归类的具体方法很多,即使是相同的教材内容也可以用不同的归类方法进行组织。因此,在应用这种方法时,应根据具体教学目标的要求,选择合理的归类标准来组织内容。

2. 图解分析法

图解分析法是一种用图表或符号等形式揭示教学内容各要素及其相互联系的一种分析方法。它能用直观形式揭示教学内容要素及其相互联系的内容分析,用于对认知类教学内容的分析。其步骤如下:

(1)把学科教师认为与实现单元教学目标有关的所有事实、概念、原理一一分别列出;
(2)把内容要素按顺序排列,可以从任何一个层次开始,然后根据各个要素之间的联系补充其他内容;
(3)用线条将各个要素加以连接,既说明它们之间相互联系,又表明处理顺序;
(4)图解成型后,全面核查一下内容的完整性,以及各个要素之间联系的逻辑性,做必要的补充和修改;
(5)给图解的要点补充实例,提出有关原理应用、解决问题的建议,因此而确定一个帮助学习者获得知识并领会完整的结构。

图解分析法的结果是一种简明扼要、提纲挈领地从内容和逻辑上高度概括教学内容的一套图表或符号。这种方法的优点是使分析者容易察觉内容的残缺或多余部分以及相互联系中的割裂现象,可用于事实性知识、理论性知识和策略性知识等多种化学认知类学习任务的分析,如对物质鉴别等类的教材内容的分析都适合用图解法。

3. 层级分析法

层级分析法是揭示教学目标所需要的从属技能的方法。它是一个逆向的分析过程,一般从教学目标开始,逐级考虑要求学习者获得的能力、次一级能力、再次一级的能力……直到事实的学习为止。在教学过程中，首先教授在底部的最初级层次的部分，接下来是逐渐复杂的部分。层级分析法把学习过程组成一个由简到繁、由易到难的层次系统，是合理安排教学顺序的主要依据，对鉴别和组织教学内容中的概念和规则等有一定效用。利用层级分析法的一般步骤和方法如下：

(1)确定教学单元。

分析教学内容，先要确定单元，明确单元的教学内容。它可分为以下几个步骤：

①单元的组织。教学内容中的各个单元有以下三种关系：并列的、线性的和综合的，了解各单元的关系，就能从总体上合理安排和组织课程。根据各个单元之间的关系，就可以利用教学内容分析方法来确定各个单元的组织方式，为顺利进行教学提供必要条件。

②内容的确定。即学生通过学习后，必须学会哪些内容。一般一个单元完成一项主要教学内容。每个单元的主要内容又是由若干项子内容组成的，为此，就要根据单元教学的总目标和教学的实际需要，确定构成系统的各项子内容。一个较大的单元，可以根据需要按各项子内容再划分成若干个小单元。单元确定后，一个教学的基本框架就形成了。例如，根据100以内数的加减法计算的情况，可以列出它的主要教学内容(见表2-2-1)。

表2-2-1 百以内数的加减法的主要教学内容

主要阶段	主要教学内容
两位数加减整十数	两位数加减整十数
两位数加减一位数	两位数加一位数的不进位加法
	两位数减一位数的不退位减法
	两位数加一位数的进位加法
	两位数减一位数的退位减法
两位数加减两位数	两位数加两位数的不进位加法
	两位数减两位数的不退位减法
	两位数加两位数的进位加法
	两位数减两位数的退位减法

③内容的分类。明确了教学内容后，就要区别各项教学内容的性质。按照前面所述教学内容分类方法，教学内容一般可分为言语信息的学习、智慧技能的学习和认知策略的学习，以及动作技能的学习。

(2)单元教学目标的确定。

单元教学内容明确后，就可以根据课程目标和单元教学的各项内容列出一系列较具体的子目标，即单元教学目标。例如，100以内数的加减法的单元目标可以这样制订：

目标1：会口算两位数加减整十数的不进位加法和不退位减法。

目标2：会口算两位数加减一位数的不进位加法和不退位减法。

目标3：会口算两位数加减一位数的进位加法和退位减法。

目标4:会笔算两位数加减两位数的不进位加法和不退位减法。
目标5:会笔算两位数加减两位数的进位加法和退位减法。
单元目标明确后,课程目标就具体了,内容分析也就有了方向。
(3)教材内容的评价。
对教学内容进行评价,以提高教学的效度。
(4)教材内容分析。

这是一项进一步明确终点目标和使能目标(达到终点目标的必要条件)之间以及使能目标和使能目标之间联系的实质性的分析工作。内容分析的方法,一般是从终点目标开始,运用逆向设问法,反复提问并回答这样的问题:学生要掌握这一水平的技能,需要预先获得哪些更简单的技能,一直分析到学生的原有起点为止。例如,对上述目标,教师要学会作如下的分析,并且根据分析结果列出如下的结构层级表(见图2-2-2)。

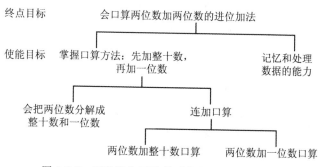

图 2-2-2　两位数加两位数进位加法学习结构表

通过上述对两位数加两位数的进位加法教材内容的分析,可知,两位数加一位数的口算是学习两位数加两位数口算的基础。通过对每一个目标的分析,从终点目标的分析得到一系列使能目标,也就能对学习的每一个内容有一个清晰的认识。

4. 信息加工分析法

这一分析方法是由加涅提出的,是将教学目标要求的心理操作过程(这种心理操作过程及其所涉及的能力构成教学内容)揭示出来的一种内容分析方法。它既能揭示完成目标的内隐的操作过程,又能揭示完成目标的外显的操作过程。

(1)信息加工的内隐操作过程实例。

内隐的过程指的是教师以应用的问题出发一步一步地倒推分析,逐步靠拢已知条件直到问题的解决。例如,图2-2-3显示了求算术平均数的计算过程,它反映了这种信息加工过程,清晰地说明了当学习者掌握了教学目标规定的技能以后,将能够做什么。

在许多教学内容中,完成任务的操作步骤不是按"$1 \rightarrow 2 \rightarrow 3 \rightarrow \cdots \rightarrow n$"的线性程序进行的。当某一步骤结束后,需根据出现的结果判断下一步应该怎么做。在这种情况下,就要使用流程图表现该操作过程。流程图除直观地表现出整个操作过程及个步骤以外,还表现出其中一系

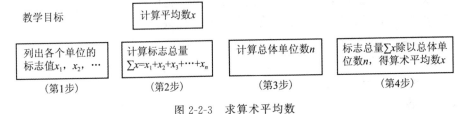

图 2-2-3 求算术平均数

列决策点及可供选择的不同行动路线。

(2)信息加工的外显操作过程实例。

信息加工分析法也适合于描述外显的动作技能的操作过程,如下例是运用信息加工方法对"刻纸拓印"的教学内容分析。例如,刻纸拓印的过程如下:

第一步:画稿——用单线画出稿样轮廓;第二步:复印——将画稿分别印在图画纸上;第三步:剪形——将所印的图样逐个剪下;第四步:刻纹——用刻刀按印稿将结构刻出;第五步:衬贴——将剪下的图样分别贴在底板纸上;第六步:印刷——用滚筒等用具使底板吃足油墨,然后把印纸覆上,压印成画。

这种方法的特点是能够清楚地揭示达到终点目标所需的心理操作过程或步骤。加涅的信息加工理论对改善教育教学效果是有益的,因此具有普遍的实用价值,并可作为设计教学活动的理论指导。但是我们应该意识到信息加工模式的局限性,它把学习过程描述为信息输入—编码—加工—储存—译码—输出的过程,信息概念、信息过程的应用虽然十分广泛,在某种程度上对机器适用,对人类也适用,但是没有囊括人类认识的特殊性和复杂性。它忽略人的内在因素,简单而机械地引用信息加工模式来解释学习过程是非常危险的。因此,我们在设计教学活动时只可以参考、借鉴,不能简单地照套照搬。

(二)教材内容分析过程

教材内容分析的过程是围绕着总的教学目标,确定教学内容的范围和深度,揭示教学内容各部分之间联系的过程。

1. 分析并选择教学内容

(1)依据教学目标取舍内容。

在对教材内容进行取舍前,要先明确教学目标。因此,要先将总的教学目标分成具体目标;要分析出目标包含的步骤及从属技能分析,建立目标体系。

(2)确定具体教学目标的类型。

新课标指出教学目标分为知识与技能、过程与方法以及情感态度与价值观三方面,按照加涅的学习结果分类,可以将具体的教学目标分为言语信息、智力技能、认知策略、动作技能、态度五种类型。言语信息(verbal information),作为一种学习结果,是指学习者通过学习,能记忆诸如名称、符号、时间、定义、对事物的描述等具体的事实,并能够在需要的时候将这些事实表述出来的能力。智慧技能类的学习结果是个体应用符号或概念与他们的环境相互作用的能力。它又可分为五个相互关联的亚类,从低级到高级分别是:辨别、具体概念、定义性概念、规则和高级规则。辨别是指学习者在一个或更多的物理维度上对互不相同的刺激做出不同反应的能力;具体概念是指通过称呼名称或其他方法能从具有某些共同特征的一类刺激中识别出事物的能力;当个体能够演示一些类别的客体、事件或关系的意义时,就可以说个体学会了定义性概念;规则是指学习者在各种情况的行为具有"规律性";高级规则是指简单规则的复杂组合,其目的是为了解决实际问题。认知策略类的学习结果的习得能使个体更好解决问题。认知策略有一般和具体之分,具体策略的适应相对要小一些,也容易学一些;而一般的策略适用范围学起来也就困难。例如,如何提高自己的注意力。动作技能类的学习结果是个体习得的用一套操作规则支配肌肉协调的能力。例如,系鞋带、写字等。动作技能有两个,一是一套操作规则,另一个是肌肉协调能力。情感态度类的学习结果是个体习得的相对稳定的影响个体行为选择方向的状态,包括认知、情感和行为倾向三个方面,其核心是情感方面,如对社会热爱的态度决定了人们做出参加社会公益活动行为。态度学习渗透在一切学科学习中,学习数学时,需要形成喜欢数学的态度。

(3)确定教材内容的类型。

根据教学目标的类别,确定教材提供内容的类型,对教材内容进行相应的取舍,具体的教学内容分类如表2-2-2所示。

表 2-2-2 教学内容的类型

教学内容的类型	具体的实例
1. 言语信息	叙述一个历史事件
2. 智慧技能	
辨别	区别汉字"士"和"土"
概念	给"鸟"下定义
规则	说明英语中主语与动词的关系
高级规则	写出一篇符合英语语法规则的作文
3. 认知策略	运用配对法记忆一组单词
4. 动作技能	使用照相机
5. 情感态度	喜欢数学

2. 教学内容的组织

对于所选择的教学内容要进行结构化的组织。

(1)教学内容的结构。

教学内容之间的联系一般有三种类型:第一种是并列型,其特点是各教学内容之间相对独立,先后顺序可以随意安排;第二种是顺序型,特点是前一个内容构成了后一个内容的基础,所以它们的顺序不能颠倒;第三种是综合型,包含了并列型和顺序型。这三种类型可用图 2-2-4 表示。

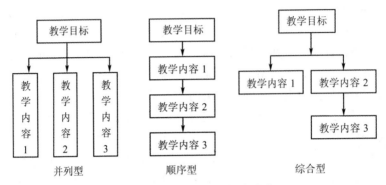

图 2-2-4 教学内容之间的联系

(2)教学内容结构化分析方法的选择。

要确定教学内容各组成要素之间的结构关系就要用到结构化分析方法,针对不同类型的教学内容所选取的分析方法应该是不同的,各种方法都有相应的学习理论作为其分析的基础。表 2-2-3 是教学内容的分类和常用的分析方法的二维关系表。

表 2-2-3 教学内容分析方法的比较

	言语信息	智力技能	认知策略	动作技能	情感态度
归类分析法	☆	○	○	○	○
图解分析法	□	□	△	△	○
层级分析法	△	☆	☆	☆	☆
信息加工法	△	△	□	☆	○
卡片分析法	△	△	△	○	○

注:☆最合适 □比较合适 △一般 ○不合适

从表中我们可以看出,归类分析对于言语信息比较适用而不能应用于其他类型的教学内容的分析;图解分析的适用范围虽然大,但是对每一种教学内容来说它不是最佳的方法。从分析的形式上看,层级分析法与归类分析法相似,但是在层级分析法当中各个知识点之间存在难度的层级关系,层级分析中上下层之间用箭头连接,表示直接导向教学目标和层次关系,而在归类分析法中则不具有这种关系。可见在层级分析中,各层次的知识点具有不同的难度等级——越是在底层的知识点,难度等级越低,越是在上层的难度越大,而在归类分析中则无此差别。层级分析法可以明确地界定出各个小的教学内容之间的关系,但面对较复杂的知识体系时也会出现问题,在各种教学内容之间没有明确的、统一的层级体系时,这种方法就不适用了。加涅的信息加工理论对教学具有一定的指导作用,但它提供的是一种指导教学的基本框架,没有具体的实施细则,它注重如何影响和促进学生的学习过程,而不怎么注重如何编制教学内容,因此在运用的过程中应该灵活把握。在进行教学内容分析时,可以针对教学内容的类型选择不同的教学内容分析方法,这样,各种分析方法可以在具体的教学设计过程中发挥自己的优势。

(3)教学内容组织的注意事项。

对于教学内容的组织虽然没有一种最完善的方法,但是,我们可以遵循一些基本的规律:

①要由整体到部分,由一般到个别,不断分化。这是根据奥苏贝尔的渐进分化、综合贯通理论提出来的。

②确保从已知到未知,根据布鲁纳的学习的螺旋上升理论,内容的组织应该是循序渐进的。

③按事物发展的规律排列。

④注意教学内容之间的联系。

三、教材内容分析实例

(一)分析流程

实施步骤如下:

(1)针对问题,明确教学目标。

(2)选择构成系统的要素,确定要素集合系统 $K=\{K_1,K_2,\cdots,K_n\}$,这一步要由有经验的教师或该学科的教学专家通过主题分析和技能分析将实现给定教学目标的教学内容分解为众多的知识元素。这些知识元素可以是某个概念或原理,也可以是某项技能的基本组成部分。显然,对这些知识元素的理解、掌握与运用即是为实现给定教学目标所需的各级子目标。

(3)构建模型,建立邻接矩阵 M 和可达矩阵 T;从系统中各要素之间找出直接关系,引入如下二元关系式:当元素 K_i 与 K_j 有直接关系时,令 $(K_i,K_j)=1$;当 K_i 与 K_j 无直接关系时,$(K_i,K_j)=0$,其中 $(i,j=1,2,\cdots,n)$。以此建立各要素间的直接关系矩阵(邻接矩阵)M,通过对直接关系矩阵的计算,得到可达矩阵 $T=M_n+1$,式中 n 为直接关系矩阵 M 的阶数。可达矩阵 T 除了反映系统中各要素间的直接关系外,还可以反映出系统中各要素的间接关系。

(4)对可达矩阵进行分解后建立结构模型,依次分出各要素在系统中的层级位置。

(5)根据上述分析,最终画出系统的层次结构关系图。

根据以上分析,很显然,当我们分析的各级教学目标不具有简单的分类学特征,或者其中的概念从属关系不太明确,也不属于某个操作过程或某个问题求解过程时,要想通过上面所述的几种方法直接求出各级教学目标之间的形成关系是很困难的,这时运用教学内容层级分析改进方法就显得十分必要了。

(二)利用教学内容层级分析改进方法设计具体的实例

以计算机辅助教学课程多媒体课件开发部分为例,运用教学内容层级分析改进方法对该

部分内容体系进行编排设计。具体步骤如下:

第一步:确定教学目标:学会多媒体课件设计的方法;

第二步:抽取出各个知识元素(见表2-2-4);

表 2-2-4　多媒体课件设计的方法的知识元素

	知识元素(教学子目标)
1	项目分析
2	总体设计
3	单元设计
4	采集制作素材
5	生成课件
6	问题的提出
7	可行性分析
8	需求分析
9	教学设计
10	结构设计和模块的划分
11	文字脚本
12	制作脚本
13	交互设计
14	媒体设计

第三步:确定各个子目标之间的关系,即找出各知识点之间的关系。由于各知识点存在着前后、因果关系,需要教师正确判断这种关系,如果明确某两个知识点之间有这种关系存在,则可以画出元素关系图,如图2-2-5所示。在这里,(1)项目分析是(2)总体设计的准备知识点

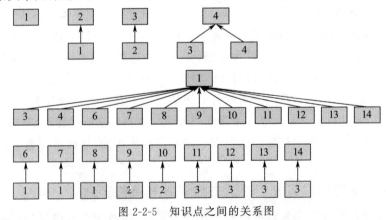

图 2-2-5　知识点之间的关系图

第二章 教育技术应用于学科教学的基本原则

(它们之间有直接的关系),同样(4)采集制作素材是(3)单元设计、(14)媒体设计的准备知识点。

第四步:利用各个要素之间的关系做出目标矩阵,即依次分出各个要素的层次位置列出 0—1 矩阵。根据元素关系图,定义有关系的两个知识点 $(K_i, K_j)=1, i,j=1,\cdots,n$。若两个知识点没有关系,则 $(K_i, K_j)=0$。根据步骤三,可以得到元素关系矩阵。具体可见表 2-2-5。

表 2-2-5 知识元素矩阵 1

	1	2	3	4	5	6	7	8	9	10	11	12	13	14
1	0	1	0	0	0	1	1	1	0	0	0	0	0	0
2	0	0	1	0	0	0	0	0	1	1	0	0	0	0
3	0	0	0	0	1	0	0	0	0	0	1	1	1	1
4	0	0	0	0	1	0	0	0	0	0	0	0	0	0
5	0	0	0	0	0	0	0	0	0	0	0	0	0	0
6	0	0	0	0	1	0	0	0	0	0	0	0	0	0
7	0	0	0	0	0	0	0	0	0	0	0	0	0	0
8	0	0	0	0	1	0	0	0	0	0	0	0	0	0
9	0	0	0	0	1	0	0	0	0	0	0	0	0	0
10	0	0	0	0	1	0	0	0	0	0	0	0	0	0
11	0	0	0	0	1	0	0	0	0	0	0	0	0	0
12	0	0	0	0	0	0	0	0	0	0	0	0	0	0
13	0	0	0	0	0	0	0	0	0	0	0	0	0	0
14	0	0	0	1	1	0	0	0	0	0	0	0	0	0

确定各个知识点所在的层级。即:把上表关系矩阵中全部是 0 的列找出,其对应的知识点便可先行挑出,这里是(1),同时相应地把矩阵中(1)对应的行去掉,形成新的矩阵,如表 2-2-6 所示。

表 2-2-6 知识元素矩阵 2

	2	3	4	5	6	7	8	9	10	11	12	13	14
2	0	1	0	0	0	0	0	1	1	0	0	0	0
3	0	0	0	1	0	0	0	0	0	1	1	1	1
4	0	0	0	1	0	0	0	0	0	0	0	0	0
5	0	0	0	0	0	0	0	0	0	0	0	0	0
6	0	0	0	1	0	0	0	0	0	0	0	0	0
7	0	0	0	1	0	0	0	0	0	0	0	0	0

续表

	2	3	4	5	6	7	8	9	10	11	12	13	14
8	0	0	0	1	0	0	0	0	0	0	0	0	0
9	0	0	0	1	0	0	0	0	0	0	0	0	0
10	0	0	0	1	0	0	0	0	0	0	0	0	0
11	0	0	0	1	0	0	0	0	0	0	0	0	0
12	0	0	0	1	0	0	0	0	0	0	0	0	0
13	0	0	0	1	0	0	0	0	0	0	0	0	0
14	0	0	1	1	0	0	0	0	0	0	0	0	0

运用同样的方法可以继续寻找新表矩阵中全部是 0 的列所对应的知识点,这里挑选出知识点(2),(6),(7),(8),挑选元素后新矩阵如表 2-2-7 所示。

表 2-2-7　知识元素矩阵 3

	3	4	5	9	10	11	12	13	14
3	0	0	1	0	0	1	1	1	1
4	0	0	1	0	0	0	0	0	0
5	0	0	0	0	0	0	0	0	0
9	0	0	1	0	0	0	0	0	0
10	0	0	1	0	0	0	0	0	0
11	0	0	1	0	0	0	0	0	0
12	0	0	1	0	0	0	0	0	0
13	0	0	1	0	0	0	0	0	0
14	0	1	1	0	0	0	0	0	0

如此继续下去,可以得到关于"学会多媒体课件设计方法"的教学目标层次分类。即经过几次的挑选,可以把 14 个知识点 $K=\{K_1, K_2, \cdots, K_{14}\}$ 分为 5 个层级,如表 2-2-8 所示。

表 2-2-8　教学内容层次表

层次	教学内容
第 1 层	1
第 2 层	2、6、7、8
第 3 层	3、9、10
第 4 层	4、11、12、13、14
第 5 层	5

第五步:画出系统的层次结构关系图,如图 2-2-6 所示。

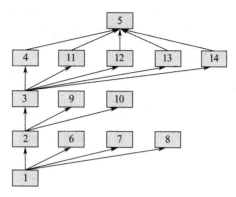

图 2-2-6　知识点之间的关系图

上述例子利用教学内容层级分析改进方法进行了具体的教学内容分析。不难看出,其步骤明确、可操作性强,很容易转换成计算机的算法,即:可以应用某种程序设计语言去实现,从而提高教学内容分析的效率。本实例仅含有 14 个知识点,对于一门课程的众多知识点,也可采用同样方法操作。因此,这是一种简单易行的方法并能为合理安排课堂教学、编写教案、撰写参考书等教学工作提供依据。此外,这种方法还有助于教师合理安排课程内容的知识点,提高教学效率。

第三节　教学策略的优化观念

教学策略是为达到教学目标,完成教学任务,而在对教学活动清晰认识的基础上,对教学活动进行调节和控制,并选择运用恰当的教学媒体的方法或方式的总称。它是教师在教学实践中为提高教学效率,依据教学的计划、学生的身心特点,有意识地对教学规律、教学原则、教学模式、教学方法进行选择、筹划和灵活处理的过程。教学策略具有指示性和灵活性特点,而不具有规定性、刻板性。本节主要介绍教学的活动程序、教学方法、教学组织形式等教学策略的主要内容,并详细介绍关于认知策略的教学策略和关于问题解决的教学策略。

一、教学策略概述

1. 教学策略的含义

"教学策略是指教师在课堂上为达到课程目标而采取的一套特定的方式或方法。教学策略要根据教学情境的要求和学生的需要随时发生变化。无论在国内还是在国外的教学理论与教学实践中,绝大多数教学策略都涉及如何提炼或转化课程内容的问题。"①

"所谓教学策略,是在教学目标确定以后,根据已定的教学任务和学生的特征,有针对性地选择与组合相关的教学内容、教学组织形式、教学方法和技术,形成的具有效率意义的特定教学方案。教学策略具有综合性、可操作性和灵活性等基本特征。"②

"教学策略是为了达成教学目的,完成教学任务,而在对教学活动清晰认识的基础上对教学活动进行调节和控制的一系列执行过程。"③

尽管对教学策略的内涵存在不同的认识,但在通常意义上,人们将教学策略理解为:教学策略是指在不同的教学条件下,为达到不同的教学结果所采用的手段和谋略,它具体体现在教与学的交互活动中。

2. 教学策略的内涵

(1)教学策略具有目的性和整体性。

邵瑞珍认为,教学策略是教师在教学过程中,为达到一定教学目标而采取的一系列相对系统的行为,由此可知,她强调教学策略的目的性和整体性。

(2)教学策略是解决教学问题的方法和技术。

从教学策略的使用角度来看,教学策略是为解决教学问题服务的,是由一系列的方法和技术组成。

(3)教学策略是对方法技术的操作。

教学策略是关于有效地解决教学问题的方法、技术的操作原则与程序的知识。

(4)教学策略可以分为静态的内容构成维度和动态的教学活动维度。

静态的内容构成维度,是指教学内容的组织安排。从这个维度来看,教学策略制定过程的主要工作是教学顺序的安排。动态的教学活动维度,是指教师为提高教学效率而有意识地选择筹划的教学方式方法与灵活处理的过程。从这个维度来看,教学策略制定过程的主要工作是教学活动的设计。

3. 教学策略的分类

教学实践中存在多种多样的教学策略。运用不同的标准,以不同的角度,可划分出许多不同的类型。但从广义而言,按照教学策略的性质划分,可以分为主体型教学策略和主导型教学策略;按照教学策略的工作对象分,可以分为组织策略、传递策略和管理策略。

(1)主体型教学策略和主导型教学策略。

①主体型教学策略。主体型教学策略是指让学生作为学习的主要控制者,学生自己形成教学目标,自己对教学内容进行组织和加工、安排学习活动的顺序,并鼓励学生自己从教学中建构具有个人特有风格的学习。教师在此作为学习的指导者和帮助者,为学生提供一些必要

---

① 施良方. 课程理论:课程的基础、原理与问题[M]. 北京:教育科学出版社,1996.
② 袁振国. 当代教育学[M]. 北京:教育科学出版社,2004.
③ 和学新. 教学策略的概念、结构及其运用[J]. 教育研究,2000;12.

的条件支持,将管理和控制学习的责任转移给学生,学生成为教学活动的主要责任承担者。学生主要依靠自己的力量,使原来的知识能力与新信息产生联系,发生相互作用,通过探究活动进行学习。

主体型教学策略的主要优点是:学生在学习过程中可以积极主动地建构认知结构,对信息的处理过程比较深入,有利于知识的记忆和迁移;允许学生使用和改善他们的学习策略,可以提高学生学会学习的能力;还可以激发学生的学习兴趣。

当然,这种策略也有它的局限:如对学生的认知能力有较高的要求,要有较高的智力投入,这可能导致一部分学生认知超载和情绪低落;需要学生花费大量的时间进行学习,学习周期较长;学习的成功依赖于学生以前具有的有关内容的知识和学生具有的学习策略的水平;按照这种方式获得的学习结果具有较明显的个人风格,对教学内容的解释带有较浓的个人色彩。

②主导型教学策略。这种教学策略在传统教学中比较常用。它主要是强调教师在学生学习过程中的指导作用,倾向于替学生处理信息,为学生提供学习目标、选择教学内容、安排教学顺序以及设计教学活动等。

主导型教学策略可以使学生的学习较好地集中在预定的学习目标上;比主体型教学策略有更高的学习效率,学生可以在短时间内学习更多的内容;先决知识不足和学习策略技能有限的学生可以借助这种方式获得成功的学习。

这种策略的缺点在于:学生的智力投入较少,信息处理的深度不够,容易导致被动地接受;由于教学安排得过于周到和缺乏独创性,所以对学生的挑战性不大,一些学生的学习动机水平不高。

(2)组织策略、传递策略和管理策略。

①组织策略是指如何组织教学过程,安排教学顺序,以及如何呈现特定的教学内容,具体就是对教学顺序和教学活动的安排。

②传递策略涉及要使用的教学媒体、教学方法和学生的分组,具体说就是教学媒体教学方法的选择和教学组织形式的合理选用。

③管理策略是将组织策略和传递策略协调起来的策略。包括时间安排与组织、教学时的资源分配等。

二、教学策略的制定

(一)选择教学策略的依据

(1)根据教学目标。有什么样的目标,就应当选择有利于实现该教学目标的策略。

(2)遵循教学和学习规律。教学策略是实现教学目标的手段,作为手段和方法,应当以学习理论和教学理论为策略制定的依据。

(3)要符合教学内容的客观要求。应针对不同的教学内容,选择不同的教学方式,教学策略是为教学内容服务的。

（4）要适合学生的特点。不同的学生，所制定的教学策略也应该不同。处在不同身心发展阶段的学生，其学习特征各异，因此，要充分考虑学生特征设计教学策略，以学生特征分析的结果作为设计依据。

（5）根据教师的自身条件。能为教师所实现的教学策略才能发挥作用，有的策略虽很理想，但教师却很难控制，结果只能是适得其反，不能在教学中产生良好的效果。

（6）依据客观教学条件的可行性。教学策略的实施要受客观教学条件（如教学设备、设施、教学资源、教学管理等）的制约。因此，要根据可能的现有条件，选择制定合适的教学策略。

（二）确定教学顺序

教学顺序是指教学内容的排列次序，即决定"哪些内容先教、哪些内容后教"，"哪些内容先学，哪些内容后学"的问题。教学顺序的明确是教师进行教学时必然遇到的问题。由于不同类型的学习目标要用不同的设计方法，因此我们根据加涅学习结果的分类方法将学习目标划分为智力技能、言语信息、态度、动作技能等类型分别加以讨论。

1. 智力技能的教学顺序

关于智力技能的教学顺序，常见的有两种模式：一是自下而上的教学顺序，即从简单到复杂、从具体到抽象；二是自上而下的教学顺序，即从一般到个别、从抽象到具体。

（1）从简单到复杂技能的教学顺序。

根据学习具有层次性的观点，加涅将智力技能按照难易程度分为辨别、概念、规则和高级规则等四个层级，这个层级是由简单向复杂排列的。

（2）自下而上的教学顺序。

根据布鲁纳的发现学习策略，学生在参与学习活动中发现有关概念和抽象原理。在教学中，教师不把教学内容直接告诉学生，而是向他们提供问题情境，引导学生探究问题。很显然，这种发现学习的顺序是自下而上的，即从具体到抽象的顺序。

（3）自上而下的教学顺序。

理论依据是奥苏伯尔的"先行组织者"教学策略，即在教学中首先呈现的一种引导性材料，这个材料具有较高的抽象、概括和综合水平，目的是为新的学习任务提供观念上的固定点，增加新旧知识之间的联系，给学习者已知的东西与需要知道的东西之间架设一道知识桥梁，使他更有效地学习新材料。教学顺序的起点应确定在学习层级的较高点，然后再学习一些具体的教学内容。

2. 言语信息的教学顺序

言语信息的学习可分为机械的言语信息学习和有意义的言语信息学习。

（1）机械的言语信息学习是符号所代表的新知识与学习者认知结构中已有的知识建立非实质性和人为性的联系，学习的内容与学习者原有知识没有什么必然联系，各项言语信息的教学内容之间也不存在逻辑意义，学生仅仅记住某些符号的词句或组合。例如，要记住两个英语单词，或记住两个电话号码，在教学顺序上，先学什么、后学什么，似乎关系不大。

（2）有意义的言语信息学习是符号所代表的新知识与学习者认知结构中原有的知识建立实质性和非人为性的联系。它的学习材料必须具有逻辑意义，也就是说，有意义学习必须以具有逻辑意义的学习材料为前提。因此，教学时需要按一定的逻辑联系安排教材顺序。

3."态度"的教学顺序

"态度"是通过学习形成的影响个体行为选择的内心状态。我们可以这样安排"态度"的教学顺序：让学习者观察一个他所尊敬的榜样人物所表现出来的特定的"态度"及行为，然后，榜样人物的行为又受到一定的奖励。由此产生的教学效果比直接的劝服工作更好。

4.动作技能的教学顺序

动作技能的形成是通过练习逐步掌握某种动手能力的过程。动作技能的教学顺序设计一般可分为三个阶段：认知阶段、形成联系阶段、自动化阶段。这些阶段反映出动作技能学习的过程。

（1）认知阶段。

在此阶段，学习者需要通过教师的言语讲解、观察动作示范，理解任务及其要求。这一阶段的主要任务是领会技能的基本要求，掌握技能的局部动作。

（2）形成联系阶段。

在这一阶段，重点是让适当的刺激与反应产生联系。动作即使很简单，也包含着若干局部动作，因此必须将局部动作通过执行程序联系起来。这一阶段的主要特点是技能的局部动作被综合成更大的单位，最后形成一个连续技能的整体。

（3）自动化阶段。

经过动作连锁，一系列动作已联合成为一个有机的整体并已固定下来，整个动作相互协调似乎是自动安排出来的，无需特殊的注意和纠正。就是说，学习者不再需要考虑下一步做什么，达到了动作技能学习的自动化。

(三)教学活动的设计

学习成绩的好坏，既不是由内因决定的，也不是由外因决定的，而是由内因和外因的相互作用决定的。内因就是学习者的内部条件，即学生学习的内在规律；外因就是学习的外部条件，即学校的教学活动。当教学活动的设计符合学生学习的内在规律时，才能有效地促进学习。学习者的内部状况和外部条件是相互依存、不可分割的统一体。教师的重要任务之一就是要为学生创造一个理想的外部条件，促使学生向教学目标规定的方向循序渐进。那么，教师在考虑为学生安排外部条件时，必须以学生的学习规律为出发点。根据加涅对学习内部条件的分析结果，学生学习的内部过程由九个步骤组成，它们分别是接受、期望、工作记忆检索、选择性知觉、语义编码、反应、强化、检索与强化、检索与归纳。相对于学生学习的内部过程的每一步骤，可以设计出促进学习的教学活动过程的九个环节，即教学活动程序。如表2-3-1所示。

表 2-3-1　教学活动与学习的内部过程之间的关系

教学活动	学习的内部过程
引起注意	接受
说明学习目标	期望
激发对以前学习的回忆	工作记忆检索
呈现刺激材料	选择性知觉
指导学习	语义编码
诱发学生行为	反应
提供反馈	强化
评定行为	检索与强化
促进记忆和迁移	检索与归纳

划分九类教学活动的目的是为了使教师的教学活动符合学生的学习规律，更好地指导学生，从而促使学习活动更加有效。下面对九类教学活动的具体内容作简单介绍。

1.引起注意

注意是指心理状态的指向和集中，它是任何学习活动的前提条件。正因为人的认知活动是从注意开始的，所以教师必须首先对学生的注意进行唤起和调控，调动学生认知注意和情绪注意，并在以后的认知活动中不断地激励学生的认知感受，以维持学生的注意机制处于积极的状态。

2.说明学习目标

教学开始时，应让学生具体了解当教学目标达到后，他们将学会做什么，应能达到什么指标，获得什么能力，从而激起学生对学习的期望。让学生知道学习的最终结果，有利于形成学生的认知内驱力，即形成学生的内部动机。

3.激发对以前学习的回忆

学生已有的知识、技能是学习新知识的重要基础。教师应有意激发学生检索已有的知识、能力，让学生在学习新知识之前回忆与该新知识有关的先前学习的知识和技能，可以使学生充分利用认知结构中已有的观念同化新知识，有助于进行有意义学习。

4.呈现刺激材料

即为学生呈现适当的学习材料。为了促进学生的选择性知觉，通过各种媒体呈现的学习材料应具有鲜明的特征，尽可能使学生的多种感官都得到信息刺激，学生的知觉就会变得更容易和更准确。

5.指导学习

为了使学生的学习成功，教师要通过某种方式给予学生某些指导。这种指导并非是告诉学生答案,而主要为了使学生不偏离正确的学习方向或程序。这种指导可以通过教师或教材进行。

6. 诱发学生行为

这是促使学生做出反应的活动。其主要目的是使学生积极参与到教学过程中去,并使学生的学习结果以外显行为的方式表现出来。"参与"指主动地学习,通过参与,学生能更好地理解并保持所学内容。

7. 提供反馈

教师将学生的表现与所期望达到的目标相比较,得出是否正确的结论,并将这个结论告诉学生。学生通过反馈信息能了解自己的理解和行为是否正确,以便及时改正。提供反馈的目的是促进"强化"的内部学习过程。通过反馈,学生的成功学习得到肯定,受到鼓励,就能建立信心。

8. 评定行为

学生的学习是否真正产生和成立,应根据学生的学习行为加以确定。评定学习行为的目的是促进回忆并巩固学习结果。评定方式要求学生完成更具有总结性的作业,作业一般分为重复性作业和相似问题性作业,作业完毕后对学习成绩进行评定。一般来说,测试是评定行为的主要手段,既能检查学习结果,又能起强化作用。

9. 促进记忆和迁移

这项活动的目的是使学生牢固地掌握所学知识和技能,并能将其运用到新的情境中,解决新问题。记忆是学习的一个重要组成部分,没有记忆,也就无所谓学习。迁移是一种学习对另一种学习的影响,即所谓"举一反三"、"闻一知十"。要达到此项教学活动的目的,教师应该明确要为学生提供有意义的学习活动;应安排各种练习和间隔复习的机会,增强学生对已习得知识的保持;为学生提供策略指导;向学生布置新任务,让他们在新的问题情境中培养能力,即帮助学生把新知识贯穿到后续的教学内容中去,或把新知识运用于相似但不相同的其他情况。

(四)确定教学方法

教学活动是教师和学生为了达到教学目标,在教学理论和学习理论的指导下,借助教学手段(工具、媒体或设备)而进行的师生相互作用的活动。在教学活动中,选择与运用恰当的教学方法是优化教学的重要前提。

1. 常用的教学方法①

教学方法的种类很多,而且还将不断有新的出现。教师选择适当的教学方法,并进行合理的组合,才能取得优化的教学效果。以下介绍几种常用的教学方法。

(1)与获得认知类学习结果有关的方法。

---

① 罗文浪.现代教育技术.北京:北京航空航天大学出版社,2006:265.

①讲授法。指教师通过口头语言,辅以板书等媒体向学生传授信息的方法,是一种教师讲、学生听的活动。讲授法具体又可分为讲述、讲解和讲演三种。对于某个事物或事件进行系统的叙述与描绘称为讲述;对某个概念或原理进行解释、分析和论证称为讲解;不仅描述事实,而且深入分析和论证事实,并在此基础上做出科学结论称为讲演。

②演示法。指教师通过操作性的示范表演,使学生增加感性知识,加深印象,让学生理解和掌握知识的方法,是一种教师演示,学生观察的活动。演示法使学生从感性上认识一定的客观事物,为理性认识打下基础。演示一般还可以分为静物演示和动态自然现象的演示。

③提问法。指教师通过连贯地提问来引导学生的思维,促使他们独立地得出结论的方法。它能充分激发学生的思维活动,有利于训练学生的语言表达能力。

④讨论法。指全班或小组学生,在教师指导下围绕某一中心议题发表自己的看法,从而进行相互学习的方法。讨论法的用途十分广泛,除了能促进学生加深对知识的理解外,还能为学生提供合作思考的机会。

⑤练习法。在教师指导下,学生运用已学的知识、技能解决同类课题的方法称为练习法。学生通过其他方法领会的知识和技能往往比较抽象、概括,而在练习法中学生可通过对课题中的具体事物进行一系列的分析,从中找出抽象的知识、技能所反映出的这类事物的本质因素,达到对知识、技能的深入理解和巩固。

⑥实验法。指教师指导学生运用实验仪器设备,按照指定的条件和设计去进行独立作业的方法。这种教学方法的目的在于通过学生的操作,通过出现的自然现象或过程,让学生通过观察、探究去获得知识。

⑦实习作业法。实习作业法是指教师组织学生在校内外进行实际操作,把从课堂上学到的理论知识、技能运用于实践的方法。它的作用在于理论联系实际,培养学生运用书本知识的技能。

(2)与获得动作技能有关的方法。

①示范-模仿法。这是通过教师示范和学生模仿,来传授如何运用具体动作的方法。一般的动作技能,如实验技能、体育技能、演奏技能等,由于示范较易外显,学生模仿起来也较容易,为了让学生加深对动作技能要领的理解,防止学生机械、盲目地模仿,教师的示范要与适当的讲解相结合。

②练习-反馈法。动作技能是构成行为的基础,其结果反映动作的迅速、准确性及力量或身体的平衡机能。最好的掌握方法是反复的练习,而且对每次练习要提供反馈信息,让学习者知道自己的动作与期望的动作之间的差距,以改进、提高动作技能。

(3)与情感态度有关的教学方法。

①直接强化法。直接强化法是在学习者经过内部思考后选择某一期望的行为时,给予及时的肯定和鼓励或者是在某些期望行为产生后,帮助学习者去完成目标,使他们获得成功的喜悦。这样,对期望行为的不断强化便能促进学习者逐渐树立起正确的态度。

②间接强化法。这种方法是学习者从许多模范人物身上观察和学习的。为了使态度的学

习有效,就要让学习者亲眼看到或通过电影、电视和书报等媒体观察到模范人物所得到的表扬和奖励,使他们间接感受到对正确态度的强化。要注意的是被强化的模范人物必须是被学习者尊重的人。

除这两种方法以外,教师也常创设一些类似真实的情境,如社会情境、自然情境等,让学生"身临其境"或是扮演一定的角色,使他们在与"情境"及他人的相互作用中去感受体会,这对于某些社会情感、鉴赏力的培养也是有益的。

2. 教学方法的选择和有机组合

选择教学方法是提高教学活动效率的重要条件。任何一种教学方法都不是万能的,每种方法都有它的适用动机和范围。在某一具体情境中是最优的方法,在另一情境中未必也最优;反之,在一种情况下是低效的方法,在另一种情况下却可能很有成效。面对多种多样的教学方法,选择教学方法要考虑教学目的、教学内容、教学对象及教师本身的特点和修养等各个方面的因素。

(1)依据教学目的。

教学目的是教学活动的终点,要选择与教学目的相适应的、能够有助于实现教学目的的教学方法,这一点尤为重要。

(2)依据教学内容。

教学目的是通过学生在教学过程中掌握特定的教学内容来实现的。不同性质的教学内容要求采取与完成该教学内容传授任务相适应的教学方法。

(3)依据学生情况。

教师的教,是为学生的学,教学方法要适应学生的基础条件和个性特征。

(4)依据教师本身的特点和修养条件。

教学方法的选用,只有适应教师的素养条件,才能为教师所掌握,才能发挥作用。有的方法虽好,但教师缺乏必要的素养条件,自己驾驭不了,仍然不能在教学实践中产生良好的效果。教师可以根据自己的素养条件,扬长避短,发挥个人的优势,采取与自己条件相适应的教学方法。

每种教学方法都有其自身的特点和用途,但同时又互相联系,相辅相成。因此,教学方法的优化组合十分重要。所谓教学方法的优化组合,是指根据教学目的要求和教学内容的需要以及学生的实际情况,将一系列相互关联的教学方法合理组合、综合运用,使其产生最佳的教学效果正是在教学方法的组合与灵活运用方面教师的创造性能够得到最充分的发挥。

(五)确定教学组织形式

教学组织形式可以定义为教学活动中师生相互作用的结构形式,或者说是师生的共同活动在人员、程序、时空关系上的组合形式。一般而言,教学组织形式多以组织学生的方式为基点,分为三个基本形式:班级教学、小组教学和个别教学。

1. 班级教学

班级教学一般是以班级的形式进行的。它是根据年龄或文化程度把学生编成有固定人数的班级,由教师按照教学计划统一规定的内容和时数并按课程表进行教学的教学组织形式。班级教学的基本特点是:第一,以"班"为人员单位,学生在班集体中进行学习,班级人数固定且年龄和知识水平大致相同;第二,以"课时"为时间单位,教师同时面对全班学生上课,有统一的起止时限和固定的单位时间;第三,以"课"为活动单位,把教学内容以及传授这些内容的方法、手段综合在"课"中,把教学活动划分为相对完整且互相衔接的各个教学单元,从而保证了教学过程的完整性和系统性。

(1)班级教学的优越性。

①教师与学生面对面相处,可以及时收集反馈信息,有利于及时调整讲授内容和方法。

②它能保证学习活动循序渐进,并使学生的学习系统完整。

③它能保证发挥教师的主导作用,以教师的系统讲授为主,其他方法为辅。

④它能大规模地面向全体学生教学,一位教师能同时教许多学生,有一定的规模效益。

⑤它把教学内容及活动加以有计划的安排和管理,从而可赢得教学的速度。

⑥班集体内的群体活动有利于培养学生的态度与情感,有利于形成学生健康的个性品质。

(2)班级教学的局限性。

①难以照顾学生的个别差异。教学面向全班学生,全体学生被迫接受同一个进度,不利于因材施教。

②不能容纳和适应更多的教学内容和方法,因为它一切都固定化、形式化故而缺乏灵活性。

③学生的主体地位或独立性受到一定的限制。教学活动多由教师直接做主,学生的探索性、创造性不易发挥,主要以接受学习为主。

④单纯的言语讲授容易引起学生的注意力随着时间的延长而迅速下降。

⑤不适宜完成动作技能目标,对情感领域的教学目标也效果甚微。

(3)适用的教学情况。

①系统讲解课题范围内的观点和材料。

②讲解教学内容的一般背景知识或必需的预备技能。

③导入新课题的教学目标及阐述教学要求,为学生指明学习方向。

④介绍学科领域新近的发展情况。

⑤邀请专家讲座等。

⑥进行课题或单元的复习和小结。

2. 小组教学

小组教学是指将两人以上的学生编成一个小组,以各小组为单位共同学习的教学组织形式。这种教学形式可以有效地弥补班级教学的某些不足,给予教师与学生、学生与学生面对面密切接触、相互交流的机会,有利于学生进行合作学习,是培养健全人格、促使个体社会化的有效途径。

（1）小组教学优越性。

①在小组内，学生之间较易进行不同经验和想法的交流，有利于培养学生的思维能力。

②教师能及时了解学习情况，并能及时给予适当指导。教师此时是作为小组成员之一，在心理上与学生是平等的关系，这样更有利于发挥教师的主导作用。

③有助于提高学生组织和表达自己见解的能力。通过向其他同学解释要点和原理，学生还能强化自己的学习。因此，也有利于学生学习积极性的提高。

④有利于情感领域的教学目标的实现，如形成态度，培养鉴别能力，形成合作精神和良好的人际关系。

⑤有利于开展项目或作业活动，使学生认知领域的某些高层次技能（如问题解决和决策）能得到较充分发展。

（2）小组教学局限性。

①教学组织工作和学生的学习准备比较困难，稍有疏忽就会影响学习效果。

②要使小组所有成员都积极参与活动又不至变成无意义的闲谈有一定的难度。

③教学进度不容易控制。

（3）小组教学的使用要点。

①教师应使学生在进行小组学习之前，明确学习活动的目的和主要任务。

②各小组成员的人数，通常以低年级 5 人左右，高年级 10 人左右为宜。

③在进行小组讨论以前，应给学生个人思考的机会。

④对于小组内的交流，应对说话方式做出某些规定。

⑤唤起学生的注意，使所有学生都能参与学习。

⑥有些活动可由学生自己主持，但老师始终应该是活动的指导者和参与者。

3. 个别教学

为了克服班级教学进度难以照顾学生个别差异的缺点，个别教学被人们重新提倡并重视起来。早期的现代个别教学组织形式，是根据学科内容，在一定的时间内，将班级解体，学生进行个别化学习，教师适时进行个别检查和指导。后来又出现了程序教学和教学机器，特别是出现计算机及网络，学生可以按照自己的步调进行个别学习。

（1）什么是学生个别差异。

所谓个别差异是指人与人之间表现出来的心身特征的差异。了解和掌握人的各个特性是理解人与人之间个别差异的主要线索。学生个别差异的表现形式是多方面的，而且研究者的着眼点也不同。我们可从智能、才能、创造性、认知类型和学习风格、学习热情、兴趣、气质和性格、适应性等方面去考虑学生的个别差异。

（2）个别教学的类型。

个别教学的组织形式多种多样，但从总体来看，可以概括为四大类别。

①所有学生的教学目标和教学方法都不同。针对不同的学生，教学目标和教学方法都有

目的地发生变化,从而适应每位学生的特点,这是最尊重学生个性的一种方式。

②所有学生的教学目标相同,但教学方法不同。这种类型是为了实现共同的教学目标,根据每位学生的特点而改变教学方法,以适应学生的不同特征。

③所有学生的教学方法相同,但教学目标不同。这种类型是全体学生按照一定的方法和程序进行学习,但根据学生的不同特点来确定不同的教学目标。

④所有学生的教学目标和教学方法相同,但学习步调或进度不同。这种类型是为了实现对全体学生而言都十分必要的共同的教学目标,采用相同的教材和教学方法,但需按照每位学生自己的学习进度和步调进行的个别教学。这是根据学生不同的学习步调,明确每位学生学习所需的时间不同,解决和处理学生个别差异的方式。

(3) 个别教学的优越性。

①教师可以有更多时间去关注个别学生。

②学习的时间和空间灵活性大,特别适应于高年级及成年学生的探究性学习。

③允许程度不同的学生都能按照自己的能力选择相应的学习条件,如教学内容、教学资源以及学习方式等,让每个学生都能最大限度地获得学习效益。

④要求学生自定学习级别,自己控制学习,有利于培养学生的学习能力,形成学生适应未来环境的良好行为习惯。

(4) 个别教学的局限性。

①学生缺乏应有的自觉性,可能无法到达预定的教学效果。

②个别化教学不是对所有的学生和教师都适用。

③若长期把它作为唯一的教学形式,可能会缺少师生之间和学生之间的相互作用,不利于个性的健康发展并会丧失学生集体中多样的教学影响源。

④个别教学需要有足够的教学资源,资金投入很大。

(5) 个别教学的使用要点。

①根据所要求的教学目标精心选择和准备学习活动、合理分配各种教学内容和教学资源。

②认真安排学习过程,把教学内容分成较小的步骤,每个小步骤一般只包含一个知识点。

③通过一定的反馈方式,考查学生对所学内容的理解情况和应用情况,以便在进入下一步学习之前,检查学生对前一步内容的掌握程度。

④教师可采取多种方式保持与学生的联系,对有困难的学生及时给予帮助。

思 考 题

1. 为什么要进行学生特征分析?
2. 皮亚杰的认知发展理论对教学系统的设计有哪些指导意义?
3. 结合本章案例,谈谈怎样进行教材内容分析。
4. 什么是教学策略?举例说明如何选择合适的教学策略。

第三章 教学媒体及其应用

学习目标：
1. 教学媒体的定义、特点和作用。
2. 教学媒体的分类。
3. 教学媒体选择原则。
4. 现代教学媒体的教学应用。

第一节 教学媒体及其分类

从教育传播学的角度来看，教学是向学生传送各种知识、技能、思想、观念的过程，它是一个有目的、有组织、有计划的传播活动。在教育传播过程中，教学媒体是一个非常重要的因素，特别在信息化时代的课堂内外，教学媒体发挥着重要的作用。

一、媒体本质

（一）什么是媒体

媒体一词来源于拉丁语"Medinm"，意为"两者之间"。很多情况下称为"媒介"，是指在信息传递过程中发送者与接收者之间所利用的各种工具。在现代有时也使用"Material"（材料）一词，它的内容要比"Medinm"广泛得多，指在信息流通过程中所涉及的一切软硬件资源。媒体是英文"Media"的译名，指信息的载体和加工、传递信息的工具。古时，媒指做媒，婚姻介绍的中介。我们将类似文字这种表示和传播信息的载体称为媒体。我们通常所说的"媒体"其中包括两点含义。一是指信息的物理载体（即存储、加工和传递信息的实体），如书刊、报纸、电视、计算机、展示台、多媒体投影机、挂图、磁盘、光盘、磁带以及相关的播放设备等；另一层含义是指信息的表现形式（或者说传播形式），如文字、符号、语言、声音、图形、图像、动画等。狭义媒体是指各种信息的载体或传递信息的工具、中介。广义的媒体概念包括人体器官本身在内（自然媒体）的工具和媒介。媒体呈现信息时采用的符号系统将决定媒体的信息表达功能。

自古以来，人类用来记载和传递信息的媒体有以下几种：

（1）语言：人类特有的发声和听觉符号系统，是最重要、最有效的交际工具，产生于几百万年前原始人类形成过程中。

(2)造型媒体:指占据一定的空间以立体形象表达思想感情、反映客观世界、传播信息和文化的媒介,包括绘图、结绳、雕塑、模型、纪念碑、工艺品、智力玩具、广告车等。例如,陕西出土的兵马俑体现秦代军事文化,建筑模型表现设计思想,地球仪被用来传授地理知识。

(3)文字:人类传播信息的最重要的视觉符号系统。公元前4000年至公元前1000年,美索不达米亚、埃及、中国、印度、希腊等古代世纪文明发祥地,先后形成了比较成熟的文字,使信息、知识得以记录下来传到远方和后世,这是人类进入文明时期的重要标志。

(4)印刷媒体:指主要以纸张为信息载体,用印刷方法复制的传播媒体,包括书籍、报纸、期刊、图片、广告等。中国在汉代(公元前2世纪—公元2世纪)研制出轻便、耐用、价廉的植物纤维纸,才使文字有了比较理想的载体。隋唐以前,书籍全凭手抄,数量有限。中国在唐代(约7世纪)和宋代(11世纪)先后发明了雕版和活字印刷,印刷术传到国外以后又不断得到改进,有力地促进了出版事业的发展和科学文化知识的广泛传播。

(5)音像媒体:记录再现声音和影像信息的媒介,广泛应用于新闻、教学、科研和娱乐活动。包括幻灯片、唱片、电影片、录音磁带、录像带、光盘等。

(6)缩微媒体:是把原件缩摄在卡片、胶片、胶卷或其他材质上,须经放大才能阅读的复制品。《纽约时报》从1935年起同时出纸印版和缩微版。

(7)远程传播媒体:包括无线电报、有线电报、无线电报传真、广播和电视。

(8)以计算机为中心的信息处理和传输技术:计算机及由其控制的设备具有高速准确运算的功能,能处理任何化为编码形式的信息,包括文字、图像、话语、音响和其他各种符号。处理过程包括信息的输入、存储、编排、修改、校对、压缩、检索、翻译、转换、分析、录制、结果输出等。处理的基本方法是建立数据库,即把互相关联的数据(数值、字母、符号串、图表等)存储于磁带、磁盘、光盘等磁性或光学介质上。数据库存储的数据可以增添、删除、修改、更新,最大的特点是一次输入可以反复使用。

计算机联网,可实现跨部门、跨地区以至跨国的信息资料共享。现代多媒体信息技术的发展,正把全球越来越紧密地联结在一起,媒体也得到了最快最广泛的传播与使用。[①]

(二)教学(育)媒体

教学(育)媒体是指在教育教学情景中所使用的承载教学(育)信息和传递教学(育)信息的所有工具、中介。教学媒体是教育技术的重要组成部分,但不能将教学媒体等同于教育技术。

简单说,媒体以教育信息的传递为最终目的时,称为教育媒体,用于教育信息从信息源到学习者之间的传递。如专门用于教学,具有明确的教学目的、教学内容、教学对象的视频教程就是教学媒体。教师和书本不再是唯一的知识来源,在众多教学媒体支持环境下,学生可设计

---

① http://wenku.baidu.com/view/a3246cf04693daef5ef73d94.html

自己的学习计划进行自主学习,师生相互关系发生明显变化,现代教育媒体在教学中发挥着越来越重要的作用。教育媒体作为教育过程中传输和控制信息的手段,信息必须依赖物质作为载体。教育信息的记录、储存、传输和调节,是通过教育媒体来实现的。在20世纪40—50年代,社会上相继出现了电视教学手段、语言实验室、程序教学的设备与软件。而这些手段并不单纯提供视和听,有些需要学生用触觉等其他器官进行感知,进行训练。因此,就用了教育媒体一词去总称。[①]

教育媒体是直接介入教育活动,在教育过程中传递信息的工具。教育媒体是在教育过程中携带和传递教育信息的物质载体和工具。教育媒体(Education Media)、教学媒体(Instructional Media)两者在教学意义上是一致的,所不同的是在范围上前者较广泛,后者一般用来指学校教学和学生个人的活动中使用的媒体。它们都包含了传统的和现代的各类媒体。所谓视听教学媒体(Audio Visual Instructional Media),以"视听"这个限定词上看,其范围进一步缩小。更多的人理解是,只要能提供视觉刺激的、听觉刺激的,各种媒体工具均属其中。视听教学媒体是现代教育媒体不可缺少而又非常重要的一种媒体类型。

二、常用媒体介绍

(一)投影仪

投影机自问世以来发展至今已形成三大系列:CRT(Cathode Ray Tube)阴极射线管投影机、LCD(Liquid Crystal Display)液晶投影机和DLP(Digital Lighting Process)数字光处理器投影机。

CRT投影机(如图3-1-1所示[②])采用技术与CRT显示器类似,是最早的投影技术。它的优点是寿命长,显示的图像色彩丰富,还原性好,具有丰富的几何失真调整能力。由于技术的制约,无法在提高分辨率的同时提高流明,直接影响CRT投影机的亮度值,到目前为止,其亮度值始终徘徊在300流明以下,加上体积较大和操作复杂,已经被淘汰。

LCD投影机(如图3-1-2所示[③])的技术是透射式投影技术,目前最为成熟。投影画面色彩还原真实鲜艳,色彩饱和度高,光利用效率很高,LCD投影机比用相同瓦数光源灯的DLP投影机有更高的ANSI流明光输出,目前市场高流明的投影机主要以LCD投影机为主。它的缺点是黑色层次表现不是很好,对比度一般都在500∶1左右徘徊,投影画面的像素结构可以明显看到。

DLP投影机(如图3-1-3所示[④])的技术是真正的全数字反射式投影技术,是现在高速发展的投影技术。它的采用,使投影图像灰度等级、图像信号噪声比大幅度提高,画面质量细腻稳

---

① 王友社.现代教育技术,合肥:安徽大学出版社,2004.
② http://digi.it.sohu.com/20050131/n224180848.shtml
③ http://group.zol.com.cn/1/14_8808.html
④ http://www.avreview.co.uk/news/article/mps/uan/1190

定,尤其在播放动态视频时图像流畅,没有像素结构感,形象自然,数字图像还原真实精确。由于出于成本和机身体积的考虑,目前 DLP 投影机多半采用单片 DMD 芯片设计,所以在图像颜色的还原上比 LCD 投影机稍逊一筹,色彩不够鲜艳生动。

图 3-1-1　CRT 投影仪

图 3-1-2　松下 PT-PX770NTLCD 投影仪

图 3-1-3　ProjectiondesignM25DLP 投影仪

投影仪使用灵活,经济,容易操作,现在是多媒体教室不可缺少的一个设备,也可以在普通教室、会议室中应用。参考图 3-1-4 所示方法。使用投影仪具有以下 3 个特点:

(1)投影仪教学能增强学生的学习兴趣,提高学生的积极性。投影仪将生动形象的教学内容完全展现在学生面前,学生通过投影仪可真切的感受教学内容,充分刺激学生的视觉,而且全部学生都可以看得真切明白,从而大大地调动了学生的学习积极性。

(2)可以使抽象概念得以具体、形象的解释。教师可以通过计算机将抽象复杂的概念制作成学生容易理解的图例、图示等通过投影仪展示给学生。

(3)提高学习效率,扩大教学信息展示范围。课堂上使用投影仪可以避免写板书浪费的时间,大大提高了课堂效率。投影仪是根据教室大小设计型号和幕布大小的,目的是让教室内所有学生都能清楚地看见其所展示的内容。图 3-1-4 显示了投影仪在普通教室与其他设备的连接方式。

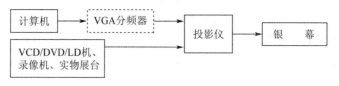
图 3-1-4　投影仪在普通教室使用示意图

(二)数字电视

自 1884 年电视发明,电视机走过了黑白时代,模拟彩色时代,现在已经进入了彩色数字高清时代。根据《我国有线电视向数字化过渡时间表》,我国将在 2015 年停止模拟广播电视的播出。

数字电视(Digital TV)是从电视信号的采集、编辑、传播、接收整个广播链路都数字化的数字电视广播系统。数字电视信号经过码率复用、QAM 调制、中频调制等过程进入有线电视网络,用户端通过终端设备(数字有线机顶盒)接收,在复用过程中可以加入用户管理系统 SMS、条件接收系统 CAS、节目管理系统 PMS 等对用户节目进行管理和控制。图 3-1-5 是数字电视系统结构图。

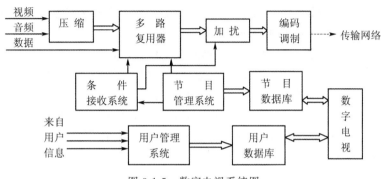

图 3-1-5　数字电视系统图

随着社会信息化的发展,数字电视可为我们提供多样化、个性化、交互性、高图像质量的品质,甚至联网的要求。数字电视是采用数字信号广播图像和声音的电视系统,它在电视信号的获取、产生、处理、传输、接收和存储的各个环节中都采用数字信号或对数字信号进行处理。相对之前的电视教学,数字电视内容更加清晰,播放时间可以任意选择,可以回放,甚至录制下来反复观看。

1. 数字电视传播特点

(1)实现传递信息的交互性。

数字电视用户可以通过互联网的电子邮件等方式向电视台表达自己的意见、要求,用户不再是被动的接受者。

(2)实现了个性化服务。

用户可以在更大的范围内进行自由选择数字电视内容,满足不同用户的不同需求。在韩国,数字电视已成为教育信息技术研究热点之一,主要应用于中小学教育;上海广播大学也已开展了数字电视教学探索;中国传媒大学、海南师范大学等国内高校纷纷开办校园网络电视台,从而丰富校园文化娱乐生活。

(3)提供了丰富的教学资源。

电教片,是较早发展起来的一种电化教育手段,积累了大量相关素材。目前,电教片和科教频道,依然是我国远程电视教育媒体一种重要表现手段,每年都投入大量的电教片制作。

(4)扩大授课范围。

电视媒体,作为国家宣传和娱乐的必要手段,拥有最大的客户群体。随着 2015 年国家推进数字化电视的步伐,在全国范围内,数以亿计的用户都将拥有崭新的娱乐科教平台,在这个平台上，每一个用户都将会感受到数字电视带来的便利服务，电化教育教学资源也会更加广泛地被人们所利用和学习。

2. 3D 电视

3D 电视是三维立体影像电视的简称。三维立体影像电视利用人的双眼观察物体的角度略有差异，因此能够辨别物体远近，产生立体的视觉这个原理，把左右眼所看到的影像分离，从而令用户无需借助立体眼镜即可裸眼体验立体感觉。3D立体电视立体真实感强，视觉冲击震撼；高亮度，高对比度，高清晰画面，无鬼影，自然逼真；从8个角度获得不同的图像，合成出多观看角度的立体图像，角度广，可视点多，画面真实立体感强；可兼容播放二维/三维内容，画面自由转换。该项技术的普及，对教学形象化、虚拟化都起到了极大的推动和普及作用。那时候用户的学习内容可以从不同角度来进行仔细观察，了解物体的体积感，对某些学科来说，这将极大推进教学质量上升。目前随着3D技术的不断精进，3D电视机也越来越普及，片源也在不断增多，我们有理由相信，新一代的3D教育教学片也将会在不远的将来投入量产，尽早为广大学习者服务。

3. 电视系统在教育中的应用

在教学中应用电视系统能提高教学效率，激发学生学习的兴趣，扩大教学范围。下面主要从课堂教学、会议培训、特殊教育、远程教育四个方面介绍电视系统在教学中的应用。

(1) 课堂教学。

在课堂教学中电视可以说是一位"老师"。这位老师不仅能将复杂的理论形象化，还能把呆板单一的理论显得生动具体，学生在课堂上，看着那些逼真生动的画面，情景交融，学生的学习兴趣自然被激发起来。

(2) 会议培训。

利用有线和卫星广播电视系统对不能参加会议和培训的人员进行现场直播，也可以将会议和培训摄录下来，制作成磁带或光盘，然后在电视中播放。

(3) 特殊教育。

电视系统在特殊教育中的作用是显而易见的。例如，我们可以制作出专门为聋哑人教学使用的电视节目，还有因残疾不方便到学校接受集中教育的人都可以在家里使用电视系统进行学习。

(4) 远程教育。

数字电视时代，远程教育可以利用VOD视频点播系统进行学习，使远程教育更加人性化。

(三) 电子白板

新一代的电子白板不但能将教师演讲的内容实时地反映在电脑上，延伸教师的教学半径，而且教学内容可以通过网络传递到远程教学点，甚至可以将教学内容立即编辑、打印出来，使教学和会议进入了全新的数字境界。这已经不是单纯的播放工具，而是一个具有综合输入功能的交互式新媒体，非常符合教师教学需要。它解决了投影机只能观看，不便输入展开的弊端,目前越来越广泛地使用于多媒体教学实践中。作为新一代多媒体教室系统,电子白板的地位越来越突出,系统示意图如图 3-1-6 所示①。

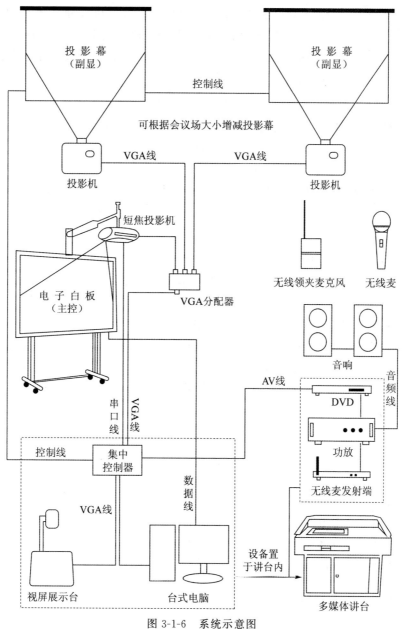

图 3-1-6　系统示意图

---

① http://www.stp01.com/images/link3.jpg

电子白板的教学功能如下：

1. 捕获功能

白板上的书写内容会自动被捕获到计算机中并同时在计算机屏幕上显示，还可保存在计算机中。教师在上课结束后可对其进行编辑或打印，还可以通过传真或 E-mail 的形式分发给学生。因此，上课时学生不必忙于记录，可以全神贯注地听课。这样教师可尽情发挥，节省时间，从而极大地提高教学效果。

2. 通信功能

利用互联网可实现电子白板的通信功能，教师能够与异地联网的学生进行交流，在网络上实现资源共享、文件传送等。这个功能需要数据会议软件的配合，如微软的 NetMeeting 等。每个终端都可以通过发送远端鼠标和键盘消息来控制这个共享的应用程序。界面上共享窗口内的内容一致地出现在所有共享用户的窗口中。使用 HTML 编辑器还能将电子白板图形文件变为 Web 页面。

3. 交互功能

当配合投影机使用时，电脑中的图像投射到电子白板上，电子白板就成为一个大触摸屏，教师可用手指或白板笔在板面上进行计算机各种应用程序的操作，学生在电子白板上立即可看到计算机的反应。例如，在理工类很多学科教学过程中，只有投影演示是远远不够的，教师还要针对具体知识点结合板书展开、推导演示，这种情况下，电子白板就能起到演示和板书合二为一的作用，极大地方便了教学活动。教师还可直接在白板上进行各种鼠标操作，例如可用白板笔快速点击两下某个文件图标，打开文件。学生能清楚地看到操作的过程，非常利于计算机课程中操作性内容的教学。此外，由于教师既可以坐着操作计算机，也可站在白板前操作，使教师的肢体语言得到充分表现。

4. 其他使用方法

电子白板在不连接投影机时可作为普通白板使用。用普通白板笔即可在电子白板上任意书写、绘画，板上内容能够同时在计算机屏幕上显示，并以特定格式保存，还可输出为常用图形文件格式，如 bmp、jpg、png 等。

此外，电子白板的虚拟键盘可输入文字，利用它的标注功能，教师可在讲解过程中对显示在白板上的各种文件进行实时标注，标注的内容能够自动保存在计算机中。这样便于发挥讲解者的灵感，是教学、音/视频会议很有用的工具。

三、教学媒体的特点

加拿大传播学者马歇尔·麦克卢汉（Marshall Mcluhan）认为媒体只是人的器官延伸。例如：笔是手的延伸，印刷品是人眼的延伸，无线电广播是人耳的延伸，电视则是人耳和眼睛的同时延伸，传声器是嘴巴的延伸，面对面的交流是五官的延伸，计算机则是大脑的延伸等。每一种新媒体的出现都是一种延伸,而每一项新的延伸,都会使人的各种感官的平衡产生变化。这说明不同的教学媒体对学习者的感官刺激是不同的,每种媒体都具有其固有的特性。正确了解它们的特性,有助于人们在教育实践中扬长避短,充分发挥其作用。媒体主要有以下共同特点:

1. 表现力

这是指教学媒体表现事物的空间、时间和应动特征的能力。不同媒体的表现力不同。例如,言语、文字是借助语义、语调及声音的抑扬顿挫、轻重缓急来表现事物的特征;电影电视录像能够以活动的图像呈现正在变化中的过程和动向,能够调解事物和现象所包含的时间因素(快动作慢动作),能够从各个角度表现事物的形状、方位、距离等空间特征;幻灯投影和图片在表现空间特征方面和电影电视相似,但它们是以静止方式而不是活动的方式来反映事物的特征。智能手机的教学运用,可以随时随地在网上或下载的资料中获取知识,达到空间、时间和应动特征的完美结合。

2. 形象性

现代教育媒体不仅能传送语言、文字和静止图像,而且能传送活动图像,增强了信息的表达能力和教学直观性,将教学内容具体形象生动地传达到学生的感官,有效激发了学生学习兴趣,提高了教学质量和效率。3D电视技术,使学习者可以用裸眼来观看虚拟的三维空间事物,大幅度地提升了学习内容的形象性。

3. 重现力

指教学媒体不受时间、空间限制,把存储的信息内容重新再现的能力。不同媒体的重现力不同。现场的无线电广播与电视广播是瞬时即逝,难以重现;录音、录像与电影媒体能将信息记录储存,反复重放;幻灯、投影,也能按教学需要反复重放;计算机课件储存的信息也能按学习者需求重现。媒体的这一特性使得过去的优秀教育理论、知识财富和丰富的教育经验得以保存,需要时通过媒体再现给学生。

4. 参与性

指教学媒体在参与学生活动的机会。它可分为行为参与和情感参与,不同媒体的参与性不同。交互式的计算机媒体,学习者能根据本人的需要与程度去控制学习的内容,是一种从行为与情感上参与程度高的媒体。电影、电视、广播,有较强的表现力与感染力,容易引起学生情感上的反应,引起兴趣、注意,激发学生感情上的参与。在配备齐全的虚拟现实系统中,可在最大程度上提高学习者的参与和感知能力。

5. 受控性

指教学媒体接受使用者操纵的难易程度。不同媒体的受控性不同。幻灯、投影、录音、录像、电子计算机都比较容易操纵,并适合用于个别化学习。电影放映则必须接受专门训练,才能操作使用。无线电和电视广播,使用者只能按电台播出的时间去视听,难以控制。

6. 能动性

媒体在特定的时空条件下，可以离开人的活动独立起作用。比如，优秀的录像教材或计算机辅助教学课件可以代替教师上课。精心编制的教学媒体一般都比较符合教学设计原理，采用的是最佳教学方案，尤其是由经验丰富的教师参与设计、编制的教学媒体，教学效果会更好。

7. 工具性

指媒体与人相比处于从属地位，即使功能先进的现代化媒体，也是由人创造，受人支配的。媒体只能扩展或代替教师的部分功能，而且适用的媒体还需要教师和设计人员去精心编制相应的教材，即使具有人工智能的多媒体计算机系统也不可能完全替代教师。

8. 组合性

指若干种媒体可以组合使用，可把不同功能的媒体结合起来，组成多种媒体系统，如声画同步幻灯、交互视频系统、多媒体组合教学系统等。

9. 散播性

指教学媒体可以将各种符号形态的信息送到一定距离以外，使信息在扩大了的范围内再现。为此麦克卢汉曾比喻说，信息的迅速传播已使地球极大地缩小，我们生活的地球已变成"地球村"。

10. 先进性

现代教育媒体中的设备，功能齐全，能满足教学上的各种需要，尤其是幻灯机、MP3、电视机、录像机、视盘机、便携式计算机、智能手机等日益微型化、自动化、遥控化，给教学带来方便。随着高新技术的发展，教育媒体正在向综合化、现代化发展，即向多媒体计算机技术方向发展。

11. 高效性

现代教育媒体的高效性关键在于教育信息传输效率高，学生对信息接受效率高，并对所接受的知识记忆效果好，这些正是现代教育媒体的优势所在。

由于现代教育媒体具有上述特点和优势，因而在学校和社会教育中广泛运用它来提高教育质量和效率，扩大教育规模，促进教育现代化。[①]

四、教学媒体的分类

当代社会把媒体划分为六大块，即：报纸、广播、电视、互联网、杂志、手机。传统的四大媒体分别为：报纸、杂志、广播、电视，此外，还应有户外媒体，如路牌灯箱的广告位等。随着科学技术的发展，逐渐衍生出新的媒体，例如 IPTV、电子杂志等，它们在传统媒体的基础上发展起来，但与传统媒体又有着质的区别。

---

① http://wenku.baidu.com/view/a3246cf04693daef5ef73d94.html

伴随着科学技术的发展,教学媒体的种类也越来越多,很多新技术新设备都能及时地转化并应用于教育教学当中,进而成为新的教育媒体类型。为了把握各种教学媒体的特性,以便合理地选择使用,有必要对其进行分类。由于出发点不同,媒体的分类方法也有多种多样。

关于教学媒体的分类有多种不同的方法,主要有以下几种分类:

(一)按照历史发展进行分类,可分成传统媒体和现代媒体

传统媒体通常指在传统的教学阶段使用的媒体,例如传授使用的语言、书本、黑板、挂图、模型、实物等。现代媒体一般是指利用先进的科技手段进行教学的媒体如:收音机、录音机、扩音机、幻灯机、相机、视频展台、投影仪、电视、摄像机、录像机、MP3、MP4、手机等独立的媒体,还包括语言实验室、多媒体教室、网络教室、微格教室、广播系统、电视系统等集成的教学系统。

(二)按照媒体的表达手段分类,口语媒体、印刷媒体和电子媒体

口语媒体主要就是教师传授知识使用的语言;印刷媒体是指使用印刷技术制作的媒体,如书本、挂图、报纸、杂志等;电子媒体通常就是指使用电信号来存储传播的媒体,例如录音机、相机、视频展台、投影仪、电视、计算机等。

(三)按媒体的物理性能分类

(1)光学投影媒体:如幻灯、投影等,这类教学媒体主要是通过光学投影,把教学软件投影到银幕上。

(2)电声媒体:如录音机,收音机等,是把教学信息以声音形式存储和传播的媒体。

(3)电视类媒体:如电视、录像机等,是把教学信息以声音与图像形式存储和传播的媒体。

(4)计算机类媒体:如多媒体计算机、各种多媒体和网络教学软件、校园网络等,是把教学信息以文字、声音、图形、图像等多种形式存储和传播的媒体。

(四)从技术发展的角度分类

(1)第一代媒体:不使用电磁波储存传递信息。例如语言、书本、黑板、挂图、模型、实物等。

(2)第二代媒体:模拟电子技术储存传递信息。例如收音机、录音机、扩音机、幻灯机、光学相机、模拟视频展台、投影仪等模拟电子技术设备。

(3)第三代媒体:数字电子技术储存传递信息。例如语言复读机、MP3/MP4 播放器、数字电视、数字摄像机、数字录像机、数码相机、DLP 投影仪、CD/VCD/DVD/LD 视盘机、数字视频展台、多媒体教室、数字电视系统、校园网络等等。

(4)现在已经基本进入第四代媒体阶段:无线网络技术时代,进入了一个移动学习的阶段。主要媒体有:多媒体手机、掌上 PDA、迷你笔记本电脑、无线网络等。

(五)按照人的感官分类

按照人的感官角度对视听媒体进行分类。分为听觉媒体、视觉媒体、视听觉综合媒体、综合媒体。

1. 听觉媒体

听觉媒体是传播声音信息的载体和工具。听觉媒体具有即时性、亲和力、打破时空限制、对受者要求低等特点。常用的听觉媒体有：收音机、录音机、扩音机、语言复读机、CD、MP3 播放器、录音笔、传统听力语音教室、无线/有线广播系统和听觉材料等。

2. 视觉媒体

作用于人的视觉感官的媒体，统称视觉媒体。视觉媒体信息量大、表现力强、生动形象，视觉媒体是传播和存储教学信息的重要媒介。

按历史发展分类，传统视觉媒体有：黑板、教材、挂图、模型、标本、实物、幻灯机、光学相机。现代视觉媒体有：投影仪、视频展台、数码相机等。

3. 视听觉综合媒体

视听觉媒体集视觉媒体和听觉媒体的功能于一身，通过有声的、活动的视觉图像，生动、直观、逼真地传递教育、教学信息，易于激发学习者的注意力和兴趣，有利于提高教学效率和效果。

心理学实验表明，若单用听觉学习，三小时后的遗忘率约为 40%，三天后的遗忘率约为 80%；若单用视觉学习，同样时隔的遗忘率分别为 25% 和 50%；若视听觉并用，则分别为 10% 和 18%。由此可见，视听觉媒体对于获得和巩固知识十分有意义。常用的视听类教学媒体设备有电视机、录像机、摄像机、VCD、DVD、LD、MP4 播放器、电子白板、闭路电视系统、广播电视系统、卫星电视系统等设备以及相应的教学软件等。

4. 综合媒体

综合媒体主要是指利用人的多种感官刺激如听觉、视觉、触觉等，达到教学目的的媒体。例如：多媒体计算机、手机、电子白板、多媒体网络教室、语言实验室、微格教室、校园网络和多媒体网络课件以及现在先进的多媒体手机、数字电视系统、教学游戏机、虚拟实验室、人工智能实验室等。

(六)计算机对媒体的划分

国际电话电报咨询委员会（Consultative Committee on International Telephone and Telegraph，CCITT 是国际电信联盟 ITU 的一个分会）把媒体分成以下 5 类：

1. 感觉媒体（Perception Medium）

是指能够直接作用于人的感觉器官，使人产生直接感觉（视、听、嗅、味、触觉）的媒体，如语言、音乐、各种图像、图形、动画、文本等引起听觉反应的声音，引起视觉反应的图像。

2. 表示媒体（Presentation Medium）

是指为了传送感觉媒体而人为研究出来的媒体，借助这一媒体可以更加有效地存储感觉媒体，或者是将感觉媒体从一个地方传送到远处另外一个地方的媒体，如语言编码、电报码、条形码、语言编码、静止和活动图像编码以及文本编码等。

3. 显示媒体（Display Medium）

是指显示感觉媒体的设备,亦指用于通信中,使电信号和感觉媒体间产生转换用的媒体。显示媒体又分为两类。一类是输入显示媒体,如话筒、摄像机、光笔以及键盘等;另一类为输出显示媒体,如扬声器、显示器以及打印机等。

4. 存储媒体（Storage Medium）

用于存储表示媒体,也即存放感觉媒体数字化后的代码媒体称为存储媒体。例如磁盘、光盘、磁带、纸张等。简而言之,是指用于存放某种媒体的载体。

5. 传输媒体（Transmission Medium）

传输媒体是指传输信号的物理载体,例如同轴电缆、光纤、双绞线以及电磁波等都是传输媒体。

此外,按物理性能可将媒体分为光学媒体、电声媒体、电视媒体、多媒体计算机等。

值得我们注意的是,无论何种分类,都很难说划分得十分准确,因为如此众多的媒体,尤其是近年不断出现的新型媒体,由于其技术上的综合性、功能上的多样性,使其无论按哪种出发点分类,都可能形成与其他类的交叉。例如数字电视媒体既是现代媒体,又是视听媒体、电子媒体。

五、教学媒体系统

随着信息技术的进步,传授知识的手段正在发生根本变化。教学形式正从教师利用黑板、粉笔按教科书内容进行单向灌输式课堂教学,向着现代网络化、多媒体教学转变。多媒体在当今社会的各个领域中都有广泛的应用,在教育中更受到人们的青睐,很多时候,已经不是单一或是几个设备成组,媒体使用系统化已经趋向成熟。近年来,各类学校都添置了多媒体教学系统,如建立了种类繁多、功能各异的多媒体教室和教学机房,开发和制作了多媒体课件,开展了各种形式的多媒体教学,这对提高学校的教学质量,深化教学改革起到了重要的促进作用。

教学多媒体系统——多以计算机为核心,能有效地处理、呈现教学内容（文字、声音、图形、图像、动画）的系统整合。它由多媒体计算机及相关设备和配套软件组成,具有集成性、交互性和数字化、智能化的特点。多媒体教学系统一般主要是由计算机为核心,使用较丰富的附加教育媒体进行参与的一整套设计精良的系统组合。计算机的一个重要特性是交互性,即人们可以使用键盘、鼠标器、触摸屏、数据手套等设备,通过计算机程序去控制各种媒体的播放。在人与计算机之间,人是主动者而多媒体是被动者。因此通常认为,多媒体是目前人与机器进行交互的最自然的媒体。目前,多媒体多以超链接方式组织,这样的多媒体信息称为超媒体。

（一）多媒体教室

多媒体教室也称多媒体演示室,是根据现代教育教学的需要,将多媒体计算机、投影、录音、录像、音响系统等现代教学媒体结合在一起而建立起来的综合教学系统。

多媒体教室的类型与结构：

1. 简易型

简易型多媒体电教室分为传统型和现代型两种。传统型一般是在普通教室配上电视机、录像机、VCD、DVD等比较普及的教学设备，通常还接入闭路电视系统。在教学时教师可以播放录像带、光盘、教学节目等。目前这种多媒体教室已经被现代型代替。

现代型由多媒体计算机、音视频切换器、功率放大器和音响设备等组成。通过音、视频切换器可以将各种设备连接成图像和声音两个系统，最后把视音频信号送到电视机和音箱上播放出来。结构如图3-1-7所示。

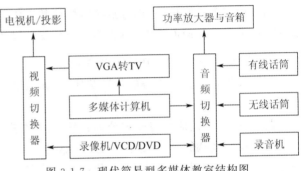

图 3-1-7　现代简易型多媒体教室结构图

2. 标准型

标准型多媒体电教室跟简易型相比，其主要设备通过多媒体集成控制系统（又称中控系统）连成一体，多媒体计算机、投影机、视频展示台、录像机、影碟机、录音机等视音频信号可直接输入输出，并通过控制面板统一操控，整个系统可与校园电视系统或计算机网络连接。标准型多媒体电教室结构如图3-1-8所示①。

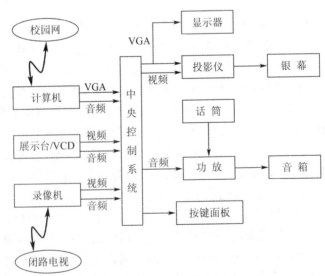

图 3-1-8　标准型多媒体教室结构图

---

① 张剑平.现代教育技术：理论与应用[M].北京：高等教育出版社，2006：182.

3. 网络控制型

网络控制型多媒体电教室的系统配置如图 3-1-9 所示[①]。在这里,多媒体计算机和网络中央控制器均具备联动功能,可以独立设置,也可以结合设置,并配置管理软件,构成多媒体教室的集成控制系统,可通过网络对多媒体教室的设备、设施进行远程操作、控制与管理。也可将若干个这样的多媒体教室设备连在一起,构成一个局域网,在单独设置的总控室内进行集中控制与管理。如各教室内投影机的远程开关机、教师主控台电源的延时断电等操作。如果在每个教室内再加装几部带云台的摄像机,在总控制室内配置硬盘录像机和 VOD 点播服务器及相应的软件等,则可在联网的所有教室内均能实现 VOD 点播和点对点、一点对多点的教学直播等,还可以通过该系统实现电子防盗和电子监控等功能。

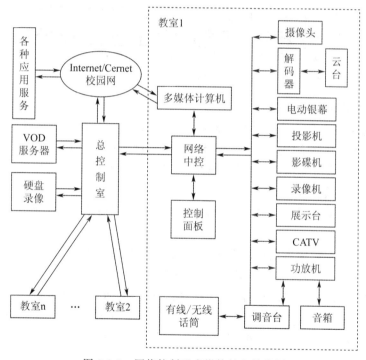

图 3-1-9　网络控制型多媒体教室结构图

多媒体网络教室的硬件组成主要有:服务器、交换机(或集线器)、教师多媒体计算机、学生多媒体计算机、视频展示台、多媒体集成控制系统、投影机、银幕及音响系统等组成。这些设备集成在一起,形成一套功能齐全的视听型多媒体计算机网络教学系统,还可接入校园网或因特网。图 3-1-10 是基于 Web 的多媒体网络教室的拓扑结构图[②]。

[①]　http://61.234.243.251/ec/c5/kc/kcjs/3z-8.htm
[②]　http://61.234.243.251/ec/c5/kc/kcjs/3z-7.htm

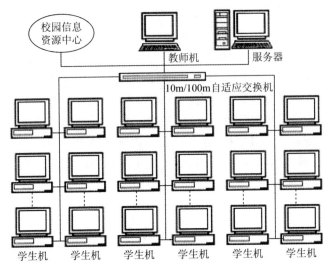

图 3-1-10　基于 Web 的多媒体网络教室的拓扑结构图

多媒体网络教室的主要功能:

(1)实时广播教学功能:教师可以将屏幕内容或讲话声音传递给全体学生、部分学生或单个学生。实时广播包括屏幕广播和声音广播。屏幕广播不仅在一定程度上发挥黑板的作用,还可以插入各种精美图片、音视频动画和图像,丰富黑板的功能,提高课堂教学效果;声音广播则使网络教室增添了语音教学功能。

(2)示范功能:可以将指定学生的屏幕、话音及声音广播给全体、部分或个别学生进行示范。

(3)远程控制功能:教师可以根据教学需要,要求学生机远程执行某种命令,达到相应的控制效果。比如对学生机进行锁定、解锁或开、关机等。

(4)学习监督功能:教师可以在自己机器上观看和检查网络上全体学生、某个小组学生或个别学生的屏幕信息。监督功能不影响被监督者正在进行的操作,也不会被察觉。

(5)分组讨论功能:教师可任意指定每 2~16 人为一组,将全体学生分为多组进行分组讨论,教师也可加入到任何一组参加讨论。

(6)电子举手功能:学生有问题提出或需要帮助时,可以按功能键进行电子举手。

(7)在线交流功能:教师和学生、学生和学生,在网上的任一用户,可以相互交流信息。交流时,在双方的屏幕上将出现交谈的窗口,显示收、发双方的信息。

(8)学籍管理功能:可对学生的姓名、学号、班级、年龄等学籍信息进行管理并显示在屏幕上。

(9)联机考试功能:教师运用此功能时,可以先指定一个正确答案,再通过屏幕或声音将试题发送给学生,学生按 A、B、C、D 回答,收卷后电脑立即自动批卷,教师可以马上了解学生对所学知识的掌握情况,从而对教学效果做出正确的评估。

多媒体教室的教学功能：

利用多媒体网络教室可以有效地完成多种教学任务，其应用形式主要有以下几种。

1. 多媒体课堂教学

在教学过程中，通过文本、声音、动画、图像、图片等符号表达的教学信息，可以激发学生的兴趣，提高教学效率和质量。在多媒体教室中，可以方便地将各种媒体符号信息集成在一起，便于观摩示范教学，还能扩大教学规模。

2. 进行个别化学习

多媒体教室集合了多种教学媒体，功能齐全，教师可以随时对个别学生进行辅导，非常适合学生进行自主个别化学习。

3. 开展多种形式教学活动

多媒体教室具有开放的资源及平台，有在线交流功能。教师和学生、学生和学生，在网上的任一用户，可以相互交流信息，促进多种形式教学活动的开展。

4. 网上练习与测试

教师可以通过多媒体教室为学生提供课堂练习或进行联机考试，这避免了传统考试费时费力的情况，又可以及时了解学生答题情况，甚至可以当场完成试卷评判，从而对教学效果做出正确的评估。

（二）微格教学系统

微格教学（Microteaching）又称微型教学，是在 1963 年由美国斯坦福大学艾伦（D. Allen）教授等人创立的一种利用现代化教学技术手段来培训教师的实践性较强的教学方法。他认为的微格教学"是一个缩小了的、可控制的教学环境，它使准备成为或已经是教师的人有可能集中掌握某一特定的教学技能和教学内容"。微格教学技术自诞生后，得到了迅速推广和大量研究，尤其受到各国师范教育界的重视。在欧美，微格教学已成为教师培训的基本课程。

我们现在普遍认为，微格教学是以现代教育理论为基础，利用先进的媒体信息技术，依据反馈原理和教学评价理论，分阶段系统培训教师教学技能的活动。微格教室是进行微格教学的场所。

微格教室的组成：

微格教室一般由一个主控室和若干个微格教室组成。它通过安装在教室内的摄像头、摄像云台（可以控制摄像头运动的设备）及拾音器，通过设在中心控制室内的主控计算机和分控计算机，任意观察各摄像点情景，回送场景情况，进行自我评价，并可对现场的摄像头进行各种角度及距离变换的操作，达到观摩课、公开课等各种功能。典型的微格教室系统结构如图 3-1-11 所示[①]。

---

① http://61.234.243.251/ec/c5/kc/kcjs/3z—12.htm

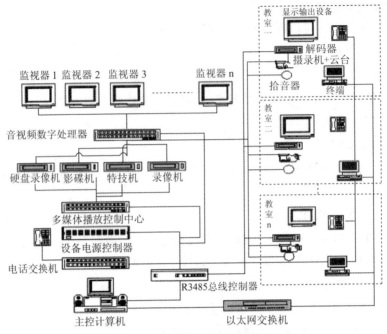

图 3-1-11　微格教室系统结构图

1. 主控室

主控室内装有计算机、主控机、摄像头、录像机、VCD、监视器、监控台等设备。主控室可以控制任意一个微格教室中的摄像云台和镜头,可以监视和监听任意教室的图像和声音。从每间微型教室来的"模拟教师"、"模拟学生"教学活动的视频信号,一路送至录像机进行录像,另一路则可经视频分配器把教学实况信号送到其他微格教室进行示范观摩,供同步评述分析。

2. 微格教室

一般微格教室装有分控机、摄像头、录像机、电视机等设备。多媒体与网络型微型教室除装有一般微型教室设备外,还安装有多媒体组合系统、多媒体计算机局域网或因特网终端等设备。这些设备在教室内部都可进行操作录制,方便以后对讲课情况进行分析和评估。微格教室可以与主控室进行对讲交流,而且可以遥控、选择主控室内的录像机、VCD 机等其他影像输出设备。

微格教室的设计:

如图 3-1-11 所示,在设计微格教室时要注意遵循以下原则:

1. 科学性

要用科学先进性的理论作为指导、采用先进的技术来设计微格教室。

2. 灵活性

为了使受训人员在教室中能有一个宽松的环境,微格教室的环境应尽量做到灵活。在整体布局上要做到宽敞舒适,在座位的安排上应做到不固定,随时组合,以便交流和引起氛围等。

3. 兼容性

微格教室中应用了很多视听设备,设备之间存在兼容问题,所以一定要考虑这个问题。随着科学技术的发展,数字技术已相当成熟,但是传统媒体仍然没有被取代。在很多中小学和经济不发达地区还在使用传统设备,如果培训的是面向这些学校的老师时,黑板、投影、幻灯等还是不可或缺的。

4. 实用性

建设微格教室是一项投资较多的项目,所以一定要在建设之前按实用性的原则进行设计。

微格教学的实施:

微格教学的实施是以现代学习理论、教学理论、现代教育技术理论以及系统科学理论、微格教学理论为指导,以训练教学技能为目标的教学实践过程。具体的实施过程如图 3-1-12 所示。

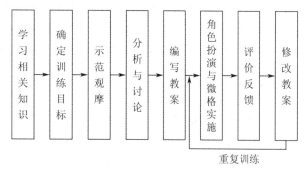

图 3-1-12 微格教学实施过程示意图

1. 学习相关知识

微格教学是在现代教育理论指导下对教师教学技能进行模拟训练的实践活动。在实施模拟教学之前应学习微格教学、教学目标、教学技能、教学设计等相关的内容。通过理论学习形成一定的认知结构,利于以后观察学习内容的同化与顺应,提高学习信息的可感受性及传输效率,以促进学习的迁移。

2. 确定训练目标

在进行微格教学之前,指导教师首先应该向受训者讲清楚本次教学技能训练的具体目标、要求,以及该教学技能的类型、作用、功能以及典型事例运用的一般原则、使用方法和注意事项。

3. 观摩示范

为了增强受训者对所培训技能的形象感知,需提供生动、形象和规范的微格教学示范片(带)或教师现场示范。在观摩微格教学片(带)过程中,指导教师应根据实际情况给予必要的提示与指导。示范可以是优秀的典型,也可利用反面教材,但应正面示范为主。如若可能,应配合声像资料提供相应的文字资料,以利于对教学技能有一个理性的把握。要注意培养受训者勤于观察、善于观察的能力,吸收、消化他人的教学经验的能力。

4. 分析与讨论

在观摩示范片(带)或教师的现场示范后,组织受训者进行课堂讨论,分析示范教学的成功之处及存在的问题,并就"假使我来教,该如何应用此教学技能"展开讨论。通过大家相互交流、沟通、集思广益,酝酿在这一课题教学中应用该教学技能的最佳方案,为下一步编写教案作准备。

5.编写教案

当被训练的教学技能和教学目标确定之后,受训者就要根据教学目标、教学内容、教学对象、教学条件进行教学设计,选择合适的教学媒体,编写详细的教案。教案中首先说明该教学技能应用的构想,还要注明教师的教学行为、时间分配及可能出现的学生学习行为及对策。

6.角色扮演与微格实践

角色扮演是微格教学中的重要环节,是受训者训练教学技能的具体教学实践过程。即受训者自己走上讲台讲演,扮演教师,因此被称作"角色扮演"。为营造出课堂气氛,由小组的其他成员充当学生。受训者在执教之前,要对本次课作一简短说明,以明确教学技能目标,阐明自己的教学设计意图。讲课时间视教学技能的要求而定,一般5~10分钟。整个教学过程将由摄录系统全部记录下来。

7.评价反馈

评价反馈是微格教学中最重要的一步。在教学结束后,必须及时组织受训人员重放教学实况录像或进行视频点播,由指导教师和受训者共同观看。先由试讲人进行自我分析,检查实践过程是否达到了自己所设定的目标,是否掌握了所培训的教学技能,指出有待改进的地方,也就是"自我反馈"。然后指导教师和小组成员对其教学过程进行集体评议,找出不足之处,教师还可以对其需改进的问题进行示范,或再次观摩示范录像带(片),以利于受训者进一步改进、提高。

8.修改教案

评价反馈结束后,受训者需修改、完善教案,再次实践。在单项教学技能训练告一阶段后,要有计划地开展综合教学技能训练,以实现各种教学技能的融会贯通。

第二节 教学媒体的选择

拥有了现代教学媒体并非就拥有了现代教育技术,现代教育技术不等同于现代教学媒体。教学是由教学目标、教学内容、教学方法以及教师、学生等组成的有机整体,现代教学媒体仅仅是这一系统的构成要素之一。现代教育技术的关键在于对学习过程和学习资源的"设计、开发、利用、管理和评价",发挥系统中各组成部分的作用,以提高教学系统的整体效益,绝不能一味地追求现代教学媒体的数量和档次,而应在如何发挥媒体的最大效能上下功夫。当然现代教育技术并非意味着排斥传统的教学媒体。

日本教育技术专家坂原昂在大量调查、认真分析的基础上,提出了一个教学媒体的特性评价表,从功能、成本、使用等几个方面比较了自教科书至计算机辅助教学系统的各种主要媒体的个别特性。本书加入了对手机的评价。

表 3-2-1 是现在常用的媒体特性比较表,很好地体现出了各媒体的特性,给教师选择媒体提供了参考。

表 3-2-1　教学媒体的特性评价表

教学特性	媒体种类	教科书	程序课本	黑板	模型	幻灯	电影	投影	电视	录像	计算机教学系统	手机
功能	呈现信息	★	★	■	■	★	★	■	★	★	■	★
	反馈信息	▲	■	×	▲	×	▲	■	×	■	★	★
	激起反应	■	★	▲	■	★	■	★	■	★	■	★
	控制反应	■	★	▲	▲	■	■	▲	■	■	★	■
	诊断、评价	×	■	×	×	×	×	×	■	×	■	★
目标	知识	★	★	■	★	■	★	■	★	■	■	■
	技能	×	▲	×	■	■	■	■	★	▲	■	■
	能力	■	■	▲	▲	▲	■	■	▲	■	■	■
	态度	■	▲	▲	▲	★	×	★	▲	▲	■	■
代价	准备的精力	★	▲	★	▲	▲	×	▲	▲	▲	×	▲
	设备投资	■	▲	★	▲	▲	▲	▲	▲	×	■	■
	日常耗费	★	★	★	■	×	▲	■	★	▲	×	×
	保存性	■	■	★	■	▲	■	★	★	■	■	★
	反复性	■	■	■	■	▲	★	★	×	★	▲	■
使用方式	便利性	■	■	▲	■	▲	■	★	■	■	▲	★
	个别指导	★	■	■	×	■	×	■	★	★	★	★
	集体指导	★	■	■	■	★	■	★	■	■	■	■
	实用性	★	■	■	■	★	★	★	★	■	▲	★

图例:★很有利　■较有利　▲困难　×不利

一、教学媒体的作用

媒体主要有以下五项功能:(1)监测社会环境;(2)协调社会关系;(3)传承文化;(4)提供娱乐;(5)自由社会与集权社会的传媒。

在教学过程中,选择适合的教学媒体进行课堂辅助教学,或者把教学媒体直接作为教学的主要手段时,会起到很好的教学效果,主要表现在以下几个方面:

从抽象的角度说,教育媒体的作用有两点:一是能向学习者提供在当时当地无法看见和看清的事物、现象和过程,或者无法听到和听清的各种声音等,它为学习者提供充分的感性材料;二是能提供替代的经验,以弥补学生直接经验的不足。下面,我们来了解一下媒体在具体的教育、教学中具体有哪些作用:

1. 有利于教学标准化

不同的教师在讲授相同学科内容时,常常选取不同的媒体素材,使用不同的教学方法,课堂教学的组织也往往因人而异。使用教学媒体进行教学时,由于使用相同的教学媒体设备和教学课件,需要精心的教学设计,内容要规范、标准,从而实现标准化教学是非常有益的。

2. 集中注意,激发动机

注意是学生获得知识的前提,从心理学的角度来讲,媒体中的形声资料是一种控制注意的工具。据研究表明,学生在学习时利用纯视觉和纯听觉的注意比率是不同的,视觉为81.7%,听觉为54.6%,视觉的注意比率高于听觉。幻灯、电影、VCD、多媒体等可以直观形象地再现客观事物,它们的生动性、趣味性本身就能吸引学生的注意,调动学生学习的积极性。人们在与外部世界接触的过程中,只要事物发生变化就会引起意识的警觉性,就会给予注意。有时为了暗示学生什么是重要内容,可以采用许多方法。例如,幻灯中的色彩对比,黑白反差;电影中的字幕闪动或箭头指示;电视中的镜头变换、物体运动以及特技效果等。这些都是利用对比关系和艺术效果作用于学生的感官,都容易引起学生的注意。只有把注意力集中到学习的对象上去,才能产生求知的欲望,这种强烈的求知欲正是学生的学习动机和学习兴趣。

3. 形象具体,有利理解

学生在对教育内容进行感知的时候,需要大量的感性经验做基础。学生的感性认识有些是在生活中取得的,有些是在学习中积累的,而大量的则需要教师在课堂上使用直观材料,使学生通过观察和实验来取得。这就要求教师应用媒体手段呈现出学生必须作出反应的事物或情境,并且应该尽可能像学生在现实生活中遇到的那样,使之产生身临其境的感觉。课堂上教师只凭语言和文字所能唤起学生表象的完整性和鲜明性,远不如刺激物直接作用于学生的感官产生的知觉鲜明具体。根据心理学家的实验研究,人的五个感官就其学习比率而言,视觉要占学习总分的83%,听觉占11%,嗅觉占3.5%,触觉占有1.5%,味觉占1%。而且要是几大感官同时接受刺激,那么效果会更佳。

由于媒体的应用,教育内容涉及的一些事物和现象以及一些变化过程等都可以得到满意的解决。尤其是在正常情况下难以感知的事物和现象,如天体的运动,火山的爆发,细胞的分裂,植物的生长,火箭的发射,原子弹爆炸以及历史事物,异国风情等等,都可以通过媒体的作用展现在学生面前,在短时间内为学生提供大量的感性材料,使学生对教学内容进行充分的感知。

4. 便于回忆,有利巩固

知识的巩固在于保持记忆。记忆是一个复杂的过程,它主要包括识记、保持、再认与回忆。一般来说,具体的东西比抽象的东西容易识记,看过的东西印象深刻,有趣的材料不易忘掉,经过多种感官的材料会牢牢地保持在记忆里。有关研究表明,学习某一份材料三日后,单靠视觉学习的记忆率为27%,单靠听觉学习的记忆率为16%。如果视听觉结合并用学习记忆率则可达66%。从中可以看出,人在识记客观事物时以视听结合效果最佳。在教学中如能用媒体提供鲜明的形象,辅之语言的有机配合,就能使学生的多种感官协同活动,在大脑中形成多个感觉中枢的联系,对输入知识的记忆就长久而牢固。

恰当地利用媒体传递信息能帮助学生对知识信息进行再认与回忆。由于媒体的应用使学生的感知深刻,回忆时学生会自然联想到教师讲解这些知识时应用媒体的情景,因而使再认与回忆容易得多,增强了记忆的效果。

5. 提供示范,培养技能

形成技能是学生获得知识和运用知识的一个重要方面。在培养学生的技能时,除了进行语言讲解描述外,还应通过实际动作或有关的演示材料提供示范,使他们获得有关练习方法和实际动作的清晰表象,有了模仿的样板,然后再进行练习。如中学生物课中的解剖实验,教师在前面演示讲解,即使在全班学生都能看得到的地方演示,后边的学生也往往看不清。如果把实验过程拍成幻灯片、录像等在实验前播放给学生看,再加上板书、板图和教师的语言讲解,学生就容易掌握。因此,利用各种媒体为学生提供技能训练的示范,不仅可以缩短训练时间,而且能使学生掌握牢固技能。

6. 扩大教育规模

现代媒体,特别是卫星技术与网络技术的发展,使得现代教学越来越不受时间、空间的限制,反复使用和复制,为更多的人提供接受教育的机会,有利于扩大教育规模。因此,充分利用广播电视手段和现代网络教育向广大区域传输教育信息,大大节省了师资、校舍、设备和资金。

7. 有利于实施个别化学习

个别化教学媒体如多媒体计算机的使用,可以为学生的个别化学习提供方便条件,学习者可以自己决定学习内容、进度、时间和地点。当学习者直接通过教学媒体进行学习时,教师就有更多的机会对学生进行个别化的指导,这更符合因材施教的原则。

8. 提高教学效率

提高教学效率,是指在一定时间内,教得多,学得多,会得多,用得多。现代化教学手段,能够提高教学速度,节省教学时间,增加教学容量。因为,运用现代教育媒体进行教学,能够在短时间内展开事物运动发展的全过程,便于学生掌握事物的全貌,使学生对所学教材获得最充分的感知;现代教育媒体可以使学生充分地利用视觉和听觉去获取知识,可以使学生综合利用多种分析器进行学习,因而能够提高教学效率。

9. 促进教育改革

在当今信息时代,多媒体技术、网络技术和虚拟仿真技术的应用,为信息的传递提供了高效、快速和多元的通道。从教学手段看,现代媒体的运用,特别是多媒体技术及网络技术的介入,使得教学手段开始逐步现代化与多样化,甚至改变了整个教学模式。从教材方面看,现代教育教材改变了单一的文字教材的状况,声像教材、多媒体教材等进入了教育领域。从教学模式来看,教师根据不同的学习理论,探究新的教学模式,可为学习者创建不同的学习条件和情境。例如建构主义学习理论认为,媒体可以创建教学所需要的学习情境,通过环境与学习者的交互作用,促使学习者主动地进行意义建构。由于新型媒体的出现,为教学添加了新的教学模式,教师和学生的角色、地位发生了明显的变化,相互作用形式也发生了急剧的变化。总之,充分运用现代教育媒体,能极大地促进当前的教育改革,促进从应试教育向素质教育,向创新教育的转化。

10.提高教育质量

在教育工作中,运用幻灯、投影、电影、电视、录音、多媒体及网络等现代教育媒体,对培养学习者的高尚情操,树立远大理想,形成正确的道德观念和良好的行为习惯具有潜移默化的影响。因为,现代教育媒体能以具体、鲜明、生动的道德形象感染学生,给他们留下不可磨灭的印象。所以,充分利用各种现代教育技术手段对学生进行思想品德教育,能促进学生良好思想品德的形成。

综上所述,在现代教学工作中,现代教育媒体确实对于学生掌握知识、形成技能、发展能力都有较大的促进作用。

二、教学媒体选择的依据原则

怎么选择合适的媒体进行学习呢?要根据以下几个方面去选择。

1.学习目标和内容

每一个教学单元都有其学习的目标,所以一定要根据学习目标进行选择。不要过分地依赖媒体,有些实践性强的课程,要求学生达到一定的实践技能,就要尽量安排进行实践操作,让学生真正动手去做,千万不要用模拟的课件代替。

2.学习对象

我们倡导因材施教,那么在选用媒体教学时也必须按照这个要求进行。要注意学习对象的年龄、知识结构、经验积累等因素。

3.学习条件

主要是看硬件设施条件能使用哪些媒体进行学习,再就是要看教师运用媒体教学的水平,应该在保证学习效果的同时选用使用熟练的媒体进行教学。

4.教学内容

各门学科的性质不同,适用的教学媒体就会有所区别;同一学科内各章节内容不同,对教学媒体也就有不同要求。如在语文学科中讲、读那些带有文艺性的记叙文,最好配合再造形象,所以应通过能提供某些情景的媒体,使学生有亲临其境的感受。又如数学、物理等学科的概念、法则和公式都比较抽象,要经过分析、比较、综合等一系列复杂的思维过程才能理解,所以就应提供具体形象的媒体材料,来帮助学生理解。

5.教学媒体的性能

教学媒体除了具有媒体的共性以外,还有自己独有的个别特性。一般从表现力、重现力、接触面、参与性和受控性五个方面比较不同教学媒体的性能,如表 3-2-2 所示。

(1)表现力。表现性是指教学媒体表现事物信息的性能。由于不同媒体重现信息的表现性能有所不同,从而其表现客观事物的物理属性也有所不同。

无线电广播、录音是借助声音(语音、语义、语调、音乐、事物的实际音响)来表现事物的运动状态与规律,它具有声音与时间的表现能力,但缺乏空间的视觉表现力。动画、电影、电视以连续活动的图像和同步的声音来表现事物的物理属性,能以最接近实物的形态逼真地、全面地表现事物的运动方式、相对关系和变化中的过程,具有极强的表现力。但它们是按时间顺序传播的,瞬间即逝,不利于学生的仔细观察和思考。幻灯投影类媒体,在表现事物空间特性方面有很强的能力,常用于再现静止的画面和反映事物的瞬息特征,有利于学生仔细地观察、分析事物的细微部分,但却不利于表现事物的时间与运动特性。

(2)重现力。与重复性相似,如教科书可以反复阅读,但会破损,录像带和录音带在多次使用后质量一般会有所下降。多媒体计算机存储的信息可以反复使用而质量却不会有丝毫改变。

(3)传播力。采用传统教学媒体教学,一个教师最多只能同时向几百人授课,借助于现代教学媒体,一个教师可同时教成千上万的学生。现代教学媒体能以图像、声音、动画、视频等符号形式传递教学信息,与传统教学中的语言、文字传递信息相比,信息输出的速度不仅快,且内容多。我国的卫星教育电视、广播电视大学就是最好的例证。实际教学中,在一定的时间内并非信息输出量越大越好。要注意信息传输的量要与学生接受能力相匹配,以免造成学生认识上的堵塞。而目前的网络课程教学模式,传播力强、接触面广、信息量大、多样,符合学生个性需求。

(4)参与性。参与性是指用教学媒体表现学习内容时,学习者参与的机会。它分为行为参与和情感参与。电影、电视、广播及计算机网络等媒体有较强的表现力与感染力,容易引起学习者情感上的反应,引起注意、兴趣,激发学生感情的参与。应用投影呈现学习内容时,教师和学生能以面对面的方式进行讨论、交流,可使学生在行为上积极参与,教师根据反馈信息掌握教学进程,组织学生的学习活动。计算机网络教学是一种在行为和情感上参与程度都很高的交互媒体。

(5)可控性。可控性指教学媒体使用操作和控制的难易程度。投影、录音、录像和计算机等都比较容易控制,在掌握了操作方法和步骤后,操作也不难。但对于广播和电视媒体,由于目前大多教学类广播电视节目仍是单向传播,使用者只能按播放时间表收看,几乎无法控制。以虚拟现实技术为代表的新一代教育媒体,其参与性和可控性都上升了一个新的高度。

表 3-2-2　常用媒体的特性比较表

教学特性	媒体种类	录音	幻灯	电影	广播电视	电视录像	MP3	MP4	手机	计算机
重现力	即时重现	√				√	√	√	√	√
	事后重现		√	√	√	√	√	√	√	√
表现力	空间特征		√	√	√	√	√	√	√	√
	时间特征	√		√	√	√	√	√	√	√
	运动特征			√	√	√		√	√	√
	声音特征	√		√	√	√	√	√	√	√
	颜色特征		√	√	√	√		√	√	√
传播力	无限接触				√		√	√	√	√
	有限接触	√	√	√		√				
参与性	感情参与	√	√	√	√	√	√	√	√	√
	行为参与		√				√	√	√	√
可控性	易控	√	√				√	√	√	√
	难控			√	√					

三、多媒体教学应用现状及趋势

随着信息技术第五次革命,计算机与互联网的使用开始,教育也进入了信息化时代。信息技术(Information Technology,IT),也称信息和通信技术(Information and Communications Technology,ICT),是指能够支持信息的获取、传递、加工、存储和呈现的一类技术。从教育的角度看,信息技术可看作是教育环境或教育手段的一部分,可以利用信息技术来改善教育、教学,促进教育的改革和发展。

信息技术教育(IT in Education 或 ICT in Education),一般包含两个方面的含义:从教育目标与教育内容方面来理解,是指学习与掌握信息技术的教育,即将信息技术作为学习对象。从教育的手段和方法来理解,是指采用信息技术进行教育教学活动(信息技术的教育应用)。

本书中主要是从教育的手段和方法来理解信息技术教育,主要是指为培养学生学习、运用信息技术、具有信息能力而开展的理论与实践教育活动。

我国中小学的计算机教育,早在1982年就在北京几所大学的附属中学进行试点工作,应该说开始的时间还是比较早的,但是,由于各方面原因的制约,徘徊的时间较长,发展不够均衡。中国基础教育中的信息技术教育的发展经历三个发展阶段,对应三个社会进程,相应地分别为"信息技术"、"课程整合"、"网络教育"。

信息技术在基础教育、高等教育和职业教育三个层次同时发展,一般认为信息技术教育经

历了以下三个发展阶段:

(1)从20世纪60年代初—80年代中后期,计算机辅助教学CAI(computer—assisted instruction)阶段。主要是利用计算机快速运算、图形动画和仿真等功能辅助教师解决教学中的某些重点、难点问题。

(2)从20世纪80年代中后期—90年代中后期,计算机辅助学习CAL(computer—assisted learning)阶段。这个时期逐步从辅助教转向辅助学,既强调如何利用计算机作为辅助学生学习的工具,更强调利用计算机辅助学生的学。

(3)从20世纪90年代中后期开始到现在信息技术与课程整合IITC (Integrating IT into the Curriculum)阶段。不仅将以计算机为核心的信息技术用于辅助教或辅助学,而且更强调要利用信息技术创建理想的学习环境、全新的学习方式与教学方式,从而彻底改变传统的教学结构与教学模式。

我国信息技术教育从政策到实施都有了实质性的发展,《全国教育事业第十个五年计划》中指出:要把教育信息化工程列入国家重点建设工程,以信息化带动教育现代化。重点支持并加快以中国教育科研网和卫星视频系统为基础的现代远程教育网络建设。加强各层次计算机软件人才的培养和培训。2005年,全国初中及以上学校基本上均开设信息技术教育必修课。积极开发、共享教育信息资源,加强中小学信息技术课程与教材建设。推进各级各类学校充分利用现代信息技术,改进教学手段和方法,改进教育管理方式,提高教育教学及管理水平。

中共中央办公厅、国务院在《2006—2020年国家信息化发展战略》中指出:"加快教育科研信息化步伐。提升基础教育、高等教育和职业教育信息化水平,持续推进农村现代远程教育,实现优质教育资源共享,促进教育均衡发展。构建终身教育体系,发展多层次、交互式网络教育培训体系,方便公民自主学习。建立并完善全国教育与科研基础条件网络平台,提高教育与科研设备网络化利用水平,推动教育与科研资源的共享。在全国中小学普及信息技术教育,建立完善的信息技术基础课程体系,优化课程设置,丰富教学内容,提高师资水平,改善教学效果。推广新型教学模式,实现信息技术教学过程的有机结合,全面推进素质教育。"我国信息技术教育应用趋势主要体现在以下六个方面:

1. 多媒体化

多媒体技术应用较普及的今天,它在我们的学习和生活中无处不在,现在的信息技术教育不论是硬件还是软件都采用多媒体手段进行教学,硬件有多媒体网络教室、多媒体的教学设备,软件有多媒体课件、软件等。

2. 资源全球化

在现在的信息技术环境下,我们已经可以获取到大量的资源,但随着网络和通信技术的不断发展,世界越来越小,地球也将变成"地球村"。我们的资源将最终达到全球化的共享。那时我们的信息技术整合将又跨出一大步。

3. 教学个性化

在计算机辅助学习阶段这一特性就已经凸显出来了。在现在教育要开放化、终身化的时代，个性化的学习更是需要我们大力发展的，信息技术为我们提供了良好的技术环境，我们的信息技术教育就更应该立足于继续探究更适合个性化学习的模式上。

4. 环境虚拟化

虚拟技术是继多媒体技术之后兴起的对教育影响较大的技术，它是利用计算机生成一种模拟环境，通过多种传感设备使用户"融入"到该环境中，实现用户与该环境直接的交互。现在教育领域已经广泛采用了这种技术。

5. 技术的整合

在现代的教学中，信息技术的应用不拘泥于单一的手段，而是获取、传递、加工、存储和呈现的一类技术相结合使用。

6. 智能化

多媒体教学软件和智能辅助教学系统在功能上存在很大的互补性，如能将这两者很好地结合起来，便可以扬长避短，从而推出新一代高性能的智能辅助教学系统。要使多媒体教学软件具有智能化，主要涉及学生模型的建造和人工智能领域的知识表示与知识推理，后者要求探索出一种适合于多媒体环境的新的知识表示方法和相应的推理机制。除此之外，还可设法使多媒体知识库中的导航功能智能化。智能化导航不仅具有一般的导航功能，而且还可根据学生当前的知识水平，及时向学生建议下一步最合适的路径；当学生遇到困难时，能对学生进行帮助等。

四、媒体选择的误区和正确认识

当今的科技，发展越来越快，从多媒体计算机的发展，就可见一斑。现在的多媒体教室、多媒体教学、网络课程教学等等，几乎都是以多媒体计算机为核心设备，加上必要的系统软件、教学软件和大量的多媒体资源组合而成。这方面的研究工作早已成为热点话题，新型的教学媒体系统，创新教学模式，多媒体教学案例研究不断推陈出新，因此近年来，这些高质量的研究成果也得到了广大用户的认可，得到了越来越普及的运用。

1. 现代教学媒体的优点

近年来，随着计算机和网络技术的飞速发展以及计算机的大量普及，多媒体技术教学迅速兴起，并逐渐进入课堂，它以图文并茂、声像俱佳、动静皆宜的表现形式，以跨越时空的非凡表现力，大大增强了人们对抽象事物与过程的理解和感受，从而将课堂教学引入全新的境界。[①]

（1）可以有效地激发学生的学习动机，保持学习的积极性。多媒体教学能给学生留下鲜

---

① 王颖，现代与传统教学媒体的比较研究.北京工业职业技术学院学报，2009,8(2).

明、生动的印象,能活跃课堂气氛,从而帮助学生更容易地接受和理解抽象的概念和理论。通过动态演示,知识和内容的阐述准确、生动。一些课程中需要讲解原理、生产过程、事物的发生发展过程等内容,这些内容的讲解需要图片或示意图等辅助的环节配合,如果用板书教学讲解,学生会感觉到内容抽象,不易理解。比如讲解机械加工过程和铸造过程等问题时,就可以使用多媒体教学通过动画演示金属加工的过程和金属在铸造模具中的流动过程,以及模拟铸造过程中温度场的分布情况。

(2)多媒体教学比常规教学输出的信息量更大,因此丰富了教学内容,拓展和深化了学生学习的深度和广度。多媒体教学可以通过投影屏和计算机在较短的时间内给出大量的文字、图像、声音信息,从而提高了教学的信息量。多媒体技术也是一面双刃剑,如果使用得当,可以达到提高效率的目的;如果使用不当会适得其反,影响教学效果。教学中适度使用多媒体技术进行动画演示,展示一些必要的图和繁琐的公式等,在节省时间的同时,不会造成课堂进度过快,从而实现多媒体技术和传统教学方法的互补。

(3)多媒体教学强大的人机交互功能有利于激发学生主体作用的发挥,能让学生积极主动地参与教学。可以创设学生进行自主学习的环境。在教学过程中可以随时补充其他的新内容,可以随时运行其他的软件,可以随时查看或翻阅前面的内容。这些优点有利于穿插讲解,提高效率。

(4)实现多媒体教学资源课外共享,全面为学生服务。多媒体教学另一个重要的特点是可以实现教学资源跨时段、跨空间的课外共享。在多媒体课堂教学的课外时间,除了按传统教学方式布置一定量的课外作业,教师答疑以帮助学生深化对教学内容的掌握与理解外,还可将课件提供给学生,或者将课件的网络版挂在网上,使学生在课外的任何时间、任何地方都可通过网络登录进行辅助学习。丰富的教学信息,而且能快速地进行处理、检索和提取,大大提高了教师与学生对学习资源的利用效率。资源共享可以使多媒体教学的综合效应得到更充分的发挥。

(5)多媒体教学解决了教师写板书时背向学生、粉尘飞扬不利于师生健康的问题,优化了教学环境。多媒体教学为教师做好教学工作提供了一个新的、方便和快捷的平台。在这个平台上教师可以最大限度地对自己的课堂教学进行组织、规划、试演、实施、总结、修改和完善,从而将自己的教学理念最大化地体现出来。

(6)在多媒体教学中,通过教师预先排列的、合理的版面结构,工整规范的板书、图形、动画等,可使授课内容有条理地、流畅地反映出来,能充分发挥教师的引导作用。

(7)可向学生提供经过设计的、一致的、规范的教学内容。

(8)可满足特殊学习者的特殊需要。

(9)可记录和分析学生的学习进程,并利用这些信息来调整教学顺序以满足学习者的需要。

2.多媒体教学的缺陷与误区

在多媒体教学中也存在不足之处,而且我们对多媒体教学的认识存在很多误区。

(1)长时间观看会引起学生视觉疲劳;

(2)由于投影的关系对环境的封闭性要求较高,在一定程度上会影响到学生的学习情绪;

(3)版面的快速切换和较快的教学节奏,增加了学生摘记的难度;

(4)购置计算机硬件设备和教学软件的费用较高;

(5)计算机种类多、更新快,造成维护上的困难;

(6)过分夸大多媒体的作用而忽略其他实物媒体和实践的作用;

(7)教学软件的质量直接影响其教学作用的发挥,而教学软件的编制需要技术人员投入很大的人力、智力、财力和时间;

(8)追求课件的"外在美",忽视课件的内在内容和教学设计;

(9)重视教师的"教"法,忽略了学生的"学"法;

(10)有些情感、态度和动作技能类的教学目标依靠它来传递时难以实现。

在选择媒体的过程中,我们还要正确地认识到:

(1)技术先进不等于最佳。技术先进的教学媒体,并不一定是最佳教学媒体,各种媒体各有所长,没有万能媒体。选择媒体时要注意教育、教学的需要和媒体的特点,综合考虑任务因素、学习者因素、教学管理因素、成本效益因素、技术因素,要根据学校现有的条件和经济实力,优先选择能够达到教学效果,价格便宜的媒体。

(2)运用现代媒体不等于教学改革和教学现代化。运用现代教学媒体是为了取得优化的教学效果,不能为媒体而媒体,不能用新媒体摆花架子,不能以应用媒体的先进与否论英雄。

(3)软件建设比硬件设备更重要。媒体包括硬件和软件两个方面,要注意硬件和软件的协调发展,不能重"硬"轻"软",广大教师要在软件开发、选择以及如何发挥已有软件的作用上下功夫。

(4)慎用新兴媒体。任何媒体都有从发明、发展到逐渐完善的过程,初期产品的性能往往都不很理想,而且价格高昂,从幻灯机、投影机、电视机、录音机、录像机、投影仪、视频展示台、计算机的历史发展来看,无不充分说明了这一点。对新媒体的应用效果,要有自己的分析,不要人云亦云,切勿赶时髦。

总之,只有在现代教育理论和思想的指导下,才能正确地运用现代教学媒体,实现教学效果最优化。

思 考 题

1. 简述教学媒体的特点和作用。
2. 简述电子白板的教学功能。
3. 简述教学媒体的分类。
4. 简述多媒体教室的教学功能。
5. 简述微格教学的实施。
6. 简述教学媒体选择原则。
7. 以本章节为例,论述教学媒体选择与应用。

第四章 优秀教学设计案例分析

> **学习目标：**
> 1. 了解教学设计的基本概念。
> 2. 了解教学设计的一般模式。
> 3. 了解教学模式的含义与分类。
> 4. 掌握教学设计的基本环节。
> 5. 掌握优秀教学设计案例的设计方法。

第一节 教学设计概述

在教学实践中要取得预期的效果，事先必须对教学整体进行设计。一般情况下，在进行教学之前，教师会确定自己的教学目标，为了实现教学目标，教师会有意无意地遵循一定的教育思想或教育观念，以适合自己的方式对教学进行思考和备课。也就是说，教师的教学工作在走进教室之前就已经开始了，而且在结束课堂教学之后还再持续，比如课后测验、批改作业等。

一、教学设计的含义

教学设计是运用系统思想和方法，以学习理论、教学理论和传播学为理论基础，来计划和安排教学过程的诸环节及各要素，以实现教学效果最优化为目的的活动[①]。具体来说，可以从以下几个方面认识和理解教学设计。

(一)教学设计的目的性

教学是一项具有极强目的性的工作，其目的是促进学生的全面发展。目的性越强的教学活动对教学设计的需求就越强烈。因此，教学设计的最终目的就是为了提高教学效率和教学质量，使学生获得全面的发展。教学设计把教学系统作为它的研究对象。对于教师而言，整个教学过程是教学设计的对象，即运用教学设计的理论与方法是为了更好地进行备课和更好地解决教学过程中遇到的问题。

---

① 许维新,郭光友,魏吉庆.现代教育技术应用基础[M].北京:科学出版社,2000:109.

(二)运用系统方法进行教学设计

在教学设计中,教学上的各个环节被看作一个相互联系相互作用的系统,要想对教学中的各个要素及其相互关系进行分析和操作,就必须用系统方法和观点。这些要素包括教师、学生、教学内容、教学条件以及教学目标、教学方法、教学媒体、教学组织形式、教学活动等。教学设计是一个系统计划的过程,它使用一套科学的操作程序来安排、协调、配置各个要素之间的关系,使它们有机地结合起来,共同来完成教学系统的各项功能。

1. 学生特征是教学设计的出发点

任何教学活动中,学生都是学习的主体,学习应该是一个在原有经验基础上,依据个人的学习特点,对新知识进行积极主动的认识积累过程。任何形式的学习最终都是要通过学生自己来完成的,学习的最终结果也将体现在学生身上。因此,教学设计必须真正地以学生的具体情况为出发点,重视对学生公共特征和个性的分析,要重视激发、促进、辅助学生们内在学习过程的发生和进行,从而使每个学生有好的学习效果,保证所有学生都处于教学的优势,要创造有利的学习环境,让每个学生都享有同等的学习机会。

2. 教与学的理论是教学设计的重要依据

保持科学性是教学设计的前提,这就需要一定的科学理论来指导,并根据设计对象的内在规律进行设计。教学设计的主要工作对象是教和学的双向活动,教学设计是以人类学习的基本规律为依据,探索教学规律,从而建立合理的、科学的教学目标、教学程序、教学内容及方法策略的体系。因此,必须把研究教和学基本规律的教学理论和学习理论,作为设计的理论基础和决策的科学依据,这样才能保证有成功的教学设计和优化的教学效果。

3. 教学设计本身就是一个问题解决的过程

为了达到教学目标,教学设计常以学生学习所面临的问题为出发点,首先要寻找问题,并分析确定问题的性质,再研究解决问题的办法,从而达到解决教学问题的目的。因此,教学设计是以问题找方法,而不是以方法找问题,使教师的教学工作更具有目的性。

4. 教学效果的评价是教学设计中的重要环节

设计方案成型之后,要对方案的效果进行评价。在设计过程中的各个环节上,也应不断地收集反馈信息,及时提出修改意见,这样有利于对教学设计过程和结果进行科学的评价,进而得出科学的结论;有利于教学设计水平的提高,更有利于改进教学、提高教学效率,达到预定的教学目标。

二、教学设计的特点

1. 以系统思想和方法为指导,探索解决教学问题的最佳途径

在教学设计的过程中,始终依据系统的思想和方法,对教学全过程进行整体对待,同时充

分考虑系统中各个要素之间的相互关联,系统的结构和功能、过程和状态、运行与控制之间的关系。

2.吸收众多学科的理论与方法为教学设计的开展提供指导

传播理论、学与教的理论的丰富成果,为教学设计在实施过程中目标的确定、内容的分析、学习者分析、策略的制定、方法的选择、评价的方式与要素的实现提供了基础。同时也为学习情境的创设,各类学习条件的安排提供了指导,使整个系统设计始终朝向以学习者为中心,促进学习绩效全面提高的方向发展。

3.为教师专业化发展提供了有力的支持

教师专业化发展是当前教育改革中的新课题。通过教师教学设计水平的不断提高,必将促进整个教师学术探究和教育科研活动的规范化、科学化,提高教学工作的有效性。同时使教学理论与教学实践的结合更为具体、生动和有针对性。教学设计过程中所出现的一些新问题为教师进行教育科学研究提出要求,同时也会进一步丰富教师教育的内容和方式,使得教师专业发展的领域和途径不断扩大。

4.教学设计的过程蕴涵有丰富的创造性

由于教学设计应用于生动的教学过程中,教学设计的思想和方法有了众多理论基础的支撑,教学自身又具有鲜明的个性特征。所以教师在进行设计时具有无限的创造可能。事实也证明,教学设计模式与方法是目前教育技术学领域里最为活跃也最富于创造性成果的领域。故而教学设计一直被称为教育技术学的核心技术。

三、教学设计的理论基础

按照信息论的观点,教学过程实质上是一个教育信息传递、接受和反映的传播过程,所以教学设计应以传播理论作为理论基础;同时,教学设计又是对教与学双向活动进行设计的,它是以人类学习的心理机制为依据探索教学机制,建立能合理规划和安排教学全过程的理论与程序,因此,教学设计的结果必须符合教学和学习的基本规律。所以,教学理论和学习理论同样是教学设计的理论基础。

(一)传播理论与教学设计

传播理论主要研究和探讨自然界一切信息传播活动的共同规律。它丰富的研究成果,对教学设计的理论与实践产生了积极的影响。传播理论作为教学设计的理论基础,主要是在以下几个方面发挥作用。

1.传播过程的理论模型说明了教学传播过程所涉及的要素

传播理论将人类的传播过程划分为各个要素来研究,为我们研究教学信息的传递提供了基本思路。按照传播理论的分析,教学过程至少可以由四个要素构成,它们是信源、信息、通道和接受者。传播过程要素进而又构成教学设计过程的基本要素,其相应领域如传播内容分析、接受者分析、媒体分析、效果分析等研究成果在不同程度上为教学设计中的学习内容分析、学习者分析、教学媒体的选择以及教学评价等环节所吸收。

2.传播理论揭示出教学过程各要素之间的动态的相互联系

教学过程是一个复杂动态的传播过程,传播的最终效果不是由传播过程中某一部分决定的,是由组成传播过程的各要素以及它们之间的关系共同决定的,而传播过程中每一组成部分又受自身因素的制约。

教学设计正是在这一论点的基础上,把教学传播过程作为一个整体来研究。为了保证教学效果的优化,既注意每一组成部分及其复杂的制约因素,又对各组成部分间的本质联系给予关注,并运用系统方法在众多因素的相互联系、相互制约的动态过程中探索真正导致教学传播效果的原因,而最终确定富有成效的设计方案。

3.传播理论指出了教学过程的双向性

从传播模式中可以发现,传者和受者都是积极的主体,受者不仅接受信息、解释信息,还对信息做出反应,传者和受者产生相互作用,传播是一种双向的互动过程。由此可见,教学信息的传播同样是通过老师和学生双方的传播行为来实现的,所以,教学过程的设计必须重视教与学两方面的分析与安排,并充分利用反馈信息,通过反馈环节随时进行调整和控制,以达到预期的教学效果。

(二)学习理论与教学设计

学习理论是探究人类学习的本质及其形成机制的心理学理论。它重点研究学习的性质、过程、动机以及方法和策略等,试图解释学习是如何发生的,它有哪些规律,它是一个什么样的过程,如何才能进行有效的学习。教学设计主要是为学习而创造环境,根据学习者的需要设计不同的教学方案,按照教学和学习的固有规律制订策略,安排教学途径和方法,从而使学生得到发展。因此教学设计必须研究人类学习的有关规律或理论,以学习理论作为理论基础。

心理学家们在探讨学习规律的过程中,形成了众多流派。但总体看来,可以分为三大流派,它们分别是行为主义学习理论、认知学习理论和认知—行为主义学习理论。各学习理论学派对学习的根本认识对教学设计产生了重要影响。

教学设计产生于学习理论的发展和实践,是学习理论应用在具体教学实践中的结果。随着学习理论的不断发展,教学设计必将更加成熟、更加科学。反之,教学设计作为连接学习理论与教学实践的桥梁,其实践的开展也必将促进学习理论的不断发展,二者会相互促进。

(三)教学设计的产生是教学理论发展的需要

教学设计将教学理论作为自己的理论基础,是因为教学理论是研究教学客观规律的科学。教学理论的研究范围主要包括教学过程、教师与学生、课程与教材、教学方法和策略、教学环境以及教学评价和管理等。教学理论是从教学实践中总结并上升为理论的科学体系,它来自教学实践,又指导教学实践。对于教学设计而言,为了解决教学问题,提出教学方案,就必须遵循教学的客观规律，也就有必要与教学理论建立起一定的联系。教学理论经过长期的发展，已经取得了大量的研究成果，揭示了教学过程中的许多客观规律，但也存在着一些明显的不足。首先，教学理论的研究多是只涉及教学过程或教学原理的个别方面，比较孤立地看待教学过程的某个局部要素，而缺乏整体观念或系统思想。其次，教学理论的研究多是停留在思辨性或抽象性的层面上，对于解决具体的复杂的教学问题还显得比较乏力。教学设计正是应这种需要而产生的，它把教学理论研究的重要范畴都置于系统形式中加以考察，并对教学过程中的具体操作提供方法及方法论方面的指导。教学设计能够在具体实践的水平上利用系统方法，解决教学问题。

如前所述，教学理论研究的范围涉及诸多方面，其研究成果极其丰富。教学设计从其指导思想到教学目标、教学内容的确定和学习者的分析；从教学方法、教学活动程序、教学组织形式等一系列具体教学策略的选择和制定到教学评价，都从各种教学理论中吸取精华，综合运用，寻求科学依据。

教学设计是运用系统方法首先鉴别教学实践中要解决的问题，根据问题的情境，通过比较、选择合适的教学理论作为依据来制定解决问题的策略，试行中还可以调整。这样，教学设计在系统过程中为教学理论应用于实践而获得成功，创造了良好的环境。其次，在解决实际的教学问题时，有时会发现教学理论的某些不足，也会发现在某种情况下没有合适的教学理论作指导，这样，必然促使人们进一步研究，去改进或建构新的教学理论。而教学理论的完善、充实和创新又必将促进教学设计理论体系的不断完善。

第二节　教学设计的模式

模式是再现现实的一种理论性的简化形式。教学设计过程的模式则是在教学设计的实践当中逐渐形成的，运用系统方法进行教学开发、设计的理论的简化形式。它包含三个要点：
①教学设计过程的模式是对教学设计实践的再现；
②它是理论性的，代表着教学设计的理论内容；
③它是简化的形式，是对教学设计理论的精心简化。

一、教学设计的一般模式

教学设计的模式是适合于多种设计类型的教学模式，设计教学设计一般模式需要找到教学设计的基本组成部分。教学设计者在教学设计实践的基础上总结出教学设计过程的基本要素，如表4-2-1所示。

表 4-2-1 教学设计模式的基本构成要素

模式的共同特征要素	需要分析的因素
学习需要分析	问题分析、学习需要、确定问题、确定目的
教学目标的阐明	目标的详细说明、确定目标、编写行为目标
学习内容分析	内容的说明、教学分析、任务分析
学习者分析	教学对象分析、学习者的一般特征、学习者初始能力的评定
教学策略的确定	安排教学活动、说明方法、选择媒体等
教学设计成果的评价	形成性评价、总结性评价、行为评价、反馈分析

通过对教学设计模式的基本构成要素的分析,以及教学设计的实践,我们得出教学设计的一般模式,如图 4-2-1 所示。学习者、学习目标、教学策略以及评价是教学设计的最基本要素。

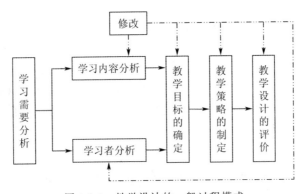

图 4-2-1 教学设计的一般过程模式

(一)学习需要分析

在教学设计中,学习需要是一个特定的概念,是指学习者学习方面的当前状况与被期望达到的状况之间的距离,或者说,是学习者已经具备的水平与期望学习者达到的水平之间的差距。如图 4-2-2 所示。

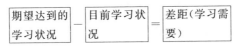

图 4-2-2 学习需要的概念

在这里,"期望达到的学习状况"是指学生应当具备什么样的能力、素质,包括社会、学校和家庭对学生以及学生自己的期望。"目前的学习状况"是指学生已经具备的能力、素质。"学习需要"正是这二者之差。

学习需要分析是一个系统化的调查研究过程,这个过程的目的就是要揭示学习需要,从而发现问题,通过分析问题产生的原因确定问题的性质,论证解决该问题的可能性。其核心是发现问题,而不是寻求解决问题的办法,具体包括三方面的工作:一是通过调查研究,分析教学中是否存在要解决的问题;二是分析存在问题的性质,以判断教学系统设计是否是解决这个问题的合适途径;三是分析现有的资源及约束条件,以论证解决该问题的可能性。

学习需要分析是教学设计工作的前端分析阶段,是教学设计运用得当的关键之一,通过学习需要分析从而确定需要解决的问题及表现程度,以及解决问题的必要性和可行性,这一系列的工作都是为了更加精确地、科学地运用教学设计技术,从而能为教学带来效益,优化教学,真正成为解决问题的过程的技术。

(二)学习内容分析

学习内容是指为了实现终点能力,要求学习者系统学习的知识、技能和行为经验的总和。分析学习内容的工作以前面的学习需要为基础,旨在阐明学习者满足学习需要所需的知识、技能、行为经验,规定学习者需要学习内容的深度和广度。学习内容分析处于教学设计一般模式图的前端,学习内容分析是整个教学设计必不可少的内容。

(三)学习者分析

学生是学习活动的主体,教学设计的一切活动都是为了促进学习者的学习。分析学习者的目标是了解学习者的学习风格、学习准备状态、一般特征等方面的情况,为教学内容的选择和组织、教学目标的确定、教学活动的安排、教学策略的采用等提供科学的依据。

关于学习风格始终没有一个统一的定义。我国有学者对学习风格做出如下界定:学习风格是学习者持续一贯的带有个性特征的学习方式,是学习策略和学习倾向的总和。学习策略是指学习者为完成学习任务或实现学习目标而采取的一系列步骤,其中某一特定步骤称为学习方法。而每一个体在学习过程中会表现出不同的学习倾向,包括学习情绪、态度、动机、坚持性以及对学习环境、学习内容等方面的偏爱。有些学习策略和学习倾向可随学习环境、学习内容的变化而变化,而有些则表现出持续一贯性。我们认为那些持续一贯地表现出来的学习策略和学习倾向,构成了学习者通常所采用的学习方式,即学习风格。

学习准备作为教学心理学的概念之一,是指学习者在从事新的学习时,原有的知识水平和原有的心理发展水平对新的学习的适应性。学习可分为认知的、运动技能的和态度的学习,学习准备也相应地有认知、运动技能和态度三个方面。学习者原来具有的学习准备状态就是新的教学起点。在教学设计中,必须了解学习者原来具有的知识、技能、态度等,也有人将其称为学习者的起点能力。起点能力一般是指学习者对从事学科的学习已具备的有关知识、技能的基础,以及对有关学习内容的认识与态度。

学习者一般特征是指对学习者学习有关学科内容产生影响的心理的和社会的特点,它们与具体学科内容虽无直接联系,但影响教学设计者对学习内容的选择和组织,影响教学方法、教学媒体和教学组织形式的选择和运用,是教学设计工作中的重要一环。

(四)教学目标的确定

教学目标是教师在完成教学任务时所提出的概括性要求。它是整个教学计划的基础,是教学设计的起点,所有的教学活动都是为了实现这一目标而设计的。

20世纪50年代美国著名心理学家布鲁姆提出了教学目标的分类理论,不仅将教育目标按照预期学生学习之后所发生变化的行为分为三个领域——认知领域、动作技能领域和情感领域,而且就三个领域的教学行为又逐层分析,形成了不同的学习水平,使教学结果更易清楚鉴别和准确测量。认知领域的目标是指知识的结果,包括知识、领会、运用、分析、综合和评价;动作技能领域涉及骨骼和肌肉的运用、发展和协调,包括知觉、定向有指导的反应、机械动作、复杂的外显反应、适应、创新等,在实验课、体育课、职业培训、军事训练等科目中,这常是主要的教学目标;情感是人们对外界刺激的心理反应,可以是肯定或否定,亦可是喜欢或厌恶,克拉斯伍等人将情感领域的目标分为五个等级:接受、反应、价值化、组织、价值与价值体系的性格化。

(五)教学策略的制定

教学策略是为达到教学目标,完成教学任务,而在对教学活动清晰认识的基础上,对教学活动进行调节和控制,并选择运用恰当的教学媒体所使用的方法或方式的总称。它是教师在教学实践中为提高教学效率,依据教学的计划、学生的身心特点,有意识地对教学规律、教学原则、教学模式、教学方法进行选择、筹划和灵活处理的过程。

对于教学来说,若要成功地实现一定的教学目标,完成教学任务,需要解决"如何教"的问题,所以掌握一定的教学策略是必要的,但是没有任何一种策略能够适用于所有教学情境中。好的教学策略应是高效低耗,能够使学生在规定的时间内实现教学目标,并能使教师的教和学生的学都能愉快地进行。

(六)教学设计的评价

经过前几个阶段的工作后,就需要制定某些标准对教学和学习进行一种鉴定或价值判断,即进行教学评价。教学评价是指按照一定的教学目标,运用科学可行的标准和方法,对教学活动的过程及其结果进行测量和价值判断的过程。

教学设计是一个问题解决的过程,如何评价教学设计就需要明确在解决教学问题时有哪些关键性的工作,将这些工作的表现作为评价的主要内容,即明确评价什么问题,确立评价标准,制订评价计划和实施评价活动。

教学设计的评价首先是对教学目标制定情况的评价,即包括教学目标的制定是否着眼于学生的全面发展,是否符合学生身心发展需要,是否体现了知识体系的特征,是否具体、明确等。为实现教学任务中的知识技能目标,过程与方法的目标,态度、情感价值的目标,则需要正确地应用学习原理和教学原理。教学设计的第二项评价内容是:评价教学设计中的教学策略是否正确地体现了相应的学习原理和教学原理。即各类不同的知识教学中的方法是否体现了各类知识获得的方式,各种教学方法的运用是否有助于学生知识的掌握和能力的形成,是否符合学生身心发展特征等。教学设计的第三项评价内容是所设计的具体教学方案是否得到顺利实施,是否与设计思想一致,是否有效地实现了所制定的教学目标。

以上六点构成了一般的教学设计过程模式,应该强调说明是,教学设计模式是人们对教学实践的一种理论建构,所以人为地把教学设计过程分解成诸多要素,是为了更加深入地了解和掌握教学设计的技术。实际中的教学设计,要从系统的整体功能出发,保证学习者、学习目标、教学策略以及评价的一致性,达到较好的效果。

另外我们还要认识到教学系统设计是开放的,教学过程是个动态过程,涉及的如环境、学习者、教师、信息、媒体等各个因素也都处于变化之中,因此教学设计工作具有灵活性的特点,我们应在学习借鉴别人模式的同时,在自己的教学设计实践经验基础上,根据不同的情形的要求,决定设计从何着手、重点解决哪些环节的问题,创造性地开发自己的模式,开展教学设计工作。

第三节　教学设计模式应用及案例分析

一、语文——《夏夜多美》

本案例由广州市东风东路小学张红老师执教,来源于北京师范大学现代教育技术研究所"基础教育跨越式发展"课题优秀案例库。

【教学背景】

本节课所选教材是人民教育出版社九年义务教育实验,这是在新课程理念指导下编排的小学一年级第二册第 15 课的课文。

本节课是在跨越式小学语文发展的理念指导下设计的,展示跨越式语文试验成果,体现小学语文低年段阅读教学的模式。网络资源是跨越式网站中的资源为基础,并进行了适当的补充。学生选择了 2005 级 4 班的实验学生。

【教学内容】

人教社小学语文实验教材第二册第 15 课《夏夜多美》是一篇童话故事。故事发生在一个夏天的夜晚,一只小蚂蚁不小心掉进池塘,是朋友们的帮助使它才回到了家。学习了这个故事,应让学生们在感受夏夜景色美的同时,感受助人为乐的精神更美。

【设计理念】

1.《语文课程标准》和信息技术与学科整合的理念。

2.小学语文阅读教学学生跨越式发展的理念。

3.语文学科教学"以读为本"的理念。

【教学目标】

知识技能:

1.能自主利用网站中"生字学习"模块,会认"莲、哭"等13个生字,会写"她、他"等6字,能正确读出"惊醒、着急、亮晶晶"等词语。

2.读懂课文,利用"课文学习"资源中的"词语热键"来理解文中"惊醒、感激、加双引号飞机"等词语;利用游戏的形式积累"AAB"形式的动词;能利用网站中提供的"填空"练习,归纳课文的主要内容和体会文中蕴涵的思想感情,并渗透了课后"读读说说"的词语搭配练习。

3.能正确、流利有感情地朗读课文,知道课文的主要内容。

4.能围绕"校园多美"进行网络环境下的打写活动。

过程方法:

1.通过网络环境下的自主识记、教师检测、小组合作、朗读实践等多种形式,掌握生字词的音、形、义和理解课文的重难点语句。

2.通过俩俩交流、听读互评等活动,让学生在读与评中理解体会,不仅理解课文,也体验到协作学习的方法,提高评价与协作的意识和能力。

3.通过阅读拓展资源,特别是"加星"资料的阅读,实现学生在自主阅读过程中教师的引导作用。利用学校留言板的写作、展示、评价工具,提高运用信息技术学习语文的方法和策略。

4.在情境学习过程中,体验自主学习和协作学习,初步感知情景交融的写作方法。

情感态度价值观:

1.利用网络,运用多种方法,激发学生在网络环境下学习语文的兴趣。

2.从品读大量有关互爱互助的童话故事中,体会助人为乐的美好情感,感知童话丰富的想象力。

3.培养学生喜欢写话、喜欢创作表达的情感。

【学情分析】

1.学生在第一课时,已经利用多种方法学习记忆了生字词、学写生字,能正确流利地朗读课文,拓展阅读了"跨越式"阅读资源中有关描写夏夜景色的文章,能初步感受夏夜特有景物与其他景物的不同,初步感受夏夜的美好。为第二课时归纳主要内容,实现情感目标的跨越做好了准备。

2.学生是广州市东风东路小学一年级四班的"跨越式"实验班的学生。从一开学就进行"跨越式"的实验研究,每位同学都能能熟练运用 WORD、POWERPOINT 和金山画王软件,能初步运用网络查寻收集有用的资料以帮助学习,并能熟练使用留言板上传文件等。

3.学生思维活跃,肯动脑筋,喜欢提问,对借助网络学习很感兴趣。

【教学策略】

1.问题任务驱动法。

本课以"送蚂蚁回家"这一线索贯穿全文,以利用网络自主解决问题的方式辅助教学。在教学时,不仅要让学生了解故事的内容、体会夏夜的景美,更要让学生体会夏夜里小动物们助人为乐的精神更美。由于课文中描写夏夜景美的内容并不多,因此本课时的学习任务就不能简单地设计为"夏夜的美,美在哪里",而是设计成让学生在阅读的过程中找出"最打动你的一个句子,努力把它读好,并说说为什么打动你?"从而以读代讲,逐渐体会景美人更美的思想感情来达成教学目标。

2. 创设情境、以读代讲、以学定教的"双主"教学法。

创设有利于调动学生情感的多媒体情境,在大量的语文"读"的实践中,在老师的引导下,开展教师主导、学生主体的低年段语文阅读教学活动。

3. 信息技术与语文学科整合的方法。

本节课信息技术成为创设情境的工具;成为交流协作的工具;成为提供丰富资源,进行信息加工的认知工具;成为彻底改变学生学习方式的工具。

【资源准备】

自制 CAI 课件。

本节课中 教师使用的资源是:"情境导入"、"课文学习"、"资源宝库"、"练习平台"、"展示空间"模块。

学生使用的资源:课本、"课文学习"、"资源宝库"、"展示空间""练习平台"等模块。

【活动过程设计与分析】

1. 创设情境,看图说话(2 分钟)

(1)资源准备:课件中"创设情境"按钮(配乐描述)。

孩子们,当天边的夕阳收起她最后一缕霞光,喧闹了一天的公园渐渐安静下来。夜幕降临,皎洁的明月挂在湛蓝湛蓝的夜空,洒下点点银光。闪闪的星星倒映公园一角的池塘,像颗颗珍珠撒落。啊!多么迷人的夏夜啊!就是在这样一个夏天的夜晚,发生了一个更加美丽而动人的故事。下面,就让我们一起走进这美丽的夏夜,用心去感受这动人的故事。齐读课题。指导(一读读出夏夜的静谧;二读读出夏夜的美感。)

(2)看图说话:瞧,现在我们就来到了池塘边,谁来说说你看到了什么?(课件出示美丽的池塘夜色图,课件提示"说话建议"〔 我看到( )的( )〕随即贴画:小蚂蚁、睡莲、蜻蜓、萤火虫)

(3)过渡:是的,就是在这样一个美丽的夏夜,故事中的主人公们发生了怎样的故事呢?让我们一起去看看吧!

设计意图:优美动听的音乐和老师的感情描述,将学生带入到公园池塘边那美丽的夏夜,奠定了学生理解课文的情感基调,调动了学生学习课文的兴趣。看图说话训练丰富了学生的语言,初步感受了夏夜美丽的景色。在此环节中信息技术作为了情境创设的工具。

2. 学习课文,感受美好(18 分钟)

资源准备:课件中"课文学习"模块。

(1)从问题入手,利用网络自读自解,体现网络环境下的学生自主学习。(3 分钟)

课前,在班网作业本里我们布置了大家对这节课的学习提问,现在就请同学们带着你们的问题,利用网络自主阅读,文中的热键解释可以给你帮助。等会儿我们一起来分享你的收获和问题,好吗?

(2)解读课本,深层感悟。

过渡:刚才同学们利用网络自学解疑,收获真大!那咱们的课文能不能读出感情呢?请同学们半闭电脑,抽出写字板,将书本打开翻到64页。

要求:自由读全文,找出打动你的句子用波浪线画下来,边读边想是什么打动了你?好,开始!(11分钟)

①"夏夜公园里静悄悄的。"读出夏夜的静谧。"水池里,——小蚂蚁,你怎么呢?"读出小蚂蚁的弱小,可怜,需要帮助。读出睡莲的热心,善良,态度诚恳。"我不小心掉进池塘,上不了岸了。"(打动:为小蚂蚁的命运担忧)

②"快上来吧"睡莲弯弯腰让他爬了上来。(打动:睡莲姑姑乐于帮助别人。AAB形式的动词,可以在这里引入脖子操)小蚂蚁非常感激,连声说:"谢谢您,睡莲姑姑。"(打动:小蚂蚁有礼貌,尊长辈,是啊,感激,感谢要有心,诚心才感人。感谢要言行,"谢谢"最好听。小蚂蚁真懂礼貌啊!)

③睡莲说:"今晚就在这儿住下吧,你瞧,夏夜多美啊!"小蚂蚁摇摇头说:"我得回家,要不,爸爸妈妈会着急的。"(点明多音字"着",AAB形式的动词,可以在这里引入脖子操)

游戏读词,课间放松。(2分钟)(脖子操)

设计意图:在这一环节,学生在课间放松,跳起了我们学校自编的"脖子操",在明白了解了"AAB"形式的动词之后,在"脖子操"的韵律中,在生活中观察运用的所学到的词语。体现了语文学习与生活的联系,体现了语文的工具性作用。

过渡:其实像睡莲姑姑这样热心,善良,乐于助人的好人在这美丽的夏夜还有呢?谁从课文中读到了?请给大伙儿说说。

④——蜻蜓说:"让我来送小蚂蚁吧。"(蜻蜓不管自己白天飞行的疲劳,自己不休息也要送小蚂蚁回家,他真是个乐于助人的好孩子。)——这时,一只萤火虫飞来了,说:"我来给你们照亮。"(萤火虫也在夏夜里为帮助小蚂蚁回家贡献自己的力量,虽然她发出的光是很微弱的,但却在黑夜里像一盏亮晶晶的小灯笼照亮着漆黑的夜空,照亮了前进的道路,也照亮了人们美好的内心,多温暖,多美丽的夏夜呀!)

示范朗读,体会情感;情景表演,深化理解:

过渡:是啊,真是由于大家的帮助,小蚂蚁得救回家了。所以,每次读到这里,我的心情就特别激动,我很想给大家读读,可以吗?我在读的时候,你们可要一边听一边想,从老师的读中你体会到了什么?

⑤小蚂蚁爬上飞机,蜻蜓起飞了,萤火虫在前面点起了亮晶晶的小灯笼。"蜻蜓飞呀飞,飞过青青的假山,飞过绿绿的草坪,飞到一座花坛前,小蚂蚁到家了。"

学生汇报:(感到小蚂蚁到家心情很快乐,感到大伙儿的帮助对小蚂蚁来说多重要啊!感受到当人遇到困难的时候,我们要伸出热情的双手来帮助别人,让别人感受到快乐,自己也会感受到快乐!)

过渡:你们想不想把这一幕表演出来呢?(个别学生配乐读)

学生表演:采访:小蚂蚁你坐在蜻蜓背上舒服吗?你都看到些什么?蜻蜓你累吗?为什么?萤火虫你呢?

小结:原来帮助别人不仅能让别人快乐,自己也是快乐的。

设计意图:在这一环节,学生在老师的带领下,运用语文阅读的方法,利用"边读边想"的方法体会了文中主人公的美好心灵,感受到了景美情更美的思想内涵。这不仅体现"双主"的教学模式也为下面学生拓展阅读和打写创作奠定了基础。在此环节中信息技术作为了提供丰富资源,加工信息的认知工具。

过渡:小蚂蚁到家了,星星看见了,都在高兴地眨着眼呢!同学们,你们高兴吗?(高兴)。眨眼试试。瞧,这颗小星星的眼睛眨得多迷人,来,眨给咱们所有的老师看看!小星星,你这么高兴,你想说什么?(他们的思想很好。他们都有帮助别人的热心肠,我很高兴)

(3)语言描述质疑。

噢,大家都很高兴,可我还有一个问题不明白,你们能帮我解决吗?既然萤火虫既能点灯,又能飞行,那就让萤火虫一个人去送小蚂蚁呗,干吗还要蜻蜓也去呀?

(蜻蜓的背像飞机可以让小蚂蚁坐得更舒服,萤火虫要在前面飞为他们开路,保障飞行的安全。)

设计意图:这一步中质疑的设计是为了让学生在问题中回顾全文,了解到景美人更美的作者创作的意境。这个问题能启发学生的思维,加深对课文的理解,丰富学生独特的情感体验,实现情感目标的大幅度跨越,达到移情的目的。为总结升华推波助澜。

是啊,原来在这美丽的夏夜里,小动物们都在尽自己所能去帮助小蚂蚁,让小蚂蚁安全到家。看来,还有比景色更美的东西,那是什么呢?

教师小结:板书画心,那就是小动物们美好的心灵,乐于助人的精神啊!有感情地齐读:"啊,多美的夏夜呀!"

3. 总结升华,拓展阅读(11分钟)

资源准备:课件中"练习平台"模块,"资源宝库"模块,"背景音乐"按钮。

(1)打写填空,总结课文,发散思维。(2分钟)

孩子们,这篇课文我们学完了,你知道它讲了一个怎样美丽动人的故事吗?

可以参考老师的"说话训练",在四人小组里说一说,开始吧!

谁愿意给大家讲讲这个故事呢?

(2)过渡。(6分钟)

引导语:谢谢你,给我们带来这么美好动人的故事。是啊,夏夜多美啊,其实,在我们的身边经常有乐于助人的事情,让月亮笑起来,让星星高兴地眨眼,不信,你就去"资源宝库"看看那些有趣的故事。请大家先阅读加星的文章,运用一边读一边想的方法:看看文中的主人公们他们做了些什么,让景色更美了呢?

(3)个别汇报读后感。(1分钟)

设计意图:第三个环节的设计有归纳总结、发散思维、激活想象、积累阅读的作用。在网上阅读一步中,为孩子们选择了5篇童话故事、2首夏景诗、2篇夏景文还有一篇科普文让孩子们去阅读,并且用"加星"的方式对阅读内容加以引导,让孩子们从不同角度、不同层次、不同题材来体会乐于助人的美德,积累文字材料,将语言文字内化成自己的内心情感体验。为后面的选题打写做铺垫。实现情感目标的大幅度跨越,达到移情的目的。

4.选题打写,评价交流(9分钟)

(1)资源准备:课件中"展示空间"模块,"背景音乐"按钮。

(2)是啊,校园是那么地美,其实我们的校园也很美啊!在老师的眼里,这么美丽的地方因为有了你们,这群天真烂漫的孩子而更美了;在同学们的眼里,校园因为有了慈祥的老师和团结友爱的同学们而更美了,那么,就请你来写写我们美丽的校园以及在校园里发生的美丽动人的故事吧!

(3)作品交流。

(4)教师总结:

由于时间的关系,我们就不一一展示同学们的习作了,课后大家还可以互相欣赏,相互点评。孩子们,今天我们共同分享了许许多多美丽而动人的故事,让我们记住这动人的故事,留驻这美好的瞬间吧。最后,让我们伴着优美的音乐一起试着吟唱这首《当我们在一起的时候》这首歌,来结束我们课文的学习。

在自编的《当我们在一起的时候》边唱边舞中结束课文的学习。

设计意图:第四环节的设计是为了让学生在学完课文后有创造表达的欲望,提高学生网络打写的水平,通过网络的协作交流,让学生在交流中学习,在评价中进步,体验写作的成就感。我选择的习作练习一个是看图编童话,一个是写校园的美。这两个习作练习题能激发学生的习作欲望,贴近学生的学习生活,使学生有话愿说,有话可说,人人能说。这个环节中的信息技术是作为协作交流、情感抒发的工具。另外,本环节还使用到"背景音乐",创编了《当我们在一起》这首歌,这一资源的使用不仅能渲染气氛,激发情感,总结全文,更能深入地表现主题,凸显主题,一举多得。

二、数学——《探究图形规律》

本案例由北京市北方工业大学附中石莹老师执教,来源于北京师范大学现代教育技术研究所"基础教育跨越式发展"课题优秀案例库。

第四章 优秀教学设计案例分析

教学环节	教学内容及师生活动	设计理念
创设情景体会规律	大自然中许多现象蕴涵着规律,如日出日落,春夏秋冬等,人们从中得到许多启示,把这些规律应用到了我们的生活中。所以生活中许多物体的摆放、排列都是很有规律的,如装饰的花边、按规律摆放的盆花、用瓷砖铺设的地面……这些都蕴涵着规律同时还蕴涵着许多有趣的数学问题。 　　我国著名数学家华罗庚曾说过:数缺形时少直观,形缺数时难入微。数形结合体现了一种数学思想。今天这节课,我们就进行一次数和形的完美结合:在探究中发现规律。发现什么规律呢？发现图形间蕴涵的数量关系。	激发学生通过观察图形探究规律的欲望。
自主探究 合作解决	【探究规律1】 　　图中有大小不同的菱形,第一幅图中有1个,第二幅图中有3个,第三副图中有_____个;按此规律则第 n 副图中总共有_____个菱形。 序号→数量 $1 \to 1 = 2 \times 1 - 1$ $2 \to 3 = 2 \times 2 - 1$ $3 \to 5 = 2 \times 3 - 1$ $n \to 2n - 1$ 　　根据图形提供的信息探索规律,解决这类问题,首先要从简单图形入手,抓住随着"编号"或"序号"增加时,后一个图形与前一个图形相比,在数量上增加(或倍数)情况的变化,找出数量上的变化规律,从而推出一般性的结论。 【探究规律2】 　　迎接奥运,美化环境,世纪广场准备将一些盆花摆成三角形, n 表示每条边上所摆的花盆数, S 表示一共所摆的花盆数,当每条边摆上 n 盆花时,一共能摆的花盆数 $S=($ 　　)。 方法1: $S=3n-3$ 方法2: $S=3(n-1)$ 方法3: $S=3+3(n-2)$ 方法4: $S=n+(n-1)+(n-2)$ $2 \to 3 = 3 \times 1$ $3 \to 6 = 3 \times 2$ $4 \to 9 = 3 \times 3$	选择日常生活中较为常见的简单的图形作为学生探索规律的素材,精选了生活中按规律摆放的盆花场景,把学生的注意力集中到对不同物体排列规律的观察上。 学生在几何画板中通过作图动手试验,观察,小组合作交流,多方式、多角度探究图形规律。

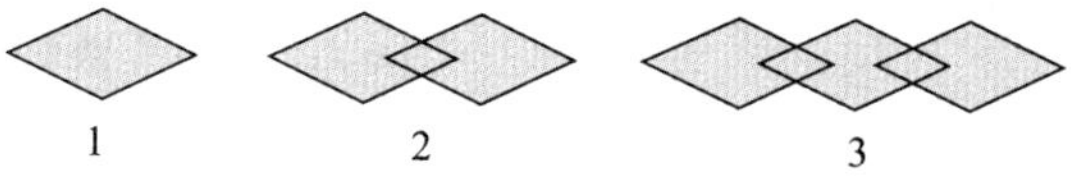

教学环节	教学内容及师生活动	设计理念
展示应用	$5 \rightarrow 12 = 3 \times 4$ $n \rightarrow s = 3(n-1)$  知识提炼：拆分图形是我们在找图形规律时常用的方法，恰当地拆分图形可以帮助我们解决问题。 【A组基础题】 广场用红黄两种颜色的正六边形地砖按如图所示的规律拼成若干个图案： (1) 第4个图案中有黄色地砖_____块； (2) 第n个图案中有黄色地砖_____块； (3) 第2 008个图形中有黄色地砖_____块。 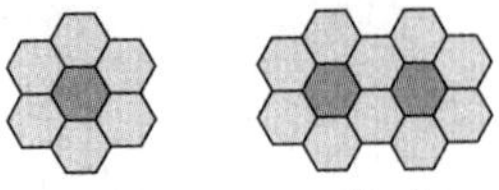 第1个　　第2个 【B组提高题】广场用黄兰两色正方形瓷砖铺设地面，第n个图案中有蓝色瓷砖_____块；有黄色瓷砖_____块。 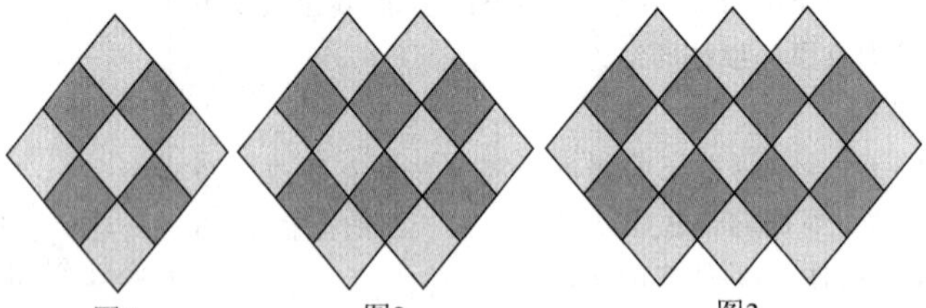 图1　　图2　　图3 【C组拓展题】 有一张薄圆饼，如果不许把饼折叠，只能用刀去切这张圆饼，请同学们共同探讨以下几个问题： 1. 切一刀最多可以切成_____块； 2. 切两刀最多可以切成_____块； 3. 切三刀最多可以切成_____块； 4. 切四刀最多可以切成_____块。	在解决盆花摆放、铺地砖这类问题中，经过探究、讨论，逐步让学生建立这一问题的数学模型，从中进一步培养学生从数学的角度提出问题的能力，以及解决实际问题的能力。 充分利用几何画板这个平台。 看、摆、找 充分体会"数"和"形"的完美结合。 学生探究时，教师深入学生，帮助学习能力和接受能力暂时较差的同学扫除障碍，建立民主和谐的师生关系。

教学环节	教学内容及师生活动	设计理念
评价自我	你能归纳出什么规律？ 思路解析：(把得出的结果分解成若干个正整数的和。) $1+1=2$ $1+1+2=4$ $1+1+2+3=7$ $1+1+2+3+4=11$ 由此可得出规律：$S_n = 1+1+2+3+4+\cdots+n = 1+\dfrac{n(n+1)}{2}$。	充分利用几何画板这个平台。 自主探究、合作交流。
小结总结	[探究图形规律的一般步骤] 观察特例 → 猜想规律 → 表示规律 → 成立 → 得出结论 不成立 → 回头重新探索 小 结 1、我知道了…… 2、我学会了…… 3、我发现了…… 4、我还想知道…… 学习数学，重要的不是会做几道题，而是通过学习，学会总结规律，最终培养一种能独立发现规律和总结规律并应用规律去解决实际问题的能力。只要我们平时注意观察，积极思考，自然界和生活中还有更广阔的天空等待着你去发现、去探索、去研究。 1.上网搜集"探究规律"的有关知识、习题等。 2.结合实际生活自己设计一个探究图形规律的题，利用课件展示。	小结探究图形规律的一般步骤。 学生畅所欲言，交流感受，总结探索图形规律的主要方法及一般步骤。

三、英语——"How much are these pants"

本案例由佛山市禅城区南庄三中肖淳芳老师执教，来源于北京师范大学现代教育技术研究所"基础教育跨越式发展"课题优秀案例库。

【概述】

(1)课名："How much are these pants"是义务教育课程标准实验教科书英语新目标 Go For It 七年级第七单元的一节课；

(2)所需课时为1课时,45分钟;

(3)"How much are these pants"是要求学生学会描述物品价格和运用英语谈物品价钱的一节课,目的是为了训练学生对英语的实际运用能力。

【教学内容分析】

本节课的内容是义务教育课程标准实验教科书英语新目标 Go For It 七年级的第七单元的"How much are these pants?"的第三课时,主要的话题是 Shopping。因为提前把阅读和练习写广告放到了第二课时,所以课前学生已基本掌握了询问价钱和谈论物品颜色、做推销广告及谈论自己喜好的语言能力。通过本节课的学习,学生可以进一步巩固 How much 引导的问句,掌握买卖东西的语言知识,培养与人打交道时的礼仪意识。学生在实践活动中锻炼了语言技能,提高了语言的运用能力,并在完成任务的同时获得成功的体验。为了拓展知识,培养学生自己获取信息、整理信息的能力,把这节课的教学所需用具和调查市场行情作为任务课前交给学生,让他们以六人小组为单位根据 topic 从 Internet 和市场获取有关资料。我相信学生学完本课书后更乐于参与有关英语活动,英语的学习兴趣会更浓厚。

【学生起点分析】

(1)初一学生有着学习英语的浓厚兴趣和愿望,乐于参与各种调查、采访、表演等实践活动。到学期后段,学生已具备了一定的英语基础知识,并在第5单元的"What balls do you have?"和第6单元的"Do you like…?"中进行过有关调查活动;设计过野炊菜单、外出活动安排表;有过寻宝、建立俱乐部、给父母准备生日礼物等英语实践活动的体验。

(2)学生有较为明确的英语学习动机和积极主动的学习态度,能积极和他人合作,相互帮助,共同完成学习任务。遇到问题敢于主动向老师和同学请教,能克服羞怯心理,大胆模仿和运用英语实际交流。

【学习目标分析】

新课程标准指出:提倡任务型教学模式,把综合语言的运用能力培养落实在课堂教学过程中,倡导体验,强调学生能用英语做事情,教学中要注重学生情感体验,并让学生在完成任务实现目标的过程中感受成功。结合本课的教学内容和学生的语言水平,该课设计的核心任务是:设置实际购物场景,小组合作模拟购物,学会使用有关用语。学生在本节课要达到的目标:

(1)语言技能目标:学会谈论物品的颜色及自己对服装的喜好;培养购物时的礼仪素养。

(2)语言知识目标:掌握本课书的重点语言结构、重点词汇和购物时的礼貌用语。

(3)情感态度目标:通过创设人文情景,学生亲身感受和体验,使语言学以致用,激发学生的学习积极性,培养他们的自主学习、合作学习、善于学习的习惯,并让他们在实践活动中体验成功。

(4)学习策略目标:通过在思考、讨论、理解和交际过程中学习英语,完成学习任务后,学生会进一步学会探索适合自己的学习方法,积极参加一切课堂内外的有关英语活动,大胆地训练自己开口说的能力。

(5)文化意识目标:培养学生实际运用英语能力,使学生进一步明白语言也是文化,拓展他们的文化视野,发展跨文化交际的意识和能力。

学生上完本节课后,要会用英语买卖东西,并会注意交流时的礼仪。因此教师设计了课前调查任务环,课堂自由会话,猜价钱游戏,调查报告和建议,新知识引入,操练和表演,实地购物,成果汇报,小结和评价等环节。

【教学策略的制定】

(1)根据新课标的教学理念和教学方式的要求,采用了以下教学策略:

①"任务型"教学模式。任务设置以学生活动为主,学生通过思考、调查、讨论、交际和合作等方式,学习和使用语言,完成学习任务。

(a)创设生动有趣的教学场景,以购物、调查、游戏等形式达到在交际过程中提高运用语言的能力。

(b)教学环节的设置带有明确的目的性,围绕让学生学会"询问价钱和购物"展开。

②"生本"教育理念。充分发挥学生的主体地位。教师只起"导演"的作用,让学生在教学的各个环节中"动"起来,通过学会"买卖东西"而完成学习任务。

在设计任务型教学模式时,遵循了以下原则:

(a)活动接近或来自于生活。

(b)学生通过获得、处理和传达信息来做一件事。

(c)必须有明确的任务目标。

(d)必须有具体的任务结果。

(e)活动不局限于课堂,要延伸到课堂之外的学习和生活之中。

(f)每个学生都有参与的机会。

(2)为了更生动直观地展示每一个教学环节,教师课前制作了多媒体网页课件,课件内容丰富,运用多媒体平台教学,提高课堂教学效果。

【资源】

(1)义务教育课程标准实验教科书英语新目标 Go For It 七年级教材。

(2)课前准备工作:用 Word 文档制作学生市场调查表;拍摄学生市场调查录像;编辑课堂练习卷;上网搜索各类服装图片、Flash 动画和录像,用 Macromedia Dreamweaver MX 软件制作教学课件。

(3)多媒体电教平台。

【教学过程】

根据任务型教学模式,教学过程设计如下:

(1)Pre-task 课前布置任务:给定学生几种物品名称,教会他们一些礼貌用语,要求每六个同学一组利用课余时间调查附近几家商场的物品价格,并制作好物品价格调查报告的幻灯片;告诉学生我们的英语课堂上将有一个实际购物的内容,要求他们以小组为单位在课前用一些物品布置成"商场",为课堂的实地购物环节做准备。教师课前注意把学生实地调查录像和幻灯片插入该课课件中。这一学习活动主要体现学生合作与探究的学习方式,在老师提供的语言词汇的帮助下,以小组为单位进行信息获取、记录、现代信息技术应用等活动,它扩大了学生的知识面,同时将活动延伸到课堂之外的学习和生活中去,这样可以充分调动学生的学习积极性、发掘他们的创造力、培养学习英语的兴趣。

这些是课前以调查表格和屏幕显示形式提示的词语和句型:

①sports shoes,sports clothes,cap,sunglasses,traveling bag.

②How much is it? How much are they?

③Excuse me. Can you help me? Can you speak English? I want to make a survey. But I must speak English.

(2)Free-talk 这一环节的任务已在上一节课以家庭作业的形式布置好,让学生自由和创造性地会话表演,目的是让表演的同学有成功的体验,调动起其他同学说英语的积极性。学生可以运用刚刚学过的话题,也可以自己编排,形式和内容不限。根据授课内容多少来安排表演的时间。(实践证明这一步骤很受学生欢迎)

(3)Task 1:Play a game. Look at the pictures and guess how much the things are. 通过展示的图片,让学生根据自己的生活经验来猜测物品的价格,每件物品有三个同学报价,所猜价钱最接近显示出来的价钱就为获胜者。教师设计了8种常见商品的猜测游戏,目的是为了让学生在游戏中复习前面学过的内容 How much is … ? It's…yuan. 同时也可以增强课堂的趣味性,培养学生的竞争意识。为后面的 Shopping 的对话和实地购物奠定了语言基础。

(4)Task 2:Report? David wants to go to Hawaii. He needs to buy some things for the journey(旅游). Please try to give him some advice. 教师通过图片的人物和风景创设了"David 打算去旅游,他需要购买一些物品,但他要去哪里购买会好些呢?"的情景,引出学生汇报市场调查结果的环节。观看自己的调查录像时,学生的愉悦情绪可以在很大程度上鼓励他们自己。每小组指派一名同学用英语简单报告他们的市场调查结果,其他同学做好记录。小组讨论完毕后说出他们的建议。全部同学以分享的方式进行信息交流。通过这种自主、合作、探究的学习方式,不仅学生掌握的有关 Shopping 的信息远远超过了课文本身,还锻炼了学生的信息整理能力和口头表达能力。

(5)Task 3:Come into new material.

①为了避免引入课文新内容枯燥的讲解,教师创设了情景:"突然间发现自己的鞋坏了,只好去买双鞋。"通过这段已经准备好了的师生之间的表演来呈现新的内容,学生很容易接受,也可以培养学生的观察力。这段对话中只有"clerk"和"Can I help you?"是新内容,表演完后教师马上用英语反复说:刚才表演的那个同学就是 clerk,以达到突破。

②要求学生在看一段录像后完成补全对话,有疑问的同学可以小组讨论,这样可以培养学生自主学习和合作学习的习惯。学生确定答案后对全体师生说出或表演自己的想法,教师通过全班同学判断答案是否正确的方式来判断学生掌握与否。

Watch the video and finish the dialogue.

Clerk:Can I help you?

Mary: Yes, please. I want a pair of _____.
Clerk: What _____ do you like?
Mary: White.
Clerk: Here you are.
Mary: _____ are they?
Clerk: 29 yuan.
Mary: I'll take them. _____.
Clerk: You're welcome.

③操练。这个环节中教师采取了全班操练、俩俩操练的方式,教师巡视帮助解决困难,达到充分训练的目的。

④表演。学生首先是直接表演对话,接着是自己编对话表演,通过这个环节,学生可以在愉快的氛围中掌握 Shopping 的话语,在交流中培养礼仪意识,保证了下一步的实地购物的顺利进行,课堂气氛达到高潮。

⑤Task 4: Shopping in the real environment. Today is Ann's birthday. And we are going to have a birthday party. Let's go and buy some presents for her. 课前学生已经在教室后面以小组为单位摆设出了各类"商店"。在准备过程中培养了学生的团结协作精神,为学生自主、合作学习奠定基础。

(a)引出购物的话题。(教师给出完成任务所需要的语言结构)You can use the sentences like this:
● Come and have a look.
● Can I help you? What can I do for you?
● Oh, it's too expensive/dear. Can you give me a cheaper one?
● How much is it? How much are they?
● I will take it/them.
● Here is the money.

(b)实地购物。学生在真实的环境里扮演不同的角色来进行买卖东西的实践活动,在活动中愉快地用英语交谈,运用本单元所学的询问价钱等知识,这一活动将课堂气氛推向最高潮。所有同学在扮演顾客和售货员的交际活动中锻炼了语言技能,懂得如何合理消费,培养了他们的生活能力和礼仪意识,提高了语言的实际运用能力。

(c)学生带着给 Ann 买生日礼物的购物任务去 Shopping。因活动来源于他们的生活,学生肯定能积极参与,更好地完成任务。学生的主体参与性在这个环节可以得到充分的体现。

(d)成果汇报以给过生日的同学赠送生日礼物的形式呈现,避免了单调的展示。

⑥Task 5: Summary?

(a)先以小组为单位进行讨论,总结出这节课有什么收获,学会了什么,做自由发言,在这个环节要特别注意鼓励学生,培养他们自主学习的习惯。

(b)教师呈现本节课的重点内容。

Important points:
- Can I help you? ＝What can I do for you?
- I will /I'll take it.
- You are welcome.
- How much…?

(c)在布置家庭作业时,教师设计了一个简单的笔头练习,以巩固本单元的语言知识。另外,下一单元的课前调查任务:"了解并记录好同学的生日"又将学生的英语语言学习带到了生活中去。Homework:
- Write a dialogue of shopping and prepare the free talk.
- Make a survey:Ask some students in your team "when is your birthday ?"And write a report.

(d)教师用一句"Are you happy?"让学生在愉快中结束学习。

【教学流程图】

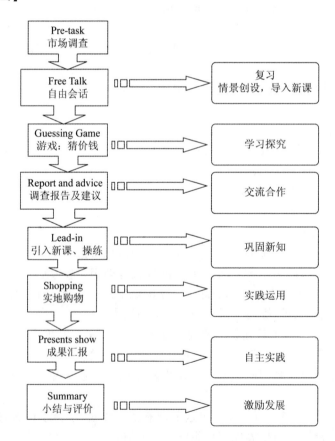

四、生物——《人类的性别决定》

本案例由北京市杨庄中学王然老师执教,来源于北京师范大学现代教育技术研究所"基础教育跨越式发展"课题优秀案例库。

【指导思想与理论依据】

根据初中生物课程标准倡导的"面向全体学生"、"提高生物科学素养"和"倡导探究性学习"的理念,本节课注重与现实生活的联系,注重知识的逻辑结构,创设问题情境,用问题牵引学生的学习,有意识地培养学生的观察能力、逻辑推理能力、分析和解决问题的能力、交流与合作的能力等,力争让每个学生都能够在课堂上体验到成就感。

【教材分析】

人类的性别决定是遗传的基本规律在性别方面的体现。主要内容包括人类的染色体组成、男女性染色体的异同和人类的性别决定过程。教学重点和难点都是性别决定的过程。总之,这部分内容属于遗传知识的应用。

【学情分析】

人类的性别决定,初二的学生对此"似懂非懂",有浓厚的兴趣;学生以前学过人的生殖和发育以及生物的遗传知识,但学生没有学减数分裂等知识,所以两种精子的数量为什么相等不宜深入讨论。课前学生可能认为生男生女由男人或女人决定,所以希望通过这节课的学习,能让学生科学地对待生男生女的问题。

初二学生正在处于形象思维到抽象思维的过渡,他们的抽象思维能力还有限,辅以形象思维才能很好地发展抽象思维。所以教学过程中给学生提供较多的图片等直观资料,帮助学生复习旧知识,提供学习情境,让学生主动地参与知识获得过程。

【教学策略】

注重与现实生活的联系,激发学生的学习兴趣,通过"没有生儿子怪谁?"这个问题贯穿整节课,通过一系列"有趣的"和"有一定难度的"问题引导学生的思考。

教材69页"模拟一对相对性状的遗传"的实验为本节课的学习打下了良好的基础,所以本节课没有采用模拟实验的方式探究生男生女的奥秘,而是采用问题牵引的方式帮助学生写出人类的性别决定过程。

【教学目标】

知识目标:

通过观察男女体细胞的染色体的显影图片,学生能够说出男体细胞中染色体的异同点;

通过在纸上写人类的性别决定过程,学生能够解释生男生女的奥秘。

能力目标:

通过观察男女体细胞中染色体的显影图片,培养学生的观察能力;

通过分析我国人口普查数据和2002年的男女出生比例,培养学生分析数据的能力。

情感态度目标:

通过学习性别决定的知识,学生能够纠正性别决定由双亲之一决定的错误想法,能够认识到生物科学与生活的密切联系,激发学生学习生物的热情。

【教学过程】

1. 情境引入

教师活动:播放小品《超生游击队》片段,提问:这对夫妻为什么吵架呢?生男生女到底怪谁呢?

学生活动:观看小品,回答:想生儿子却一连生了三个女儿,所以互相责怪。讨论生男生女到底怪谁?

设计意图:创设情境,吸引学生注意力,激发学生对性别决定的兴趣,引入课题。

2. 如何判断性别:人类的染色体组成

教师活动	学生活动
提问:如何判断一个人的性别?	讨论:如何分辨人的性别呢?第一性征、第二性征?
出示图片:《变性美女》及其简介 设问:她到底是男人还是女人呢?(参考:变性人陈莉莉被取消环球小姐参赛资格)	观看图片及变性美女陈莉莉简介,引发思考。
出示图片:男女性体细胞中染色体组成图 介绍:科学家们将显微摄影得到的一个体细胞内的染色体照片全部剪下来,按照它们的大小与形态特征进行配对和分组排列,构成了人类体细胞的染色体图像。 提问:1. 人类的染色体的数目是多少? 　　　2. 男女性体细胞内染色体组成有何异同? 　　　3. 再想一想,人类的性别如何决定?	仔细观察两幅图片,数出人类染色体的数目,找出男女性体细胞中染色体组成的异同,知道了染色体的组成之后,再思考人类的性别如何决定。

设计意图:通过设置认知冲突引起学生的兴趣,培养学生的观察能力和表达能力。

3. 性别何时决定

教师活动:播放动画"人的有性生殖过程",你能描述一下这个过程吗?提问:性别决定是在婴儿出生的时候(阴道)?还是在胚胎发育过程中(子宫)?还是在精卵结合完成受精的时候(输卵管)?为什么?

布置任务:根据提示,在笔记本上写出性别决定的过程。

提示:①父母的性染色体组成分别是怎样的?

②母亲可能产生几种卵细胞？父亲可能产生几种精子？这些生殖细胞的性染色体分别是怎样的？

③可能形成几种受精卵？它们的性染色体组成分配是怎样的？

④这些受精卵分别发育成男孩还是女孩？

提问：通过上面的学习，你能说明什么决定了子代的性别吗？

学生活动：回忆人的有性生殖过程，根据动画描述，并说出性别在何时决定。根据提示，在笔记本上写出性别决定的过程，写完之后说明什么决定了子代的性别。

设计意图：复习人的有性生殖过程，培养学生的表达能力。通过问题牵引，帮助学生复习遗传的相关知识，培养学生的推理能力。

4. 拓展训练

①研究表明，射精时射出的精液量相当小，只有 2~6 mL，但每毫升含精子 5 000 万~1 亿个。这些精子中，一半的性染色体是 Y，另一半的性染色体是 X，请问生男孩与生女孩的概率分别是多少？

②同桌会议（针对课前所看小品）：

预测：这对夫妇此次生儿子的概率是多大？

分析：他们这辈子一定能如愿以偿生个儿子吗？

评理：一直没有生儿子到底怪谁？

③资料分析：2002 年我国出生人口男女比例为 117∶100，个别地区 137∶100。

思考：男女比例失衡的原因有哪些？长期下去，有哪些影响？如何解决和减轻这一问题？

5. 学习效果评价：双胞胎之谜

出示几对双胞胎合影，你有什么发现？

问题链：①同卵双胞胎可能是龙凤胎吗？

②什么情况下可能产生龙凤胎？

③异卵双胞胎一定是龙凤胎吗？

④异卵双胞胎可能有哪些情况？

设计意图：结合生殖的相关知识，通过解析双胞胎之谜深入思考，把知识用于实际，检查学生对本节课知识的掌握情况。

思 考 题

1. 教学设计的发展历程。
2. 结合具体案例来论述教学设计的一般模式
3. 教学设计的基本环节是什么？
4. 一堂好的课堂应具备哪些环节？
5. 结合案例，以"问题解决"教学模式设计一堂课。

第五章 教学资源素材的获取与加工

> **学习目标：**
> 1. 掌握文本素材的获取与处理方法。
> 2. 掌握图形图像素材的获取与处理方法。
> 3. 掌握音频素材的获取与处理方法。
> 4. 掌握动画素材的获取与处理方法。
> 5. 掌握视频素材的获取与处理方法。

教学资源是为教学的有效开展而提供的素材等各种可资利用的条件,通常包括教材、案例、影视、图片、课件等,也包括教师资源、教具、基础设施等,广义上则涉及教育政策等内容。其中所提到的素材通常指的是信息化教学资源,包括文本、图像、音频、动画、视频等,本章我们主要对这些信息化资源素材的获取与加工方法进行系统学习。[①]

第一节 文本素材的获取与加工

在教学资源的开发设计中,文本是最基本也是最常用的素材。一些说明、介绍、作品中的文字资料都会用到文本,作为多媒体系统的组成元素,它和其他素材同样重要。文本素材处理包含文本的采集、录入、编辑等加工处理。

一、文本素材概述

文本是人们早已熟知的信息表示方式,如一篇文章、一段程序、一个文件都可用文本描述。它通常以字、句子、段落、节、章为单位,记录自然现象、表述思想感情、传达某种信息。人们在阅读时,通常是一字一句、一行一页顺序地浏览。

文本是文字、字母、数字和各种功能符号的集合,是符号化的媒体中应用最多的一种。在现实生活中,人们对事情的讲述、逻辑的推理、数学公式的表述等都主要用文字和数字来准确地表达。在多媒体应用系统中,虽然有图形、声音、视频影像等多种媒体形式,但是对于一些复杂而抽象的事件,文本表达却有它不可替代的独到之处。

---

① http://baike.baidu.com/view/3039812.htm

(一)文本素材基础知识

在多媒体应用系统中,文本作为重要的基本素材而被广泛应用,它具有信息表达清楚、计算机处理方便、存储容易、传输快捷等优势。具体来说:

1. 编码形式简单

在计算机中,西文字符最常用的编码是 ASCII 码,即 American Standard Code For Information Interchange(美国信息交换标准代码)。它用 7 位二进制数进行编码,可以表示 2^7 即 128 个字符,其中包括数字字符 0~9、大小写英文字符、运算符号、标点符号、标识符号和一些控制符号。这些字符种类大致能够满足各种计算机语言、西方文字、常见命令的需要。一个 ASCII 码字符在内存中占一个字节。

汉字字符在计算机中也是以编码形式处理的,汉字输入用输入编码,汉字存储用机内码,汉字输出用字形码。在计算机中存储时,一个汉字占 2 个字节。

2. 易于获取,存储、处理和传输容易

多媒体计算机系统中,文本资料可以用多种方式获取,可采用多种输入编码录入,还可以用光电技术或语音识别技术输入。如果用键盘输入文字,对于一个熟练的文字录入员来说,每分钟可以输入上百个汉字,用光电扫描和语音识别录入,其录入和处理速度更加快捷。

西文字符和汉字在计算机中都是以一个或两个字节的二进制编码表示,占用的空间很小,处理和存储都非常方便,所生成的文本格式文件也很小,一篇 10 万字的纯中文文本仅占 200 KB 左右的空间,移动和传输都很容易。

3. 在多媒体作品中的表现形式丰富

为了使文字在多媒体作品中更加美观生动,常将作品中的文字处理成多姿多彩的艺术形式。各种文字处理软件都具有较强的处理功能,能将文本设置成多种多样的形式,通过对文本字体、字号、颜色、字形(如:加粗、斜体、底纹、下划线、方框、上标、下标等)、字间距、对齐等设置,使文本在多媒体作品中变得丰富多彩。

4. 可以配合其他媒体的应用而提高作品表现力

文本具有其他媒体不可替代的重要作用,它除了自身所能完成的表述功能外,还可以配合其他媒体,共同完成对事件的描述,提高多媒体作品的表现能力。可以用它为图片添加说明、为视频添加字幕、为声音解说配上文字注释。

5. 建立超文本链接功能

在多媒体应用系统中,可用文本设置超链接。通过超文本建立的链接关系,实现程序的交互跳转,从而突破传统文本信息表示的线性和顺序结构、建立真正的多种媒体逻辑连接。例如:在多媒体作品中,文章的标题、导航菜单、按钮中的文本都可以建立对应的超链接,用户可通过点击超链接来选择自己需要的信息,这样可满足一些教学软件联想式学习的需要及一些

多媒体软件交互式操作的需要。[①]

(二)常见文本素材的格式

目前流行的文字处理软件种类繁多,不同的软件生成的文件格式各不相同。当使用不同的文本编辑软件编辑文本时,系统通常会采用默认的文本文件格式来保存文档。如字处理软件 Microsoft Word XP/2003 的默认文档格式为 DOC,当然该软件还支持另外一些流行的文本文件格式。如 TXT、RTF 等等。下面是比较流行的文本文件格式:

(1)TXT 格式:是纯 ASCII 码文本文件,纯文本文件除了换行和回车外,不包括任何格式化的信息,即文件里没有任何有关文字字体、大小、颜色、位置等格式化信息。Windows 系统的"记事本"就是支持 TXT 文本编辑和存储的文字工具程序。所有的文字编辑软件和多媒体集成工具软件均可直接使用 TXT 文本格式文件。

利用纯文本不含任何格式化信息的特点,我们可以比较方便地实现一些图形表格文字的转换,例如,从网页上下载的文字资料一般都包含有格式控制,如果直接下载到 Word 等字处理环境中,会带有一些不需要的格式符号,常含有表格形式,通过"记事本"等工具,将下载的文本资料转换为纯文本后再导入 Word 中,会使排版变得轻松快捷。

(2)WRI 格式:是 Windows 系统下的写字板应用程序所支持的文件格式。

(3)DOC 格式:是 Microsoft Word 字处理软件所使用的默认文件格式,其中可以包含不同的字符格式和段落格式。

(4)RTF 格式:是 Rich Text Format 文件格式,是一种可以包含文字、图片和热字(超文本)等多种媒体的文档。在 Macromedia 公司的多媒体开发软件 Authorware 6.0/7.0 中就可以直接对 RTF 格式文档进行编辑,并且通过 RTF 知识对象对其使用。另外,在 Microsoft Word 字处理软件中也能将文档保存为 RTF 文件格式。

(5)WPS 格式:是金山中文字处理软件的格式,其中包含特有的换行和排版信息,称为格式化文本,通常只在 WPS 编辑软件中使用。

各种文本格式可以通过一定的方法相互转换,例如:

①WPS 文档转换为 Word 文档:常见的 WPS 文档可以直接在 WPS 应用程序中转换为 Word 应用程序使用的 DOC 格式文档。操作方法是:启动 WPS 应用程序窗口,打开要转换的 WPS 文档,然后选择"文件"菜单中的"另存为"命令,打开"另存为"对话框,然后在其文件类型列表选项中选择"Word 的 DOC 文档",按下"保存"按钮即可转换。

②Word 文档转换为 WPS 文档:在 Word 2000 应用程序中也可以直接打开 WPS 文档,方法是:在 Office 2000 安装盘找到"\PFiles\Common\MSShared\TextConv"文件夹中的 WPS 2000 转换器程序"Wps2Word.exe",双击它可以自动为 Word 2000 安装 WPS 2000 转换器。安装成功后,启动 Word 并单击"文件"菜单中的"打开"命令时,就会在"文件类型"列表框中

---

① http://wenku.baidu.com/view/117445aedd3383c4bb4cd212.html

找到"WPS DOS file 导入"和"WPS file（*.wps）"选项。利用这一转换器，可以打开 WPS 2000/97 的所有文档，并且会保留原文件的大部分格式信息和嵌入对象。

二、文字素材的采集与处理

与其他媒体素材相比，文字输入方便、容易处理。从操作方式上来看，文字采集主要可分为两类方式：自然输入和键盘编码输入。通过构建 OCR 文字识别系统和语音识别系统，可以实现文字的自然输入，这是文字输入的最理想和快捷的方式。但目前技术上还不够完善，还不能完全满足实际需要。而键盘编码输入则是根据文字的读音或文字的基本结构将文字编成与之对应的数字代码或字母代码来输入计算机。

（一）文本素材的采集

文本素材的采集方法主要有以下几类：

1. 键盘输入方法

键盘输入法是利用键盘，按照一定的编码规则来输入汉字。这是最早采用的文本输入方法，也是现在计算机进行文字输入最普遍的方式。

键盘输入文本的优点是方便快捷，易修改并且不需附加录入设备；缺点是由于使用键盘输入文字通常需要理解和记忆对应的中文输入法的编码规则，因此输入速度较难提高。

2. 语音输入方法

语音输入法，是将声音通过话筒输入计算机后直接转换成文字的一种输入方法。利用语音识别技术，计算机能迅速、自然地把读入计算机的声音信息转换成计算机中的文本。

语音输入方法的优点是可以快捷、自然地完成文本录入，可减轻用户使用键盘输入的疲劳；缺点是错字率仍然比较高，特别是一些未经训练的专业名词及生僻字，因此要求录入者发音比较标准，还需要先使系统适应录入者的语音语调。

3. 联机手写识别输入

手写输入法是一种用特制的感应书写笔，在与计算机接口相连的手写板上书写文字来完成文本输入的方法。它符合人们用笔写字的习惯，只要将手写板接入计算机，在手写板上按平常的习惯写字，电脑就能将其识别显示出来。

联机手写识别输入法中，计算机之所以能感受到手写的笔画顺序，达到识别文字的目的，这是因为手写板结构中使用的电阻或电磁感应方式，将专用笔在运动中的坐标输入计算机，计算机中的文字识别软件根据采集到笔迹之间的位置关系和时间关系信息来识别出书写的文字，并把相应的文字显示在文字录入窗口。

目前市场上销售的手写板产品众多，从构成原理来分，主要有电阻式手写板和感应式手写板两类，电阻式手写板一般是中、低档产品，而感应式手写板的识别率一般较高，是目前的高端产品。从外观结构来分也有两类：一类是有连线的有线笔；另一类是无线笔，无线笔特受用户喜爱,是手写板发展的方向。从不同品牌来分,有汉王公司的汉王笔、北大方正的如意笔、摩托罗拉公司的慧笔、台湾蒙恬公司的蒙恬笔、清华紫光笔等。图 5-1-1 和图 5-1-2 是常见的两款手写笔实物图。

图 5-1-1　汉王笔　　　　　　　　图 5-1-2　蒙恬全能王

联机手写识别输入的优点是不用专门学习训练,即写即得,并且识别率较高,其录入速度取决于书写速度;缺点是不同的字体和潦草的字迹会严重影响识别系统的识别率。手写录入实际上是在 OCR(光识别技术)基础上发展的文字录入方法。

4.扫描仪＋OCR 识别输入法

在实际办公中,如果需要进行大量文字录入,如书稿、资料等,仍用手工录入,无疑会浪费许多时间,用扫描转换的方法,可以大大加快文字录入速度,提高工作效率。利用 OCR 技术,我们可以把需要的教材、文件、资料等进行扫描转换,生成电子文档,更便于保存。

OCR 是光学字符识别技术的英文缩写。扫描仪＋OCR 识别输入就是将印刷品类纸张上的文字以图像的方式扫描到计算机中,再用 OCR 软件将图像中的文字识别出来,并转换为文本格式的文件。它要求把要输入的文稿首先通过扫描仪转化为图像后才能识别,所以,扫描仪是 OCR 技术中必需的配置。如果被扫描的原稿印刷质量越高,识别的准确率就越高,一般最好是印刷体的文字,比如图书、杂志等,如果原稿的纸张较薄,那么有可能在扫描时纸张背面的图形、文字也透射过来,干扰最后的识别效果。需要注意的是,扫描仪本身并没有文字识别功能,它只能将文稿扫描到计算机中后以图片的方式保存,文字识别则由 OCR 软件处理完成。

在各类型扫描仪中,平板式扫描仪由于扫描精度高、速度快,在家用及电脑办公中很流行。而 OCR 软件种类比较多,清华 TH－OCR、汉王 OCR、尚书 OCR、蒙恬识别王、丹青中英文辨识软件等都具有较高的声誉。专业的 OCR 中,清华 TH－OCR2003 和尚书七号 OCR 都具有自动识别宋、仿宋、楷、黑、圆、魏碑、隶书、行楷等百余种中文简繁字体,英文、数字、表格、图片混排稿件的强大功能。目前,市场上销售的扫描仪基本都附带了 OCR 软件,如果用户发现扫描仪配置的 OCR 识别性能较弱,可以考虑采用其他功能强大的支持的 OCR 文字识别软件来识别扫描仪扫描的图像文稿。

扫描仪＋OCR 识别输入法能将纸介文件转换为电子文档,通常需要经过文稿扫描、版面处理、文字识别、文字编辑几个阶段。下面以中晶科技的扫描仪 Microtek ScanMaker 4100 和尚书七号 OCR 识别软件为例，构建一个扫描、文字识别系统。利用该系统扫描文字图像并将文字图像转换为电子文档的操作过程是：

①按照扫描仪的说明书，将计算机和扫描仪连接好，并安装相应的驱动程序、图像扫描程序 Microtek ScanWizard 5 和尚书七号 OCR 软件。

②双击 Windows 桌面上的"尚书七号 OCR"快捷方式图标，启动尚书七号 OCR 程序，如图 5-1-3 所示。与其他高档品牌的扫描仪一样，Microtek ScanMaker 4100 扫描仪在其配置的图像扫描程序 Microtek ScanWizard 5 中，本身也包含了直接对文字稿件的 OCR 识别功能，但由于文档识别率较低，因此采用了与扫描仪匹配的第三方 OCR 文字识别软件。

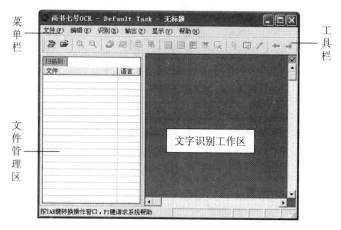

图 5-1-3　尚书七号 OCR 系统窗口

③打开菜单栏上"文件"菜单，执行"选择扫描仪…"命令，打开图 5-1-4 所示的"选择来源"对话框，选定对应扫描仪型号的驱动程序选项。再选择"文件"菜单，执行"系统配置…"命令，打开图 5-1-5 所示的"设置系统参数"对话框，并在获取新图像面板上选择识别语言为"中文简体"，单击"确定"按钮，配置完成。注意：选择的识别语言要根据被识别的文字图像上的文字内容而定，如果为纯英文，则应选择英文识别。

图 5-1-4　扫描图像的来源

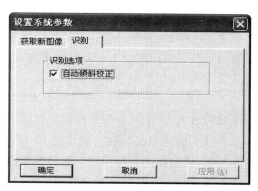

图 5-1-5　设置系统参数

④将要扫描的印刷体文字稿件平放在扫描仪玻璃上。在放置扫描原稿时,被扫描的文字材料一定要摆放在扫描起始线正中,并且文稿的一角应对齐基点,以最大限度地减小由于光学透镜导致的失真,这样有助于后面提高 OCR 软件识别率。同时还要注意扫描仪玻璃的洁净和保护其不受损害。

⑤单击尚书 OCR 程序窗口中工具栏上的"扫描"按钮,启动扫描程序 Microtek ScanWizard 5,在图 5-1-6 所示的"设置"面板中,依次设定扫描分辨率为 300 dpi、扫描图像色彩模式为黑白二色、阀值可设定其范围在 80~130 之间,阀值稍有变化会影响 OCR 的识别结果。应该注意:分辨率的设置是文字识别的重要前提,但不是扫描分辨率设得越高识别正确率就越高。通常,要求设置分辨率的大小和文字大小成反比关系。1、2、3 号字的文章段,推荐使用 200 dpi;4、小 4、5 号字的文章段,推荐使用 300 dpi;文字原稿的扫描识别,设置扫描分辨率时不要超过扫描仪的光学分辨率。

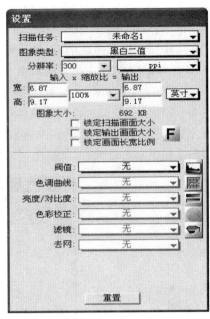

图 5-1-6　ScanWizard 5 的设置面板

为了便于后面识别文本图像,建议最好不要大量采用灰度、彩色扫描模式扫描文件,因为彩色图像文件占用大量的内存和 CPU,操作速度会很慢,而且背景图案会影响处理效果。

⑥单击扫描程序窗口中工具栏上的"预览"按钮,扫描仪开始工作。屏幕上扫描程序窗口的图像显示区将显示出纸介文稿上的文字图像,单击其工具栏上的"选区"按钮,并通过拖曳鼠标,在文字图像中框选出要扫描的文字图像区域,如图 5-1-7 所示。然后单击工具栏上的"预扫"按钮,执行图像的预扫描。

在对原稿扫描时,如果选用了灰度或 RGB 彩色模式,为了提高文字识别率,可调整原图像的亮度、对比度,使扫描文件黑白分明;调整原图像暗调和高光,丰富原图像的亮度层次,使扫描图像更加清晰。调整扫描参数的具体操作是:

在 Microtek ScanWizard 5 程序窗口中,单击设置面板中的按钮,打开图 5-1-8 所示的对话框进行扫描图像的亮度和对比度值的设置。在进行正式识别前,先观察扫描得到的图像中文字质量如何,如果图像存在黑点或黑斑时或文字线条很粗很黑而分不清笔画时,说明亮度值太小了,应该增加亮度值;如果文字线条凹凸不平,有断线甚至图像中汉字轮廓严重残缺时,说明亮度值太大了,应减小亮度值。

单击设置面板中的"亮度/对比度"按钮,打开图 5-1-9 所示的对话框,可选择不同的色阶分布通道,通过拖动色阶滑块对扫描图像的亮度层次进行调整。

⑦在设定了合适的扫描参数并对原图像作了相关的调整后,即可正式执行扫描操作,单击"扫描"按钮,扫描仪立即开始驱动,并显示扫描进程,扫描得到的文字图像将直接传送到尚书

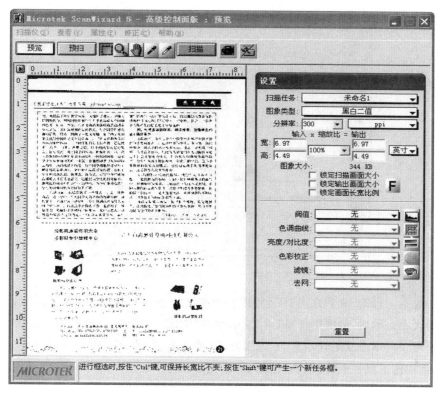

图 5-1-7　扫描程序 Microtek ScanWizard 5 的主窗口

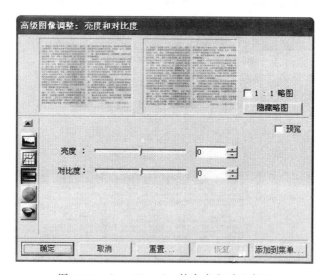

图 5-1-8　ScanWizard 5 的亮度和对比度调

七号 OCR 系统的图像处理界面窗口中。

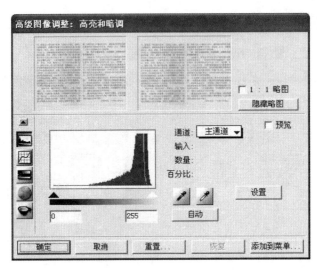

图 5-1-9 ScanWizard 5 的高亮和暗调调

⑧单击尚书七号 OCR 程序窗口工具栏上的缩放按钮 和 ,可以调整图像处理窗口中文字图像的大小。然后,依次选择"识别"菜单中的"图像反白"和"自动倾斜校正"命令对文字图像进行处理。再单击其工具栏上的"版面分析"按钮 ,对文字图像按类别进行分析。以上调整完成后,单击工具栏上的"识别"按钮 或单击"识别"菜单中的"开始识别"命令,系统即对所选图像进行版面识别,结果如图 5-1-10 所示。

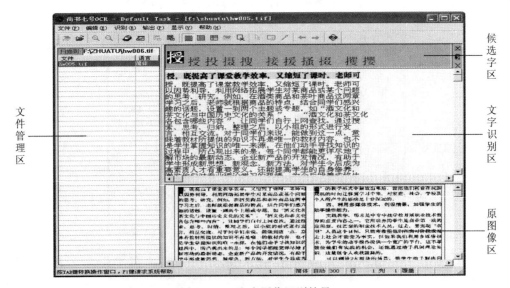

图 5-1-10 文字图像识别结果

如果被识别的扫描图像中存在图文、表格混排情况,则一定要进行版面分析。尚书 OCR

能够对表格进行自动识别,但在识别时要与其他文字版块区分划开,才会得到整个页面的识别。尚书 OCR 识别属性分为"横排正文"、"竖排正文"及"表格",因此用户可以先执行手动版面分析,通过鼠标拖曳框出表格对象,然后完成整个页面的高效识别。

⑨文字校对与编辑:识别转换完成后,要进行文字校对,检查识别转换是否有误,如果有错,可通过校对栏,选择当前字的候选字来替换识别有误的字;在文本编辑区内还可以进行字符编辑,可完成退格、删除、撤销等操作;可以输入特殊符号,只要单击尚书七号 OCR 程序的工具栏上的"符号表"按钮❀,打开特殊符号表窗口,选择所需的特殊符号,即可将符号插入到当前位置。

⑩校对检查完成后,选择"输出"菜单中的"到指定格式文件"命令,在打开的如图 5-1-11 所示"保存识别结果"对话框中,输入保存的文件名;选择文件要存储的路径和文件类型(尚书七号 OCR 的识别结果可以保存成 *.RTF、*.TXT、*.HTML 以及 *.XLS 四种格式的文件);再选择"输出到外部编辑器"复选框,以便系统在保存文件的同时会调入相应的文字处理程序(如 Word、WPS)来打开保存的文本文件,如图 5-1-12 所示,单击"保存"按钮,文字识别结果即被保存到指定位置。

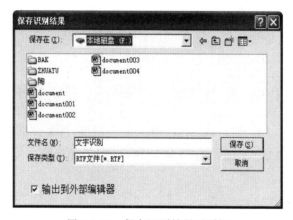

图 5-1-11　保存识别结果对话框

在打开的文字处理软件 Word 窗口中,可用 Word 文档排版的方法对识别结果文档进行格式化编辑,完成后选择"文件"菜单中的"保存"命令,完成文本素材的采集和处理。

另外,目前市场上的一些数码相机提供了 Text(文字)拍摄功能,我们可以把数码相机当作移动的扫描仪使用。选择好合适的相片分辨率(即尺寸大小)、开启相机的微距拍摄功能,并调整好光源和曝光补偿等。为了保证拍摄效果,避免图像整体明暗不均,最好禁用内置闪光灯。在进行 OCR 识别之前,我们最好先将拍好的文字照片用图像编辑软件(如 Photoshop7.0)对它的对比度进行一定的调节,使照片中的文字尽可能地突出。这样便可以将报纸的纸张背景变为纯白,而文字变得更黑、更加突出,有利于后面 OCR 软件对已拍摄的文字图像进行识别。

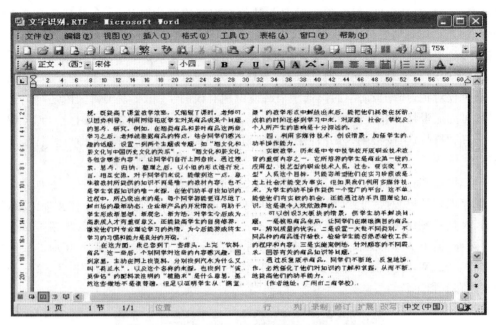

图 5-1-12　在 Word 中可编辑的文字识别文档

5. 混合输入方法

混合输入法就是以上介绍的各种自然输入法的结合。目前，手写加语音识别的输入法有汉王听写、蒙恬听写王系统等。

语音手写识别加 OCR 输入法的有汉王"读写听"、清华"录入之星"中的 B 型（汉瑞得有线笔＋Via Voice ＋清华 TH－OCR 2000）和 C 型（汉瑞得无线笔＋Via Voice ＋清华 TH－OCR 2002）等。

(二)常用文字处理软件简介

录入的文字资料，需要经过编辑和排版，才能处理成多媒体作品中需要的文字形式。文字处理软件种类较多，各具特色，下面介绍几款常用的文本制作处理软件：

1. Microsoft Word

中文 Word 是基于 Windows 平台的中文字处理软件，是 MS Office 的重要组件，它提供了良好的图形用户操作界面，具有强大的编辑排版功能和图文混排功能，可以方便地编辑文档、生成表格、插入图片、动画和声音，可以生成 Web 文档。其操作实现了"所见即所得"的编辑效果。Word 2003 的向导和模板能快速地创建各种业务文档，提高文档编辑效率。图 5-1-13 是 Microsoft Word 2003 应用程序主界面编辑窗口。

与 Word 2000 相比，Word 2003 的启动速度更快，操作界面更友好，功能更加完善，使用更加方便。在系统可靠性、多媒体支持及网络协作、程序易用性等方面都有很大的改进。新增

第五章　教学资源素材的获取与加工

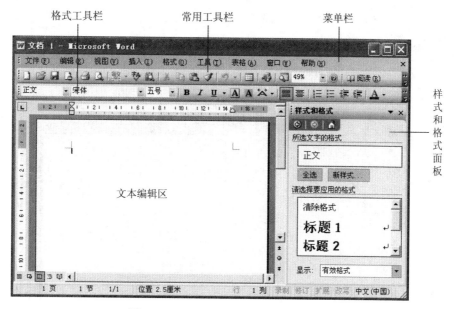

图 5-1-13　Word 2003 应用程序主界面

的剪辑管理器让用户能更方便地管理自己的多媒体剪辑；手写输入、语音控制等功能将冲击传统的输入方式，使 Word 2003 成为一个真正现代的办公工具。

2. WPS Office 2003 金山文字处理软件

WPS Office 2003 也是深受用户欢迎的中文字处理软件，它是金山公司从中国用户特点出发，开发的类似于 MS Office 的国产办公软件。经过多年的不断改进，现在的 WPS Office 2003 已经是一款功能强大、方便实用并且富有民族特色的文字处理软件。WPS Office 2003 作为 MS Office 的竞争对手，有着与其一一对应的功能。在 WPS Office 2003 中，含有四大功能模块：金山文字 2003、金山表格 2003、金山演示 2003、金山邮件 2003。

"金山文字 2003"是 WPS Office 2003 系列软件包中的一个文字处理程序，其主界面窗口如图 5-1-14 所示。在金山文字 2003 中采用先进的图文混排引擎，加上独有的文字竖排、稿纸方式，丰富的模板可以编排出更专业、更生动的文档，更加符合中文办公需求；其方便快捷的绘制表格功能（斜线表头、橡皮擦、合并单元格），可以轻松地绘制出形状各异的各种复杂表格。

3. Ulead COOL 3D 三维文字制作软件

台湾友立（Ulead）公司推出的 COOL 3D 是一款优秀的三维立体文字特效工具，被广泛应用于多媒体作品设计和网页制作领域。COOL 3D 操作简单，不需要掌握复杂、高深的技术，即可制作出精美、专业的 3D 标题文字和动画特效，因而该软件成为网页、影片、多媒体、简报制作人员所喜爱的工具。

使用 COOL 3D 制作三维文字和动画非常简单，其基本操作过程是：首先在新建的文件窗

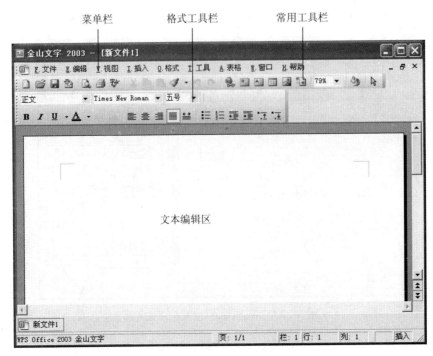

图 5-1-14 WPS Office 2003 应用程序主界面

口工作区中,用文字工具输入要制作动画或特效的文字,再用程序提供的多种效果设置工具进行文字修饰,然后保存文件。

(三)文字素材处理

文字素材的处理是通过字处理软件提供的编辑环境,进行文字的输入和编辑。文字录入后,在其编辑窗口中,可按字体、字号、颜色、形状(如加粗、斜体、底纹、下划线、方框、上标、下标等)、中文版式以及设置字符间距等来对文字进行格式编排,以满足特定的外观需要。前面介绍的 Word 2003 及 WPS 2003 都可方便地完成以上操作,接下来主要介绍针对于文字图像化的处理的操作,通过两个实例,帮助读者了解多媒体作品中应用文字素材的魅力。

实例一:用 COOL 3D3.5 简体中文版制作 3D 三维文字素材。

操作步骤如下:

(1)从 Windows 任务栏的"开始"菜单中选择"程序"选项,在其下级菜单 Ulead COOL 3D 3.5 的子菜单中单击"Ulead COOL 3D 3.5"命令,启动 COOL 3D。程序启动后主界面如图 5-1-15 所示。如果是初次启动 COOL 3D,会在 COOL 3D 主界面上打开一个提示信息窗口,只要选择"不再显示这个提示"选项,单击"确定"按钮,以后启动 COOL 3D 时程序将不会再出现此信息提示。

(2)进入 COOL 3D 主界面后,程序在工作区中打开一个默认的未命名的空白图像文件窗

第五章　教学资源素材的获取与加工

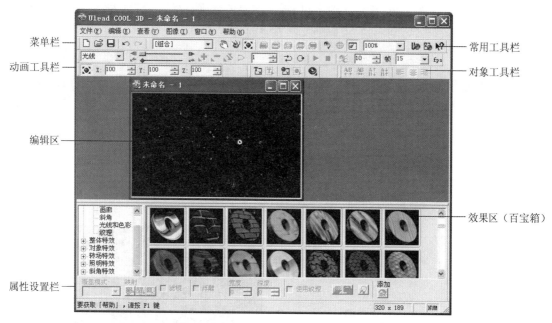

图 5-1-15　COOL 3D 3.5 应用程序主界面

口。若要调整文字图像的尺寸,则执行"图像"菜单中的"自定义"命令,在打开的尺寸对话框中设置图像的高宽尺寸,如图 5-1-16 所示:

(3)单击图 5-1-17 所示的对象工具栏上的"插入文字"按钮，打开图 5-1-18 所示的文字编辑对话框,在文本输入区中输入文字,并选择字体和字号,也可以输入符号。输入完成后,单击"确定"按钮。此时,在图像编辑工作区就会显示输入的文字。

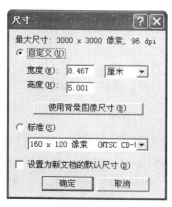

图 5-1-16　图像的大小设置

图 5-1-17　对象工具栏

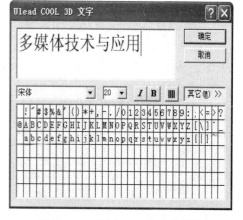

图 5-1-18　COOL 3D 文字编辑框

(4)单击图 5-1-19 所示的标准工具栏上的"缩放"按钮，可以缩放文字对象;单击"移动对象"按钮,鼠标变为手形,拖动图像,可以将文字对象移到合适位置;单击"旋转对象"按钮,鼠标变为环形箭头,拖动图像,可以使文字在空间旋转。

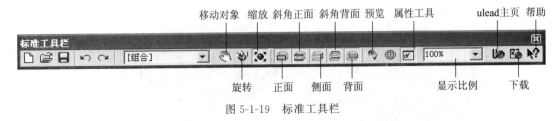

图 5-1-19　标准工具栏

（5）单击图 5-1-20 所示的文字工具栏上的"字间距"按钮 或 ,可以调整文字间的间距。完成以上操作后,文字效果如图 5-1-21 所示。

图 5-1-20　文字工具栏　　　　　图 5-1-21　3D 文字效果图

（6）修改文字内容:单击图 5-1-17 所示的对象工具栏上的"编辑文字"按钮,可重新打开图 5-1-18 所示的 COOL 3D 文字编辑框,输入新的文字内容:如"多媒体教学课件",并把"教学课件"的字体设为"华文行楷",字号设为 22。

（7）执行"编辑"菜单中的"文字分割"命令,把工作区的当前文字图像分割成若干单独文字对象;接着执行"查看"菜单中的"对象管理器"命令,打开"对象管理器"对话框,如图 5-1-22所示,在对话框中重新组合文字,把"多媒体"几个字合成为一个对象"子组合 1",把"教学课件"几个字合成为"子组合 2"。

图 5-1-22　对象管理器

图 5-1-23　重新组合的 3D 文字效果图

（8）在图 5-1-22 所示的对象管理器中,分别选择各个子组合对象,然后单击常用工具栏上的"移动对象"按钮,分别调整文字图像在工作区上的位置。结果如图 5-1-23 所示。

（9）在效果区左边的效果类型列表中,单击"工作室"左边的加号将其展开,单击"选择背景",在右边显示的背景图像的缩略样式图框中,双击某个方框或直接拖曳缩略图可以为工作区添加 COOL 3D 内置背景图像。如图 5-1-24 所示。

如果需使用外部图像文件作背景,则单击图 5-1-24 上所示的"打开"按钮,即可弹出"打开"对话框,如图 5-1-25 所示,从中挑选 JPG 或 BMP 格式的图像文件,然后单击"打开"按钮,即可将外部图像调入作为文字背景。

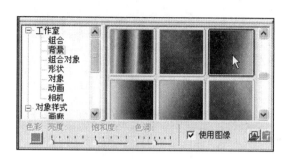

图 5-1-24 "背景"效果工具栏

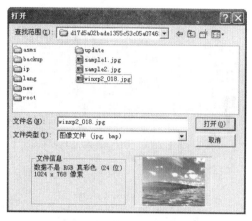

图 5-1-25 挑选背景图片的对话框

(10) 修饰文字:在效果工具区左边的效果类型列表中,单击"对象样式"选项左边的加号将其展开,选择"光线与色彩",在右边色彩方框中,双击某个色彩图例或直接拖曳该缩略图,可以为工作区中的当前文字对象设置合适的光线和色彩,并且还可通过光线与色彩的属性栏中"色调"滑块和"饱和度"滑块微调色彩,如图 5-1-26 所示。光线与色彩的设置还可先从对象管理器中,分别选定子组合对象进行分别设置,不要让应用到各个子对象上的光线互相影响。用同样的操作方法也可分别为两个子组合对象设置"纹理效果"和"斜角效果"的艺术修饰。其中,对应于斜角工具栏如图 5-1-27 所示。

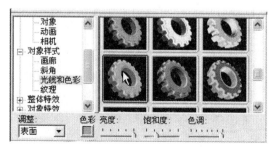

图 5-1-26 "光线与色彩"效果工具栏

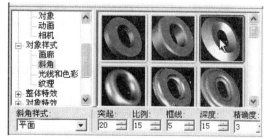

图 5-1-27 "斜角"效果工具栏图

(11) 添加文字的阴影和光晕效果:在效果工具栏左边的效果类型列表中,单击"整体特效"选项左边的加号将其展开,选择"阴影"选项,从右边的阴影样式图例中挑选合适的阴影效果应用到文字对象上,然后在其属性栏进行微调,以达到满意的阴影效果,如图 5-1-28 所示。阴影位置通过工具栏中 X、Y 偏移量设置；阴影颜色可单击"色彩"按钮，从打开的"颜色"对话框中设置，例如选中白色，阴影部分颜色即为白色。用同样的操作方法也可设置文字的光晕效果，光晕工具栏如图 5-1-29 所示。操作时应注意设置光晕的宽度、柔化边缘参数及色彩。本例中为了让光晕不影响文字的阴影故挑选色彩为灰色。完成以上设置后所得三维文字效果，如图 5-1-30 所示。

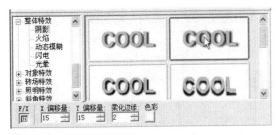

图 5-1-28 "阴影"效果工具栏

图 5-1-29 "光晕"效果工具栏

图 5-1-30 三维文字效果

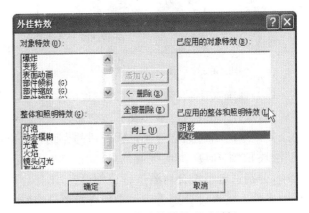

图 5-1-31 外挂特效管理对话框

（12）外挂特效的设置：单击"编辑"菜单的"外挂特效"命令，可以打开如图 5-1-31 所示的外挂特效对话框。在此，可对添加的对象特效、照明特效等进行管理。

（13）制作完成后，单击标准工具栏上的保存按钮，或单击"文件"菜单中的"保存"命令，打开"另存为"对话框。选择文件路径，输入文件名，单击"保存"按钮，即可将图像保存为 C3D 格式的文件。

如果单击"文件"菜单的"创建图像文件"命令，可选择以 BMP、GIF、JPEG、TCX 等图像格式保存为通常的图像素材文件；如果单击"文件"菜单的"创建动画文件"命令，可选择以 GIF 动画文件、或 AVI 视频文件格式保存为视频素材文件。

实例二：利用 MS Office WORD 2003 的文本框、图形工具和艺术字工具制作图像化文字标题，实例结果如图 5-1-32 所示。

在多媒体作品中，为了达到某种视觉效果，经常需要应用一些美观的艺术字体。设置艺术

图 5-1-32　图像化文字标题

字体的有效方法是使用图像化的文字,这种图像化的文字可保留原始的文本风格(字体、颜色、形状等),并且可以很方便地调整其尺寸。

具体操作如下:

(1)启动 Word 2003 应用程序,在默认新建的文档窗口中,打开"绘图工具栏",如图 5-1-33 所示。

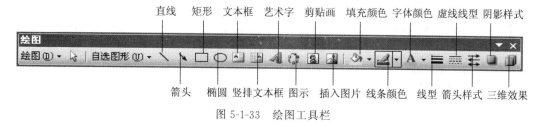

图 5-1-33　绘图工具栏

(2)绘制文本框:单击图 5-1-33 绘图工具栏中的"文本框"按钮,在编辑窗口中拖曳出一文本框,并调整大小。

(3)填充渐变效果:单击图 5-1-33 绘图工具栏中的"填充颜色"按钮旁的箭头,在其下拉列表中选择"填充效果"命令,打开图 5-1-34 所示的"填充效果"对话框,在"渐变"选项卡中,选择"预设"单选按钮,预设颜色选项设为"雨后初晴","底纹式样"选区中单选"中心辐射",最后单击"确定"按钮完成设置。

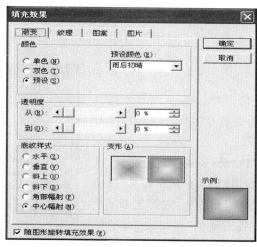

图 5-1-34　填充效果图

(4)设置文本框的边框线型和边框颜色:单击图 5-1-33 绘图工具栏中的 ≡ 按钮,在弹出的图 5-1-35 所示线型列表中选择"3 磅"值选项,再单击绘图工具栏中的"线条颜色"按钮 ▰▾ 旁的箭头,在弹出的图 5-1-36 所示线条颜色列表中选择"酸橙色"。

(5)设置文本框的阴影:单击图 5-1-33 绘图工具栏中的"阴影"按钮 ▰,在弹出的图 5-1-37 所示的列表中选择一种"阴影"样式,完成设置后效果如图 5-1-38 所示。

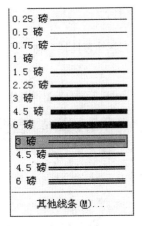
图 5-1-35　线型

图 5-1-36　线条颜色

图 5-1-37　阴影

图 5-1-38　文本框设置效果

(6)插入艺术字:单击图 5-1-33 绘图工具栏中的"艺术字"按钮 ▰,打开图 5-1-39 所示的艺术字库对话框,选择所需的艺术字样式并单击"确定"按钮,在打开的"编辑艺术字文字"对话框中输入文字"多媒体技术基础",单击"确定"按钮,完成艺术字插入;然后,在弹出的图 5-1-40 所示的艺术字工具栏中,按下"文字环绕"按钮 ▰,从列表中选择"浮于文字上方"选项,最后把艺术字移入图 5-1-38 所示的文本框,居中设置。

(7)设置艺术字的填充效果、边线颜色及阴影:选定艺术字,单击图 5-1-33 绘图栏中的"填充颜色"按钮 ▰▾ 旁的箭头,在列表中选择填充颜色,设置艺术字填充效果;绘图工具栏中的"线条颜色"按钮 ▰▾ 旁的箭头,在打开的列表中选择合适的"线型";为艺术字添加阴影后,再从图 5-1-37 所示的阴影列表中选择"阴

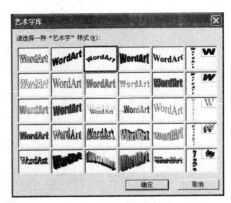
图 5-1-39　艺术字库

影设置"命令,打开图 5-1-41 所示的阴影设置栏,通过阴影设置栏中功能按钮调整艺术字阴影效果。

图 5-1-40　艺术字工具栏

图 5-1-41　阴影设置

(8)插入星形图形、美化艺术字:单击图 5-1-33 绘图工具栏中的 自选图形(U)▼ 按钮旁的箭头,在其下拉列表中选择"星与旗帜",再在下级图形列表选择"星形"按钮✧,在工作区中拖曳绘制出一个大小合适的启明星图形,然后通过复制获得另一个大小相同的启明星图形,最后把两个图形移到文本框的左右两端合适位置。效果如图 5-1-42 所示。

图 5-1-42　插入的艺术字、星形图形、文本框效果

(9)组合艺术字、图形、文本框:按下键盘上的"Shift"键,用鼠标选定图 5-1-42 中的艺术字、星形图形、文本框,然后单击鼠标右键,在弹出的快捷菜单中,选择"组合"选项的下级菜单中的"组合"命令,完成对象的组合。

(10)将组合好的艺术字以图片的格式保存:选定上面已经组合好的图像化文字标题对象,单击常用工具栏上的"复制"按钮,复制到 Windows 系统的"剪贴板"中。

(11)启动一个图像处理软件,如 Adobe Photoshop 或者 Windows 系统的画笔(Paint Brash),在"画笔"工作窗口中选择"编辑"菜单中的"粘贴"命令,将剪贴板中的内容粘贴到编辑窗口中,即如图 5-1-43 所示的"画笔"程序窗口中。

(12)选择"画笔"编辑窗口中"文件"菜单的"另存为"命令,打开"保存为"对话框,在其中设定好图片文件的保存路径、文件类型及文件名,单击"保存"按钮后则可完成图像文件的保存。

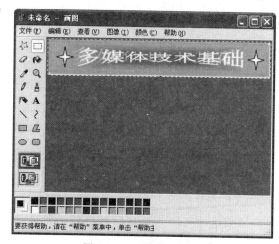

图 5-1-43　"画笔"窗口

文字素材是多媒体作品中的基本素材,大多数多媒体集成工具都能够直接支持多种文本文件的格式,我们可以用集成工具将文本文件直接导入多媒体作品中。如在 Macromedia 公司的多媒体创作软件 Authorware 6.0/7.0 中,就可以使用多种格式的文字。可以在其创作的应用程序中,内嵌各种文字。当然,现在 Authorware 6.0/7.0 中,还可以采用 OLE 技术,以

插入对象的方式链接或嵌入文档。①

第二节　图形图像素材的获取与加工

一、图形图像素材概述

(一)图形图像素材基础知识

多媒体计算机中的图形和图像概念是有区别的。图形一般是指用计算机绘制的画面,如直线、圆、圆弧、矩形、任意曲线和图表等;图像则指由输入设备捕捉实际场景画面产生的数字图像。

图像是表达思想的一种方法,传统的图像是固定在图层上的画面。如一张照片,就是通过化学摄影术而制成的一幅静态的画面,它一旦形成就很难再改变。

数字图像是以 0 或 1 的二进制数据表示的,其优点是便于修改、易于复制和保存。数字图像可以分为两种形式:矢量图和位图。

位图以点或像素的方式来记录图像,因此图像由许许多多小点组成。创建一幅位图图像的最常用方法是通过扫描来获得。位图图像的优点是色彩显示自然、柔和、逼真。其缺点是图像在放大或缩小的转换过程中会产生失真,且随着图像精度提高或尺寸增大,所占用的磁盘空间也急剧增大。如图 5-2-1 所示,位图放大后图像变得模糊。

矢量图是以数学方式来记录图像的,由软件制作而成。矢量图的优点是信息存储量小,

图 5-2-1　位图和放大 4 倍后的图比较

分辨率完全独立,在图像的尺寸放大或缩小过程中图像的质量不会受到丝毫影响,而且它是面向对象的,每一个对象都可以任意移动、调整大小或重叠,所以很多 3D 软件都使用矢量图。矢量图的缺点是用数学方程式来描述图像,运算比较复杂,而且所制作出的图像色彩显示比较单调,图像看上去比较生硬,不够柔和逼真。

在图形的复杂程度不大的情况下,矢量图形具有文件短小、可无级缩放等优点。

(二)常见图形图像的格式

对于图像文件,当前比较流行的图像格式有 BMP、GIF、JPEG、PSD 等。

---

① http://wenku.baidu.com/view/117445aedd3383c4bb4cd212.html

1. BMP 图像文件格式

BMP 是一种与硬件设备无关的图像文件格式,使用非常广。它采用位映射存储格式,除了图像深度可选以外,不采用其他任何压缩,因此,BMP 文件所占用的空间很大。BMP 文件的图像深度可选 1 bit、4 bit、8 bit 及 24 bit。BMP 文件存储数据时,图像的扫描方式是按从左到右、从下到上的顺序。由于 BMP 文件格式是 Windows 环境中交换与图有关的数据的一种标准,因此在 Windows 环境中运行的图形图像软件都支持 BMP 图像格式。典型的 BMP 图像文件由四部分组成:位图文件头数据结构,位图信息数据结构,调色板与位图数据。

2. GIF 文件格式

GIF(Graphics Interchange Format)的原意是"图像互换格式",是 CompuServe 公司在 1987 年开发的图像文件格式。GIF 文件的数据,是一种基于 LZW 算法的连续色调的无损压缩格式。其压缩率一般在 50%左右,它不属于任何应用程序。目前几乎所有相关软件都支持它,公共领域有大量的软件在使用 GIF 图像文件。GIF 图像文件的数据是经过压缩的,而且是采用了可变长度等压缩算法。所以 GIF 的图像深度从 1 bit 到 8 bit,也即 GIF 最多支持 256 种色彩的图像。GIF 格式的另一个特点是其在一个 GIF 文件中可以存多幅彩色图像,如果把存于一个文件中的多幅图像数据逐幅读出并显示到屏幕上,就可构成一种最简单的动画。GIF 解码较快,因为采用隔行存放的 GIF 图像,在边解码边显示的时候可分成四遍扫描。第一遍扫描虽然只显示了整个图像的八分之一,第二遍的扫描后也只显示了 1/4,但这已经把整幅图像的概貌显示出来了。在显示 GIF 图像时,隔行存放的图像会给人感觉它的显示速度似乎要比其他图像快一些,这是隔行存放的优点。

3. JPG 文件格式

JPEG 是 Joint Photographic Experts Group(联合图像专家组)的缩写,文件后缀名为".jpg"或".jpeg",是最常用的图像文件格式,由一个软件开发联合会组织制定,是一种有损压缩格式,能够将图像压缩在很小的储存空间,图像中重复或不重要的资料会被丢失,因此容易造成图像数据的损伤。尤其是使用过高的压缩比例,将使最终解压缩后恢复的图像质量明显降低,如果追求高品质图像,不宜采用过高压缩比例。但是 JPEG 压缩技术十分先进,它用有损压缩方式去除冗余的图像数据,在获得极高的压缩率的同时能展现十分丰富生动的图像,换句话说,就是可以用最少的磁盘空间得到较好的图像品质。而且 JPEG 是一种很灵活的格式,具有调节图像质量的功能,允许用不同的压缩比例对文件进行压缩,支持多种压缩级别,压缩比率通常在 10∶1 到 40∶1 之间,压缩比越大,品质就越低;相反地,压缩比越小,品质就越好。比如可以把 1.37 MB 的 BMP 位图文件压缩至 20.3 KB。当然也可以在图像质量和文件尺寸之间找到平衡点。JPEG 格式压缩的主要是高频信息,对色彩的信息保留较好,适合应用于互联网,可减少图像的传输时间,可以支持 24bit 真彩色,也普遍应用于需要连续色调的图像。JPEG 格式是目前网络上最流行的图像格式,是可以把文件压缩到最小的格式,在 Photoshop 软件中以 JPEG 格式储存时,提供 11 级压缩级别,以 0～10 级表示。其中 0 级压缩比最高,图像品质最差。即使采用细节几乎无损的10级质量保存时,压缩比也可达5∶1。以BMP格式保存时得到4.28 MB图像文件,在采用JPG格式保存时,其文件仅为178 KB,压缩比达到24∶1。经过多次比较,采用第8级压缩为存储空间与图像质量兼得的最佳比例。JPEG格式的应用非常广泛,特别是在网络和光盘读物上,都能找到它的身影。目前各类浏览器均支持JPEG这种图像格式,因为JPEG格式的文件尺寸较小,下载速度快。JPEG 2000作为JPEG的升级版,其压缩率比JPEG高约30%,同时支持有损和无损压缩。JPEG 2000格式有一个极其重要的特征在于它能实现渐进传输,即先传输图像的轮廓,然后逐步传输数据,不断提高图像质量,让图像由朦胧到清晰显示。此外,JPEG 2000还支持所谓的"感兴趣区域"特性,可以任意指定影像上感兴趣区域的压缩质量,还可以选择指定的部分先解压缩。JPEG 2000和JPEG相比优势明显,且向下兼容,因此可取代传统的JPEG格式。JPEG 2000即可应用于传统的JPEG市场,如扫描仪、数码相机等,又可应用于新兴领域,如网路传输、无线通信等等。

4. PSD文件格式

这是Photoshop图像处理软件的专用文件格式,文件扩展名为".psd",可以支持图层、通道、蒙板和不同色彩模式的各种图像特征,是一种非压缩的原始文件保存格式。扫描仪不能直接生成该种格式的文件。PSD文件有时容量会很大,但由于可以保留所有原始信息,在图像处理中对于尚未制作完成的图像,选用PSD格式保存是最佳的选择。

二、图形图像素材的采集与处理

(一) 图形图像素材的采集

图形图像素材的获得方式有很多种,下面介绍几种常见的图形图像获得方法。

1. 从现有图片库中获取图形和图像

图片库大都用光盘存储。种类很多,例如自然风光、城市建筑等,还有材质素材、边框花边等。

2. 利用扫描仪扫描输入图形图像

照片、画报、杂志和其他印刷品上的彩色图形和图像,可以通过扫描仪精确方便地输入到计算机中。扫描仪可将图像分解成像素,采用光电转换的方法将其数字化,形成图像文件存储。

3. 利用绘图软件产生图形和图像

我们可以通过绘图软件创建数字图像。这样我们可以更好地表达出自己内心想要的东西。而目前Windows环境下的大部分图像编辑软件都具有一定的绘图功能,可以利用鼠标、画笔及数字画板来绘制各种图形,并进行色彩、纹理、图案等的填充和加工处理,用计算机产生图形和图像的软件和产品很多,例如,可以用Unlead Coold 3d制作三维字体,用Kais Power Goo变形软件人为地将一幅图像任意变形,还可以用三维动画软件3DMAX制作静止的帧图像。

4.利用数码照相机拍摄实物图像

数码照相机是一种与计算机配套使用的数字影像设备,用数码照相机获取的图像是一种数字化的图像,通过串行接口(USB 或 IEEE1394 接口)或 SCSI 接口输入到计算机中。

5.利用数码摄像机获取图像

数码摄像机是指摄像机的图像处理及信号的记录全部使用数字信号完成的摄像机。数码摄像机用于捕捉影像事物的连续活动,主要生成数码视频影像,也具备照相功能,获取静止图像。

6.利用抓图工具获取图像

我们可以利用抓图软件从屏幕上抓取图像,即利用键盘上的 Print Screen Sys Rq 这个键从屏幕上截取我们所需要的精彩画面,并通过拷贝操作,把它保存下来,作为日后所需要的素材。

7.通过 Internet 网络下载图形与图像

Internet 上有各种各样的图形与图像,我们可以很方便地通过那些提供图库的站点获取素材,但应该考虑图形与图像文件的大小。矢量图文件较小,下载所用的时间短;点阵图的文件较大,有些达几十兆,传输速度较慢。

(二)常用图形图像素材处理软件

目前处理图形图像的软件有很多,其中比较常用的有 Acdsee、Photoshop、CorelDraw、光影魔术手等,本节主要对 Photoshop 进行学习。

1.利用路径制作邮票效果

(1)单击"文件"→"新建"命令,建立一个 RGB 模式的图像文件,背景填充为任意颜色。

(2)单击"文件"→"打开"命令,打开一个图像文件(图片最好符合邮票的比例)。在图片上按住鼠标左键拖曳复制到新建图像文件的图层 1 上,如图 5-2-2 所示。

(3)在图层面板上,按住"Ctrl"键单击图层 1,将图像选中。单击"选择"→"修改"→"扩展"命令,将选区扩大 10 个像素(要根据图像大小来定),如图 5-2-3 所示。

图 5-2-2　打开图像

图 5-2-3　扩大选区

(4)选定图层 1,复制一个新图层 2,填充白色,如图 5-2-4 所示。

(5)在图层面板的图层1上单击鼠标右键,在弹出菜单中选择"向下合并",将图层1和图层2合并为图层2(此时图层1仍处于选中状态),如图5-2-5所示。

图 5-2-4 填充白色

图 5-2-5 合并图层

(6)选择路径面板,单击按钮▣,将选区转换为工作路径,如图5-2-6所示。

(7)选择工具箱中的"橡皮擦工具"中的"背景橡皮擦工具",单击工具属性栏中的▣,弹出画笔设置对话框,在工具属性栏中设置画笔大小,并设置跨度为150%,"限制"设置为"不连续","取样"设置为"一次"或"背景色板"。

(8)调整好后单击路径面板下方的(用画笔描边路径)按钮▣,完成邮票齿孔的制作,如图5-2-7所示。然后按下"Shift"键的同时单击路径名(工作路径),隐藏路径的显示。

(9)选择工具箱中的"文字"工具,在邮票上添加文字内容。

(10)单击图层面板下新建图层按钮▣,选择矩形选框工具,沿图片边沿拖出一矩形选区,单击"编辑"→"描边",宽度选1像素,确定后完成邮票制作。

(11)将文件保存到 PHOTOSHOP 文件夹中。

图 5-2-6 转换选取

图 5-2-7 制作邮票齿孔

2.使用滤镜制作木板画效果

(1)新建一个大小为400×300像素的RGB文件,背景为白色。

(2)将前景色设为 R-84,G-76,B-70,按下 Alt+Delete 组合键,使用前景色填充。
(3)选择菜单"滤镜"→"杂色"→"添加杂色"项,并设置数量值为 30、高斯分布、单色,添加杂点。
(4)选择菜单"滤镜"→"模糊"→"动态模糊"项,并设置角度为 0,距离为 30,以制作木质纹理。
(5)保存文件名为:muwenhua.jpg。
(6)打开文件 meigueihua.jpg。
(7)选择菜单"滤镜"→"风格化"→"查找边缘"项,取消色彩。
(8)选择菜单"图像"→"模式"→"灰度"项,变成灰度图像。
(9)选择菜单"图像"→"调整"→"色阶"项,设置色阶为:0、1、220。
(10)保存图像文件为:meigueihua.psd。
(11)打开木纹材质图像文件 muwenhua.jpg。
(12)选择菜单"滤镜"→"纹理"→"纹理化"项,然后"载入纹理",并设置:缩放为 100%、凸现为 15、光照为顶,木版画制作成功。如图 5-2-8 所示。
(13)将文件保存到 PHOTOSHOP 文件夹中。

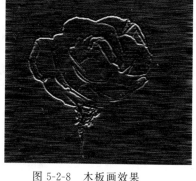

图 5-2-8　木板画效果

3.使用通道制作金属字

(1)单击"文件"→"新建"命令,新建一个 RGB 模式的图像,背景填色。
(2)选取工具箱中的"文本工具"工具,在属性栏中设置字体、字号、颜色(棕黄色)等。在图像上单击出现闪动的光标,输入"金属字",单击属性工具栏的按钮✓,确定文本的输入。
(3)按 Ctrl 键,在图层控制面板上单击文字层,选定该层。单击"通道"面板,建一 Alpha1 通道。按 Alt+Delete 键,将文字填充白色,如图 5-2-9 所示。
(4)单击"滤镜"→"模糊"→"高斯模糊"(半径取 5,这时预览中有隐约的银色)。
(5)单击"图像"→"调整"→"曲线",拉动曲线,调整到适当位置,如图 5-2-10 所示。

图 5-2-9　金属字

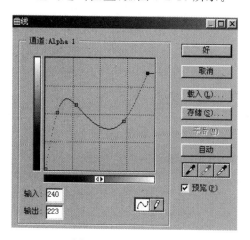

图 5-2-10　调整曲线

(6)回到图层面板,在文字图层上单击鼠标右键,在弹出的快捷菜单中选择"栅格化图层",把文字图层转换为普通图层,如图5-2-11所示。

图5-2-11 栅格化图层

(7)单击"滤镜"→"渲染"→"光照效果",在"纹理通道"下拉列表中要选择"Alpha1"通道,设置光照效果如图5-2-12所示,完成了金属字制作。

(8)将文件保存到PHOTOSHOP文件夹中。

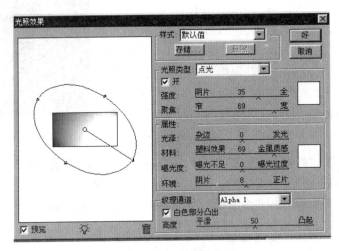

图5-2-12 光照效果

第三节 音频素材的获取与加工

一、音频素材概述

(一)音频素材基础知识

声音本身是一种具有振幅和频率的波,通过麦克风可以把声音转化为模拟电信号,称为模拟音频信号。模拟音频电信号要送入计算机,则需要经过"模拟/数字(A/D)"转换电路转变成数字音频信号,计算机才能对其进行识别、处理和存储。图示5-3-1是音频信号的数字化过程。

为了更好地理解和使用数字音频文件,正确地设置声音文件的参数,下面介绍几个相关的

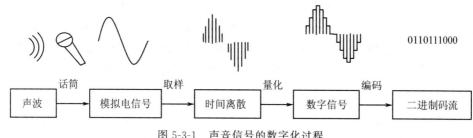

图 5-3-1 声音信号的数字化过程

概念。

1. 采样频率

采样的概念很简单,生活中也经常使用。例如在一天中,每隔 1 小时记录一次温度值,这样,一天下来就得到 24 个温度采样值。如果将这些温度值画在坐标纸上,然后用直线将它们连起来,就得到了一天的温度变化曲线。

根据奈奎斯特理论,当正弦波信号的频率为 f 时,如果采样频率(每秒钟将模拟信号的声波转变为数字形式信息的次数)的 f_s 满足

$$f_s \geqslant 2f$$

则数字化后的正弦波信号,可以无失真地还原出模拟信号。人耳可听到的声波的频率范围在 20 Hz~20 kHz 之间,为了达到这个要求,采样频率应达到 40 Hz~40 kHz,考虑到数字电路对其的影响,必须将其提高 10%,即最高采样频率约为 44.1 kHz。表 5-3-1 是计算机多媒体普遍使用的采样频率。

表 5-3-1 多媒体常用采样频率

采样频率	音频带宽	声音质量	应用
11.025 kHz	20 Hz~5 kHz	话音	语音
22.05 kHz	20 Hz~10 kHz	调幅收音机	高质量的语音和一般质量的音乐
44.1 kHz	20 Hz~20 kHz	CD	高质量的音乐

除以上采样频率外,通常还可以看到 6 kHz、8 kHz、12 kHz、16 kHz、24 kHz、32 kHz 和 48 kHz 的采样频率,它们主要用于网络传输和专业音频制作。

2. 采样位数

采样位数表示存储、记录声音振幅所使用的二进制位数,它决定了声音的动态范围。不同的采样位数决定了不同的音质,采样后的数据位数越多,数字化精度就越高,音质就越好,需存储的数据量也就越大。如果采用 8 位采样位数,则采样的精度为 2^8,如果采用 16 位采样位数,则采样的精度为 2^{16}。

声音音质可用信噪比(S/N)来确定,信噪比(S/N)越大,音质就越好,而信噪比(S/N)=采

样位数×6 dB(分贝),这样,8 位数字系统的信噪比(S/N)=8×6 dB=48 dB,而 16 位数字系统的信噪比(S/N)=16×6 dB=96 dB。所以采样位数越大,音质效果就越好。市场上常见的 16 位声卡和 32 位声卡指的就是采样位数是 16 位和 32 位,而准 16 位声卡是指采集声音时是用 8 位采样位数,但可播放 16 位采样位数的 CD 唱盘。CD 唱盘的采样位数为 16 位。

3. 通道数(声道数)

通道数指一个记录产生一个波形(单声道)或两个波形(双声道立体声)。对于单声道,一次只能产生一个声波信号,立体声能够同时记录或播放两个声道的信号,故能够提供比单声道更好的效果,但其存储容量是单声道的两倍。CD 唱片基本都是采用双声道进行声音录放的。

声音文件的每秒数据量的大小是:

$$(采样频率 \times 采样位数 \times 声道数)/8 = 字节数/秒$$

例如:我们所听的 CD 唱片的采样频率为 44.1 kHz,采样位数为 16 位、双声道,则一小时数据量为:

$$(44.1 \times 16 \times 2 \times 60 \times 60)/8 = 635\ 040\ KB$$

所以,一张 650 MB 的 CD-R 空白光盘可存放 65~70 分钟的声音或音乐。

(二)常见音频文件的格式

1. WAV 文件格式

WAV(Waveform Audio)文件格式,扩展名为 WAV,是 Microsoft 公司开发的一种音频文件格式。

WAV 音频文件是对声音模拟波形的采样而形成的文件格式,即将声音源发出的模拟音频信号通过采样、量化转换成数字信号,再进行编码,以波形文件(.WAV)的格式保存起来,记录的是数字化波形数据。其中声音信息采样频率和量化的精度直接影响声音的质量和数据量。常用的采样频率有三种:44.1 kHz(CD 音质);22.05 kHz(广播音质);11.025 kHz(电话音质)。量化的精度即采样位数可分为 8 位(低品质)、16 位(高品质)。频率越高,量化精度越大,声音质量越好,但是存储量也越大。

由于 WAV 格式的数字音频未经过压缩,文件的体积很大,不方便通过网络和其他媒介来传递和保存,所以在教学中,它多用于表示短时间的效果声,不适于用作长时间的背景音乐或解说。

2. MP3 文件格式

MP3(Moving Picture Experts Group Audio Layer3)文件格式,扩展名为 MP3,是一种基于 MPEG Layer Ⅲ 压缩的数字音频文件格式。它能够在影响音质很小的前提下根据人的听觉特性,将音频文件按照某种算法压缩为原来存储量的 1/11~1/12。

由于 MP3 格式的数字音频音质好,文件的体积较小,所以它广泛应用于教学中,既可用表示长时间的背景音乐,也适合表示解说和效果声,还便于网上传播。

3. MIDI 文件格式

MIDI(Musical Instrument Digital Interface,乐器数字接口)文件格式,扩展名为 MID,是世界上一些主要电子乐器制造商建立起来的通信标准。它记录的是一系列指令,把这些指令发送给声卡,由声卡按照指令将声音合成出来。

MIDI 是目前最成熟的音乐格式,其科学性、兼容性、复杂程度等都非常优秀,已经成为一种产业标准。作为音乐工业的数据通信标准,MIDI 能指挥各种音乐设备的运转,而且具有统一的标准格式,能够模仿原始乐器的各种演奏技巧甚至无法演奏的效果,而且文件的长度非常小。

由于 MIDI 文件是一种电子乐器通用的音乐数据文件,只能模拟乐器的发声,因此在教学中,只能用作纯音乐使用,不能表示带人声的歌曲、解说或效果声。

4. WMA 文件格式

WMA(Windows Media Audio)文件格式,扩展名为 WMA,由微软公司推出,与 MP3 格式齐名。WMA 格式的音频音质与 MP3 相当,甚至略好。在保证声音品质的前提下,文件压缩率比 MP3 要高,一般都可以达到 1∶18 左右,有"低流码之王"之称。WMA 音乐文件格式受 DRM(Digital Rights Management)技术保护,可以限制播放时间和播放次数甚至于播放的机器,无法被转制成 MP3 音乐文件等等。另外 WMA 还支持音频流(Stream)技术,适合在网络上在线播放。

由于 WMA 音质好、文件体积小、支持流技术等特点,所以它既适合表示长时间的背景音乐,也适合表示解说和效果声,还便于网上传播。但是目前 WMA 格式的通用性和普及性不如 Mp3 格式广,有部分软件不能直接插入 WMA 格式的音频文件,比如在 Flash8 中就不能按普通方法直接导入和应用 WMA 格式的音频文件。

5. RA、RMA 文件格式

RM(Real Media)文件格式,扩展名为 RM,由 Real Networks 公司推出网络流媒体文件。Real Media 中的 RA(Real Audio)、RMA(Real Media Audio)两种文件类型是面向音频方面的。

RM 最显著的特点是可以在非常低的带宽下(低达 28.8kbps)提供足够好的音质让用户在线聆听。由于 Real Media 是从极差的网络环境下发展过来的,所以 Real Media 的音质较差,即使在高比特率的情况下它的音质甚至比 MP3 还要差。随着网络速度的提升和宽带网的普及,用户对质量的要求也不断提高,后来 Real Networks 与 SONY 公司合作,利用 SONY 的 ATRAC 技术实现了高比特率的高保真压缩。

由于 Real Media 的用途是在线聆听,非常适合网络音频广播、网络语音教学、网上语音点播等。

二、音频素材的获取与加工

(一)音频素材的获取

教学中使用的音频素材,获取的方法有很多,本节主要讲解从网络上下载音频素材、直接购买音频素材光盘、借助音频软件从音频文件中截取和直接录制数字音频素材这四种方法。

1. 从网络上下载数字音频素材

目前网络上的资源非常丰富,我们可以有效地利用互联网这一便利条件,从网络上找到我们所需要的各种音频素材,这些素材中,有的可以直接下载,有的需要借助下载工具,如迅雷、快车等。利用网络下载数字音频素材大致可分为以下两种情况:

1) 提供了下载链接的数字音频素材的下载

在提供下载链接的情况下,我们可以直接单击音频下载链接或利用下载工具下载所需音频素材。

2) 未提供下载链接的数字音频素材的下载

在未提供下载链接的情况下,我们一般可以利用 IE 缓存的方法来进行下载,具体方法是:首先,右键单击桌面 IE 图标,选择属性,弹出如图 5-3-2 所示 Internet 属性对话框,或者通过打开 IE 浏览器,选择"工具"菜单下的"Internet 选项",同样可以打开 Internet 属性对话框。单击对话框中"设置"按钮,弹出图 5-3-3 设置对话框,单击"查看文件",弹出 IE 缓存文件夹如图 5-3-4,清除文件夹内所有文件,在 IE 中输入要下载数字音频素材的网址,例如 www.1ting.com,选择"荷塘月色"歌曲进行播放,按 F5 键刷新 IE 缓存文件夹,以大小方式排列文件夹内所有文件,位于文件夹内体积最大的文件即为我们所需下载的数字音频文件,如图 5-3-5 为刷新后的 IE 缓存文件夹。

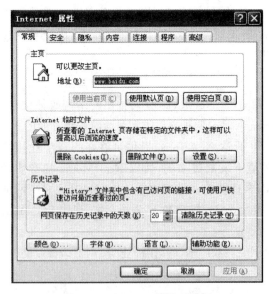

图 5-3-2 Internet 属性对话框

图 5-3-3 设置对话框

2. 直接购买音频素材光盘

可以直接购买存储在 CD、DVD 光盘、磁盘或磁带上数字化音频库,来获取音频素材。

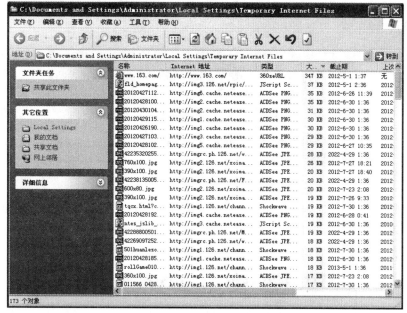

图 5-3-4 IE 缓存文件夹

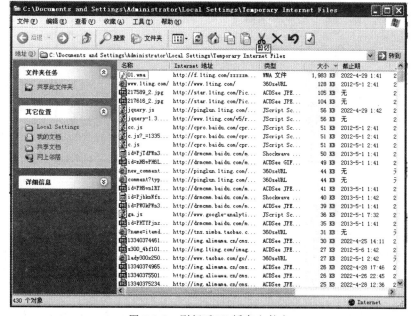

图 5-3-5 刷新后 IE 缓存文件夹

3. 借助音频解霸从 CD 或 VCD 等音乐光盘中录制声音

运行"豪杰超级解霸"组件中的"音频解霸"。

在"文件"菜单中选择"打开一个文件"命令,打开一段音乐文件,或选择"播放 CD 光盘"命令。单击"播放"按钮 ▶,开始播放声音文件。如图 5-3-6 所示。

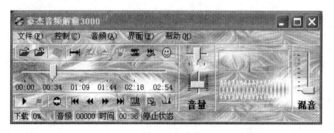

图 5-3-6 音频解霸 3000 界面

当播放到要录制的点时,单击"停止"按钮 ■。单击"波形录音"按钮 ,打开如图 5-3-7 所示的"保存声音波形文件"对话框。输入要保存的波形文件的路径和文件名,单击"保存"按钮即开始录制。需要结束时单击"停止"按钮,则所录的波形文件到此结束。

图 5-3-7 "保存声音波形文件"对话框

4.录制数字音频素材

录制数字音频资源,既可以使用 Windows 自带的"录音机"应用程序录制,还可以使用专业音频处理软件如 Cool Edit、GoldWave、SoundForge、Adobe Audition 等进行录制。

1) 使用录音机软件录制音频

在没有专门的录音软件的情况下,可以直接利用 Windows 系统中的录音机录制计算机内部或外部的声音。常用来录制来自麦克风的声音或转录计算机内部播放的声音。

利用录音机录制音频的基本步骤:准备好录音设备,如录制来自麦克风的声音时须连接好麦克风→设置录音通道,如录制来自麦克风的声音时录音通道须设置为麦克风,录制来自计算机内部播放的声音时录音通道须设置为"混音"→"使用录音软件录音"→"保存文件"。

2) 用录音软件录制音频素材

软件市场上有多种录音软件包,这些软件包可以提供专业水准的录制效果。使用者可以用多种格式进行录制,并可以对所录制的声音进行复杂的编辑,或者制作各种特技效果,如对立体声进行空间移动效果,使声音渐近、渐远、产生回声等等。其中具有代表性的软件有,Cool Edit 和 Gold wave。

(二)音频素材的加工

对数字音频资源进行后期处理,既可以使用 Windows 中自带的"录音机"进行简单的处理,也可以使用专业音频处理软件如 Cool Edit、SoundForge、Goldwave、Adobe Audition 等进行处理。本节主要以为 Cool Edit 为例,讲解数字音频素材的处理方法。

在录制声音过程中,难免有语音停顿或插入一些不需要的声音,这就需要对声音文件进行编辑处理。对声音的编辑主要包括删除声音、插入声音、移动声音、复制声音等。

Cool Edit 音频编辑软件可以完成各种复杂和精细的专业音频编辑,其中声音加工处理已含有频率均衡、效果处理、相位处理、降噪、压扩、变调及变速等多项功能。它具有 CD 播放器,可随时进行 CD 素材的录制。软件操作也十分简便快捷并且支持超过 25 种文件格式。

下面来介绍一下 Cool Edit 的使用方法。

1. 利用 Cool Edit 进行录音

(1)选择"开始|程序|Cool Edit Pro 2.0"命令来启动软件,软件会自动新建一个工程文件。Cool Edit 有两个编辑界面:单轨界面(见图 5-3-8)和多轨编辑界面(见图 5-3-9)。两个模式可以通过 或者 切换按钮进行切换。

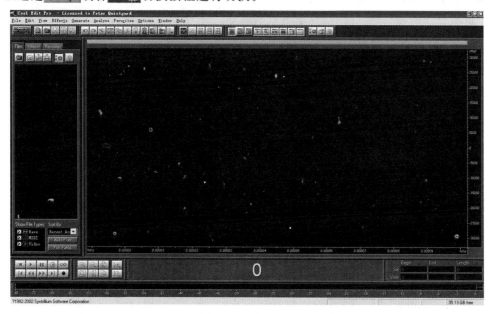

图 5-3-8 单轨界面

图 5-3-9 多轨界面

（2）选择"Options|Windows Recording Mixer"命令，进入录音控制窗口，选择"选项|属性"，弹出如图 5-3-10 的对话框，我们勾选选择好的音源。这里列出的参数与自己安装的声卡是对应的。单击"确定"按钮，弹出音量调节对话框，如图 5-3-11 所示，调整滑块位置，以试录时电平指示有一格为红色为准，这样录音效果较好。

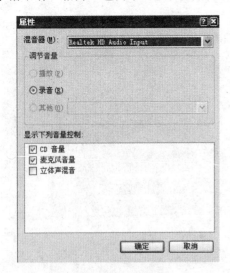

图 5-3-10 音源选择

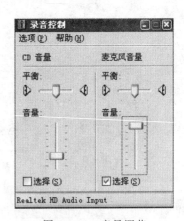

图 5-3-11 音量调节

(3)选择"File|New"菜单命令新建一个工程文件,弹出图 5-3-12 所示窗口。有三个参数 Sample Rate(采样频率)、Channels(声道有 Mono 单声道和 Stereo 立体声两种)和 Resolution(比特数)。如图 5-3-12 所示是 CD 的音质。设置好参数后单击"OK"按钮。

(4)选择"View|Multitrack View"菜单命令切换到多轨编辑模式。每个轨道前都有 R 预录音、S 独奏和 M 哑音三个按钮。

(5)在 Track1 上单击鼠标右键,选择"Insert|Wave from File",选择作为伴奏或者背景的音乐文件。

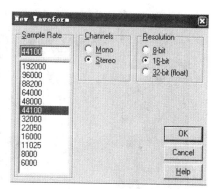

图 5-3-12　新建参数设置

(6)在 Track2 上,单击 R 预录音键,然后单击窗口左下方的 ● 录音键开始录音。录音完毕后可以使用 ▶ 按钮试听效果。如有问题可以重新再录,因为有些问题是后期制作弥补不了的。图 5-3-13 是录制好的界面。

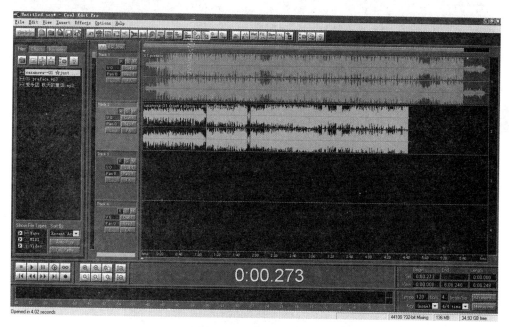

图 5-3-13　录制好的界面

(7)完成录音后,双击 Track 2 上录制好的音频文件,进入单轨编辑界面。

(8)对录制好的声音进行降噪处理。选择一段作为噪声采样的波形,按住鼠标左键拖动,直至完全覆盖所选采样波形。(如图 5-3-14 所示高亮部分为所选采样波形。)然后单击鼠标右键,选择"Copy to New",将这段音频抽离出来。

(9)选择"Effects|Noise Reduction|Noise Reduction"菜单命令,弹出如图 5-3-15 所示窗

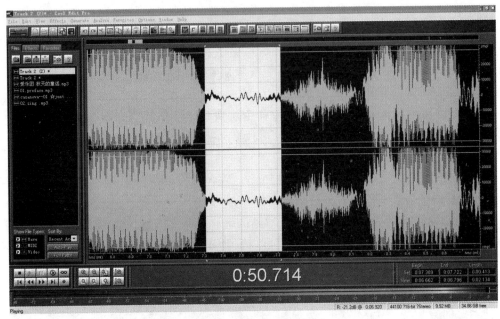

图 5-3-14 采样波形

口,单击"Get Profile from Selection"按钮开始噪声采样。其他参数采用默认值即可。

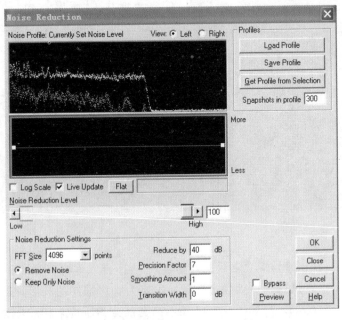

图 5-3-15 Noise Reduction 对话框

(10)采样结束后,单击"Save Profile"保存采样按钮,将采样结果保存起来,以备下一步调用。然后关闭窗口。

(11)回到录制好的音频文件编辑界面,选择"Effects|Noise Reduction|Noise Reduction"菜单命令,单击"Load Profile"按钮,选择刚保存的采样文件。单击"Preview"按钮预览降噪效果,然后单击"OK"按钮完成降噪。

(12)选择"Edit|Mix Down to File|All Waves"菜单命令,将录制的声音与音乐混缩在一起了。选择"File|Save as",文件类型可以任选,一般保存为*.mp3。

2. 利用 Cool Edit 编辑音频

1)音频编辑

我们可以利用 Cool Edit 对前面所录制的音频进行精确处理,来满足我们的教学需要。Cool Edit 软件为我们提供两种编辑界面——单轨编辑界面和多轨编辑界面。在这里我们主要学习在单轨编辑界面中进行音频的编辑。

(1)打开音频文件。单击"文件|打开",选择要打开的音频文件,单击"打开",则可以在"波形编辑窗"看到被打开的音频文件的波形,如图 5-3-16 所示。

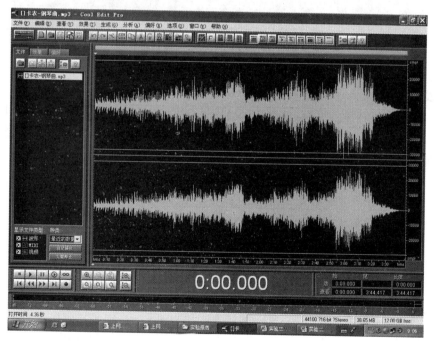

图 5-3-16 波形编辑窗

(2)选择。将时间播放头定位在所需波形的开始位置,如图 5-3-17 所示,然后按住鼠标左键不放拉到所需波形的结束位置,则可选择部分波形。如果需要精确选择波形片段,可在"选取/查看"框的选择栏"始"、"尾"中输入精确的开始时间和结束时间,从而精确地定位选择的开始和结束点。

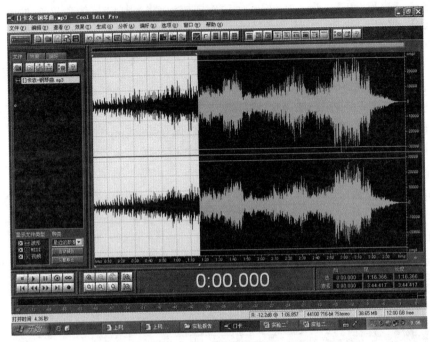

图 5-3-17 播放头开始位置

（3）删除。选择波形后，按键盘的"Delete"键，可删除选中的音频片段。

（4）复制、粘贴。选择波形后，单击"编辑|复制"菜单命令，可复制选中的音频片段。

将时间播放头定位在需要粘贴的时间点，单击"编辑|粘贴"菜单命令，可将复制的音频片断粘贴到时间播放头所处位置。

（5）提升或降低音量。要提升或降低音频的音量，实质上就是改变音频波形的振幅。在 Cool Edit 中我们选择需要调整音量的波形，恒量改变波形振幅即可改变音频的音量。

实例：将一段音量偏大的声音的音量降低到合适。

第 1 步：在 Cool Edit 软件中打开该音量偏大的音频文件。

第 2 步：选择需要调节音量的波形。在这里我们单击菜单项"编辑|选取全部波形"，将该音频文件的波形全部选中。

第 3 步：单击菜单项"效果|波形振幅|渐变"，打开"波形振幅"对话框，如图 5-3-18 所示，单击"恒量改变"，拖动改变音量的滑块改变音量（向左拖动滑块降低音量），单击"预览"按钮，一边听一边调节音量直至音量合适。我们可以通过勾选"直通"复选框对比音量调节前、后的效果。单击"确定"，则完成了音量的调节。

2) 特效处理

（1）淡入淡出特效的应用。

很多的音频在开始或是结尾的部分采用淡入淡出效果，淡入效果就是声音在开始的时候

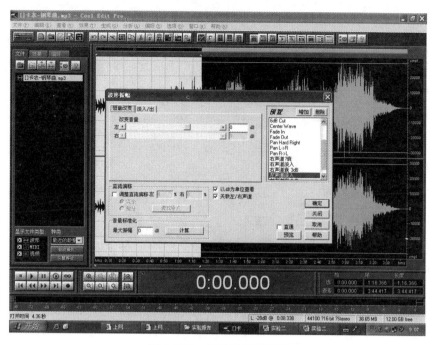

图 5-3-18　波形振幅对话框

无声,然后声音慢慢逐渐响起直至正常音量。淡出效果则是在声音的结尾部分,声音缓缓地低下去,直到无声。在音频作品中这是经常使用的处理手法,运用好了有很强的感染力。

实例:为音频文件添加淡入淡出特效。

第 1 步:在 Cool Edit 软件中打开需添加淡入淡出特效的音频文件。

第 2 步:选择音频文件开始的部分波形,如 00:00—00:30 半分钟的波形。选择的波形越多,则淡入效果持续时间越长,音量由无变化到正常的速度越慢。

第 3 步:单击菜单项"效果|波形振幅|渐变",打开"波形振幅"对话框,如图 5-3-19 所示,单击"淡入/出",在"预制"中选择"Fade In"(淡入),单击"确定",可见到选中的波形振幅发生了变化。

第 4 步:选择音频文件结尾的部分波形,如音频最后的半分钟的波形。选择的波形越多,则淡出效果持续时间越长,音量由正常变化到无的速度越慢。

第 5 步:单击菜单项"效果|波形振幅|渐变",打开"波形振幅"对话框,如图 5-3-20 所示,单击"淡入/出",在"预制"中选择"Fade Out"(淡出),单击"确定"。

第 6 步:播放音频文件,可听到声音在开始的时候无声,然后声音慢慢逐渐响起直至正常音量。在声音的结尾部分,声音缓缓地低下去,直到无声。

(2)合唱特效的应用。

图 5-3-19 波形振幅对话框

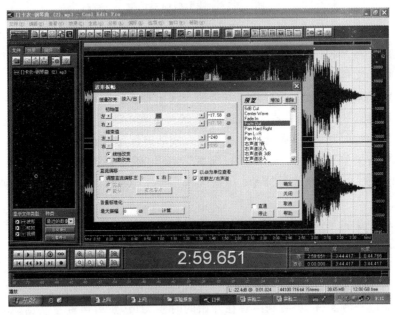

图 5-3-20 波形振幅对话框

实例：为一首单人歌曲处理成重唱或合唱效果。

第 1 步：在 Cool Edit 软件中打开准备好的单人歌曲文件"编花篮.wav"。

第2步：单击菜单项"编辑|选取全部波形"，将该音频文件的波形全部选中。

第3步：单击菜单项"效果|常用效果器|合唱"，打开"合唱"对话框，在"预制"中选择"Duo"（二重唱）或者"More Soprano"（合唱），如图5-3-21所示。单击"预览"按钮，听处理效果。单击"确定"按钮，完成合唱特效的应用。我们也可以选择其他的预制方案，或者手动调节合唱特性，直至得到满意的效果。

图 5-3-21　合唱对话框

第4步：单击菜单项"文件|保存"，保存文件。

（3）回声特效的应用。

实例：为一段朗诵添加回声特效。

第1步：在 Cool Edit 软件中打开准备好的朗诵文件"诗歌朗诵——初相遇.wma"。

第2步：选择全部波形。单击菜单项"编辑|选取全部波形"，将该音频文件的波形全部选中。

第3步：单击菜单项"效果|常用效果器|回声"，打开"回声"对话框，在"预制"中选择"1950's Style Echo"，如图 5-3-22 所示。单击"预览"按钮，听处理效果。单击"确定"按钮，完成诗歌的回声特效设置。我们也可以选择其他的预制方案，或者手动调节合唱特性，直至得到满意的效果。

第4步：单击菜单项"文件|保存"，保存文件。

（4）人声消除。

通常一首歌中有原唱、伴奏。而原唱的特征大致分为两种：一是人声的声像位置在整个声

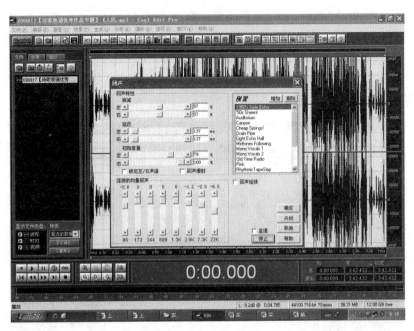

图 5-3-22　回声对话框

场的中央(左右声道平衡分布);二是声音频率集中在中频和高频部分。我们只要把左右声道的对等声音且频率集中在中频和高频部分的声音消除,即可消除歌曲中的人声。

实例:消除歌曲的人声,制作伴奏带。

第 1 步:在 Cool Edit 软件中打开准备好的歌曲文件。

第 2 步:单击菜单项"编辑|选取全部波形",将该音频文件的波形全部选中。

第 3 步:单击菜单项"效果|波形振幅|声道重混缩",打开"声道重混缩"对话框,在"预制"中选择"Vocal Cut",如图 5-3-23 所示。单击"预览"按钮,听处理效果。单击"确定"按钮,完成人声的消除。

第 4 步:单击菜单项"文件|保存",保存文件,即可得到伴奏带。

需要说明的是这样得到的伴奏带不能完全做到原版的效果,一般都会残留部分原唱的声音。要想得到更好的效果,还需要下更大功夫进一步处理,如利用"均衡器"消除伴奏中的"咝咝啦啦"声,增强立体声效果,进行低频补偿等。

(5)音频的降噪处理。

我们录制的声音中往往存在背景噪音,当房间隔音能力差时,环境不安静将造成各种各样的背景噪音,如声卡的杂音,音箱的噪音,家里电器的声音,电脑的风扇、硬盘发出的声音……采样降噪是目前比较科学的一种消除噪音的方式,它首先获取一段纯噪音的频率特性,然后在掺杂噪音的音乐波形中,将符合该频率特性的噪音从声音中去除。

Cool Edit 是采样降噪的高手之一。录音前可以单独录一段环境噪音,要与正式录音时的

第五章　教学资源素材的获取与加工　　　　　　　　　　　　　　　·163·

图 5-3-23　声道重混缩对话框

环境完全一样。然后录制人声,此时该环境噪音始终存在于录音过程中。录制完成后,选中已经单独录制的纯噪音,对这段噪音进行"采样"。最后选择需要降噪的波形范围,打开降噪设置窗口,适当调节参数,单击"确定"就完成了降噪处理。

实例:降低录音中的环境噪音。

第 1 步:把麦克风连接到计算机声卡麦克风(microphone)插孔,设置录音通道为麦克风。

第 2 步:录音。

打开 Cool Edit 软件,在单轨编辑界面中新建一个新文件,单击"走带按钮"中的"录音"按钮,不说话,录制一段长为约 30 秒的环境噪音(时间长度不限)。

30 秒开始对着麦克风说话,开始录音,录制结束时单击"停止"按钮,再单击菜单项"文件|另存为",保存为 mp3 格式的音频文件。

第 3 步:选择 00:00—00:30 间的环境噪音波形。

第 4 步:单击菜单项"噪音消除|降噪器",打开"降噪器"对话框,如图 5-3-24 所

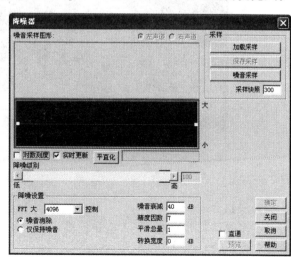

图 5-3-24　降噪器对话框

示,单击"噪音采样"按钮进行噪音采样,再单击"关闭"按钮关闭对话框。

第5步:单击菜单项"编辑|选取全部波形",将该音频文件的波形全部选中。

第6步:单击菜单项"噪音消除|降噪器",打开"降噪器"对话框,单击"确定"按钮即完成了降噪处理。在"波形编辑窗"中可以看到 00:00—00:30 间的环境噪音波形振幅变为零。

第7步:选择 00:00—00:30 间的环境噪音波形,按键盘的"Delete"键删除该无用波形。

第8步:单击菜单项"文件|保存",保存文件。

3. 音频合成

Cool Edit 软件具有强大的音频合成功能,利用该软件的多轨混音,我们可以轻松制作出好的音频作品。

1) 认识 Cool Edit 软件多轨编辑界面

打开 Cool Edit 软件,单击工具栏的"单轨/多轨界面切换"按钮,打开多轨编辑界面,如图 5-3-25 所示。单击菜单项"文件|新建工程",在弹出的"新建多轨工程"窗口中设置音频采样率(推荐设置采样率为 44 100 Hz),单击"确定"按钮(见图 5-3-26)。

图 5-3-25 多轨编辑界面

2) 多轨合成

在多轨编辑界面中,Cool Edit 提供了 128 条音轨,我们可以在这 128 条轨道上编排我们的音频素材,制作音频作品。

图 5-3-26 新建工程对话框

实例:制作配乐诗歌朗诵音频作品。

第 1 步:在多轨编辑界面中新建工程。

第 2 步:导入音乐文件。在资源管理器中单击"打开文件"按钮,如图 5-3-27 所示,打开准备好的音乐文件。

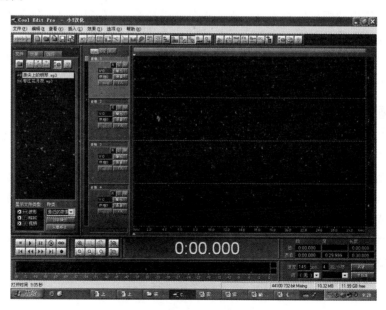

图 5-3-27 打开音乐文件

第 3 步：在资源管理器中选择做配乐的音乐文件，拖放到任意一条音轨中，如音轨 2 上。按住右键拖放音乐波形，可以调整音乐波形在音轨中的位置，也可以拖放该音乐文件到其他的音轨上。

选择音乐文件的开始部分波形，单击鼠标右键，在弹出的菜单中单击"淡入淡出|线性"（或其他方式），可在多轨编辑界面中设置淡入效果。选择音乐文件的末尾部分波形，单击鼠标右键，在弹出的菜单中单击"淡入淡出|线性"（或其他方式），可在多轨编辑界面中设置淡出效果。

第 4 步：在音轨 1 上录制诗歌朗诵。

把麦克风连接到计算机声卡麦克风插孔，设置录音通道为麦克风。

在多轨编辑界面中，单击录音轨道（这里我们要在音轨 1 上录音，所以录音轨道为音轨 1）前的红色"R"按钮。

单击"走带按钮"中的"录音"按钮，对着麦克风朗诵诗歌，则可以一边听着音乐一边朗读，录制结束时单击"停止"按钮。

第 5 步：单击音轨 1 的诗歌朗读，选择朗读音频波形，单击工具栏的"单轨/多轨界面切换"按钮，打开单轨编辑界面，在单轨编辑界面中进行降噪处理。还可根据需要进行其他特效处理，处理完毕后，单击工具栏的"单轨/多轨界面切换"按钮，切换到多轨编辑界面。

第 6 步：单击菜单项"文件|混缩另存为"，以 mp3 格式保存文件。

第四节　动画素材的获取与加工

在教学中，使用动画可以对不易表现的现象做模拟演示，有利于揭示复杂事物的本质和发展规律，为提高教学质量创造了条件。同时动画形象、生动，能够引起学生的注意力。动画节目对幼儿及少年有特别的吸引力，适宜该年龄阶段学生的认知水平。动画分为二维动画和三维动画，本节主要学习二维动画素材的获取与加工。

一、动画素材概述

(一)动画素材基础知识

动画的形成与人眼的视觉暂留是不可分的。人眼的"视觉暂留"就是人的眼睛看到一幅画或一个物体后，在约 0.1 秒内不会消失，利用这一原理，在一幅画还没有消失前播放出下一幅画，就会给人造成一种流畅的视觉变化效果。因此在计算机中用一幅幅的图片来表现一段时间内物体的变化，当这些图片以一定的速度连续播放时，就会给人以动画的感觉。

(二)常见动画文件的格式

1. GIF

GIF(Graphics Interchange Format)文件格式，扩展名为 GIF，是 Compuserve 公司创建的

目前使用最广泛的图形图像文件格式之一,是目前不失真且压缩效率最高的一种格式。

受 GIF 透明图像的影响,GIF 格式的动画也可以是透明的。GIF 动画受到广泛地支持,大部分软件和浏览器都支持 GIF 动画。另外它直观、生动、小巧、易学易用,且制作 GIF 动画的软件众多。

GIF 动画内容和形式简单,不可以对动画过程进行控制和互动,而且不能添加音频和视频等多媒体元素。因此,在教学中,GIF 动画往往用来制作简单的按钮或教学网页广告条,不能制作长时间的、要有音视频元素的动画和交互式动画。

2. SWF

SWF(Shock Wave Flash)文件格式,扩展名为 SWF,是 Macromedia 公司推出的 Flash 软件的矢量动画格式。

SWF 动画基于矢量图形,采用曲线方程描述其内容,不是由点阵组成内容,因此文件的体积很小,方便网络传输,并且在缩放时不会失真,非常适合描述由几何图形组成的动画,如教学演示等。由于这种格式的动画可以与 HTML 文件充分结合,并能添加 MP3 音乐,因此被广泛地应用于网页上,成为一种"准"流式媒体文件。此外,该格式有强大的动画编程语言,可用于制作有高度交互性的网络动画。

在教学中,SWF 文件可以制作演示型教学动画,可以用来制作多媒体课件或教学网站的按钮,也可以用来制作交互式课件或教学游戏,还可以用来制作教学网站。

3. FLIC、FLI/FLC

FLIC 是 Autodesk 公司在其出品的 Autodesk Animator / Animator Pro / 3D Studio 等 2D/3D 动画制作软件中采用的彩色动画文件格式,FLIC 是 FLC 和 FLI 的统称。FLI 是最初的基于 320×200 像素的动画文件格式,而 FLC 则是 FLI 的扩展格式,采用了更高效的数据压缩技术,其分辨率也不再局限于 320×200 像素。

目前,FLIC 被广泛用于动画图形中的动画序列、计算机辅助设计和计算机游戏应用程序。

二、动画素材的采集与处理

(一)动画素材的获取

教学要使用动画资源时,获取方法有很多。除了可以购买使用,或使用动画制作软件如 Ulead Gif Animator、Macromedia Flash 制作动画资源外,通过网络下载是一种非常主要的获取方法。在这里我们重点学习如何从网上下载 GIF 动画和 SWF 动画。

1. 从网上下载 GIF 动画资源

GIF 动画既是动画文件格式也是图像文件格式,所以可以使用从网上下载图片的方法下载 GIF 动画。

打开网页,在 GIF 动画文件上单击鼠标右键,选择"图片另存为",将 GIF 动画保存到计算机中。

2. 从网上下载 SWF 动画资源

网上除了存在大量的 GIF 动画外,还有大量的是 SWF 格式的 Flash 动画。有的 Flash 动画直接提供了下载链接,可以方便地下载到本地机。有的 Flash 动画不提供下载链接,则需要使用一定的方法才能下载。

1)下载提供了下载链接的 Flash 动画资源

打开网页,找到网页中的 Flash 动画,并找到该动画的下载链接,单击该链接,即可下载该 Flash 动画。

实例:从多媒体素材网站下载 Flash 动画。

第1步:在 Internet Explore 地址栏中输入网址 http://sc.chinaz.com,打开网页,找到需要的 Flash 动画,如图 5-4-1 所示。

第2步:在网页上单击该动画的下载链接,如图 5-4-2 所示,点击立即下载,在弹出的"文件下载"对话框中单击"保存",选择保存位置,将动画保存到计算机中。

图 5-4-1　Flash 动画所在网页　　　　图 5-4-2　Flash 动画下载页面

2)下载未提供下载链接的 Flash 动画资源

在网上有大量的 Flash 动画没有提供下载链接,如何下载这类动画呢?其实一般只要访问过一张带有 Flash 动画的网页,该网页上的 Flash 动画就已经自动地暂时保存到本地机上,我们只要找到这个临时存储网页动画文件的文件夹,就能找到该 Flash 动画。

实例:下载东北师范大学首页上的 Flash 动画。

第1步:打开东北师范大学首页 http://www.nenu.edu.cn,找到网页上的 Flash 动画,如图 5-4-3 所示。

第2步:单击 IE 菜单项"工具|Internet 选项",打开"Internet 选项"窗口,选择"常规"选项卡,单击"设置"按钮,在弹出的"设置"对话框中单击"查看文件"按钮,则打开了"Internet 临时

图 5-4-3　东北师范大学首页

文件夹"(Temporary Internet Files)。

第 3 步：将 Internet 临时文件夹中的文件以详细信息的方式显示，并按"上次访问时间"排列。如果不是这种方式排列文件，请通过以下方法设置成按此方式排列：

在"Internet 临时文件夹"窗口上单击菜单项"查看|详细信息"，再单击菜单项"查看|排列图标|上次访问时间"，如图5-4-4 所示。

图 5-4-4　Internet 临时文件夹

• 170 • 现代教育技术

第4步:拖动"Internet临时文件夹"窗口的垂直滚动条到最下方,从下往上找类型为"Flash影片"(或ShockWave Flash Object)的文件,把该文件拷贝到计算机某位置(如桌面),查看该文件是否是我们要下载的动画,如果是,则已成功地完成了动画的下载。如果不是我们要的动画,则继续从下往上找,直到找到为止。在例中的nenu.swf文件就是我们要下载的东北师范大学首页上的Flash动画。

(二)动画素材的处理

制作动画资源的软件有很多,如制作GIF动画可以用Ulead Gif Animator、EximiousSoft GIF Creator、GIF Movie Gear等;制作SWF动画可以用Macromedia Flash、Adobe Flash等。本节以Macromedia Flash软件为例,讲解动画资源的制作。

1. 认识Flash软件界面

Macromedia公司的Flash软件是制作SWF动画最主要的软件,打开Macromedia Flash Professional软件,在开始页中单击"创建新项目|Flash文档",或者单击菜单项"文件|新建|Flash文档",就会创建一个空白的Flash文档,同时进入Macromedia Flash Professional 8.0的操作界面,如图5-4-5所示。单击"窗口"菜单,可打开或关闭工具箱面板及其他浮动面板。

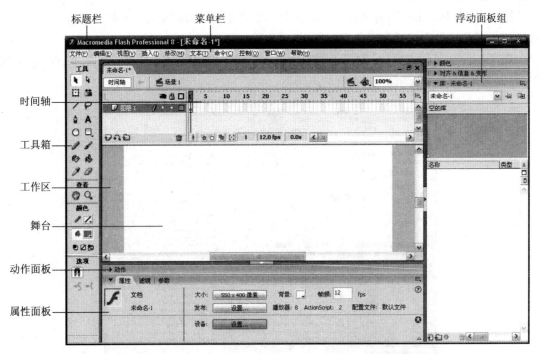

图5-4-5　中文版Macromedia Flash Professional 8.0的操作界面

2. 运动对象的绘制

在 Macromedia Flash 中绘制运动对象常见方法有四种：

(1)利用 Flash 工具箱工具绘图。Flash 工具箱中提供了绘图工具、查看工具、颜色工具、选项工具，我们可以利用这些工具绘制运动对象。

(2)在 Flash 中采取临摹的方法绘图。对于美术功底不深的人来说，向他人学习、以他人作品为老师是学习的一种捷径，临摹他人的作品往往可以很快的提高自己。Flash 本身就是一个非常方便的临摹工具，可以用它很方便地临摹他人的好作品，迅速提高自己电脑绘画的水平。

(3)利用数位板绘图。目前电脑绘画中最常用的硬件工具就是数位板，如图 5-4-6 所示，使用它能够很方便地在电脑中绘制动画运动对象和动画背景。

图 5-4-6 数位

(4)用纸和笔手绘后扫描或拍摄。我们也可以使用纸和笔在纸上画草图，通过扫描仪扫描入电脑用，或者使用数码相机拍摄再导出到电脑，再做进一步的处理。

在这里我们重点介绍前两种绘图方法。

(1)熟悉 Flash 工具箱。

Macromedia Flash professional 8.0 工具箱提供了用于图形绘制和编辑的各种工具，如图 5-4-7 所示。

①选择工具。使用选择工具，单击舞台上的对象，即可选中该对象。选中对象后，拖曳鼠标可移动对象。

当对象未被选中时，使用选择工具靠近对象边沿，当鼠标由箭头变成箭头＋弧形时，如图 5-4-8 所示，拖曳对象边沿，则可修改对象的外形，如图 5-4-9 所示。如果按住键盘 Ctrl 键，使用选择工具靠近对象边沿拖曳对象边沿，得到的是尖角变形，如图 5-4-10 所示。

②任意变形工具。利用任意变形工具可对图形进行缩放、扭曲、封套和旋转变形，还可以改变中心点。

③填充变形工具。填充变形工具主要用于对填充的渐变色进行变形，可改变渐变色的中心点、方向、大小、宽度等。

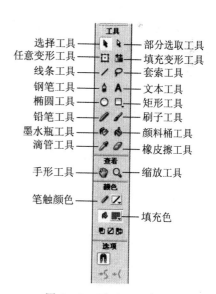

图 5-4-7 Flash 工具箱

④线条、椭圆、矩形工具。

- 线条工具用于绘制各种长度和角度的直线。
- 椭圆工具用于绘制椭圆，按住 Shift 键可以绘制正圆。
- 矩形工具用于绘制矩形，按住 Shift 键可以绘制正方形。

图 5-4-8　鼠标靠近边沿　　　图 5-4-9　变形后的效果　　　图 5-4-10　按住 Ctrl 键的变形效果

⑤铅笔、钢笔工具。

● 铅笔工具用于绘制不规则的曲线或直线。

● 钢笔工具用于绘制精确、光滑的曲线,调整曲线曲率等。

⑥橡皮擦工具。

橡皮擦工具用于擦除对象的填充和轮廓。在选项工具栏中,可调整橡皮擦的外形和粗细。

⑦笔触颜色、墨水瓶工具。

● 笔触颜色用于设置笔触的颜色。

● 墨水瓶工具则用于将设置好的笔触颜色应用到对象的轮廓上,以改变线条的颜色。

⑧填充颜色、颜料桶工具。

● 填充颜色用于设置填充的颜色。

● 颜料桶工具则用于将设置好的填充颜色应用到对象的内部填充区域,以改变内部填充的色彩。

⑨文本工具。

文本工具是编辑文字和建立文字交互响应必备的工具,在 Flash 中,可以创建三种类型的文本:静态文本、动态文本和输入文本。

⑩手形、缩放工具。

● 手形工具用于通过鼠标拖动来移动舞台画面,以便更好地观察。

● 缩放工具用于改变舞台画面的显示比例。通过选项工具栏可以切换放大工具和缩小工具。

(2)Flash 基本操作。

①新建、保存。

单击菜单项"文件|新建",可新建一个 Flash 文档。

单击菜单项"文件|保存",可保存 Flash 文档,格式为.fla 文件。

②导出、发布。

单击菜单项"文件|导出|导出影片",可导入格式为.swf 的动画文件。

单击菜单项"文件|发布设置",打开"发布设置"对话框,可以设置发布的文件格式类型,如图 5-4-11 所示。一般我们可以设置导出 SWF 格式 Flash 动画和 Html 格式的网页文件。

单击菜单项"文件|发布",则可以在与.fla源文件同一目录下得到发布后的文件。若发布设置中设置导出 SWF 格式的 Flash 动画和 Html 格式的网页文件,则发布后将在与.fla 源文件同一目录中得到 SWF 动画和 html 网页两个文件。

③设置 Flash 文档属性。单击菜单项"修改|文档",打开"文档属性"对话框,如图 5-4-12 所示。一般我们会根据实际需要在这里设置文档的尺寸、背景颜色等。

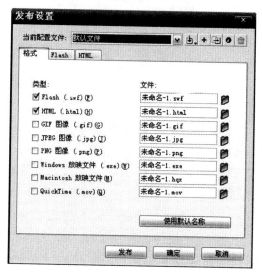

图 5-4-11　发布设置对话框

图 5-4-12　文档属性对话框

帧频指影片每秒播放的帧数,帧频的大小直接影响到影片播放的快慢。帧频的单位是"帧/秒",即 fps,默认的帧频为 12 fps。

④导入外部位图素材。单击菜单项"文件|导入|导入到舞台",可以将外部位图素材导入到 Flash 中使用。

⑤对象的组合与分离。组合是将若干个对象组合在一起而不改变它们各自的属性。单击菜单项"修改|组合",可将选中的所有对象组合成一个对象。单击菜单项"修改|取消组合",即可将对象返回到组合之前的状态。

要将组、实例和位图分离成单独的可编辑元素,可以使用菜单项"修改|分离"命令,分离可以极大地减小导入图形的文件大小。

⑥对象的对齐。当创建多个对象时,往往需要确定各对象之间的相对位置。单击菜单项"修改|对齐",可以选择需要的对齐命令。

我们也可以单击菜单项"窗口|对齐",打开"对齐"面板,如图 5-4-13 所示,它将多种对齐方式组合在一起,使用起来非常方便。

⑦对象的变形。我们除了可以使用工具箱中的"选择工具"拖曳对象边沿改变对象形状,或者使用"任意变形工具"对对象进行缩放、旋转、扭曲等变形操作外,还有以下两种方法可以对对象进行变形。

单击菜单项"修改|变形",在变形子菜单中可以选择命令对对象进行缩放、旋转、扭曲、翻转等变形操作。

单击菜单项"窗口|变形",可以打开"变形"面板,如图 5-4-14 所示,使用"变形"面板对对象进行缩放、旋转和倾斜等变形操作,可以达到精确变形的目的,还可以复制对象。

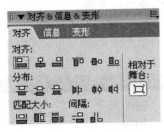 

图 5-4-13　对齐面板　　　　　　　　图 5-4-14　变形面板

（3）利用 Flash 工具箱工具绘图。

我们可以利用 Flash 工具箱中的绘图工具、查看工具、颜色工具、选项工具绘制场景和运动对象。

实例：绘制如图 5-4-15 所示的试管。

第 1 步：新建 Flash 文档,设置文档属性。

启动 Macromedia Flash 软件,单击菜单项"文件|新建|Flash 文档",新建一个 Flash 文档。再单击菜单项"修改|文档",在打开的"文档属性"对话框中修改文档的尺寸（如宽 640px,高 480px）。

第 2 步：利用矩形工具绘制一个矩形。

选择工具箱中的矩形工具,单击工具箱的"填充颜色",打开调色板,设置为无填充颜色,如图 5-4-16 所示。单击工具箱的"笔触颜色",打开调色板,设置为黑色,如图 5-4-17 所示。在舞台上按住鼠标左键不放,画出一个矩形。

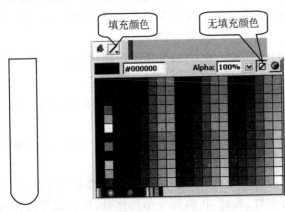 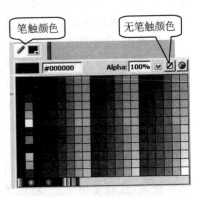

图 5-4-15　试管效果图　　图 5-4-16　填充颜色调色板　　图 5-4-17　笔触颜色调色板

第 3 步：单击工具箱的选择工具，移动鼠标到矩形下边界的中点位置，鼠标形状变成如图 5-4-18 所示时，按住鼠标左键不放，拖曳鼠标使下边界由线段变形，成为弧形，即可得到如图 5-4-15 所示的试管了。

第 4 步：单击菜单项"文件|保存"，保存文件，扩展名为.fla。

实例：绘制如图 5-4-19 所示的液滴。

第 1 步：利用椭圆工具绘制一个小椭圆。

选择工具箱中的椭圆工具，单击工具箱的"填充颜色"，打开调色板，设置为无填充颜色。单击工具箱的"笔触颜色"，打开调色板，设置为黑色。在舞台上按住鼠标左键不放，画出一个小椭圆。

第 2 步：单击工具箱的选择工具，移动鼠标到椭圆上顶点位置，鼠标形状变成如图 5-4-20 所示时，按住 Ctrl 键，同时按住鼠标左键不放，拖曳鼠标使椭圆上端弧形变形，直到得到如图 5-4-19 所示的液滴。

第 3 步：单击菜单项"文件|保存"，保存文件，扩展名为.fla。

图 5-4-18　鼠标形状发生变化

图 5-4-19　液滴效果图

图 5-4-20　鼠标形状发生变化

实例：绘制如图 5-4-21 所示的胶头滴管。

第 1 步：利用椭圆工具绘制滴管的细口玻璃管。

选择工具箱中的椭圆工具，单击工具箱的"填充颜色"，打开调色板，设置为无填充颜色。单击工具箱的"笔触颜色"，打开调色板，设置为黑色。在舞台上按住鼠标左键不放，画出一个椭圆，如图 5-4-22 所示。

利用工具箱的选择工具，按住鼠标左键不放，框选椭圆的上方部分（选择部分的高度约为总高度的 1/3），如图 5-4-23 所示。按 Delete 键，删除选择的部分椭圆，滴管的细口玻璃管就画好了，如图 5-4-24 所示。

第 2 步：在细口玻璃管附近的空白处，利用矩形工具、椭圆工具、橡皮擦工具、任意变形工具绘制滴管的胶头。

图 5-4-21　滴管效果图　　　图 5-4-22　绘制的椭圆　　　图 5-4-23　选择部分椭圆

利用工具箱的矩形工具绘制一个无填充颜色、笔触颜色为黑色的矩形,再利用椭圆工具绘制一个无填充颜色、笔触颜色为黑色的椭圆,利用选择工具移动椭圆,使椭圆与矩形交叠成如图 5-4-25 所示的效果。

利用选择工具选择重叠部分多余的线段,按 Delete 键,删除这些多余的线段,得到如图 5-4-26所示的效果图。

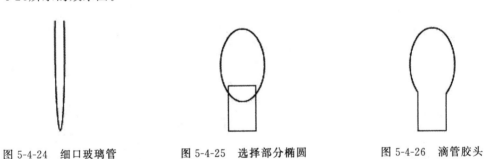

图 5-4-24　细口玻璃管　　　图 5-4-25　选择部分椭圆　　　图 5-4-26　滴管胶头

第 3 步:给滴管的胶头上色。

选择工具箱中的椭圆工具,单击工具箱的"填充颜色",打开调色板,设置为红色。单击工具箱的颜料桶工具,在滴管的胶头上单击,胶头就变成红色了。

第 4 步:将滴管胶头与细口玻璃管组合成滴管。

利用选择工具,框选滴管胶头,移动到细口玻璃管上方,如图 5-4-27 所示。胶头的尺寸比起细口玻璃管过大,我们利用选择工具单击胶头的红色填充部分,再按住 Shift 键双击胶头的边沿线,选中胶头。再单击工具箱的任意变形工具,胶头周围出现调整框,如图 5-4-28 所示,拉动调整框边界线,缩小胶头的尺寸,使胶头与细口玻璃管尺寸协调。选择胶头,使用选择工具或者键盘的方向键,调整胶头与细口玻璃管的位置,使两者位置合适。胶头滴管就绘制好了,如图 5-4-21 所示。

第 5 步:单击菜单项"文件|保存",保存文件,扩展名为.fla。

图 5-4-27　胶头移动到细口玻璃管上方　　　图 5-4-28　使用任意变形工具调整胶头大小

(4)在 Flash 中采取临摹的方法绘图。

在 Flash 中临摹绘图主要是临摹位图,这是将位图变为矢量图的常用方法,也是美术功底不深的人们快速绘制运动对象的重要方法。

第 1 步:单击菜单项"文件|新建",新建一个 Flash 文档。

第 2 步:导入用来临摹的参考位图。

单击菜单项"文件|导入|导入到舞台",导入用来临摹的参考位图。

第 3 步:对齐位图。

利用工具箱中的箭头选择工具选中位图,单击菜单项"修改|对齐|相对于舞台",再分别单击"水平居中"和"垂直居中",将位图对齐到舞台的中心。

为防止不小心拖动了该位图,在时间轴层控制窗口中,选择位图所在的图层 1,单击"锁定/解锁"按钮,如图 5-4-29 所示,锁定图层 1。

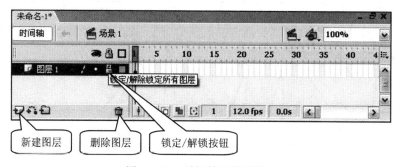

图 5-4-29　时间轴层控制窗口

第 4 步:临摹绘制轮廓。

利用工具箱中的放大镜放大临摹的参考位图,可以发现对象的轮廓可以看成是一段段曲线连接而成,因此可以采取先直后曲的方法绘制。

在时间轴层控制窗口中单击"新建图层"按钮,新建得到图层 2,准备在图层 2 中临摹绘图。选择工具箱中的直线工具,在属性面板中设置极细线,笔触颜色设置为高亮的颜色(如红色、绿色等),然后在参考位图的边界拉出大概轮廓。

选择工具箱的箭头工具,将鼠标指针接近直线的中部,拖动鼠标指针改变线条的曲率,直到和参考位图上的曲线基本重合。采取这种先直后曲的方法绘制出所有轮廓。

第5步:上色。

上色方法有两种:一种是利用墨水瓶工具和颜料桶工具填充自己喜欢的颜色;另一种是填充和参考位图一样的颜色。选择工具箱中的吸管工具吸取参考位图某区域的颜色,然后在临摹绘制好的对应区域上单击,即可填充与参考位图一样的颜色。

第6步:单击菜单项"文件|保存",保存文件,扩展名为.fla。

3.动画制作基础

1)Flash动画的三种基本类型

Flash中的动画包括三种基本类型:逐帧动画、形状补间动画、运动补间动画。逐帧动画指帧内容是变化的,制作时先把一帧一帧的内容都制作好,然后由帧播放产生动画效果。补间动画包括运动补间动画和形状补间动画,只要设置起始帧和结束帧的内容,两帧之间的动画效果可以由计算机自动完成。

2)时间轴和帧

在Flash中用户通过时间轴窗口来进行动画的合成和控制。动画连不连贯,运行起来是否流畅,在很大程度上取决于时间轴和帧的使用。

按照功能的不同,时间轴窗口可以分为左右两个部分:层控制窗口和时间轴,如图5-4-30所示。

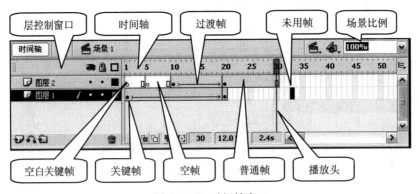

图 5-4-30 时间轴窗口

帧是影像动画中最小单位的单幅影像画面,是组成动画的基本单位。按照帧的作用不同,可以将帧分为以下3类,如图5-4-30所示。

(1)关键帧:包括关键帧和空白关键帧。任何动画要表现运动或变化,至少前后要给出两个不同的关键状态,而中间状态的变化和衔接电脑可以自动完成。在Flash中,表示关键状态的帧叫作关键帧。

（2）普通帧：包括普通帧和空帧。普通帧是将关键帧进行延续，一般是用来将元素保持在舞台上。

（3）过渡帧：包括形状过渡帧和运动过渡帧。是将过渡帧前后的两个关键帧进行计算得到，它所包含的元素属性的变化是通过计算得来的。

所有关于帧的操作，如插入、复制、粘贴、删除、剪切、转换，我们都可以按如下方法进行：在某帧上单击选择该帧，单击鼠标右键，在弹出的菜单中选择相应的命令。

3）元件与实例

元件是Flash中一个非常重要的概念，是可以重复使用的图片、动画或者按钮。如果把一个Flash动画比作是一座大厦的话，那么元件就是构成这座大厦的一砖一瓦。

元件分为3种类型：

（1）影片剪辑：是指一段完整的动画，可以包含一切素材，如图形、声音、按钮、其他影片剪辑等。它有着相对于主时间轴独立的时间轴和相对主坐标系独立的坐标系，可以为影片剪辑添加动作脚本来实现交互或制作一些特殊效果。

（2）按钮：主要用来实现交互。

（3）图形：和影片剪辑类似，可以加入其他的元件和素材，也可以是一段动画。它拥有自己的时间轴，不具有交互性，不能添加滤镜和声音。

单击菜单项"插入|新建元件"，打开创建新元件对话框，如图5-4-31所示，选择元件的类型。单击"确定"按钮后，将进入元件编辑界面，如图5-4-32所示。

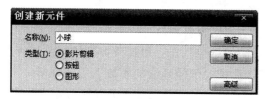

图5-4-31　创建新元件对话框

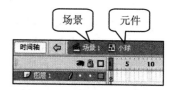

图5-4-32　元件编辑界面

在元件编辑界面中，绘制元件内容。完成元件的制作后，单击时间轴左上角的场景按钮，退出元件的编辑模式，返回场景1。创建的元件会自动成为当前文档的库的一部分。单击菜单项"窗口|库"，打开库面板，如图5-4-33所示。元件只需创建一次，就可以在整个文档或其他文档中重复使用。当把元件从库面板中拖到当前舞台上时，舞台上就增加了一个该元件的实例。用户可以随意对实例进行缩放、添加滤镜等操作，对实例进行的这些操作不会影响到元件本身，但对元件本身进行了修改，Flash就会更新该元件的所有实例。

4）逐帧动画的创建

在时间轴上逐帧绘制帧内容称为逐帧动画。由于是一帧一帧地画，所以逐帧动画具有非常大的灵活性，几乎可以表现任何想表现的内容。逐帧动画可以按照以下步骤来创建：

第1步：单击菜单项"文件|新建"，新建一个Flash文档。

第2步：创建第一个关键帧内容。

第3步：插入第二个关键帧。根据该关键帧画面持续的时间，按照公式"帧数＝时间（秒）×帧频（帧/秒）"计算该关键帧延续的帧数 N。选择第一个关键帧 N 帧之后的帧，单击鼠标右键，选择"插入关键帧"命令，创建第二个关键帧内容。如设计某关键帧需要持续 1 秒，Flash 默认帧频是 12（帧/秒），该关键帧需延续到第 12 帧，则在第 13 帧处插入关键帧。

第4步：按照上述第 3 步的方法，依次创建其他关键帧内容，直到动画完成。

第5步：单击菜单项"控制|测试影片"，浏览动画效果。

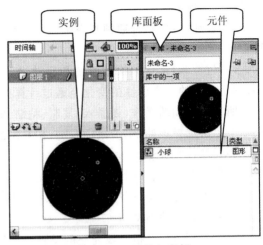

图 5-4-33　元件与实例

第6步：单击菜单项"文件|保存"，保存文件，扩展名为.fla。

5）运动补间动画的创建

运动补间动画可以实现运动对象位移变化、缩放、旋转、颜色变化等动画效果。运动补间动画可以按照以下步骤来创建：

第1步：单击菜单项"文件|新建"，新建一个 Flash 文档。

第2步：准备运动对象。运动补间动画的运动对象必须是实例、组、文字对象，或者导入的外部位图图像，不能是可单独编辑的图形对象。

第3步：创建第一个关键帧内容，准备运动的初始状态。

第4步：创建第二个关键帧内容，准备运动的结束状态。根据该关键帧画面持续的时间，按照公式"帧数＝时间（秒）＊帧频（帧/秒）"计算该关键帧延续的帧数 N。选择第一个关键帧 N 帧之后的帧，单击鼠标右键，选择"插入关键帧"命令，创建第二个关键帧内容。

第5步：选择两个关键帧之间的任何一个普通帧，在属性面板中，设置补间属性为"动画"，如图 5-4-34 所示。

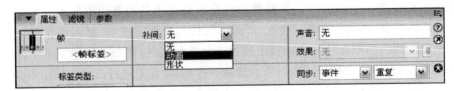

图 5-4-34　属性面板

第5步：单击菜单项"控制|测试影片"，浏览动画效果。

第6步：单击菜单项"文件|保存"，保存文件，扩展名为.fla。

6) 形状补间动画的创建

运动补间动画可以完成从一个形状到另一个形状的过渡。形状补间动画可以按照以下步骤来创建：

第 1 步：单击菜单项"文件|新建"，新建一个 Flash 文档。

第 2 步：准备运动对象。形状补间动画的运动对象必须是可单独编辑的图形，不能是实例、组、文字对象或者导入的外部位图图像，实例、组、文字对象或者导入的外部位图图像只有经过分离以后才可以作为形状补间动画的运动对象。

第 3 步：创建第一个关键帧内容，准备运动的初始状态。

第 4 步：创建第二个关键帧内容，准备运动的结束状态。根据该关键帧画面持续的时间，按照公式"帧数＝时间(秒)＊帧频(帧/秒)"计算该关键帧延续的帧数 N。选择第一个关键帧 N 帧之后的帧，单击鼠标右键，选择"插入关键帧"命令，创建第二个关键帧内容。

第 5 步：选择两个关键帧之间的任何一个普通帧，在属性面板中，设置补间属性为"形状"，如图 5-4-34 所示。

第 6 步：单击菜单项"控制|测试影片"，浏览动画效果。

第 7 步：单击菜单项"文件|保存"，保存文件，扩展名为.fla。

第五节　视频素材的获取与加工

近年来，多媒体技术的飞速发展，尤其是 Pentium 处理器的大幅度提升，视频素材的使用与制作日益盛行，其在教学中的运用也越来越多，并取得了很好的教学效果，本节我们主要学习视频素材的获取与加工。

一、视频素材的基础知识

目前常见的数字视频文件类型主要有以下几类：

1. AVI 文件

AVI 文件是目前比较流行的视频文件格式。采用 Intel 公司的 Indeo 视频有损压缩技术将视频信息和音频信息混合交错地存储在同一文件中，从而解决了视频和音频同步的问题。

2. MPEG 文件

MPEG 文件格式通常用于视频的压缩，其压缩的速度非常快，而解压缩的速度几乎可以达到实时的效果。目前在市面上的产品大多将 MPEG 的压缩/解压缩操作做成硬件式配卡的形式，如此一来可达到 1.5 MB/s～3.0 MB/s 的效率，可以在个人计算机上播放 30 帧/s 全屏幕画面的电影。

3. DAT 文件

DAT 是 Video CD 或 Karaoke CD 数据文件的扩展名,也是基于 MPEG 压缩方法的一种文件格式。

4. MOV 文件

MOV 文件格式是 QuickTime for Windows 视频处理软件所选用的视频文件格式。

5. ASF 文件

ASF 是 Microsoft 公司为了和 RealPlayer 竞争而开发出来的一种可以直接在网上观看视频节目的文件压缩格式。它使用 MPEG4 的压缩算法,压缩率和图像的质量很不错。因为 ASF 是一种可以在网上即时观赏的视频"流"格式,所以影像质量比 VCD 差,但比另一种视频流格式 RAM 要好。

6. RM 文件

RM 文件是 Real Networks 公司制定的网上在线播放文件标准,是一种流式视频媒体文件格式。其文件体积比其他视频文件要小,可以实现网上实时收听和收看的电视节目,其常用的播放软件是 RealPlayer。

二、视频素材的获取与加工

(一) 视频素材的获取

1. 从网页上提供的下载链接下载

(1)点击下载。如果已安装下载软件,弹出下载对话框,这里以迅雷为例,其他大同小异,单击"浏览"可以改变保存位置,还可以在"另存名称"中命名下载文件,如图 5-5-1 所示。

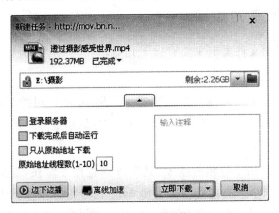

图 5-5-1 迅雷下载

如果没有安装任何下载软件,则弹出系统默认下载对话框和"另存为"对话框,在对话框中可以选择保存位置、重命名,然后单击"保存"下载,如图 5-5-2 所示。

图 5-5-2　另存为下载

(2) 右击要下载的对象,在弹了的快捷菜单中选择"目标另存为"。弹出系统默认下载对话框,如上例图 5-5-2 所示。

(3) 右击要下载的对象,在弹出的快捷菜单中选择要使用的下载工具进行下载。下载工具因电脑安装的下载软件而异,比如"使用迅雷下载"、"使用快车下载"等。若没有安装下载软件,不能使用这个办法。

以上三例弹出的对话框是不一样的,注意区别。

2. 网页上不提供下载链接,仅提供在线浏览

这就要求在电脑中至少安装一款下载软件,目前常用的有:迅雷、网际快车、超级旋风等。

安装下载软件后,鼠标在动画和音、视频播放器上滑动时,下载控件自动感知到音、视频流媒体,会出现下载按钮 ,安装不同的下载软件按钮会有不同,点击可以下载,下载对话框如上例中图 5-5-1 所示。

3. 从 Internet 临时文件夹查找资源

一般地说,在网页上看到的、听到的资源,如果是一个独立的文件(有的不是),都已经下载并存放于 Internet 临时文件夹,因此从 Internet 临时文件夹可以找到部分资源

(1) 用浏览器打开资源所在网页。

(2) 在浏览器菜单中单击"工具|Internet 选项"。

在"Internet 临时文件"中单击"删除 Cookies"、"删除文件",并勾选"删除所有脱机文件",如图 5-5-3 所示。第一次删除可能需要点时间。

再单击"设置|查找文件",打开 Internet 临时文件夹。

之所以要执行删除,是由于长时间上网之后,其中的临时文件很多,查找资源比较困难。

图 5-5-3　删除临时文件夹内容

（3）刷新浏览器中打开的要从中获取资源的网页，让网页重新载入，若是视频要等视频完全下载完成。

（4）转到 Internet 临时文件夹，可以看到许多文件，可以右击空白处，刷新 Internet 临时文件夹。

（5）将 Internet 临时文件夹中的所有文件复制到一个新建的文件夹，根据扩展名来分辨和查找所需文件。

显示扩展名：单击"工具|文件夹选项|查看"，在对话框中去掉"隐藏已知文件扩展名"选项。

4. 从 VCD、DVD 中获取视频素材

VCD、DVD 是重要的视频素材来源，但是它们中的 DAT 视频文件无法直接使用，必须将它们转换为 AVI 或 MPG 格式。超级解霸可以进行此类的格式转换。

（1）利用超级解霸播放 VCD 或 DVD（把碟片插入光驱，会自动播放、打开超级解霸界面，如图 5-5-4 所示）。单击右上角的"换肤"按钮，可以进入如图 5-5-5 所示的豪华界面。

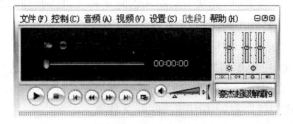

图 5-5-4　超级解霸界面

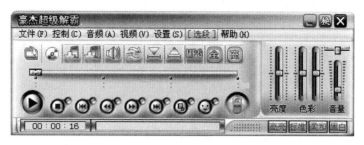

图 5-5-5　超级解霸豪华界面

(2)单击"循环播放"按钮，且其后面的 3 个按钮变成可用，如图 5-5-6 所示。

图 5-5-6　置播放方式为循环

(3)拖动进度滑块到截取的起点，单击"选择开始点"按钮，拖动进度滑块到截取的终点，单击"选择结束点"按钮。

(4)单击"保存 MPG"按钮，打开如图 5-5-7 所示的"保存 MPG 文件"对话框。

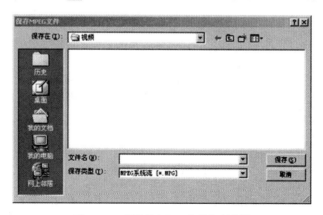

图 5-5-7　"保存 MPG 文件"对话框

(5)设置保存视频文件的文件夹、文件名，单击"保存"按钮，系统开始转换，并会出现如图 5-5-8 示的"正在处理"信息框，以提示用户转换的进度。转换完毕，信息框自动消失，期间用户可随时单击"停止"按钮以停止转换。

图 5-5-8 "正在处理"信息框

(二)视频素材的加工

视频素材的处理软件有很多,其中包括我们常用的 Premiere、会声会影等,本节我们来学习一下 Premiere 视频编辑软件的使用。

1. 初识 Adobe Premiere Pro 2.0

首先我们先启动软件,建一个新的节目文件。

(1)选择"开始|程序|Adobe Premiere Pro 2.0"命令启动软件,选择"New Project"。如图 5-5-9 所示。

图 5-5-9 启动界面

(2)进入"New Project"对话框,有两个选项卡"Load Preset 预定设置"(参看图 5-5-10)和"Custom Settings 自定义设置"(参看图 5-5-11)。自定义设置主要有四个参数:"General 常规设置","Capture 采集设置","Video Rendering 视频预览设置","Default Sequence 默认时间线设置"。

一般使用预定设置就可以,预设包括高清三项:Adobe HD-SDI、Adobe HDV 和 Adobe SD-SDI,标清三项:DV-PAL、DV-NTSC 和 DV-24P。本书按标清 DV-PAL 介绍,DV-PAL 预

第五章　教学资源素材的获取与加工

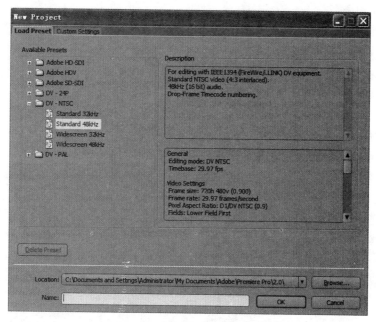

图 5-5-10　预定设置选项卡

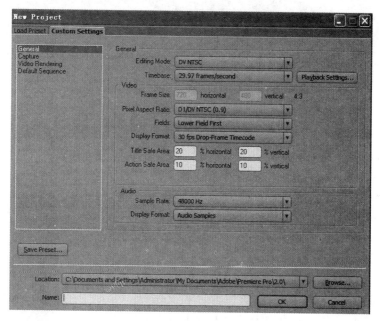

图 5-5-11　自定义设置选项卡

设中有四个可选项："Standard 32kHz"、"Standard 48kHz"、"Widescreen 32kHz"、"Widescreen 48kHz"。"Standard"和"Widescreen"是指屏幕宽高比 4∶3 和 16∶9，32kHz 和 48kHz

是指音频的采样频率。

如有特殊要求,在自定义选项卡中设置,设置好参数后,单击"Save Preset"按钮保存设置,以后再新建节目文件时这个自定义设置将会出现在"Load Preset"选项卡中。

(3)在选项卡"Load Preset"中选择"DV-PAL|Standard 32KHz"然后在"Location"文本框中输入节目的路径,在"Name"文本框中输入节目的名称。单击"OK"按钮,则软件将建立一个按预定设置设置的节目文件。

(4)进入软件操作界面后,操作界面由Project(项目)窗口、Timeline(时间线)窗口、Monitor(监视)窗口和一些控制面板组成。如图5-5-12所示。

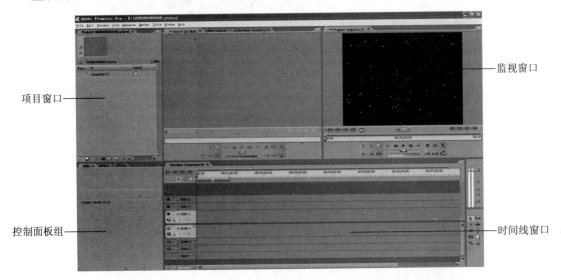

图 5-5-12 软件操作界面

①Project(项目)窗口。项目窗口用于组织管理节目使用的素材。采用文件夹式的管理,并对其中的素材有预演功能。其中要注意该窗口中显示的素材是指向该素材文件的一个引用指针,并不是物理意义的素材文件。如图5-5-13所示。

②Timeline(时间线)窗口。它是视音频编辑的主要窗口,可以组成节目的流程线。主要由视频工作区域、视频轨道、音频轨道、工具、音频显示几部分组成。如图5-5-14所示。

③Monitor(监视)窗口。监视窗口主要是预览素材及简单编辑的窗口。分为Source(源素材)监视窗口和Program(节目预演)监视窗口。监视窗口的功能比以往老版本有很大进步,成为编辑的重要窗口。如图5-5-15所示。

④控制面板组。它主要有信息、历史记录、效果等操作面

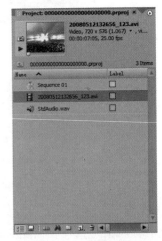

图 5-5-13 项目窗口

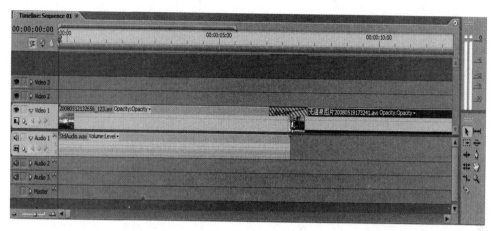

图 5-5-14　时间线窗口

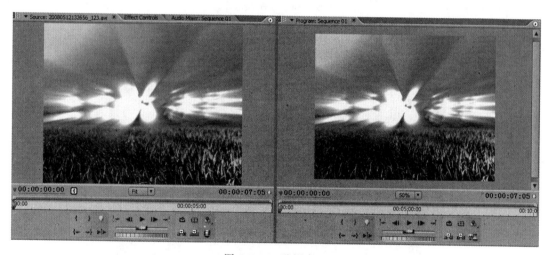

图 5-5-15　监视窗口

板。如图 5-5-16 所示。

（5）选择"File|Capture"命令，进入"Capture 视频采集"对话框，如图 5-5-17 所示。对采集参数进行设置。这里有两个选项卡"Logging 日志"和"Settings 设置"。其中"Settings"选项卡的参数设置主要有三项："Capture Settings 采集设置"、"Capture Locations 存储设置"和"Device Control 设备控制"。

①在"Capture Locations"中，选择我们要存放素材的磁盘，选择与节目文件存储在同一目录即可。如图 5-5-18 所示。

②单击"Capture Settings"下面的"Edit"按钮，弹出如图 5-5-19 所示窗口，"Capture"选项选择"DV Capture"。

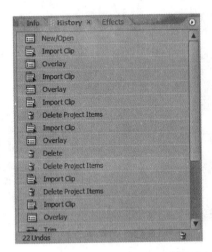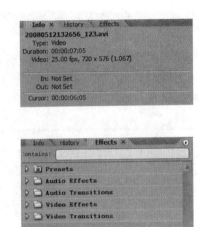

图 5-5-16　控制面板组

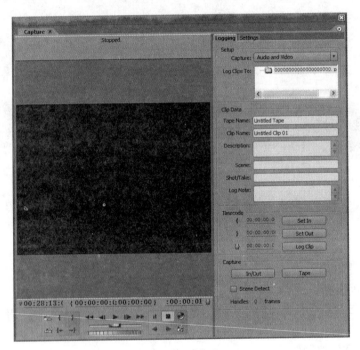

图 5-5-17　采集窗口

③单击"Device Control"下面的"Options"按钮，弹出如图 5-5-20 所示窗口，"Device Brand"选择已连接上的 DV 设备的品牌和型号。

④参数设置无误后，打开外部上载设备电源，单击"采集 ⬤ "按钮开始采集，要停止单击"停止"按钮即可。软件对 DV 设备有遥控作用，可以对设备进行播放、快寻、慢寻等操作。

第五章　教学资源素材的获取与加工　　　　　　　　　　　·191·

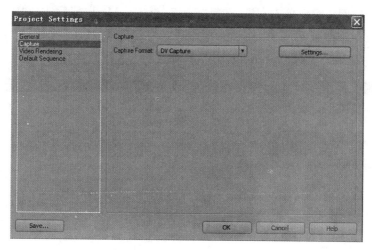

图 5-5-18　采集设置

⑤采集完成后会弹出 5-5-21 的对话框,给文件命名,然后单击"OK",素材文件就保存好了。

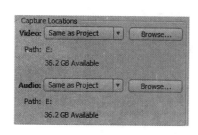

图 5-5-19　存储设置　　　　图 5-5-20　设备控制　　　　图 5-5-21　素材保存

视频采集完成后将会自动出现在项目窗口中,我们可以直接拖动到时间线上使用。

2. 素材剪辑

(1)导入文件。

选择"File|Import"命令,弹出如图 5-5-22 所示的对话框,选择要导入的文件,单击"打开"按钮。如果导入的是图像序列文件时,选中序列中的一帧,然后勾选"Numbered Stills"选项,如图 5-5-23 所示。导入文件夹时,在对话框下方选择"Import Folder"按钮。

导入的素材都会显示在"Project"窗口中,可以直接用鼠标将素材拖动到时间线窗口的轨道上进行编辑。

如果双击素材文件,文件会在"Source"监视窗口显示出来。我们在监视窗口进行如下操作:搜寻到我们需要的素材开始位置,然后单击 （入点）按钮,搜寻到素材结束点,单击 （出点)按钮;然后在时间线窗口单击右键,选择"Set Sequence Marker"后选择"IN"来设置时间线入点,接下来单击"Source"监视窗口下面的 ■(覆盖)或者 ■(插入)按钮,把素材覆盖或者插入到时间线窗口入点位置。图5-5-24和图5-5-25是插入和覆盖示意图。

图5-5-22　导入窗口　　　　　　　　　图5-5-23　导入图像序列窗口

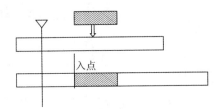 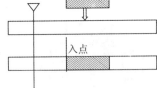

图5-5-24　素材插入模式示意图　　　　图5-5-25　素材覆盖模式示意图

(2)在时间线窗口剪辑片段。

①组接素材。

把所需素材按照时间顺序组接在时间线窗口视频轨道中。时间线窗口中视频轨道是互相遮盖的,所以在进行剪辑时要注意素材的轨道位置。如图5-5-26所示,视频素材被分别放在两个不同的轨道上。

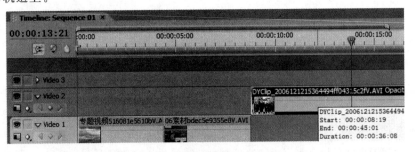

图5-5-26

②剪辑素材。

剪辑素材片段,可以使用上面提到的打入、出点的方法,还可以使用 Trim 窗口来对素材进行剪辑。但是要对时间线上的素材进行剪辑,剃刀工具是最直接的选择。剃刀工具有单剃刀和多重剃刀两种。剃刀工具的使用方法:

选择剃刀工具,鼠标移动到需要分割处,单击鼠标左键,片段就被分成了两段了。为了精确分割素材,时间线要一帧一帧调整。

选择剃刀工具,按住 Shift 键不放,剃刀工具就变成了多重剃刀工具了。多重剃刀工具可以同时分割同一时间上多个轨道上的片段。

素材的剪辑工作相当于是镜头的组接,所以一定要遵循镜头组接原理。

3. 节目制作

(1)添加字幕。

①选择"File|New|Title"命令,进入字幕制作窗口,字幕窗口组成如图 5-5-27 所示。

图 5-5-27　字幕制作窗口

②Adobe Premiere Pro 2.0 可以制作静止(Still)的字幕、垂直滚动(Roll)字幕和水平(Crawl)滚动的字幕三种。在字幕制作窗口选择字幕类型工具会弹出字幕设置的对话框,如图 5-5-28 所示。

③选择 T 文字工具,在工作区单击后输入文字,然后在属性设置区域设置文字的属性。还可以直接在样式库中选择预设好的样式。

④Adobe Premiere Pro 2.0 字幕窗口还可以使用钢笔系列工具绘制贝赛尔曲线和使用图形工具绘制一些基本图形,实现图文混合

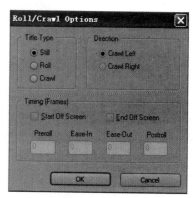

图 5-5-28　字幕类型设置

制作。

(2)使用特技。

Adobe Premiere Pro 2.0 的特技效果是基于关键帧动画的。视频的特技效果主要有 Motion(运动动画)、Opacity(透明度效果)、Video Effects(视频特效)和 Video Transitions(视频转换效果)。除 Video Transitions(视频过渡效果)是针对两个视频进行的操作之外,其他几项都是针对单个视频文件进行操作的。音频主要是 Audio Effects(音频特效)和 Audio Transitions(音频过渡效果)。图 5-5-29 是一段视音频素材使用了 Motion 运动动画和 Video/ Audio Effects 视音频特效后的"Effects Controls 效果控制面板"。

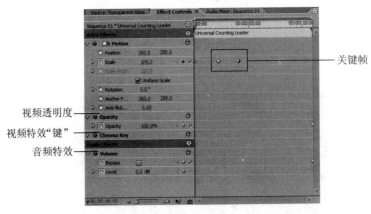

图 5-5-29

视频的过渡效果使用方法:在"Video Transitions"控制面板中选择需要使用的效果,按住鼠标左键不放,拖放到视频轨道上前后两个相邻片段的中间后,松开鼠标左键,这时过渡效果即添加在相邻两个片段上了。音频的过渡效果使用方法和视频相同。如图 5-5-30 所示。

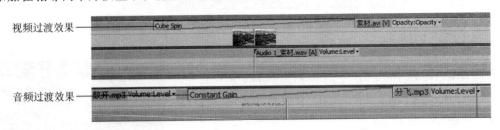

图 5-5-30

所有的特技效果都是要根据制作的节目需要添加的,没有必要特意去添加。节目中使用的特技效果越多,生成和预演需要的时间越长,对编辑机/计算机的配置要求越高。

4.节目生成

(1)生成节目。

Adobe Premiere Pro 2.0 软件可以生成多种格式文件,而且视音频文件可以分开生成。

这里介绍生成DVD的方法。选择"File|Export"命令,然后选择"Adobe MPEG Encoder"子菜单,弹出窗口如图5-5-31所示,要生成DVD,"Format"项选择"MPEG2-DVD"。"Preset"项根据具体情况来选择,参考图5-5-32参数设置。生成的DVD文件可以直接在电脑上使用,另外还可以刻录成DVD光盘进行播出。

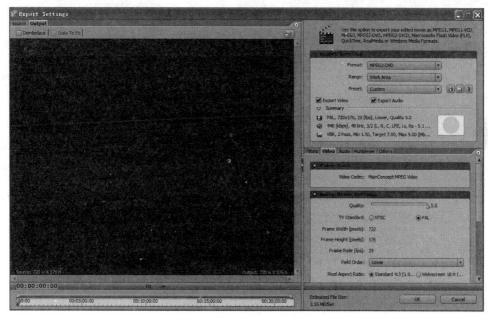

图 5-5-31　DVD生成窗口

(2)刻录到DVD。

软件可以直接将生成的DVD文件刻录到DVD光盘上,但前提是自己的编辑机或者计算机要有DVD刻录机。方法是:选择"File|Export"命令,然后选择"Export to DVD"子菜单,弹出如图5-5-33所示的对话框,"Burn to"项选择"Disc","Burner Location"项显示的是自己的刻录光驱型号。"Preset"项与上面生成DVD文件设置的参数是一致的。单击"Burn"按钮开始刻录光盘。

(3)录制到磁带上。

使用IEEE1394接口输出节目,正确连接设备后选择"File|Export"命令,然后选择"Export to Tape"子菜单,弹出如图5-5-34所示的对话框,使用默认设置即可,单击"Record"按钮开始记录到磁带。输出成功后窗口会显示"Recording successful"。

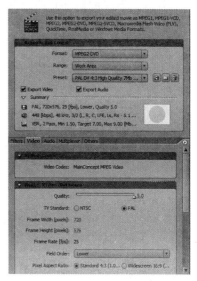

图 5-5-32　DVD生成参数设置

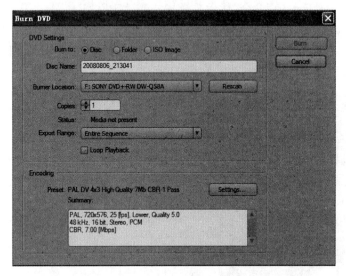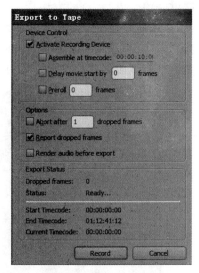

图 5-5-33　DVD 刻录窗口　　　　图 5-5-34　输出到录像带窗口

思　考　题

1. 文本素材的输入方式有哪些？
2. 获得图像素材有哪些途径？
3. 音频素材的格式有哪些？
4. 动画素材的获取有几种方法？
5. 视频素材的下载有那几种方式？

第六章　教学资源的设计与开发

> **学习目标：**
> 1. 了解录音教材的设计与制作。
> 2. 掌握教育电视节目的设计与制作。
> 3. 掌握多媒体课件的制作原则、过程和方法。

　　教学资源是为教学的有效开展而提供的素材等各种可以利用的条件，通常包括教材、案例、录音、影片、课件等，也包括教师资源、教具、基础设施等，广义上也涉及教育政策等内容。通俗地说，教学资源是指一切可以帮助学生达成学习目标的物化了的显性的或隐性的、可以为学生的学习服务的教学组成要素。AECT'94 定义的教学资源主要包括教学材料、教学环境及教学支持系统。本章主要学习录音教材、教育电视节目、多媒体课件三种教学资源的设计与制作。

第一节　录音教材的设计与制作

　　录音教材是根据教学大纲的要求利用电声技术设计和编制的传递教学信息用以满足特定的教学需求的听觉教材，它常以录音磁带的方式进行存储，现在的录音教材还以数字音频文件的方式保存在磁盘上，并可共享于互联网，这大大提高了录音教材的利用与传播。

一、录音教材的基本要素

　　录音教材所传递的声音信息包括语言、音乐和音响三个方面，它们是构成录音教材的基本要素。

　　1. 语言

　　录音教材是通过语言来传达教育内容的，而语言有口头形式和书面形式，在制作录音教材时要考虑到两者的区别，书面语言看起来一目了然，但听起来不一定顺耳好懂，读起来也不一定顺口。另外，在制作不同类型的录音教材时，要根据其对语言的要求采用相应的语调、语速、韵律及节奏，配音时要做到字音准确、语言规范、吐字清楚、音色优美。

2.音乐

音乐作为教学内容主要有两类。一类是音乐学科教学中大量使用的录音带,它们用于提供示范、指导技能训练和展示音乐作品,从而形成音乐录音教材。另一类就是学科录音教材中的配音,配音音乐是录音教材内容表现的辅助手段,是录音教材的一个重要的组成部分,它常用于烘托环境、渲染气氛、调节情绪、唤起注意、转移段落等。为表现好教学内容,在选配音乐时要注意音乐的旋律、节奏、情绪等特点,以达到映衬教材所表达主题的目的,使用配音音乐要少而精,要注意音量的大小,切忌哗众取宠,喧宾夺主,分散注意力,影响录音教材主题的表现。

3.音响

音响是指除了语言、音乐之外的所有能传递信息、表达思想、交代环境的一切声音形态,如自然音响(山崩海啸、风雨雷电、虫鸣鸟叫等)、动作音响(人的走路声、开门关门声等)、机械音响(汽车声、飞机声等)。音响可分为真实音响和虚拟音响两种。音响在录音教材中的作用是渲染气氛、创造情景、增强听觉效果,它可帮助学生丰富感知,建立表象,发展想象力,增强真实性。

二、录音教材的分类

录音教材有不同的分类方法,一般可按照以下情况分类:

(1)按教学类型分:可分为录音教学、广播教学、语言学习系统用的录音教材。

(2)按课程类型分:可分为外语教学录音教材、音乐录音教材、语文录音教材等。

(3)按教学功能分:可分为系统讲解型和辅助教学型录音教材。广播教学中各门学科的录音教材自成体系,能代替教师授课,属于系统讲解型;用于课堂录音教学和语言学习系统教学的录音教材,一般属于辅助型录音教材。

(4)按教学使用的目的分:可分为讲解型、示范型、练习型、呈现型、程序教学型等。

讲解型:用于系统讲授课程或某些课题。

示范型:用以提供朗读、讲话或演唱等示范,供学生模仿。

练习型:帮助学生进行技能训练,如外语教学用的各种跟读训练、听力练习等。

呈现型:用以呈现声音数据,提供声音的直观感知,如供音乐欣赏用的各种歌曲、乐曲录音带,供医学教学用的各种典型病例的"心音"录音数据等。

程序教学型:按程序教学的方法步骤而编制的录音教材,用以让学生按录音教材的程序进行练习或自学。[1]

三、录音教材的设计

录音教材的运用能扩大教育规模,帮助教师讲授教学中的重点与难点,而且它制作简易,

---

[1] 顾明远.教育技术[M].北京:高等教育出版社,1999.

成本低廉,操作简单,容易激发学生的学习兴趣。在设计录音教材时,应根据教学原则和认知规律,尽量满足教学需要,具体应考虑以下几点:

1. 制作的目的性

制作录音教材要有明确的目的,录音教材是用来教学的,它必须满足教学的需求,解决教学中的问题。每门课程都有其教学目标,在施教过程中,任何活动都要紧扣教学目标来进行,录音教学也不例外。制作的录音教材必须有助于学生对知识的理解和记忆,从而有助于教学目标的实现。制作录音教材前要仔细分析教学内容和教学目标,列出教学中的重点和难点,以及教学内容中适合用录音教材表现的内容,这样才能有的放矢,有目的地制作录音教材,否则制作的录音教材只会流于形式,成为文字教材的翻版,解决不了教学的重点与难点,理所当然就满足不了教学的需要。

2. 制作的必要性

录音教材有其优越性,一般表现在传递迅速,素材较多,易于操作,易于模仿等方面。但它也有局限性,比如没有形象,不能停留等。作为教材一部分的录音教材,在制作时要充分运用其优点,避免其缺点。因此,我们在设计录音教材时,必须研究录音教材在教学环节中是否必要,是不是最佳方案,有没有其他形式可以代替,有没有发挥了它的最大优势,应当明确哪些内容必须运用录音教材,哪些内容是不必要的,决不用那些不必要的,以免画蛇添足,浪费资源,影响教学效果。

3. 对象的层次性

在设计录音教材时要考虑到学生的层次与水平。由于录音教材使用较为广泛,而学生的年龄层次不同,其注意力、理解力、认知判断的能力存在很大的差异。即使同一年龄层次或同一班级的学生,也存在理解能力和认知水平等方面的差异,有了这些差异,学生接受知识的速度也会存在不同的层次。运用录音教材教学,具有单向性大面积传播的特性,对学生水平的回馈很不及时,也难在教学中及时调整,以适应不同层次学生的水平。因此在设计录音教材时要考虑学生层次水平的差异,要了解学生,量体裁衣,设计出各类程度层次不同的录音教材,以满足不同水平的学生的需要。

4. 教材的类型性

录音教材有多种类型,不同的类型其特点不同,设计编辑的要求也不同。例如,用于广播教学的教材,因为它完全代替了教师的讲授,没有板书,没有图像,时间控制严格。这种录音教材的设计与用于课堂教学的录音教材的设计显然不同。另外,录音教材还有示范用的、讲解用的、练习用的等不同的类型,所有这些类型的录音教材在设计制作时,对素材的选择与组织,提出不同的要求,设计时要认真加以分析。

5. 录音教材各要素的配合性

语言、音乐和音响是录音教材的三个基本要素,它们能各自独立,自成一家,也相互配合,融为一体。三者配合好更有利于教材内容的表现,在设计录音教材时,要充分利用三者的优势,发挥各自的功能,全面地为表现录音教材的内容服务。

6. 内容表现的趣味性和艺术性

录音教学主要依赖于听觉,它没有视觉的画面内容,学生长时间听课会感到疲劳,或注意力不集中,内容平淡的录音教材只能起到催眠的作用。在设计录音教材时要考虑表现内容的精练,表达方式和手段要灵活多样,充分发挥语言、音乐和音响的特点和功能,适当的时候考虑与其他媒体的组合效用。这样才能激发学生的兴趣,给学生带来艺术的享受,吸引学生的注意力,取得较好的教学效果。

四、录音教材的编制过程

录音教材的制作要根据教学目标、教学内容和教学方法来进行。编制过程一般包括确定选题、编写稿本、录音制作等几个环节。

1. 确定选题

确定选题就是根据教学内容,选择确定录音教材制作的题目。选题的确定要以教学大纲为依据,对教学内容、教学对象进行分析,将适合用听觉手段来表现、听觉感强的知识内容,以及教材中需要用录音教材来突破的重点和难点,确定为录音教材的选题。选择适当的教学策略,初步拟定录音教材的编制计划。

2. 编写稿本

稿本是将录音教材的具体内容、构成设计等以书面的形式写出来。它是录音教材制作的蓝图。稿本一般由专业教师编写,内容包括选题名称、教学目的、录制的内容(语言、音乐和音响)、时间分配等。

稿本是录音教材制作的基础和依据,在编写时,一定要注意教学理论和传播理论的原则,根据对教学目标、教学内容、教学对象的分析,对教学策略的选择,以及录音教材在教学中的作用,进行综合考虑,编写出语言生动,具有听觉形象的文字稿本。

3. 录音制作

录音制作过程早期也是使用磁带录音机、调音台等传统的设备进行制作的,操作复杂而且磁带容易消磁,不易保存。但是现在利用数字技术制作就方便快捷得多,而且制作完成的数据都是储存在硬盘或光盘上,可以长期保存。简单的PC音频工作站很容易搭建,音频没有视频处理数据量大,所以有一台处理能力较强的PC机配合一块声卡及音频编辑软件就可以实现录音操作。常用的音频编辑软件有 Adobe Audition、Goldwave、Sound Forge、Cool Edit 等。

五、音频编辑软件的使用(详见第五章第三节)

本小节不再重复讲述音频编辑软件的相关使用。

第二节 教育电视节目的设计与制作

教育电视节目是指从特定的教育需求出发,运用电视图像与声音来呈现教育内容,并且用视音频技术进行记录存储与传播,为各级各类教育、教学服务的电视节目。教育电视节目有广义、狭义之分,广义上的教育电视节目指的是一切具有教育、教学功能的电视节目,目前我们所看到的电视节目大多属于此类;狭义教育电视节目又称电视教材,是根据课程教学大纲的培养目标要求,用电视图像与声音去呈现教学内容,并且用电视录像技术进行记录、存储与重放的一种视听教材,为本节我们学习的主要内容。

一、电视教材的含义

电视教材是电教教材的一种,下面我们通过教材的信息、符号及媒介这三个要素来分析电视教材,有助于对其含义的理解。

1. 电视教材的信息

电视教材是一种教材,它选取呈现的信息内容不同于电视新闻纪录片,也不同于一般的电视科学普及片。它是根据学校教学大纲的要求去选取适合的教学内容,而且要有适当的深度和广度,不像一般的电视科普片是适合广大的群众。

2. 电视教材的符号

电视教材使用的符号,主要是活动图像符号和语言符号。根据教学需要,也可以相应采用一些文字和静止图片,从整体来看,活动图像符号是电视教材的主体部分。因此电视教材与电影教材一样,善于表达运动变化的现象与进程。这是电视教材的特长,是其他类型教材难以做到的。

3. 电视教材的媒介

电视图像与声音呈现的方式有两种。一是电视直播的方式,二是录像重放的方式,这两种方式使用的媒介有一定的差异。

电视直播方式,是由摄像机摄取图像信号后,直接通过空间或线路传送,电视接收机接收信号后重现电视图像与伴音。这种传送方式的媒介包括有:发送端的摄像机,接收端的电视接收机和传送信道的空间或线路。学校的演播室直播教学和电视台的直播教学都属这一方式。但它没有记录、储存功能,和教师的口头语言一样是瞬间即逝,不能重复再现使用。

录像重放方式,是将符合教学大纲要求的内容,经过录像机的记录、编制后,储存在磁性录像带上,然后,通过设备系统重放呈现。这种方式的媒介,包括有视频录放设备,如录像机、放像机、录像磁带;电视教材重放的媒介,主要有放像机、录像带、电视接收机等。这些媒介包括有硬设备如录放像机、电视接收机,软件就是记录有教学信息内容的录像带。这类具有储存、重放功能的电视教材,是我们要讨论研究的对象,它能随教学需要,随时重放进行教学活动。同时由于它经过精心编制,能在提高教学质量、教学效率方面发挥良好作用。所以,人们印象中的电视教材是经过编制,将教学信息内容记录储存在录像带上这一方式的电视教材。

4. 电视教材的含义

综合以上的论述,我们可以给电视教材概念下这样一个定义:电视教材是根据课程教学大纲的培养目标要求,用电视图像与声音去呈现教学内容,并用电视录像设备进行记录、储存和重放的一种视听教材。

二、电视教材的特点

电视教材在注重利用电视手段的长处的同时,也应该考虑正确运用教学原则、教学方法来表达教学内容,从而应具有电视与教学的特点。

(一)电视教材的教学特点[①]

1. 明确的教学目的,以大纲为依据,与文字教材相配合

教育是一种有特定教学目的的教和学之间的信息交互过程。作为传递教育信息工具的电视教材,必须具有明确的教学目的。我们所开设的每门课程都有相应的教学大纲,在教学大纲中规定了课程的教学目的、教学内容和教学方法。所选用的文字教材及相关电视教材的编制都必须以教学大纲为依据。

2. 特定的教学对象

电视教材是为特定的教学对象而编制的。教学对象有不同的年龄特征、知识水平、社会经验和实践能力。对不同的教学对象,电视教材在表现形式与内容的深度、广度方面都有很大的区别。

3. 严格的科学性

电视教材必须把严格的科学性放在首位,就是说它所介绍的知识必须是正确的,所选取的感知材料应该是典型的、真实的,运用的概念、提出的定义、作出的结论等都应该是正确的、清晰明确的。表述一些抽象概念使用的动画、特技与模拟等,也必须有严格的科学性。

4. 要贯彻教学原则和教学方法

电视教材区别于一般电影、电视节目的另一个特点是电视教材要遵循一定的教学原则和教学方法。电视教材的本质是教材,每一部电视教材的编制与运用,必须遵循一定的教学原则与教学方法,要使学生对教学的内容能正确理解并牢固记忆,只考虑艺术手法是不行的。比如在电视教材中呈现的知识要注意系统性、启发性,要温故知新、循序渐进,要注意学生年龄特征

---

① 李运林.电视教材编导与制作[M].2版.北京:高等教育出版社,2004.

和知识水平,考虑可接受性,要注意直观性和抽象性相结合,还要考虑知识的巩固性等等。电视教材采用多种传播符号去呈现教学内容,不同类型图像与声音符号的选择与组合,就构成了不同的教学方法。对不同的教学内容,采用不同的教学方法,对不同的教学对象选择不同的教学方法,这是编制电视教材时必须认真考虑的。只有恰当选用教学方法,才能有良好的教学效果。

(二)电视教材的电视特点[①]

1. 以视觉形象为主,以活动图像为主

电视是以视觉图像为主的媒介。电视教材是一种以视觉形象为主,以活动图像为主去展现教学内容的教材。文字教材以文字符号为主去阐述教学内容,有些不便或不能用文字表达的内容,才用图画、图解或图表的方式去表现。电视教材是以图像符号为主去呈现教学内容,声音解说、文字说明起辅助性作用。有些教学内容,如抽象的概念,是很难通过形象的视觉画面来表现的,或者用形象化去表现后反而有失其严格的科学性,都不宜把它编成电视教材。

2. 利用电视表现手段呈现事物现象的本质特征

电视教材的图像画面,并不是简单地复制重现大自然的事物与现象。它借助电视的拍摄、录像编辑、动画、特殊效果等技巧,构成多种多样的表现手段,从而取得更好的教学效果。

(1)变小为大,变大为小。我们可以利用电视手段将微小、庞大的事物呈现于电视屏幕上,既能使学生看得一清二楚,便于理解,也方便教师配合进行讲解与辅导,如微生物、地形地貌等。

(2)化快为慢,化慢为快。电视录像有慢放和静帧的功能。对那些快速运动的物体或瞬间即逝的现象,都能通过慢放或静帧对画面进行细致的观察与分析。借助电视编辑的技巧或用电影延时拍摄的方法,电视教材可以把植物生长、液体的结晶、锈蚀等要长时间的慢变化过程,缩短在很短的时间里呈现,以便学习者对整个过程有全面的了解。

(3)变远为近,变内为外。对一些距离远而又无法近距离直接观察与接触的事物与现象,借助电视特殊拍摄技术,可以使景物像呈现在眼前一样清楚。

(4)化繁为简,化难为易。运用电视动画的技法,可以将复杂繁琐的教学内容变换成简单易懂。

(5)化虚为实,化实为虚。利用实物图像、动画和电视设备的特殊效果技巧,还能将抽象的教学内容化为形象,便于学生理解;也能将具体的事物现象转化为抽象的概念,利于学生思维与智力的发展。

3. 视听结合,多维度传递信息内容

电视教材以图像符号传送信息区别于语言符号,它不是线性的而是多维度的。在屏幕上

[①] 李运林.电视教材编导与制作[M].2版.北京:高等教育出版社,2004.

呈现的图像,我们不用一行行看下去,而是一览全貌。不仅能看到平面、立体,还能看到色彩、形状、颜色,作何种运动与变化,都一目了然。

4. 储存再现,克服时空局限性

利用电视储存再现的功能,就能克服这些时间与空间的局限性,使许多已经过去了的或者遥远地方的重要教学内容,在随意选定的时间里,都能形象地重现在学生面前。

5. 传送方式多样化,适宜多种教学方式

电视教材的重放可以采用闭路与开路两大方式传送。

闭路方式即放像机连接电视监示器显示图像,有两种使用方式。

(1)师生自主控制重放。这种方式连接的监示器一般是一至数台,适宜学生自学与教师在课堂教学中运用。

(2)按师生的要求由工作人员控制重放,这种方式往往连接监示器数量较多,监示器可以连接到几个至几十个课堂,甚至一个地区内的学校与教育单位,可以供几百至几万学习者同时学习使用。

开路方式是将播放的电视信号调制为高频信号在空间发射出去,包括一般电视台广播发射的方式和卫星电视发射的方式。这种方式,覆盖的范围很广,可供几百万以至几千万以上的学习者收看学习。由于电视教材能用多种多样的方式传送,因而也适宜在多种教学方式下使用。[①]

三、电视教材的制作

电视教材的制作过程和影视节目的制作过程非常相似,主要包括构思创作、拍摄录制、编辑混录三个步骤。

1. 构思创作

构思创作是电视教材制作的第一个创作阶段,是对一个即将编制的电视教材进行的思考和设计。

在构思创作过程中,不仅要明确电视教材的主题思想、教学内容、教学目的等,还要完成拍摄提纲、文字稿本、分镜头稿本的创作工作,这就要求我们不仅要掌握大量的资料,并且要对电视教材做深入细致的研究与思考。

2. 拍摄录制

拍摄录制是电视教材制作的第二个阶段,根据拍摄提纲或分镜头稿本,运用摄像机进行素材的采集拍摄工作,这一阶段是对第一阶段的构思创作意图和设想的实现,并加以具体化、形象化的过程,是对电视教材声画形式过程中多种因素进行择优选取的过程。

---

① 李运林.电视教材编导与制作[M].2版.北京:高等教育出版社,2004.

3. 编辑混录

编辑混录是电视教材制作的最后一个阶段，即素材的合成加工阶段。这个过程可以采用传统的线性编辑或基于计算机的非线性编辑来进行实现。由于非线性编辑系统有许多优于线性编辑的优点，所以一般都采用非线性编辑系统来进行后期制作，主要过程包括以下四个步骤：

(1) 素材采集，是前期准备的素材和现场拍摄图像信息的上载过程。

(2) 素材剪辑，主要是镜头的剪辑，要恰当地使用蒙太奇手法。

(3) 节目制作，运用特技、过渡等视频技术手段，加上解说和音乐，完成整个节目的制作。

(4) 生成输出，利用软件生成一个制作好的视频文件，然后录制到磁带上或者刻录到光盘上。

四、视频编辑软件的使用（详见第五章第五节）

这里不再重复讲述。

五、电视教材的评价

电视教材的评价是指在制作或使用电视教材时，根据一定的目标和标准对其进行审定、评价或教学试用、效果的研究，从而对电视教材价值性作出判断或进行评质定级的一种手段。

1. 电视教材评价的意义与施行

1) 评价的目的和意义

电视教材的评价目的：①为确定电视教材质量等级和推广发行电视教材；②为修改或重新制作电视教材；③为选择、购买和使用电视教材；④为评选优秀电视教材。

评价是依据一定的程序在严格的制度下进行的，采用比较科学的方法对电视教材的内容能作出比较深入的剖析。评价结果不仅为进一步改进教材内容、提高教材质量提供依据，也为教师在教学中的运用提供了参考意见，同时还起到介绍、推荐优秀电视教材的作用。因此，应十分重视电视教材的评价工作，它是获取回馈信息、衡量教材水平、了解教学效果、改进教材内容、完善制作制度、提高教材质量和使用效果的好方法。

2) 电视教材评价的施行

①评价的组织形式：进行电视教材的评价可以有多种组织形式，如国家级、省市级、基层。无论哪种组织形式都应设立专门机构，建立评价制度。②评价的人员：参加评价的人员应包括固定人员和临时人员。前者为教育教学专家、主管电视教材制作的领导、编导人员、制作人员、教师和学生代表，后者主要是有关学科的主管领导、学科专家、教师、专业技术人员、学生代表以及进行教学试用的学生班级。③评价的施行：评价前应做好一切准备工作，例如，设计和印制好评价填写的表格，拟定效果测试的题目，提供评价时需使用的设备等。评价过程应建立评价标准并采取合理的方法，结束应对结果进行认真分析、核实和查对，得出评价意见。

2. 电视教材评价的标准

1) 教育性

教育性的评价可以从教学目的、选题、选材和教材结构四个方面予以考虑。

① 教学目的：a. 教学目的明确；b. 教学对象明确；c. 解决学生在认识上和行为上的一两个问题。② 选题：a. 解决教学上的重点、难点、关键内容或文字教材中难以理解的问题，有助于加深学生对知识的理解；b. 课题相对稳定、适应面广，能有较高的使用率，有利于扩大教学规模；c. 能发挥电视手段的长处。③ 选材：a. 题材的选取既有一定代表性和典型性，又有一定的广度与深度，学生既容易理解和接受，又能达到教学的要求；b. 画面有丰富的视觉形象，能突出事物的本质属性，有利于学生的感知。④ 结构：a. 材料的组织具有清楚的系统性和逻辑性，结构紧凑；b. 全片的节奏一致，符合学习规律；c. 内容重点突出，针对性强；d. 全片处理得当、段落层次分明。(参考表 6-2-1 电视教材教育性评价表)

表 6-2-1　电视教材教育性评价表

名称		长度				
科目		制作日期				
使用对象		评价日期				
评价项目		评价等级				
		优	良	一般	较差	差
教学目的	目的性明确					
	教学对象明确					
选题	解决重点、难点					
	适用面广、使用率高					
	发挥电视手段优越性					
选材	有代表性和典型性					
	视觉形象丰富					
结构	系统性和逻辑性强					
	节奏合理					
	重点突出、针对性强					
	知识密度合理、段落层次分明					

2) 科学性

电视教材作为一种传授科学知识的教材，必须保证正确、准确和明确，不出现任何错误，也不能似是而非，模棱两可。(参考表 6-2-2 电视教材科学性评价表)

表 6-2-2　电视教材科学性评价表

名称			长度				
科目			制作日期				
使用对象			评价日期				
评价项目	评价等级					出现科学性错误的位置	
	优	良	一般	较差	差		
1. 科学原理准确无误							
2. 材料的选取有典型性、代表性、真实、准确							
3. 动画、模拟实验符合科学原理							
4. 环境、场地、背景符合客观实际							
5. 表演者的操作、示范正确、规范、无违反科学常识							
6. 美工、字幕规范、准确、符合要求							
7. 镜头组接符合科学逻辑和生活逻辑							
8. 解说词所用科学术语准确无误							
9. 音乐和效果声响真实,符合主题思想和表现的科学内容							
10. 画面色彩保持科学真实性							

3) 思想性

电视教材应有鲜明的思想性,将政治思想教育寓于教学内容之中,使学生在接受科学知识的同时,又能接受政治思想教育。(参考表 6-2-3 电视教材思想性评价表)

表 6-2-3　电视教材思想性评价表

名称			长度			
科目			制作日期			
使用对象			评价日期			
评价项目	评价等级					
	优	良	一般	较差	差	
1. 内容符合四项基本原则和党的方针政策						
2. 能运用辩证唯物主义和历史唯物主义的观点阐述自然科学知识和社会科学知识						
3. 能用真实典型的形象资料对学生进行社会主义和爱国主义教育						
4. 能通过严谨的科学性培养学生严肃的科学态度和良好的职业道德						

4）艺术性

电视教材的艺术性是根据教学内容的要求，围绕和保证实现教育性、科学性以及思想性的前提下，以丰富的表现形式和表现手法，摄像技巧、特技美工、动画技巧、编辑技巧以及配音配乐技巧进行艺术处理，使电视教材具有更强的表现力和感染力，引起学生的兴趣和提高学习的积极性。（参考表 6-2-4 电视教材艺术性评价表）

表 6-2-4　电视教材艺术性评价表

名称		长度				
科目		制作日期				
使用对象		评价日期				
评价项目	评价等级					
	优	良	一般	较差	差	
1.表现形式生动、表现手法新颖						
2.构图讲究、运动平衡、用光合理、画面美观						
3.美工、动画、特技运用恰当						
4.镜头组接流畅、节奏合理						
5.解说、效果声、音乐处理恰当、感染力强						

5）技术性

良好的技术质量是教育性、科学性、思想性和艺术性实施的保证，而且只有良好的技术质量才可能进行多次复制，利于交流推广。（参考表 6-2-5 视教材技术性评价表）

表 6-2-5　电视教材技术性评价表

名称		长度					
制作单位		制作日期					
使用主要设备型号		评价日期					
评价项目	质量评判等级					出现不正常的位置	
	优	良	一般	较差	差	1	2	3
1.图像清晰度								
2.图像信噪比								
3.白平衡与黑平衡								
4.视频信号幅度								
5.惰性脱位程度								
6.彩色镶边现象								
7.声道分布情况								
8.声音比例情况								
9.声音清晰程度								

续表

名称			长度			
制作单位			制作日期			
使用主要设备型号			评价日期			
评价项目	质量评判等级				出现不正常的位置	
	优	良	一般	较差	差	1	2	3
10.声画同步情况								
11.声音信噪比								
12.同步稳定性								

前面介绍的五方面标准,在进行运用时,可根据实际情况进行选择、补充、调整和处理。由于电视教材是教材的一种,主要目的是取得良好的教学效果,应将教育性、科学性、思想性放在首位,作为评价的核心,艺术性和技术性在保证这三者完美实现的前提下,可给予考虑。(参考表6-2-6 2012年度吉林省高校教育技术成果评比评分标准(影视教材部分))

表6-2-6　2012年度吉林省高校教育技术成果评比评分标准(影视教材部分)

一级指标 (分值)	二级指标 (分值)	指标说明	评分	备注
教学内容 (30)	内容说明(6)	有对整个作品的教学目标、所属领域范围、针对的学习者群体、典型学习时间的表述和有关的教学建议		
	科学性(10)	教材内容科学严谨,且能够反映、渗透该领域的最新进展		
	内容构造(10)	按主题把内容逐级划分为合适的学习单元或模块,主题明确,段落清晰		
	资源扩展(4)	提供了与教材主体内容内容相关的、有学习价值的情节和材料		
教学设计 (30)	学习目标(5)	有明确、具体的学习目标。教材内容与相关课程教学单元或课程的学习目标相一致		
	知识结构(5)	采用适当的策略激活学习者原有的相关知识经验,在此基础上引出新知识。选择的策略能够吸引学习者的注意力,激发和维持学习者对内容的学习动机和兴趣		
	媒体选用(5)	充分运用多种媒体形式来表现课程内容,媒体选择得当。实例具有典型意义		
	视觉空间(5)	教材提供的视觉空间具有典型性、能够通过视觉情节的表现表述学习内容。提供了适应性的学习指导和帮助		
	引导学习(5)	适当地加入了背景介绍、因果关系等学习解决方案		
	思考(5)	提供了不同层次的思考,在引导学习者的思考过程中给予积极地反馈		

续表

一级指标 （分值）	二级指标 （分值）	指标说明	评分	备注
内容设计 (20)	风格统一(10)	教材在格式、风格、语言上具有内在的一致性，画面构图设计简洁美观，文本、图形、图像等视觉元素清晰易辨，组合信息表述明确		
	镜头语言语法(10)	镜头组接流畅，镜头内容关系明确，语言语法正确，符合学习者观看习惯		
技术 (20)	基本技术指标(6)	影片承载内容顺序：60秒彩条信号（时码从0秒0帧——59秒24帧）和1 000 Hz 0 dB音频伴音；45秒无声黑底信号（时码从1分0秒0帧——1分44秒24帧）；节目内容（时码从1分45秒0帧开始）；30秒无声黑底		
	技术性(8)	图像画面应无跳动（特别是编辑点）、无闪动或变色、无行扭、无信号失落，视频电平峰值不超过0.7 V；节目声音无异常起伏，无失真，无背景噪声和干扰，音频电平峰值不超过+3 dB；节目带一声道(CH1)为语言（解说、旁白、对话），二声道(CH2)为音乐和效果		
	运行性(6)	提供的碟片应该能够自动播出，播出过程中没有播放停滞和马赛克情况出现		
加分 (10)	推广价值(4)	作品具有很好的使用价值，具有很好的推广前景		
	整体印象(3)	作品整体效果印象很好，记忆清晰		
	创新创意(3)	技术领先，较好地解决了当前影视教材制作的瓶颈；艺术表现力度印象深刻		

3. 电视教材评价的方法

要使电视教材评价尽量做得客观、准确，应采用科学、合理的评估方法。

1）调查统计法

调查统计法是通过对参评人员或经过教学试用后的教师、学生进行征询意见式调查或问卷表格填写式调查，经统计分析，对电视教材作出评价的一种方法。根据调查方式的不同有两种不同的方法：

(1)征询意见式调查统计方法。这种调查统计法一般采用会议的形式，在参评人员或教学试用人员经过全面认真观看电视教材2~3遍后，根据电视教材的评价标准逐项进行评议审定，轮流发表意见，对电视教材的质量和存在问题提出各自的看法。评价组织者通过综合各参评人员的意见，分析研究后得出评价结果。

(2)问卷表格填写式调查统计法。这种方法是有关机构事先按电视教材评价标准设计和印制好统一的表格,或根据教学试用情况设计出问卷。在组织观看或教学试用后,由参议人员各自填写表格或问卷,评价组织者通过对表格或问卷的统计处理和分析得出评价结果。

2)模糊综合评判法

模糊综合评判法是利用模糊数学对电视教材多个相关因素进行综合决策、总体评判的方法。

3)测验成绩统计法

测验成绩统计法着重对电视教材试用的教学效果进行专题测验,通过对测验结果的统计,估计分析教材质量,发现制作和使用中存在问题,以供修改。

4)S-P 表分析法

S-P 表原是用来分析课堂信息数据的一种方法。现借助这种方法的原理,对电视教材的教学效果进行客观评价,能清楚地发现测试题目的问题和电视教材中存在的问题,并能区分问题的原因是来自学生接受能力还是电视教材编导和制作质量所造成的,从而确定电视教材修改与否,或确定在教学的运用方法。

电视教材的评价方法除了以上介绍的四种之外,还有品质曲线分析法、实验研究法等,目前处于摸索探索阶段,在此不一一介绍。[①]

第三节　多媒体课件的设计与制作

信息技术使多媒体课件的制作成为可能,而多媒体课件是目前实施形象化教学的主要方式之一,它的正确应用可以极大地提升教与学的效率。随着课程改革的不断深入,课堂教学作为教学改革的重要环节,越来越受到重视,从教学手段看,多媒体技术在学校教育中得到应用,对课堂教学改革起到了很大作用。

多媒体的英文单词是 Multimedia,它由 media 和 multi 两部分组成。一般理解为多种媒体的综合。多媒体技术不是各种信息媒体的简单复合,它是一种把文本(Text)、图形(Graphics)、图像(Images)、动画(Animation)和声音(Sound)等形式的信息结合在一起,并通过计算机进行综合处理和控制,能支持完成一系列交互式操作的信息技术。

课件(Courseware)是结合某课程中的具体知识点或学习单元而设计的,实施相对独立地、完整地用于教学、学习和训练的计算机应用软件。

所谓多媒体课件是根据教学大纲的要求和教学的需要,经过严格的教学设计,并以多种媒体的表现方式和超文本结构制作而成的课程软件。课件的容量可大可小,一个大的课件可以是一门完整的课程内容,可运行几十课时;小的课件只运行几十分钟,也可更少时间。

[①] 李运林.电视教材编导与制作[M].2 版.北京:高等教育出版社,2004.

一、多媒体课件的分类

由于多媒体课件在教学过程中所使用的教学模式、教学策略的不同,从而形成了不同风格的课件类型。按照不同的分类方法,可得到不同的类型。

1. 依据教学任务或活动划分

1)个别指导型(Tutorial)

个别指导型课件主要完成对学生个别化学习的辅导。其基本策略是:根据教学的目标和要求,向学习者呈现一定的学习内容。学习者给予应答后,计算机进行评判和诊断。若是错误的应答,则给予适当的补充学习。若应答是正确的,则转向下一步内容的学习。个别指导型课件的教学过程如图6-3-1所示。

图6-3-1 个别指导型课件的教学过程

2)练习测试型(Drill Test)

练习测试型课件是以复习巩固为目的的,通常也把它称之为题库式,是以选择题(单项或多项)、填空题、是非题为主,采用提问式、应答式、或者回馈式等形式,先由计算机提出问题,学生自主回答,然后计算机加以判断并及时回馈结果。这种模式主要考虑的是操练题目的设计编排、学生应答信息的输入、计算机如何判断以及结果如何处理、操练成绩如何回馈等问题。其具体要求是要有比较完善的操作系统、题库的容量要基本涵盖课程内容、系统能够自动出题、自动阅卷等。其基本策略是:拥有大量的问题(如试题)、提出问题(呈现试题),学习者解答试题,核对判断,进行下一步的学习。练习测试型课件的教学过程如图6-3-2所示。

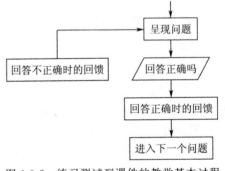

图6-3-2 练习测试型课件的教学基本过程

练习测试型课件是针对某个知识点提供反复练习的机会,或者在教学活动进行到下一个阶段后用于评价学生的学习成果,以决定下一阶段的学习进程。这种课件通常用于教师指定家庭作业或者进行教学评价。练习测试型课件往往用于复习和规律性的知识,在学生需要补充练习而教师又不可能个别辅导时,练习测试辅助教学就显得特别重要有用。练习测试型课件也可以渗透到其他类型的课件中去,用来巩固新授知识或检测学生的学习情况,调节学习的进度和内容。该类型的课件可以马上判断学生的回答正确与否,这是一般的教科书或课外参考书、测验卷不可能做到的。课件中实施的测验基本上采用传统教育中所使用的选择、填空等题型来测试学习者对某一问题的了解程度,并记录对错题数、分数等等。它的优点是题量不受限制、阅读迅速准确、成绩易于统计,容易随机出题、客观性强。

3) 模拟型(Simulation Demonstration)

模拟型课件是通过计算机软件、硬件以及相应的外部设备,把那些在一般条件下不易实现的实验操作、技能训练等内容进行模拟、仿真,以其达到学习目的的基本方式。这种方式有情境学习(Situated Learning)和虚拟现实(Virtual Reality)两种主要类型。常见的有医学手术模拟、物理实验模拟、化学实验模拟、自然现象模拟等。也可以把它划分为三种形式:①操作的模拟。通过模拟样本化的操作练习,使学生掌握一定的技能。如,训练汽车驾驶员时,可以模拟出交通事故时驾驶员的应急操作。②状况的模拟。根据需要以各种方式模拟某些现象的变化步骤。例如核反应过程的"慢镜头",解剖图的动态变化等等。③信息的模拟。即形象地表现某些现象或系统的原理或规则。例如生态系统的演变、经济发展分析、不同情景中人们的行为或态度等等。一般是在假设的前提下将有关信息样本化及数量化,先收集数据,研究可能的变量,然后找出可能产生的模拟结果,让学生通过这种方式,直接得到学习。

4) 游戏型(Game)

游戏型课件集教育性、科学性和趣味性为一体,是一种以游戏的方式来安排教学内容,对那些小学生、中学低年级的学生来讲是特别有吸引力的。这种模式的最大特点是借鉴娱乐游戏的规则,引入竞争机制来构建学习环境,游戏的内容、过程都与教学目的联系起来,富有挑战性,寓教于乐。其具体要求是把知识的获取作为游戏闯关的结果并建立相应的激励措施,且这种激励措施应积极向上,有趣健康;注意知识的科学性、教育性、完整性。

5) 问题解决型(Problem Solving)

问题解决型课件的主要思想是让学习者通过解决问题去学习,以实现既定的教学目标。主要是用来培养学习者分析问题和解决问题的能力。问题解决型课件通过设置特定的问题环境,引起学习者的求解欲望,计算机在适当的时候提供必要的数据和数据,学习者输入解决问题的方案,计算机给予判断,若无错误,则允许学习者继续进行下一步的求解活动。

6) 资料型(Material)

数据型课件其本质是一种教学信息库,包括各种电子字典、电子工具书、图形库、动画库、语音库等等。其主要目的是向学习者或课堂教学提供学习信息资源,但它不对学习过程实施评价和控制。通常用于学生课外查阅和在课堂上进行辅助教学。自从超文本、超媒体技术臻于成熟并广泛应用于多媒体课件后,分册、分篇的零散教材得以有机地链接起来,学习者在整个学习过程中可以根据需要在这类软件的各章节之间跳转,将各相关的内容有机地联系起来,加速融会贯通,建构出知识新体系。数据型课件是超文本、超媒体技术的具体应用,它适合于单机更适合于网络,是未来信息高速公路时代开放式学习环境所不可缺少的教学形态。进入Internet时代后,在网络上的虚拟教室学习将成为教育的一大潮流。我们可以假设学习的行为是始于学习者遇到了某些问题,再循着问题去追踪答案,从而完成学习的过程。资料型课件的编排大致有两类：一种是"仓储式"的安排，即把教学中所需要的各种"媒体"如文本、图片、录像和声音等分类集合存放；另一种是"百科全书"式的安排，即按教学内容内在的逻辑关系或类属关系来编排。

7) 演示型(Demonstration)

演示型课件的主要目的是在课堂教学中辅助教师的讲授活动。在课堂教学中往往有一些内容教师难以用语言表达清楚，或者变化过程比较复杂，或者用眼不能看清、或者在常态下根本不能看到，这时就需要用计算机多媒体来采用各种有效方式形象、生动地把这些内容呈现出来，达到事半功倍的效果。其特点是注重对学生的启发、提示、反映问题解决的全过程，主要用于课堂演示教学。这类课件基本上遵循着传统课堂授课的方式，比较容易被教师理解和接受，也比较容易设计和制作。

2. 依据开发和研制的角度划分

1) 基于课堂教学策略的课件

该类型课件的研制是将教学策略和教学模式设计寓于课件之中，或是说这类课件意在体现某种教学策略或模式。上述根据教学任务和活动来分类的课件大都属于这类课件。

2) 电子作业支持系统

这是一种具有"及时学习"或"即求即应"学习功能的课件类型。这类课件主要由知识库、交互学习、训练支持、专家系统、在线帮助以及用户接口等部分组成。它将学习置于工作过程之中，既有利于解决工作中的实际问题，又便于学习者理论联系实际。

3) 群件

这是一类能支持群体或小组合作化学习的课件。这类课件是基于网络技术而产生的。学习者利用网络和计算机可进行群体或小组形式的学习。群件的结构和形式有其独到之外，主要将研制的重点放在对小组学习过程的控制、管理、学生之间的通讯以及友好学习接口的设计等方面。

4) 积件

这是一类由结构化的多媒体教学素材或知识单元组合的课件。多媒体教学素材和知识单元就像一块块积木，可根据教学的需要将它们搭配组合，故称之为积件。利用某个著作工具，教师只需要简单地将部分素材进行组合，便会形成一个自己教学需要的课件。这种根据教师自己的思路和教学风格来灵活组合课件的方式，正受到教育界的欢迎。由于网络在提供多媒体素材和知识单元上给予越来越大支持，将会给积件的开发带来更大的方便。

二、多媒体课件制作的原则

1. 教育性原则

(1) 教育性原则是课件最基本的要求也是其最终的目标。教育性是指课件应遵循学生的认知规律，要有明确的教学目的。有助于加深教学对象对知识的理解和掌握，并通过各种媒体的合理运用和巧妙组合来增强教学内容的新颖和趣味性,调动学习者学习的积极性,达到提高教学质量的目的。

(2)教学内容的展示要符合心理学规律特别是学生的认知规律,应充分分析和研究教学对象的心理状态,运用启发式、合作式、探究式等先进的教学模式。

2. 科学性原则

课件是用来学习的,所以课件在制作过程中要一直以科学的理论作为指导,并且有科学的评价体系做保证,这样才能保证内容正确,逻辑严谨,做到正确地科学地反映知识和科学技术。

3. 集成性原则

(1)集成性一方面是多种媒体设备的集成,如视频设备、音频设备、存储设备和计算机的集成;另一方面则是多种媒体信息的集成,如文字、图形、动画和声音的集成。

多媒体课件在保证教学性和科学性的前提下,编制的主要体现是在多种媒体信息的集成上,即如何对文字、图形、图像、动画、声音等进行符合教学规律的艺术的加工和处理,使其有较强的表现力和感染力。一个好的课件,必须要有好的媒体设计,这就要求制作者不但要掌握多种媒体信息的集成技能,还要了解各种媒体本身的教学特征,恰当地选择与科学地使用媒体。做到科学选择,优化组合,使其发挥各自的表现能力,使教学内容得以充分展示。

(2)多媒体课件由文本、图形图像、动画、声音、视频等多种媒体信息组成,图、文、声、像并茂,给学生提供的外部刺激不是单一的刺激,而是多种感官的综合刺激,这种刺激能引起或激发学生的学习兴趣和提高学生的学习积极性。

多媒体课件提供大量的多媒体信息和数据,创设了丰富有效的教学情景,不仅利于学生对知识的获取和保持,而且大大地扩大了学生的知识面。

4. 实用性原则

实用性原则主要是课件本身要可操作性强、运行稳定并且内容完整。其次就是要选择适合使用课件的时间地点和教学方式。这样才能达到事半功倍的效果,才真正地体现了课件实用性价值。

5. 个别化原则

个别化是多媒体课件较为重要的特征之一。人类在认知方面存在着个别差异,对于不同认知类型的学习者应采用不同的学习和使用方式,尽量使学习者获得他们自己所需要的使用方式。多媒体课件还应使学习者根据个人需要和兴趣,方便地选择学习时间、学习内容及调节学习进度。

6. 经济性原则

多媒体课件的制作,需要花费较大的人力和物力,所以应以最少的投入编制教学内容与质量较高的多媒体课件。

7. 艺术性原则

教育本身就一门艺术,所以我们利用多媒体技术制作的课件更应是具有吸引学习的特征。主要体现在版面布局合理,色彩与主题有机配合,整体风格一致,声音效果清晰,音乐要选择具有缓解学习疲劳的。

上述多媒体课件的选择与编制原则,还需要在多媒体课件的制作过程中,不断地进行修改和总结,以便更好地为教学服务。

三、多媒体课件脚本的编写

脚本是多媒体课件设计、制作和使用的联结纽带也是多媒体课件制作的直接依据。多媒体课件脚本设计是一项非常重要、非常细致又很繁杂的工作,它直接关系到课件的成功与否。脚本的编写可分为文字脚本和页面脚本两步。

1. 文字脚本的编写

多媒体课件文字稿本是按照教学过程的先后顺序,描述每个环节的内容及其呈现方式的一种文字形式。包括教学目标的分析、教学内容和知识点的确定、学习者特征分析、学习模式选择、教学策略的制订以及媒体的选择等任务。如表6-3-1所示。

表 6-3-1 多媒体课件文字稿本格式

编号教学单元	知识点	多媒体信息	呈现方式

2. 制作脚本的创作

制作脚本是在文字脚本的基础上开始制作的,体现了课件系统结构以及课件将显示在屏幕上的内容和方式,是具体制作的依据。如表6-3-2所示。

表 6-3-2 多媒体课件分页面制作稿本格式

页面名(页面教学内容标题)	文件名	编号(系统结构层次的编号)
交互画面(屏幕上显示的内容及方式)		配音(包括解说、音乐、效果声)
超链接结构方式:(进入和键出信息、页面的方式) 1.由页面档,通过交互方式进入当前页面。 2.通过当前页面交互方式,键出多媒体信息文件。 …… 3.通过当前页面交互方式,进入页面档。 ……		多媒体信息呈现方式(呈现多媒体信息的先后顺序与特技方式,或同一时间呈现的媒体类型)

四、多媒体课件制作工具简介

多媒体课件制作需要处理文字、图形、图像、动画和声音等素材,然后再合成输出完整的课件。图像和声音的制作软件参看第五章教学资源素材的获取与加工。这里介绍两个合成输出经常使用的软件工具:美国微软(Microsoft)公司的 PowerPoint 软件和原美国宏媒体(Macromedia)公司的 Authorware 软件。

(一)PowerPoint 使用简介

PowerPoint 专门用于制作演示文稿(俗称幻灯片),广泛运用于各种会议、产品演示、学校教学以及电视节目制作等。

Power 和 Point,在英文中各有其意,组成词组 PowerPoint 则指墙上的"电源插座",而作为软件名称的 PowerPoint 显然不再是电源插座了,有人把它翻译成"力点",就像把 Windows 译成"窗口"那样。通常,我们直接称之为 PowerPoint,而不管它究竟是插座还是力点。

1. PowerPoint 2003 界面

启动 PowerPoint 2003,进入编辑接口,如图 6-3-3 所示。

图 6-3-3　PowerPoint 2003 编辑接口

● 标题栏:显示出软件的名称(Microsoft PowerPoint)和当前文档的名称(演示文稿 1);在其右侧是常见的"最小化、最大化/还原、关闭"按钮。

● 菜单栏:通过展开其中的每一条菜单,选择相应的命令项,完成演示文稿的所有编辑操作。
● 常用工具栏:将一些最为常用的命令按钮,集中在本工具条上,方便调用。
● 格式工具栏:将用来设置演示文稿中相应对象格式的常用命令按钮集中于此,方便调用。
● 任务窗格:利用这个窗口,可以完成编辑"演示文稿"一些主要工作任务。
● 工作区/编辑区:编辑幻灯片的工作区。
● 备注区:用来编辑幻灯片的一些"备注"文本。
● 大纲编辑窗口:在本区中,通过"大纲视图"或"幻灯片视图"可以快速查看整个演示文稿中的任意一张幻灯片。
● 绘图工具栏:可以利用上面相应的按钮,在幻灯片中快速绘制出相应的图形。
● 状态区:在此处显示出当前文件相应的某些状态要素。

2. 使用内容提示向导

在任务窗格的下拉列表中,选"新建演示文稿",再单击任务窗格中的"根据内容提示向导",根据提示进行后续每一步操作。任务窗格的显示与关闭:单击"视图|任务窗格",或按 Ctrl+F1 键。

3. 使用设计模板

在任务窗格的下拉列表中,选"新建演示文稿",再单击任务窗格中的"根据设计模板",在任务窗格内的"应用设计模板"下拉列表中单击选取所需版式。

4. 图表、表格、对象、超级链接、动作按钮的插入

(1)插入图表。方法:单击"插入|图表"。

(2)插入表格。方法如下:

①单击"插入|表格"。

②单击常用工具栏上的"插入表格"按钮。

③单击常用工具栏上的"表格与表框"按钮,绘制表格。

操作方法与 Word 2003 中的操作类似,但不能插入 Excel 工作表。

(3)插入对象。

单击"插入|对象",如图 6-3-4 所示,在"插入对象"对话框内选取对象类型,然后单击"确定"。使用这种方法,可以插入 Excel 工作表、Word 公式等。

(4)插入超链接。演示文稿可以链接的文件很多,如 Word 文件、工作簿、数据库、HTML 文件及图片等。选中要链接的对象(文字、图片等),单击"插入|超链接",打开"插入超链接"对话框,选择要链接的文件(见图 6-3-5)。可以使用超链接在演示文稿内做出方便的导航条。

(5)插入动作按钮。在幻灯片上加入动作按钮,可以使用户在演示过程中方便地跳转到其他幻灯片,也可以播放影像、声音等,还可以启动应用程序。

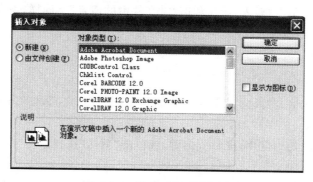

图 6-3-4　插入对象对话框图

图 6-3-5　插入超链接对话框

单击"幻灯片放映|动作按钮",选择子菜单上的按钮类型,然后在幻灯片上绘制出按钮,接下来会弹出"动作设置"对话框。设置好按钮要执行的动作,然后单击"确定"。

更改动作设置:右单击按钮,选"动作设置"。

编辑按钮格式:右单击按钮,选"设置自选图形格式"。

(6)插入影片和声音。

①插入视频文件:单击"插入|影片和声音|文件中的影片"。插入影片时,系统会发出如图 6-3-6 所示的询问。若选"自动",则播放演示文稿时轮到该幻灯片时,影片自动播放;否则,用户需单击幻灯片上的影片才能播放。

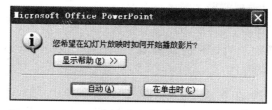

图 6-3-6　播放影片对话框

②插入音频文件：单击"插入|影片和声音|文件中的声音"。同样，声音也可以自动播放或者单击播放。

5．幻灯片的排版

1）插入与删除幻灯片

插入：在大纲编辑区，将鼠标定位到要插入的两张幻灯片之间，按 Enter 键；或单击"插入|新幻灯片(Ctrl＋M)"。

删除：选中要删除的幻灯片，按 Delete 键，或单击"剪切"按钮。

2）移动与复制幻灯片

移动：在大纲编辑区单击选中幻灯片并拖动到新的位置。

复制：选定幻灯片，单击"插入|幻灯片副本"；或在大纲编辑区选中幻灯片，先单击"复制"按钮，再定位到其他位置，单击"粘贴"按钮。

3）更改幻灯片配色方案

每个幻灯片模板都有一套配色方案，包括背景、文本和线条、阴影、标题和文本、填充等。配色方案是可以更改的。

先选择幻灯片，在任务窗格顶部的下拉列表中选择"格式|幻灯片设计|配色方案"，在"应用配色方案"列表中右单击合适的配色方案，区别情况选用"应用于所选幻灯片"或"应用于所有幻灯片"（见图 6-3-7）。

4）更改幻灯片背景和填充颜色

每个设计模板都有自己独特的版式布局和背景图案或背景颜色，如不满意可通过如下方法更改：选择幻灯片，单击"格式|背景"，打开"背景"对话框，打开"背景填充"组下的下拉列表框，弹出颜色列表，选择所需的颜色或填充效果，区别情况单击"应用"或"全部应用"按钮。

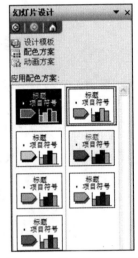

图 6-3-7　配色方案窗口图

6．组织放映幻灯片

1）增加幻灯片的切换效果

切换效果是幻灯片播放时进入屏幕的方式。选择幻灯片，单击"幻灯片放映|幻灯片切换"，打开"幻灯片切换"任务窗格，在"应用于所选幻灯片"列表框中选择要使用的切换方式。

2）为幻灯片对象设置动画效果

幻灯片中的标题、副标题、文本或图片等对象都可以设置动画效果，在放映时以不同的动作出现在屏幕上，从而增加了幻灯片的动画效果。PowerPoint 中预设了一些动画供用户选用，使用很方便。

单击"幻灯片放映|动画方案"在"幻灯片设计"任务窗格中，选择所要应用的动画方式。在这些动画样式中，不同的动画所适用的动向也不同。将鼠标指针指向一种动画样式，会显示出

提示信息说明它针对的对象。

3）自定义动画

如果用户不满足于预设动画的样式,可以自己设定特殊的动画效果。单击"幻灯片放映|自定义动画",选择要设置动画的对象,单击"自定义动画"任务窗格中的"添加效果"按钮,可以设置对象进入、强调和退出的效果,甚至可以自己绘制对象的动作路径(见图6-3-8)。

另外,用户可以设置动画的速度、方向以及定时,还能够自己排列各对象动画的顺序。如果要删除动画效果,请单击任务窗格里的"删除"按钮。

图6-3-8 自定义动画窗口

4）放映演示文稿

方法如下：

①单击"视图|幻灯片放映(F5)"。

②单击"幻灯片放映|观看放映(F5)"。

③单击大纲编辑窗口底部的放映按钮(Shift+F5),从当前幻灯片开始幻灯片放映。放映过程中需要跳转或要结束放映,右键单击,使用弹出的快捷菜单命令。

7. 演示文稿的打包

1）打包

异地播放时需要将演示文稿打包。单击"文件|打包成CD",在"打包成CD"对话框中,可以命名压缩包,可以添加演示文稿档,然后单击"复制到文件夹"按钮。

在弹出的"复制到文件夹"对话框内,指定压缩包存放的位置和文件夹名,然后单击"确定"按钮,开始打包。

打包完毕,回到"打包成CD"对话框中,单击"关闭"按钮退出。

2）异地播放

将压缩包文件带到另一台计算机,打开压缩包文件夹,双击"play.bat",即便是没有PowerPoint软件,也可立即播放演示文稿。

（二）Authorware简介

Authorware是美国Macromedia公司推出的优秀多媒体创作工具,广泛应用于多媒体产品制作、教学软件制作、教育培训和交互式电子教程创作等,是一种使用方便、功能强大的多媒体节目创作工具。Authorware使用设计图标提供了全面创作交互式应用程序的能力;提供直接在屏幕上编辑对象的功能;具有文本处理、图形处理、数据处理、动画创作以及多种交互功能;具有采用结构化方式设计交互式应用程序、动态链接、支持多平台及网络等功能特点。新版本Authorware新增了PowerPoint档导入、JavaScript支持、增强的LMS整合及MACOSX支持等新功能。

1. Authorware 的系统菜单

启动 Authorware 软件,进入如图 6-3-9 所示界面。

系统菜单是为进行多媒体程序文件的建立、打开、编辑、调试、属性设置、保存等多方面操作而设置。Authorware 中的菜单使用方法与 Windows 系统中其他应用程序相同。

菜单字段位于 Authorware 集成开发环境窗口的顶端,包括档、编辑、查看、插入、修改、文本、调试、插件、命令、窗口、帮助等一系列的命令和选项。

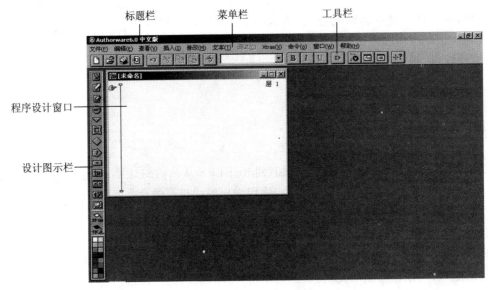

图 6-3-9　Authorware 启动接口

● 档(File)菜单:提供对文件、媒体素材、打印、打包、发送电子邮件等操作命令。如:新建或打开一个档或库;关闭、保存、换名保存、压缩保存文件,导入外部图片,将项目打包成为可独立发布的应用程序,退出 Authorware 系统等。

● 编辑(Edit)菜单:提供对象的编辑功能。如:复制、剪贴、粘贴等。

● 视图(View)菜单:用于设置操作接口的外观。

● 插入(Insert)菜单:用于在流程线或展示窗口中插入一些对象或媒体。

● 修改(Modify)菜单:设置图标和文件的属性、对图标及其内容进行编辑修改。

● 文本(Text)菜单:对文字进行编辑处理。如设置字体、字号、应用风格等。

● 控制(Control)菜单:提供程序运行控制命令。

● 插件(Xtras)菜单:提供拼写检查、声音文件转换等命令。

● 窗口(Windows)菜单:用于确定显示或隐藏操作接口的哪几种窗口。

2. Authorware 的编辑工具栏

编辑工具栏可以为使用 Authorware 程序带来方便,其工具图标的功能如表 6-3-3 所示。

第六章　教学资源的设计与开发

表 6-3-3　工具图示的意义

图示	英文名称	中文名称	基本功能
	Display	显示图标	显示文字或图片对象，即可从外部导入，也可使用内部提供的"图形工具箱"创建文本或绘制简单的图形
	Motion	运动图标	移动显示对象以产生特殊的动画效果，共有五种移动方式可供选择
	Erase	擦除图标	用各种效果擦除显示在演示窗口中的任何对象
	Wait	等待图标	用于设置一段等待的时间，也可等操作人按键或单击鼠标才继续运行程序
	Navigate	导航图标	当程序运行到此处时，会自动跳转到其指向的位置
	Framework	框架图标	为程序建立一个可以前后翻页的控制框架，配合导航图示可编辑超文本文件
	Decision	决策图标	实现程序中的循环，可以用来设置一种判定逻辑结构
	Interaction	交互图标	可轻易实现各种交互功能，是Authorware最有价值的部分，共提供11种交互方式
	Calculation	计算图标	执行数学运算和Authorware程序。例如，给变量赋值、执行系统函数等
	Map	群组图标	在流程线中能放置的图示数有限，利用它可以将一组设计图示合成一个复合图示，方便管理
	Digital Movie	电影图标	在程序中插入数字化电影档（包括＊.Avi,＊.Flc,＊.Dir,＊.Mov,＊.Mpeg 等），并对电影档进行播放控制
	Sound	声音图标	用于在多媒体应用程序中引入音乐及音效，并能与移动图标、电影图标并行，可以做成演示配音

续表

图示	英文名称	中文名称	基本功能
	Video	视频图标	控制外部影碟机,目前我们很少会用到这项功能
	Start/Stop	流程起始/终止图标	用来调试程序。白旗插在程序开始地方,黑旗插在结束处。这样可以对流程中的某一段程序进行调试
	Color Palette	调色板	在程序的设计过程中,可以用来为流程在线的设计图标着色,以区分不同区域的图标

五、多媒体课件的制作过程

多媒体课件的制作过程主要有前期的分析和设计阶段、中期脚本编写创作和后期的制作三个阶段,具体流程如图 6-3-10 课件制作流程图所示。

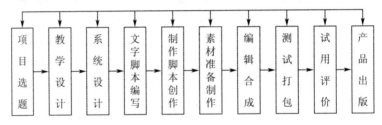

图 6-3-10　课件制作流程图

(1)项目选题。对课件设计可行性分析和需求分析。

(2)教学设计。围绕教学目标要求,合理选择和设计媒体,采用适当的教学模式和教学策略。

(3)系统结构设计。安排目录主题的显示方式,建立信息间的层次结构和浏览顺序,确定信息间的交叉跳转关系。

(4)文字脚本编写。根据教学设计和系统结构设计的思路编写课件制作的脚本。

(5)制作脚本创作。这是制作前的最后一步,是后期制作的依据。

(6)多媒体素材的准备与制作。开始制作之前要把课件所需的文字、图形图像、动画、声音等素材搜集全并做编辑处理,达到课件制作需要。

(7)课件的编辑合成。利用课件制作软件完成课件的制作。

(8)课件的测试打包。将课件试运行,并打包出成品档。然后送专家评审并在试点试运行。

(9)试用评价。经过试运行后,专家对课件提出修改意见。
(10)课件产品的出版。最后课件得到专家和试用户的认可后,制作成品出版发行。

六、多媒体课件的评价方法

多媒体课件开发与评价是密不可分的,课件评价的根本目的是在于实现课件系统的完善。目前,市场上可供选择的课件越来越多,因此课件的评价日益引起人们的关注。

1. 课件评价活动的现状

许多评价组织都开发了自己的评价指标体系,在评价过程中要求评价者根据体系中所列的指针对软件的各有关特征进行逐个评定。

指标的评定方式一般有两类:一类是只要求评价者对课件的某特征作出"有、无"或"是、否"判断;第二类是四级评定或五级评定,要求评价者评定课件某特征是属于"极好、好、一般、不好"或类似表示中的哪一等级。

由于各评价组织对构成优秀课件的一些特征看法不一,使用的术语也不完全一致。但是,绝大多数指标体系中都包含这样几个需要评定的课件特征:教学目标、技术特征、实用性、所需硬件支持等。

2. 多媒体课件的评价体系

多媒体课件评价需要把课件性能的规定变成纯真的技术术语,使性能量化,成为可以度量的客观指标,即评价标准。多媒体课件评价的三种方法:

(1)自我评价(由课件开发人员自己进行的评价)。
(2)组织评价(组织一批专家进行的评价,又称专家评价)。
(3)使用中评价(在使用过程中进行的评价)。

自我评价往往看不出问题,缺少权威性;使用中评价可操作性差;组织评价便于发现问题,操作性好。因此,目前评价多媒体课件一般都采用组织评价。

1)评审模型的建立

经过几年的时间,我国的课件评价在实践中形成了一种三级评审模型。三级评审模型:一审由评审工作人员检查程序在可靠性、稳定性的表现,筛选掉不合格的软件;二审由学科专家与计算机多媒体专家组成,给出评定意见,制定多媒体课件评价标准并给予加权与量化;三审则由各方面专家汇总评价意见,确定课件等级。

2)评审课件的标准

(1)教育与科学性。选题恰当,知识点表达准确,注意启发、促进思维、培养能力,场景设置、素材选取等与相关知识点结合紧密,仿真仿真,举例形象。

(2)技术性。画面清晰、动画连续,交互设计合理、智能性好,声音清晰、音量适当、快慢适度,图像清晰、色彩逼真、搭配得当。

(3)艺术性。创意新颖、构思巧妙,节奏合理、设置和谐,,媒体多样,视像、文字布局合理,声音悦耳。

(4)使用性。接口友好,操作简单,容错能力强,运行稳定,对硬设备要求适当。

这种评价标准与模型比较注重课件的教育价值,得到了较广泛的应用。教育部从1998年开始,已经举办了十一届全国多媒体课件大赛,采用了组织评价的方法和上述三级评审模型,取得了较好的效果。参看表6-3-4"第十二届全国多媒体课件大赛评分标准(2012年版)"和表6-3-5"2012年度吉林省高等学校教育技术成果评比评分标准(多媒体课件、网络课程部分)"。

表6-3-4 第十二届全国多媒体课件大赛评分标准(2012年版)

一级指标 (分值)	二级指标 (分值)	三级指标 (分值)	指标说明	评分范围 二级指标	评分范围 一级指标	入选系数
教学内容 (20)	科学性 规范性 (10)	科学性(5)	教学内容正确,具有时效性、前瞻性;无科学错误、政治性错误;无错误导向(注:出现严重科学错误取消参赛资格)(0~5)	0~10	0~20	C1
		规范性(5)	文字、符号、单位和公式符合国家标准,符合出版规范,无侵犯著作权行为(0~5)			
	知识体系 (10)	知识覆盖(5)	在课件标定范围内知识内容范围完整,知识体系结构合理(0~5)	0~10		
		逻辑结构(5)	逻辑结构清晰,层次性强,具有内聚性(0~5)			
教学设计 (40)	教学理念 及设计 (20)	教育理念 (10)	充分发挥教师主导、学生主体的作用,注重培养学生解决问题、创新和批判能力(0~10)	0~20	0~40	C2
		目标设计 (5)	教学目标清晰、定位准确、表述规范,适应于相应认知水平的学生(0~5)			
		内容设计 (5)	重点难点突出,启发引导性强,符合认知规律,有利于激发学生主动学习(0~5)			
	教学策略 与评价 (20)	教学交互 (5)	较好的人机交互,有教师和学生、学生和学生的交互、讨论(0~5)	0~20		
		活动设计(5)	根据学习内容设计研究性或探究性实践问题,培养学生创新精神与实践能力(0~5)			
		资源形式 与引用(5)	有和教学内容配合的各种资料、学习辅助材料或资源链接,引用的资源形式新颖(0~5)			
		学习评价 (5)	有对习题的评判或学生自主学习效果的评价(0~5)			

续表

一级指标（分值）	二级指标（分值）	三级指标（分值）	指标说明	评分范围 二级指标	评分范围 一级指标	入选系数
技术性（25）	运行状况（10）	运行环境（5）	运行可靠，没有"死机"现象，没有导航、链接错误，容错性好，尽可能兼容各种运行平台（0～5）	0～10	0～25	C3
		操作情况（5）	操作方便、灵活，交互性强，启动时间、链接转换时间短（0～5）			
	设计效果（15）	软件使用（5）	采用了和教学内容及设计相适应的软件，或自行设计了适合于课件制作的软件（0～5）	0～15		
		设计水平（5）	设计工作量大，软件应用有较高的技术水准，用户环境友好，使用可靠、安全，素材资源符合相关技术规范（0～5）			
		媒体应用（5）	合理使用多媒体技术，技术表现符合多媒体认知的基本原理（0～5）			
艺术性（15）	界面设计（7）	界面效果（3）	界面布局合理、新颖、活泼、有创意，整体风格统一，导航清晰简捷（0～3）	0～7	0～15	C4
		美工效果（4）	色彩搭配协调，视觉效果好，符合视觉心理（0～4）			
	媒体效果（8）	媒体选择（4）	文字、图片、音、视频、动画切合教学主题，和谐协调，配合适当（0～4）	0～8		
		媒体设计（4）	各种媒体制作精细，吸引力强，激发学习兴趣（0～4）			
加分（2）	应用效果（1）		已经得到广泛应用，取得了良好的应用效果，有较大推广价值（0～1）	0～1	0～2	
	现场答辩（1）		表述清晰、语言规范、材料充实、重点突出；快速准确回答问题，熟练演示课件（0～1）	0～1		

表 6-3-5 2012年度吉林省高等学校教育技术成果评比评分标准（多媒体课件、网络课程部分）

一级指标（分值）	二级指标（分值）	指标说明	评分	备注
教学内容（30）	内容说明(6)	有对整个作品的教学目标、所属领域范围、针对的学习者群体、典型学习时间的表述和有关的教学建议		
	科学性(10)	课件、课程内容科学严谨，且能够反映、渗透该领域的最新进展		
	内容构造(10)	按主题把内容逐级划分为合适的学习单元或模块。每个界面或页面主题明确，每个段落主题清晰、意义明确。建立链接的资源在意义上密切相关		
	资源扩展(4)	提供与课件、课程内容相关的、有学习价值的资源或外部资源链接		
教学设计（30）	学习目标(5)	有明确、具体的学习目标。课件、课程内容与课程教学单元或课程的学习目标相一致		
	知识结构(5)	采用适当的策略激活学习者原有的相关知识经验，在此基础上引出新知识。选择的策略能够吸引学习者的注意力，激发和维持学习者对课件或课程的学习动机和兴趣		
	媒体选用(5)	充分运用多种媒体形式来表现课程内容，媒体选择得当。可以控制实例的进程和演示		
	学习者控制(5)	学习者能按照自己的需要对学习环境进行个性化定制。提供了适应性的学习指导和帮助		
	交流与协作(5)	有学生解惑答疑、讨论和协作学习的解决方案		
	练习(5)	提供了不同层次的练习，学习者在练习中能得到有意义的反馈和积极的评价，有追踪记录学习者学习过程功能		
内容设计（20）	风格统一(10)	课程在格式、风格、语言上具有内在的一致性，屏幕设计简洁美观，文本、图形、图像等视觉元素构图信息表述明确，在显示器分辨率800×600或以上时均清晰易辨		
	导航(10)	链接明显易辨，有明确的指示标签，学习者无需特殊帮助就可轻松地操作导航路径。能标记和记录学习者学习到的位置。有通过关键词检索信息功能。对学习者的操作做出积极的响应，提供明确完整的帮助		

续表

一级指标 （分值）	二级指标 （分值）	指标说明	评分	备注
技术 (20)	运行环境 说明(4)	基本运行环境满足当前一般教学环境。安装、使用、卸载过程简单。能够适应不同的学习管理系统，能够实现多媒体课件、网络课程的互操作		
	运行可靠性(8)	课件、课程能正常、可靠运行；能可靠地启动和退出，各功能按钮、热区、超链接能正常工作，没有链接中断或错误，没有明显的技术故障		
	多媒体技术(8)	课件、课程中所采用的媒体格式符合所需显示和传输介质传输要求		
加分 (10)	推广价值(4)	作品具有很好的使用价值，具有很好的推广前景		
	整体印象(3)	作品整体效果印象很好，记忆清晰		
	创新创意(3)	技术领先，较好地解决了当前多媒体运行的瓶颈；艺术表现力度印象深刻		

思 考 题

1. 录音教材的基本要素有哪些？
2. 制作录音教材应考虑哪些问题？
3. 录音教材的编制包括哪几个步骤？
4. 什么是教育电视节目？
5. 电视教材有什么特点？
6. 制作电视教材的步骤有哪几个？
7. 简述制作多媒体课件的原则和过程。

第七章　信息技术与课程整合

> **学习目标：**
> 1. 掌握信息技术与课程整合的理论与技术基础。
> 2. 掌握信息技术与课程整合的方法和策略。
> 3. 了解信息技术与课程整合的教学模式。

第一节　信息技术与课程整合的理论与技术基础

一、信息技术与课程整合的理论基础

自 1946 年计算机产生至今，其对人们的生产与生活都产生了巨大影响。信息技术是指以计算机网络技术为核心的技术，将信息技术应用于教育教学过程中，优化教学结构，提升教学效率，就是信息技术与课程整合的核心概念。信息技术与课程整合发展到今天历经了三个主要阶段：

1. 计算机辅助教学阶段

美国著名心理学家斯金纳在刺激—反应理论的基础上设计了程序教学机器。计算机的发明和应用进一步改进了程序教学机器的相应功能，使它能够以更快的速度、更大的容量来呈现教学内容。此外计算机的许多新型功能能够更加生动直观地呈现教学重点和难点。

2. 计算机辅助学习阶段（Computer-Assisted Learning）

随着学习理论的不断发展，20 世纪中后期，建构主义学习理论逐渐兴起，以学习者为中心的教育理念开始登上教育研究的舞台，计算机在教育中的应用重心也逐渐由辅助教师的教学过程转变为辅助学生的学习过程。这一阶段的信息技术主要应用在辅助学生熟记学习资料、创设学习情境等方面。

3. 信息技术与课程整合阶段

20 世纪末期信息技术的迅速发展，使得其在社会各个领域都得以应用。在教育领域，信息技术主要对教育改革起到了重要作用。信息技术应用于课堂教学，可以优化教学结构，提升学习绩效。

国外对信息技术与课程整合的研究已有数十年，无论是在理论研究方面，还是在实践应用方面都取得了长足的发展，探索出了比较成体系的信息技术与课程整合的策略模式等。我国对于信息技术与课程整合的研究可以追溯到20世纪90年代末期。1998年全国中小学计算机教育研究中心首次提出了"整合"的概念。随后时任中华人民共和国教育部（以下简称"教育部"）部长的陈至立同志对信息技术与课程整合提出了明确的要求："在开设好信息技术课程的同时，还要做好信息技术与其他课程的整合，鼓励在其他学科中广泛应用信息技术手段，将信息技术手段融入到其他学科的学习中。"随后教育部提出的《基础教育课程改革纲要》，针对课堂教学的具体环节提出了明确的详细的要求："大力推进信息技术在教学过程中的普遍应用，促进信息技术与学科课程的整合，逐步实现教学内容的呈现方式，学生的学习方式，教师的教学方式和师生互动方式的变革，充分发挥信息技术的优势，为学生的学习和发展提供丰富多彩的教育环境和有力的学习工具。"自此，我国对于信息技术与课程整合的理论研究和实践应用进入了长足发展的阶段。

随着信息技术的不断发展，其与学科课程的整合也在不断深入。新技术的不断产生以及在教育中的不断应用，可以说在一定程度上融入到课程教学中，优化了教学结构。我国在这方面的研究相对比较成熟，总结出了相应的教学模式、整合方法与策略，并将理论研究的成果应用于实践教学中，取得了一定的成就。但是正如美国20世纪末期的遭遇一样，尽管我们的信息化环境已经建设得比较完善，但其与课程整合的效果不尽如人意，基础教育质量提升并没有达到预期的标准。反之出现了一些一线教学工作者为了"整合"而整合，并没有真正理解信息技术应用于学科教学的含义，盲目地生搬硬套信息技术与课程整合的教学模式，为了应用技术而应用技术，这不仅不能优化教学结构，提升教学效果，而且使得学生忽略了学习内容，将兴趣点转移为对信息技术的研究。

经过近十年的信息技术与课程整合的理论与实践研究，人们对信息技术与课程整合的内涵与本质有了更深入的认识与理解，但同时也出现了一些认识上的误区和实践中的偏差。可以说，在我国信息技术与课程整合理论与实践的研究还存在很大的提升空间，信息技术与课程整合究竟如何才能发挥其最大作用与价值，仍然是一个非常值得探究的问题。深刻认识信息技术与课程整合的本质与内涵，了解整合实践中的经验和教训，有助于我们更好地运用信息技术支持教与学的改革，为新课程改革增加新的原动力，促进学生的能力发展。

二、建构主义教学策略对信息技术与课程整合的指导

1. 支架式教学

根据欧洲共同体"远距离教育与训练项目"的有关文件，支架式教学（scaffolding instruction）被定义为："支架式教学应当为学习者对知识的理解提供一种概念框架（conceptual framework）。这种框架中的概念是为发展学习者对问题的进一步理解所需要的，为此，事先要把复杂的学习任务加以分解，以便把学习者的理解逐步引向深入。"很显然，这种教学思想

是来源于前苏联著名心理学家维果斯基的"最邻近发展区"理论。维果斯基认为,在儿童智力活动中,对于所要解决的问题和原有能力之间可能存在差异,通过教学,儿童在教师帮助下可以消除这种差异,这个差异就是"最邻近发展区"。换句话说,"最邻近发展区"定义为儿童独立解决问题时的实际发展水平(第一个发展水平)和教师指导下解决问题时的潜在发展水平(第二个发展水平)之间的距离。可见,儿童的第一个发展水平与第二个发展水平之间的状态是由教学决定的,即教学可以创造"最邻近发展区"。因此教学绝不应消极地适应儿童智力发展的已有水平,而应当走在发展的前面,不停地把儿童的智力从一个水平引导到另一个新的更高的水平。

建构主义者正是从维果斯基的思想出发,借用建筑行业中使用的"脚手架"(scaffolding)作为上述概念框架的形象化比喻,其实质是利用上述概念框架作为学习过程中的"脚手架"。如上所述,这种框架中的概念是为发展学生对问题的进一步理解而产生的,也就是说,该框架应按照学生智力的"最邻近发展区"来建立,因而可通过这种"脚手架"的支撑作用(或"支架作用")不停地把学生的智力从一个水平提升到另一个新的更高水平,真正做到教学走在发展的前面。

支架式教学由以下几个环节组成:

(1)搭脚手架:围绕当前学习主题,按"最邻近发展区"的要求建立概念框架。

(2)进入情境:将学生引入一定的问题情境(概念框架中的某个节点)。

(3)自主探索:让学生自主探索。探索内容包括确定与给定概念有关的各种属性,并将各种属性按其重要性的大小顺序排列。探索开始时要先由教师启发引导(例如演示或介绍理解类似概念的过程),然后让学生自己去分析;探索过程中教师要适时提示,帮助学生沿概念框架逐步攀升。起初的引导、帮助可以多一些,以后逐渐减少——愈来愈多地放手让学生自己探索;最后要争取做到无需教师引导,学生自己能在概念框架中继续攀升。

(4)协作学习:进行小组协商、讨论。讨论的结果有可能使原来确定的、与当前所学概念有关的属性增加或减少,各种属性的排列次序也可能有所调整,并使原来多种意见相互矛盾且态度纷呈的复杂局面逐渐变得明朗、一致起来。在共享集体思维成果的基础上达到对当前所学概念比较全面、正确的理解,即最终完成对所学知识的意义建构。

(5)效果评价:对学习效果的评价包括学生个人的自我评价和学习小组对个人的评价,评价内容包括:①自主学习能力;②对小组协作学习所作出的贡献;③是否完成对所学知识的意义建构。

2. 抛锚式教学

这种教学策略要求建立在有感染力的真实事件或真实问题的基础上。确定这类真实事件或问题的过程被形象地比喻为"抛锚",因为一旦这类事件或问题被确定了,整个教学内容和教学进程也就被确定了(就像轮船被锚固定一样)。建构主义认为,学习者要想完成对所学知识的意义建构,即达到对该知识所反映事物的性质、规律以及该事物与其他事物之间联系的深刻理解,最好的办法是让学习者到现实世界的真实环境中去感受、去体验(即通过获取直接经验来学习),而不是仅仅聆听别人(例如教师)关于这种经验的介绍和讲解。由于抛锚式教学(anchored instruction)要以真实事件或问题为基础(作为"锚"),所以有时也被称为"实例式教学"或"基于问题的教学"。

抛锚式教学由这样几个环节组成:

(1)创设情境:使学习能在和现实情况基本一致或相类似的情境中发生。

(2)确定问题:在上述情境下,选择与当前学习主题密切相关的真实性事件或问题作为学习的中心内容(让学生面临一个需要立即去解决的现实问题)。选出的事件或问题就是"锚",选出这个事件或问题的过程就是"抛锚"。

(3)自主学习:不是由教师直接告诉学生应当如何去解决面临的问题,而是由教师向学生提供解决该问题的有关线索(例如需要收集哪一类资料、从何处获取有关的信息资料以及现实中专家解决类似问题的过程及方法等),并要特别注意发展学生的"自主学习"能力。自主学习能力包括:①确定学习内容表的能力(学习内容表是指为完成与给定问题有关的学习任务所需要的知识点清单);②获取有关信息与资料的能力(知道从何处获取以及如何去获取所需的信息与资料);③利用、评价有关信息与资料的能力。

(4)协作学习:讨论、交流,通过不同观点的交锋,补充、修正、加深每个学生对当前问题的理解。

(5)效果评价:由于抛锚式教学要求学生解决面临的现实问题,学习过程就是解决问题的过程,即该过程可以直接反映学生的学习效果。因此对这种教学效果的评价往往不需要进行独立于教学过程的专门测验,只需在学习过程中随时观察并记录学生的表现即可。

3. 随机进入教学

由于事物的复杂性和问题的多样性,要做到对事物内在性质和事物之间相互联系的全面了解和掌握,即真正达到对所学知识的全面而深刻的意义建构是很困难的。学习者从不同的角度考虑,往往可以得出不同的理解。为克服这方面的弊病,在教学中就要注意对同一教学内容,要在不同的时间、不同的情境下、为不同的教学目的、用不同的方式加以呈现。换句话说,学习者可以随意通过不同途径、不同方式进入同样教学内容的学习,从而获得对同一事物或同一问题的多方面的认识与理解,这就是"随机进入教学"(random access instruction)。显然,学习者通过多次"进入"同一教学内容将能达到对该知识内容比较全面而深入的掌握。这种多次进入,绝不是像传统教学中那样,只是为巩固一般的知识、技能而实施的简单重复,这里的每次进入都有不同的学习目的,都有不同的问题侧重点。因此多次进入的结果,绝不仅仅是对同一知识内容简单的重复和巩固,而是使学习者获得对事物全貌的理解与认识上的飞跃。

随机进入教学的基本思想源自建构主义学习理论的一个新分支——"认知灵活性理论"(cognitive flexibility theory)。这种理论的宗旨是要提高学习者的理解能力和他们的知识迁移能力(即灵活运用所学知识的能力)。不难看出,随机进入教学对同一教学内容,在不同时间、不同情境下,为不同的目的、用不同方式加以呈现的要求,正是为了发展与促进学习者的理解能力和知识迁移能力而提出的,也就是根据认知灵活性理论的要求而提出的。

随机进入教学主要包括以下几个环节：

(1)呈现基本情境：向学生呈现与当前学习主题的基本内容相关的情境。

(2)随机进入学习：对于教学情境的呈现取决于学生"随机进入"学习时所选择的内容。在此过程中教师应注意发展学生的自主学习能力，使学生逐步学会自主学习。

(3)思维发展训练：由于随机进入学习的内容通常比较复杂，所研究的问题往往涉及许多方面，因此在这类学习中，教师还应特别注意发展学生的思维能力。其方法是：①教师与学生之间的交互应在"元认知级"进行(即教师向学生提出的问题，应有利于促进学生认知能力的发展而非纯知识性提问)；②要注意建立学生的思维模型，即要了解学生思维的特点(例如教师可通过这样一些问题来建立学生的思维模型："你的意思是指？""你怎么知道这是正确的？""这是为什么？"等)；③注意培养学生的发散性思维(这可通过提出这样一些问题来达到："还有没有其他的含义？""请对 A 与 B 之间作出比较。""请评价某种观点。"等)。

(4)小组协作学习：围绕呈现不同侧面的情境所获得的认识展开小组讨论。在讨论中，每个学生的观点在和其他学生以及教师一起建立的交互协商环境中受到考察、评论，同时每个学生也对别人的观点、看法进行思考并作出反应。

(5)学习效果评价：包括自我评价与小组评价，评价内容与支架式教学相同。

三、信息技术与课程整合的技术基础

信息技术与课程整合离不开学生进行信息化学习所需要的信息化教学环境。"信息化教学环境"目前尚无统一的定义，一般认为，具备教育信息存储、处理和传递功能，能适应学生数字化学习需要的信息化学习环境，主要包括校园网、多媒体计算机演示教室、电子网络教室、电子阅览室、常规电教室、远程教学信息网络系统、用于教和学的各种支持系统及用于各种教育资源、教育设施管理的管理信息系统等。需要指出的是，这里所说的信息化教学环境，决不仅指硬件系统，而是硬件、软件和潜件三者有机组合的综合系统。与传统的教学环境相比，其优势是显而易见的：一是增强了共享学习资源的通信功能；二是实现了教学设施的网络化；三是促进了多媒体学习环境的完善。

1. 信息化教学系统的基本要素

传统教学理论研究通常将教育者、学习、学习材料三者作为教学系统的构成要素，它们在教学环境中，带有一定的目标性，经过适当的相互作用过程而产生一定的教学效果。而随着教育技术的应用与发展，媒体在现代教育活动中起的作用越来越大，甚至信息技术与课程的全面整合将引起教与学方式革命性的变化，因此必须将媒体作为教学系统的要素之一。教师、学习者、学习材料、媒体构成了教学系统的四个核心要素，它们在适当的教学环境中相互作用而产生一定的教学效果。它们之间的关系可以用图 7-1-1 表示。

信息化教学系统是指将以计算机为核心的信息技术引入后而形成的教学系统，它仍然由以上四个要素组成，但在信息化教学系统不仅将信息技术作为教育媒体，其他要素以及教学过程也都无一例外地烙上了信息化的特征。

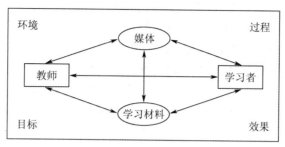

图 7-1-1　教学系统构成①

2. 典型信息化教学系统简介

由于信息技术的引入,教学系统常常物化地表现为多媒体硬件环境。这些教学媒体有机地整合在一起,为某个教学目标服务。不同的媒体组合可产生不同的教学系统模式,形成不同的信息传播模式,以至于形成不同的教学(学习)方式,获取不同的教学效果。下面将介绍三种当前比较流行的信息化教学系统,并对每一种系统的教学功能进行简要的阐述。

1) 投影(多媒体)教室

投影教室是目前大部分中小学校多媒体教室的标准配置,也就是现在普遍意义上的多媒体教室。从图 7-1-2 可以看出,投影教室除了黑板(白板)、模型、书本等传统媒体之外,还有多媒体投影仪、多媒体计算机、录像机、录音机、扩音设备、话筒、调音台、实物视频展台等媒体设备。

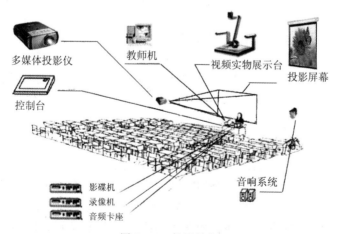

图 7-1-2　投影教室

投影教室的主要设备连接图像与声音两个系统。图像系统共用一个数据/视频大屏幕投

---

① 雷体南.现代教育技术教程.武汉:华中科技大学出版社,2010.

影机,多媒体计算机的文字与图像数据信号可直接输入;录像机、实物视频展示台等视频信号通过视频切换器后也可以分别输入,能显示面积大和清晰度高的图像,图像的清晰度与投影仪的亮度(常用流明数表示)、分辨率(需要与计算机匹配,常为 800×600 或 1024×768)有关。声音系统是将所有音频信号通过调音台再输入到一个功率放大器,以输出保真度高的声音。

为了方便对教室内各种媒体设备和设施(如银幕、灯光、窗帘等)的操作与控制,把操作与控制的功能键集中放置于讲台的一块面板上,这需要通过集成控制系统去实施。一些有条件的学校根据需要还会在教室中增加一些媒体设备,如配上 2~3 台带云台的摄像机,用于摄录师生的教学活动过程,摄像信号传送到中心控制室供记录储存,或同时传至其他教学场所供观摩或扩大教学规模;增加学习信息反馈分析装置,可使全班同学在座位旁的按键上对教师提出的问题作选择性的回答,教师通过计算机收集与分析学生的学习信息,能及时全面了解学生的情况,更有针对性地进行教学活动。

2) 多媒体网络教室

多媒体网络教室主要是由联网的多媒体计算机和其他多媒体设备(如投影仪、扩音设备等)组成,如图 7-1-3 所示,如果采用纯硬件方式传输视音频,每台计算机上的网卡需要变成一块多媒体网卡。多媒体计算机由网卡、网线、集线器、网络操作系统等网络软硬件形成一个小型的局域网。

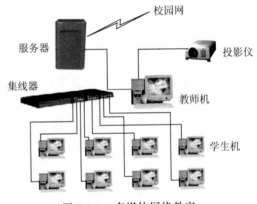

图 7-1-3 多媒体网络教室

这类教室除了第一类投影教室所具备的功能外,教师机和学生机、学生机和学生机之间还可以通过网络交换信息,包括视音频等多媒体数据。教师可以通过教师机进行声音、图像、视频等的广播教学,利用电子板功能进行要点讲解,监视和控制学生机操作等。学生可以利用计算机进行电子举手。

3) 学科教学资源开发中心(电子备课系统)

电子备课是指广大教师利用网络资源和工具进行备课。为了促进资源在教学过程中的深入应用,电子备课系统提供了智能化资源分析和提取功能,帮助广大教师轻松整合各种教育资源库所提供的资源,并根据教学的需要将各种资源整合为页面形式的课件,为教师充分利用各品牌资源库产品进行课件制作提供了保障。它通过模板化选择和流程化制作,快速高效地完成学科教学资源的整合和开发。有条件的学校应该以多媒体电子备课系统为核心,建立现代教学资源开发中心。它是信息化资源的整合和生产中心,直接将教师教学设计的思想通过各种课件、教案反映到教学中,是学校推进信息化教学不可或缺的重要设施。

如图 7-1-4,基于校园网的电子备课系统应当配置较先进的计算机网络设备和通信设备,作为校园网应用软件的一部分,该系统依托于校园网,需要其他应用平台的支持,如:电子图书馆、电子教室等。基于校园网的电子备课系统有很强的通用性,适用于各种类型学校的教师备课,它能迅速帮助教师找到所需要的资料,方便教师进行电子讲义的制作,然后发布。

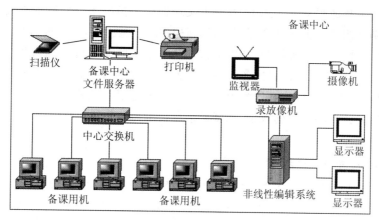

图 7-1-4　电子备课室结构

第二节　信息技术与课程整合的方法与策略

从发展阶段来看,信息技术与各学科课程的整合是信息技术应用与教育的第三个发展阶段,这一阶段大约从 20 世纪 90 年代中期开始。信息技术与各学科课程的整合是信息技术应用于各学科教学过程的主要模式,也是目前世界各国教育信息化的核心。想要对信息技术与课程整合的内涵有一个比较全面而深刻的认识,我们首先要对信息技术和课程有比较明确的了解。

一、信息技术与课程整合的方法

"教学有法,但教无定法",无论是中外任何流派的教育学者都不可能提出一套适合所有学科、所有学习层次、所有学生的"包医百病"的整合方法。但是不同学科要实现与信息技术的整合都需要信息技术环境的支持,因而需要遵循共同的基本指导思想与实施原则。只要掌握了这些基本的指导思想与实施原则,各学科的教室就可以尝试适合自己的具体操作方法和流程,逐步在教学实践中结合相应的学科创造出多种多样、实用有效的整合模式与整合方法来。下面五条就是我们经过多年的整合实践和深入的理论思考而形成的、关于各学科的信息技术与课程整合都必须遵循的基本指导思想与实施原则,即实现信息技术与课程整合的基本途径与方法。

1. 以适宜的教育理论为指导

信息技术与课程整合的过程绝不仅仅是现代信息技术手段的运用过程,它必将伴随教育、教学领域的一场深刻变革。换句话说,整合的过程是教育深化改革的过程,既然是改革,就必须要有先进的理论做指导,没有理论指导的实践是盲目的实践,将会事倍功半甚至徒劳无功。在国内外信息技术与课程整合实践中,建构主义理论成为指导整合实践的重要理论之一。这里之所以要特别强调建构主义理论,并非因为建构主义十全十美,而是因为它对于我国教育界的现状特别有针对性——它所强调的"以学为主"、学生主要通过自主建构获取知识的教育思想和教学观念,对于多年来统治我国各级各类学校的以教师为中心的传统教学结构是极大的冲击。除此以外,还因为建构主义的学习理论与教学理论以及建构主义学习环境下的教学设计方法可以为信息技术环境下的教学,也就是信息技术与各学科课程的整合,提供最强有力的理论支持。

2. 注重"学教并重"的教学设计方法

目前流行的教学设计理论主要有"以教为主"的教学设计和"以学为主"的教学设计(也称建构主义学习环境下的教学设计)两大类。由于这两种教学设计理论均有其各自的优势与不足,所以最好是将二者结合起来,互相取长补短,形成优势互补的"学教并重"的教学设计理论。这种理论正好能支持"既要发挥教师主导作用,又要充分体现学生主体地位的新型教学结构"的创建要求。在运用这种理论进行教学设计时,应当注意的是,对于计算机为核心的信息技术,不管是多媒体还是计算机网络,都不能把它们仅仅看作是辅助教师教课的形象化教学工具,而应当更强调把它们作为促进学生自主学习的认知工具与协作交流工具。建构主义学习环境下的教学设计,正好能在这方面发挥重要的指导作用。

3. 建设丰富、优质的学科教学资源

随着"中小学校校通工程"和"农村中小学远程教育工程"的实施,我国中小学普遍拥有了一定的信息技术环境,可以支撑各种信息技术与课程整合的尝试。但是没有丰富的高质量的教学资源,这些信息技术环境就很难发挥应有的作用,也谈不上学生有效地自主学习,更不可能让学生进行自主发现和自主探索;教师主宰课堂、学生被动接受知识的状态就难以改变,信息技术与课程整合新模式与方法的创建也落不到实处,教育改革的目标和创新人才的培养自然也就落空。

但是需要说明的是:重视教学资源的建设,并非要求所有教师都去开发多媒体课件,而是要求广大教师努力搜集、整理和充分利用因特网上的已有资源,只要是网站上有的,不管是国内的还是国外的(国外也有不少免费教学软件),都可以采取"拿来主义"(但"拿来"以后只能用于教学,而不能用于谋取商业利益)。只有在确实找不到与学习主题相关的资源(或者找到的资源不够理想)的情况下,才有必要由教师自己去进行开发。

4. 创新学科教学模式

新型教学结构的创建要通过全新的教学模式来实现。教学模式属于教学方法、教学策略的范畴,但又不等同于教学方法或教学策略。教学方法或教学策略一般是指教学上采用的单一的方法或策略,而教学模式则是指两种或两种以上教学方法或教学策略的稳定组合。在教

学过程中,为了实现某种预期的效果或目标(例如创建新型教学结构),往往要综合运用多种不同的方法与策略,当这些教学方法与策略的联合运用总能达到预期的效果或目标时,它们就成为一种有效的教学模式。

能实现新型教学结构的教学模式很多,而且因学科和教学单元而异。每位教师都应结合各自学科的特点,并通过信息技术与课程的深层次整合去创建既能发挥教师主导作用又能充分体现学生主体地位的"主导—主体相结合"的新型教学结构。教学模式的类型是多种多样的,基于信息技术与课程整合的教学模式也不例外,本章对整合模式进行了详细的阐述。

二、信息技术与课程整合的策略

信息技术与课程整合应依据各学科的具体实际来进行,即要根据学科的教学内容、教学目标、教学对象及教学策略,找到整合的切入点,并结合学科教学的各个环节来展开。一般来说,信息技术与课程整合可遵循以下几个方面的策略:

1. 情境中的知识点切入策略

信息技术与课程整合应以学科的知识点为切入点来进行。在各门学科教学过程中,信息技术可切入的知识点甚多,教师应充分利用可切入的知识点,围绕知识点的揭示、阐述、展开、归纳、总结等环节,运用现代信息技术媒体进行有效的教学,有效地开展课程整合。学校应建立各门学科的信息技术媒体资源库,并对所有的资源建立详细的目录,保证所有师生都能方便查找和利用这些资源,并在教学过程中发挥其特有的功效。

学科教学成功与否,很大程度上取决于学生对本门学科感兴趣的程度,要是学生对本门学科感兴趣,首先要解决学生想学、爱学的问题。情境激励策略就是通过信息技术与课程整合、创设教学情境,开展课堂智力激励,要求学生面对问题情境积极设想解决问题的各种可能性。其次通过增进师生的情感交流等有效手段,引发学习动机,使学生积极主动参与新知识的学习,极大地激发学生探索和发现的热情。情境教学中应有几个关键点:学习者寻找、筛选信息要素;学习者自己提取已有知识;学习者自己建构解决问题的策略。

2. 多种感官参与思维培养策略

在教学中,教师通过信息技术与课程整合,力求为学生提供多种感官参与学习的氛围,充分让学生动眼、动耳、动脑、动手、动口,并通过动手实验、操作学具、边想、边做、边练来感知事物、领悟概念、掌握原理。多种感官参与学习,能大大提高学生的感知效果,并使学生由被动学习变为主动学习。

思维训练应是教学的核心,传统教学主要是让学生接受知识,这虽然在一定程度上可以走"捷径",但是副作用也是巨大的:不重视思维训练,以教师向学生的单向灌输代替学生的思维活动。信息技术与课程整合可以激发学生思考的热情,给学生思考的机会,有助于教师对学生思维的敏捷性、灵活性、深刻性和广阔性等一般品质进行训练,还有助于对学生思维的创造性,如思维的发散性、求异性、逆向性等进行有效的培养。

当前,许多教学软件都可以在思维训练方面提供良好的支持。这些教学软件通过多媒体技术从不同角度提出问题,引导学生用不同方法解决问题,发展学生的发散思维;可以设置各个参数的动态变化,引导学生通过总结、分析,从而掌握事物发展变化的规律;还可以模拟事物变化的过程或展示自然界中的现象,引导学生学会观察、提出猜想、进行探索、合理论证、发现规律。如在中学数学教学中,几何画板可为学生提供自己动手、探索问题的机会;当面对问题时,学生可以通过思考和协作,提出自己的假设和推理,然后用几何画板进行验证。使用几何画板进行教学,有利于增强教学的直观性、生动性和时代性,增加教学容量。

3. 实践与强化策略

有些学科的实践内容,由于受到种种条件的限制,不可能让学生亲临其境。通过信息技术,教师可以给学生呈现出一个真实的或者虚拟的学习环境,让学习者真正在其中体验,学会在环境中主动建构、积极建构,构筑自己的学习经验;运用模拟教学课件,或者计算机外接传感器来演示某些实验现象,向学生展示教学实践的过程和方法,帮助学生理解所学的知识;并模拟动态的变化过程,通过模拟实践使学生尽快把握实践要领和具体操作方法。

教师将单调强化的练习,用计算机辅助练习的方式呈现练习内容。这种练习方法一方面可以及时反馈、适时评价,有的软件还可以针对学生出现的问题给予提示;另一方面可以针对每个学生的能力和水平进行个别化的训练,并通过独立练习进行自我评价,自我把握学习的进度和难度,提高习作的效率。如英语科单词学习与句型训练、电脑课中英文录入训练、各学科单元复习时的自我检测等。有很多相关的软件可以利用,如"轻轻松松背单词"等,对学生的习作强化都具有积极的作用。

4. 协作探究、自主学习策略

在科技快速发展的今天,协作已成为人们相互作用的基本形式之一,是人类社会赖以生存和发展的重要动力。在学科教学中,教师可以充分利用计算机网络,让学生在课内和课外进行协作学习、研究性学习,提高学生的综合素质和知识的应用能力。例如在"台湾岛"一课中,教师可以让学生围绕台湾的情况,如民俗、经济、风光、军事、历史、两岸关系等进行分组选题,各组同学先是利用网上资源,围绕选题收集资料,下载并保存网上信息资源;每个同学根据选题需要,筛选、整理所收集的资料,并利用已掌握的信息表达工具写出一篇小论文;每组根据组内同学意见和观点完成一篇选题的研究报告在全班进行发表;每个同学都将文章发布在校园网上,并与其他选题相近的同学,通过 E-mail(电子邮件)或聊天室交换意见,甚至还可以在私人或公用博客上进行交流。通过协作探究,同学们不仅较好地掌握了学习的内容,并且提高了自学、探究、表达和协作的能力。

信息技术与课程整合为学生的自主学习提供了条件。教师可根据教学目标对教材进行分析和处理,决定用什么形式来呈现什么样的教学内容。学生接受了学习任务以后,在教师的指导下,可以利用教师提供的资料,或利用 Internet(互联网)自己查阅资料,开展个别化和协作式相结合的自主学习。该策略主要培养学生分析信息、加工信息的能力,强调学生在对大量信息进行快速提取的过程中,对信息进行重组、加工和再应用的能力。最后,师生一起进行学习评价、反馈。教师在学生学习过程中,提供基本框架、总目标、指导和建议,起到组织者和促进者的作用。

  5. 寓教于乐、拓展新知策略

  在学科教学中,利用计算机教学游戏软件,把科学性、趣味性、教育性集为一体,能够激发学生的学习兴趣,寓教于乐,由此锻炼学生的反应速度、决策能力和操纵能力,使学生在愉悦的情境下,以丰富的想象、牢固的记忆、灵活的思维获得学习的成功。此外,利用信息技术媒体,开展艺术欣赏、制作比赛、学生作品展示等活动,亦能激发学生的学习热情,有助于掌握知识、发展能力,培养创新意识,提高创新能力。

  信息技术与课程整合能提供丰富的、与学习内容相关的高质量的学习资源,帮助学生阅读、理解、记忆和迁移,例如语文课展示课文背景、历史课展示历史事件、地理课展示各种地形地貌与各地方的风土人情、政治课展示英雄人物的先进事迹与道德规范、生物课展示生命世界的万千形态等。教师可以利用搜索引擎、专门的网站、教育资源库等,扩大学生的视野,拓展能力,满足个别化的学习需求,实现信息技术与课程整合的可持续发展。

第三节 信息技术与课程整合的教学模式及案例分析

一、"传授—接受"式教学模式

1. 简介

  "传授—接受"式教学模式并不是一种新颖的教学模式,而是具有悠久历史的教学模式,该模式一直是我国基础教育中主要的课堂教学模式,通常被称为"讲课"。

  "讲课"一词由古拉丁语"lectave"派生而来,可以追溯到古希腊的教学,古希腊时代,苏格拉底通过对话、提问、揭露矛盾让学生从具体事物中抽提一般规律,从而获得普遍知识的讲课方法,被称作"精神助产术"。我国春秋战国时代,儒家首创了问答式的讲课,如孔子名言"不愤不启不悱不发,举一隅不以三隅反则不复也"体现了早期的启发式的讲授教学。孟子继承孔子的思想,主张学生深造自得,在讲解上注重"引而不发,中道而立"。墨子在其前辈的影响之下,率先实践由教师通过语言主动而系统地向学生传授知识,成为中外教育史上系统运用讲授法教学的首位教育家。

  15世纪,"传授—接受"教学在欧洲的大学里得到普及和推广。捷克教育家夸美纽斯总结了前人的经验,在其《大教学论》中奠定了班级教学的理论基础,班级授课制的实行,使教学速度加快、教学效率大幅度提高,课堂教学中"传授—接受"式教学模式得到发扬。

在教育发展史上,虽然 20 世纪初美国的一些学者曾经试图全盘否定"传授—接受"式教学模式,用其他教学方法完全代替讲授法,但事实是不论西方还是东方的教育史上,这种古老的教学模式方法一直流行至今,仍然是学校中最常用的教学模式。然而,虽然"传授—接受"式教学模式没有消失,但是其在现代教学理论改造下,已经不再是早前的那种形式,已经变得相对科学、合理的一种教学模式。

2.理论基础

目前,在众多心理学家、教育学家的研究基础上,"传授—接受"教学模式在形式上和内涵上不断优化。前苏联教育家凯洛夫认为,课堂教学过程可分为课堂导入(情境创设)、讲解新课(新知识讲授)、巩固新课(例题与练习)、课堂小结(小结)和布置作业五个环节。加涅则在认知心理学基础上,提出了著名的九段教学,即引起注意、告知目标、刺激回忆先前学过的内容、呈现刺激材料、提供学习指导、提供行为正确性的反馈、评价行为、促进保持和迁移。美国著名教育心理学家奥苏贝尔提出的有意义接受学习理论、先行组织者教学策略为"传授—接受"教学模式提供了重要的理论基础。

1)有意义学习

奥苏贝尔认为,人类的学习主要由两种形式:一种是机械学习,一种是有意义学习。其中机械学习又称死记硬背,是一种单纯依靠记忆学习材料,而不去理解其复杂内部和主题推论的学习方法。机械学习是一种无聊的学习。与机械学习相对的概念是有意义学习。奥苏贝尔认为,有意义学习过程的实质,就是符号所代表的新知识与学习者认知结构中已有的适当观念建立非人为的和实质性的联系。

判断学生的学习是有意义的或是机械的,必须了解符号所代表的新知识与学习者认知结构中原有的观念的联系。新旧知识联系的性质和知识背景的影响,也受学习的材料本身的性质的制约,所以需要符合两条标准。第一条标准是新的符号或符号代表的观念与学习者认知结构中的有关观念具有实质性联系。第二条标准是新旧知识的非人为的联系,即新知识与认知结构中有关观念在某种合理的或逻辑基础上的联系。

奥苏贝尔提出,进行有意义学习必须具备的三个前提条件:①学习材料本身必须具备逻辑意义;②学习者必须具有有意义学习的心向;③学习者的认知结构中必须有同化新知识的原有的适当观念。奥苏贝尔认为,只有同时满足了上述三个条件,才有可能进行有意义的学习,使新学习的材料的逻辑意义转化为对学习者的潜在意义,最终使学习者达到对新知识的理解,获得心理意义。

2)先行组织者教学策略

奥苏贝尔的有意义学习理论揭示了有意义学习必须以学习者原有的认知结构为基础。也就是说,新知识的学习必须以学习者头脑中原有的知识为基础,没有一定知识基础的意义学习是不存在的。所以,学习者原有的认知结构是新知识学习的基础,那么,认知结构中的知识是怎样影响新知识的获得和保持的呢?教师应该怎样开展有意义的教学呢?

奥苏贝尔认为,影响对新知识获得和保持的认知结构因素主要有三个:①认知结构中对新知识起固定作用的旧知识的可利用性;②新知识与同化它的原有旧知识之间的可辨别性程度;③认知结构中起固定作用的旧知识的稳定性和清晰性程度。认知结构中的这三个因素称为认知结构的三个变量。正是认知结构的这三个变量影响着新知识的获得和保持,同时也影响着知识学习的迁移。

为了促进有意义学习的开展,提高学习效果,发挥认知结构中三个变量在知识学习中的作用,促进学习的有效迁移,奥苏贝尔提出了"先行组织者"教学策略。所谓的"先行组织者"教学策略就是在向学生传授新知识之前,给学生呈现一个短暂的具有概括性和引导性的说明。这个概括性的说明或引导性材料用简单、清晰和概括的语言介绍新知识的内容和特点,并说明它与哪些旧知识有关,有什么样的关系。使用先行组织者的目的在于:①为新知识的学习提供可利用的固定点,即唤醒学习者认知结构中与新知识学习有关的旧知识或旧观念,增强旧知识的可利用性和稳定性;②说明新旧知识之间的本质区别,增强新旧知识之间的可辨别性。组织者可根据它的作用而分为两类:一类是陈述性的组织者,它的作用在于为新知识的学习提供适当的起固定作用的旧知识,提高有关旧知识的可利用性;另一类是比较性组织者,它的作用在于比较新知识与认知结构中有关相似知识的区别和联系,从而增强似是而非的新旧知识之间的可辨别性。

由于先行组织者策略是利用适当的引导性材料对当前所学新内容加以定向与引导。所以引导性材料与当前所学新内容(新概念、新命题、新知识)之间应存在某种非任意的实质性联系,从而能对新学习内容起固定、吸收作用。先行组织者实际上就是学习者认知结构中与当前所学新内容具有某种非任意、实质性联系的"原有观念"的具体体现。由于新知与旧知之间存在的三种关系("类属关系"、"总括关系"、"并列组合关系")相对应,先行组织者也有"上位组织者"、"下位组织者"和"并列组织者"等三种不同的类型。在实施先行组织者策略的过程中,对此必须有清醒的认识,以便在后面对当前新知识的教学内容进行组织时,能对实施何种"先行组织者"策略做出恰当的选择。

奥苏贝尔和其他研究者就先行组织者的教学效果和两类组织者在促进知识的获得和学习的有效迁移等方面开展了一些准实验研究和教学实验研究,取得了肯定的研究结果。

3. 教学流程

1)实施先行组织者策略

这个步骤包括阐明教学目标,呈现并讲解先行组织者和唤起学习者先前的知识体验。阐明教学目标是要引起学生的注意并使他们明确学习的方向。呈现先行组织者需要注意组织者和原有知识之间的三种关系("类属关系"、"总括关系"、"并列组合关系"),依据具体情况提供"上位组织者"、"下位组织者"和"并列组织者"三种不同类型中的一种。

在这里要注意,由于人们对教学思想的认识不断变化,一般教师很少直接说出具体的"先行组织者",而是通过必要的问题引出组织者,通过学生的回答来揭示出"先行组织者"。

2)呈现新的学习内容

这个步骤主要是对要讲授的学习内容的介绍与呈现,可以通过讲解、讨论、实验、阅读、作业或播放录像等多种形式。学习材料的介绍与呈现应有较强的逻辑性与结构性,使学生易于了解学习内容的组织结构,便于把握各个概念、原理的关联性,使学生对整个学习过程有明确的方向感,对整个学习内容能从系统性与结构性去把握。

3)运用教学内容组织策略

这个步骤是为了帮助学生有效地实现对新知识的同化,将当前所学的新知识与学生原有的认知结构建立必要的联系。一般来说,除了要运用自主学习策略激发学生主动学习的积极性以外,教师应依据当前所学新知与旧知之间存在的关系是"类属关系"、"总括关系"或是"并列组合关系"而运用不同的教学内容组织策略。如果新知与旧知之间存在类属关系,则教学内容的组织应采用"渐进分化"策略,如果新知与旧知之间存在总括关系,则教学内容的组织应采用"逐级归纳"策略,如果新知与旧知之间存在并列组合关系,则教学内容的组织应采用"整合协调"策略。

4)巩固与迁移

这个步骤是为了让学习者巩固和深化对当前所学新知识的意义建构。通过操练与练习策略在运用新知识解决实际问题的过程中来促进对新知识的掌握与迁移。

4. 案例

平行线的特征

(1)教材分析。

本节课是义务教育课程标准实验教科书(北师大版)七年级上册数学第二章第三节"平行线的特征",它是平行线及直线平行的继续,是后面研究平移等内容的基础,是"空间与图形"的重要组成部分。

(2)教学目标。

①知识技能:掌握平行线的特征,能应用特征解决相关问题。

②数学思考:在平行线的特征的探究过程中,让学生经历观察、比较、联想、分析、归纳、猜想、概括的全过程。

③解决问题:通过探究平行线的特征,使学生形成数形结合的数学思想方法,以及建模能力、创新意识和创新精神。

④情感态度与价值观:在探究活动中,让学生获得亲自参与研究的情感体验,从而增强学生学习数学的热情和勇于探索、锲而不舍的精神。

(3)教学重、难点。

重点:平行线的特征。

难点:"特征1"的探究过程。

(4)教学方法。

"引导发现法"与"动像探索法"。

(5)教具、学具。

a. 教具:多媒体课件。

b. 学具:三角板、量角器。

(6)教学媒体。

大屏幕、实物投影。

(7)教学过程:

①创设情境,提供先行组织者。

首先播放一组幻灯片。内容:(a)火车行驶在铁轨上;(b)游泳池;(c)横格纸。

师:日常生活中我们经常会遇到平行线,你能说出直线平行的条件吗?

生:思考回答。

● 同位角相等两直线平行;

● 内错角相等两直线平行;

● 同旁内角互补两直线平行;

②引出教学目标,呈现新的学习内容

师:首先肯定学生的回答,然后提出问题。

问题:若两直线平行,那么同位角、内错角、同旁内角各有什么关系呢?

引出课题——平行线的特征

③运用教学内容组织策略

(a)画图探究,归纳猜想。

任意画出两条平行线(a∥b),画一条截线c与这两条平行线相交,标出8个角(见图7-3-1)。

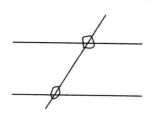

图 7-3-1

问题一:指出图中的同位角,并度量这些角,把结果填入下表:

	同位角	角的度数	数量关系
第一组			
第二组			
第三组			
第四组			

生:画图—度量—填表—猜想。

结论：两直线平行,同位角相等。

问题二:再画出一条截线 d,看你的猜想结论是否仍然成立?

生:探究、讨论,最后得出结论:仍然成立。

(b)教师用《几何画板》课件验证猜想。

(c)得出结论。

特征1:两条直线被第三条直线所截,同位角相等。（两直线平行,同位角相等）

(d)引申思考,培养创新。

问题三:请判断内错角、同旁内角各有什么关系?

生:独立探究—小组讨论—成果展示。

师:评价,引导学生说理。

语言叙述:特征2:两条直线被第三条直线所截,内错角相等。

（两直线平行,内错角相等）

特征3:两条直线被第三条直线所截,同旁内角互补。

（两直线平行,同旁内角互补）

④练习迁移。

问题1:如图 7-3-2,由 $AB/\!/CD$,可得(　　)。

(A)$\angle 1=\angle 2$　　(B)$\angle 2=\angle 3$　　(C)$\angle 1=\angle 4$　　(D)$\angle 3=\angle 4$

问题2:如图 7-3-3,$AB/\!/CD/\!/EF$,那么$\angle BAC+\angle ACE+\angle CEF=$(　　)。

(A)180　　(B)270　　(C)360　　(D)540

问题3:谁问谁答:如图 7-3-4,直线 $a/\!/b$,

如:$\angle 1=54$ 时,$\angle 2=$(　　)。

学生提问,并找出回答问题的同学。

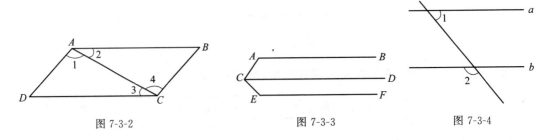

图 7-3-2　　　　　　　图 7-3-3　　　　　　　图 7-3-4

二、协作探究型教学模式

1. 简介

协作学习(collaborative learning)是一种通过小组或团队的形式组织学生进行学习的一

种策略。协作探究型教学模式是在教师引导下,以小组或团队学生为单位进行探究的一种教学模式。在这种模式中有两个因素至关重要,一个是小组或团队,一个是探究性学习。本小节主要介绍小组及团队学习的意义,即协作学习的意义。

协作学习目前已经成为一种学习模式,在传统的班级授课和信息技术学习环境中得到了广泛的应用。协作学习通常由4个基本要素组成,即协作小组、成员、辅导教师和协作学习环境。

(1)协作小组。协作小组是协作学习探究型学习的基本组成部分,小组划分方式的不同,将直接影响到协作学习的效果。通常情况下,协作小组中的人数不要太多,一般以2~4人为宜。

(2)成员。成员是指学习者,按照一定的策略分派到各协作小组中。人员的分派依据许多因素,如学习者的学习成绩、知识结构、认知能力、认知风格、认知方式等,一般采用互补的形式有利于提高协作学习的效果。如学习成绩好的学生和成绩差的学生搭配,可有利于差生的转化,并促进优生在辅导差生的过程中实现对知识的融会贯通;认知方式不同的学生互相搭配,有利于发挥不同认知类型学生的优势,从而促进学生认知风格的"相互强化"。协作学习成员不限于学生,也可能是由计算机扮演的学习伙伴。

(3)辅导教师。辅导教师在协作学习模式中并非可有可无,因为有辅导教师存在,协作学习的组织、学习者对学习目标的实现效率、协作学习的效果等都可以得到有效控制和保证。协作学习对辅导教师提出了更高的要求,即要求辅导教师具有新型的教育思想和教育观念,由传统的以"教"为中心转到以"学"为中心,同时还要实现二者的最优结合。

(4)协作学习环境。协作学习是在一定环境中进行的,主要包括协作学习的组织环境、空间环境、硬件环境和资源环境。组织环境是指协作学习成员的组织结构,包括小组的划分、小组成员功能的分配等。空间环境是指协作学习的场所,如班级课堂、互联网环境等。硬件环境指协作学习所使用的硬件条件,如计算机支持的协作学习、基于互联网的协作学习等。资源环境是指协作学习所利用的资源,如虚拟图书馆、互联网等。

学生学习中的协作活动有利于发展学生个体的思维能力、增强学生个体之间的沟通能力以及对学生个体之间差异的包容能力。此外,协作学习对提高学生的学习业绩、形成学生的批判性思维与创新性思维、对待学习内容与学校的乐观态度、小组个体之间及其与社会成员的交流沟通能力、自尊心与个体间相互尊重关系的处理等都有明显的积极作用。

2.理论基础

近年来,协作学习能迅速成为人们普遍关注和欢迎的教学理论与策略绝非偶然。协作学习的成功原因是多方面的,其中最重要的一个原因就是它有着非常坚实的理论基础。在协作学习众多的理论基础中,社会互赖理论是其重要的组成部分。

20世纪初,格式塔学派的创始人考夫卡(K. Koffka)指出:群体是成员之间的互赖性可以变化的动力整体。考夫卡的同事勒温(K. Lewin)对上述观点进行了阐发:第一,群体的本质就是导致群体成为一个"动力整体"的成员之间的互赖(这种互赖通常由共同目标而创设),在这个动力整体中,任何成员状态的变化都会引起其他成员状态的变化;第二,成员之间紧张的内在状态能激励群体达成共同的预期目的。①

20世纪40年代末,勒温的弟子道奇(M. Deutsch)提出了协作与竞争的理论,这对协作学习的发展产生了直接的影响。道奇认为,在协作性的社会情境下,群体内的个体目标表现为"促进性的相互依赖",也就是说,个体目标与他人目标紧密相关,而且一方目标的实现有助于另一方目标的实现。而在竞争性的社会情境下,群体内个体目标则体现为"排斥性相互依赖",虽然个体目标之间联系紧密,但一方目标的实现却阻碍着另一方目标的实现,是一种消极的相互关系。

道奇的学生戴卫·约翰逊(D. W. Johnson),同他的兄弟荣·约翰逊(R. T. Johnson)一道,将道奇的理论拓展为"社会互赖理论"。社会互赖理论假定:社会互赖的结构方式决定着个体的互动方式,依次也决定着活动结构。积极互赖(合作)产生积极互动,个体之间相互鼓励和促进彼此的学习努力。消极互赖(竞争)通常产生反向互动,个体之间相互妨碍彼此取得成绩的努力。在没有互赖(个人努力)存在的情境下,会出现无互动现象,即个体之间没有相互影响,彼此独立作业。这就是约翰逊兄弟所提出的社会互赖理论的要义。②据此,约翰逊兄弟明确地指出课堂中存在着协作、竞争与个人单干三种目标结构,并由此构成三种不同的教学情境。在协作的目标结构下,个人目标与群体目标是一致的,个人目标的实现取决于群体其他成员目标的实现,个人目标的实现与群体的协作相联系;在竞争的目标结构下,个人目标的实现与群体目标的实现是负相关,若某一成员实现了自己的目标,其他成员就不能实现自己的目标;在个人单干的目标结构下,个人的利益与他人没有关系,个人目标的实现不影响他人目标的实现。

从社会互赖理论的角度来看,协作学习的理论核心可以用很简单的语言来表述:"当所有的人聚集在一起为了一个共同的目标而工作时,靠的是相互团结的力量。相互依靠为个人提供了动力,使他们:(1)互勉,愿意做任何促进小组成功的事;(2)互助,力使小组成功;(3)互爱,因为人都喜欢别人帮助自己达到目的,而合作最能增加组员之间的接触。"③

3. 教学流程

(1)提出问题。在课堂教学中,教师依据教材、学生实践中的具体问题提出对学生有意义、有针对性的问题,引出学生的探究活动。这类问题能够通过学生的观察和从可靠的渠道获得的科学知识来解决。教师在引导识别问题时起着关键的作用,熟练的教师能够帮助学生,使他们研究的问题更为集中深入,从而把学生导向科学探究活动。

(2)任务分配。任务分配是协作学习的重要环节。在任务分配之前,教师要进行任务设计。一个好的任务设计至少要符合以下原则:

---

① ~ ② JOHNSON D W, JOHNSON R T, HOLUBEC E J. Circles of Learning: cooperation in the classroom[M]. 4th ed. Edina, MN: Interaction Book Company, 1993.

③ 中央教育科学研究所比较教育研究室. 简明国际教育百科全书·教学:下册[Z]. 北京:教育科学出版社,1990:410.

①任务大小要适当。一个问题可以分解成若干个子任务,这些任务可能是在同一时间内由不同的角色去分别完成,因此,各个任务的大小要适当,不宜出现任务过大或者任务过小的情况。

②任务覆盖的知识点要适当。在设计任务时,不能孤立地去设计某一任务,而要考虑各个任务之间的有机联系,任务和任务之间应该呈现"正互赖性"的特点。

③任务表述要明确。任务的完成最终要落实到具体、可操作的层面上,任务完成要达到什么目标,符合什么标准,采用什么表现形式等等,都要作出详细说明。

(3)组建小组。小组的组建受很多因素的制约,如学习者的学习成绩、知识结构、认知能力、认知风格、认知方式等,一般采用互补的形式提高协作学习的效果。研究表明,把学习成绩好的学生和成绩差的学生搭配,可有利于差生的转化,并促进优生在辅导差生的过程中实现对知识的融会贯通;认知方式不同的学生互相搭配,有利于发挥不同认知类型学生的优势,从而促进学生认知风格的"相互强化"。

(4)独立探究。学生利用教师提供的工具和学习资源,围绕教师提出的与任务相关的问题进行独立探究。这类探究活动主要包括:学生利用相关的工具去收集与当前所学知识点相关的重要信息;学生自主地对所获得的信息进性分析、加工与评价,从而形成对当前所学知识的认识与理解,即由学生自主完成对当前所学知识意义的建构。在学生进行自主学习的过程中,教师应通过各种方式密切关注学生的自主学习过程,并要适时地为学生提供必要的策略指导。

(5)协作探究。小组成员的协同工作是实现学习目标的重要基础。小组协作学习活动中需要个体将其在学习过程中探索、发现的信息和学习材料与小组中的其他成员共享。在学习过程中,学生之间为了达到小组学习目标,个体之间可以采用对话、商讨、争论等形式对问题进行充分论证,获得达到学习目标的最佳途径。

(6)检验结果。协作探究性教学最终是使学生掌握必要的知识和能力,因此检验学生学习的成果至关重要,是保障协作学习不流于形式的重要基础。一般来说按照任务的层次性,需要以下方面的检验。

①对总的问题解决情况的检验。

②对任务组完成任务情况的总的检验。

③对任务组内部各成员完成相应角色任务情况的评价。

根据协作学习情况,协作探究型教学的评价主体和形式也有所不同。一般来讲,评价的形式有自评、互评、群评和他评。

①教师引导学习者或者教师本人对于总的问题解决情况进行总结性评价,后者可以说是一种他评。

②任务组之间或者小组内部不同角色之间进行互评。

③所有任务组和所有角色就某一任务完成情况做出群评。

④任务承担主体对自己完成任务情况做出自评。

4. 案例

只有一个地球[①]

(1)教材分析。

《只有一个地球》是人教版第十一册第三组"保护环境"主题中的一篇科学知识说明文。作者运用生动巧妙的拟人手法,把地球——人类赖以生存的地方称作人类的母亲,使读者感到亲切温暖。这篇文章以语言朴实流畅、结构严谨、条理清楚同时饱含深情为特点,通过"美丽又渺小"、"资源有限"、"不能移居"三方面介绍地球的有关知识,教育我们要精心保护这唯一可以赖以生存的美丽星球。

(2)教学目标。

a.知识目标:学生在网络学习中查找地球的相关资料,扩充课文知识,了解地球现在的状况,从而对人类的生存环境产生兴趣,在自身进行思、说、写的训练中,进行课外延伸实践,有感情地朗读课文。

b.能力目标:学生结合网络的文字、图片,进行个性化自主研读,辅以学习小组间合作,提高结合网络获取知识的能力和分析解决问题的能力。在小组合作中激进自己的自主学习精神和意识。

c.情感目标:学生在书本和网络知识的深度学习后,由课文和网络知识升华为情感。懂得热爱地球,明确自觉保护人类生态环境的重要性。

(3)教学重、难点。

重点:引导学生利用网络和信息技术,进行自主、个性化的探究阅读,达到教学目标提出的感受地球之美,从小树立环保意识的要求。

(4)教学方法。

自主探究、合作交流。

(5)教具、学具。

多媒体课件。

(6)教学媒体。

多媒体网络教室。

(7)教学过程。

①创设情境激趣质疑。

(a)播放有关课文内容的录像。

(b)质疑:引导学生结合课文内容来谈,为什么会有不同感受?

②任务分配。

(a)由情感入手理清文章主要脉络。

[①] 案例摘自王馨主编的《现代教育技术在小学语文教学中的应用》(高等教育出版社,2009.9),在选用时进行了修改。

(b)布置网络学习任务。
- 地球美丽。
- 地球的渺小。
- 地球的资源。
- 地球的唯一性。

③自主探究。

围绕老师分配的任务,从网上资源深入品评,自主感悟重点语句。结合典型视频画面感知地球美丽、感受地球的无私奉献,反映人类对环境的破坏。

④协作交流。

(a)地球美丽。
- 朗读课文,结合视频帮助学生体会地球美丽。
- 品评朗读。

(b)地球的渺小。
- 根据书上有关数据及语句的描写说明地球的渺小。
- 随机归纳写作方法:列数字、打比方、作比较。
- 运用说明方法。

(c)地球的资源。
- 归纳资源的种类。
- 启发结合重点词语"本来"说明资源的有限。
- 引导搜索网上关于地球资源信息。

(d)地球的唯一性。
- 引导抓书上重点语句来谈能否移居第二星球这一观点。
- 与学生网上辩论。

⑤深化理解。

(a)制作宣传地球保护地球的广告(绘画、建议书……)。
(b)归纳总结"只有一个地球"含义。

三、WebQuest 教学模式

1. 简介

WebQuest 教学模式是当前一种流行的网络教学模式,由于实施步骤简洁,又能有效发挥协作学习和自主学习的优势,因此,该模式在培养学生创造性思维能力和提升学生信息素养能力受到全球教育、培训领域的注目。

WebQuest 教学模式是美国圣地亚哥州立大学的伯尼·道奇(Bernie Dodge)等人于 1995 年开发的一种课程计划。"Web"是"网络"的意思,"Quest"是"寻求"、"调查"的意思,而

"WebQuest"在汉语中则还没有一个与之相匹配的词汇。WebQuest是一个以调查研究为导向的学习活动,在这个活动中,部分或者所有能够让学习者进行交互的信息都是来自因特网的资源,有些甚至还提供了录像参考资料。在整个WebQuest中,共包含2个水平层次:一种是短期WebQuest,另一种是较长期WebQuest。

短期WebQuest是专门为1—3课时的课程单元设计的,其教学目标是知识的获得和整合,所以,在每个短期WebQuest结束的时候,要求学习者能够掌握大量新的信息,并且理解它们。较长期WebQuest一般将持续1周到1个月,其教学目标是知识的拓展和提炼,所以,在完成了一个较长期WebQuest以后,学习者对知识体系进行了深入的分析,能够将知识进行某种方式的转换,并要求他们通过制作一些可供他人在线或离线交互的多媒体作业来证明自己对这些知识的理解。

一般来说,WebQuest教学模式具有如下的特点:

第一,含有激发学生学习动机的策略。通常情况下,WebQuest提出的问题是需要学习者切实回答的。当要求学生理解、综合或解决一个社会真正面临的问题时,他们面临的任务是真实的,而不是一个仅仅出于学习需要提出的问题。WebQuest给学生提供的资源是真实的,通过网络,学生可以直接与专家、数据库、最新报道发生联系。学生所提出的解决问题的方法可以通过上传、发电子邮件等方式来让大家评价。这种评价方法也能促进学生尽自己最大的努力寻求最佳答案,而不是简单地完成任务。

第二,充分重视协作学习。由于WebQuest所期望学生解决的是一些复杂和矛盾的问题,因此,不可能指望每个学生掌握问题的所有方面,小组学习是一种必然方式。协作学习有助于学生明白,个人的能力是有限的,协作不仅是学习之道,也是生存与发展之道。通过WebQuest小组学习,学生将发现,由于不同小组的研究和讨论程度不一样,其解决问题的方式也不一样。通过协作学习,学习者不但能达成任务目标,而且能真正体会到协作的精义。

第三,有助于学习者高阶思维能力的培养。WebQuest教学模式整合了认知心理学和建构主义的思想。它要求学生回答的问题不是简单地通过搜集信息就可完成的,而是要求学生对信息进行一定程度的加工,如概括、比较、分析、综合和评价等。为了让学生进行高水平的认知,WebQuest将任务分成一个个有意义的子任务,让学生经历一些更为专业的思维过程。

2. 理论基础

一般来说,一种稳定的教学模式都有一定的理论基础,WebQuest教学模式也不例外,但是WebQuest教学模式的理论基础一直存在一定的争议。WebQuest创始人之一的伯尼·道奇认为,WebQuest的理论基础有四个:建构主义,协作学习,支架式教学和渐退。Lamb与Teclehaimanot却认为,WebQuest的理论基础并没有渐退。遗憾的是,伯尼·道奇本人并没有对此详细论述过。这里认为建构主义、协作学习是其重要的理论基础(支架式教学是建构主义教学模式中的一种)。"5E"教学模式是由美国生物学课程研究(BSCS)的研究者贝比

(R. Bybee)提出的一种建构主义教学模式,这一模式强调的是以学生为中心,通过运用调查和实验的方法解决问题,强调通过小组合作学习促进学生对科学概念的理解和知识的建构。"5E"教学模式分为5个学习阶段:参与(Engage)、探究(Explore)、解释(Explain)、详细说明(Elaborate)和评价(Evaluate)。因为5个学习阶段分别以"E"开头,所以被称为"5E"教学模式。

(1)参与(Engage):这是该模式的起始环节。这个阶段通过参与活动确定学习任务,激起学生的学习兴趣。这一阶段活动的目的有两个:第一,找出误解的概念;第二,做好诊断性评估,即检查学生已有的相关知识、经验,帮助学生将以前学过的相关知识与现在将要做的活动联系起来。

(2)探究(Explore):这一阶段是该模式的主体,知识的获得、技能技巧的掌握都在本阶段完成。在本阶段要给学生提供直接参与调查研究的条件和机会,通过一些有趣而且结果往往意想不到、与一般常识相违背的差异性实验,让学生形成概念、概括和解释。

(3)解释(Explain):在这个阶段,学生通过活动开始对所提供的经验建构对概念的理解,解释概念或理论,使其成为一种可以交流的形式。

(4)详细说明(Elaborate):在这一阶段,学生扩展自己的概念,并运用前一阶段刚刚获得的科学概念,在新的环境和新的问题情境中去实践、验证、应用和巩固。

(5)评价(Evaluate):评价是学习环节中的重要环节,但不是一个特定的阶段,它贯穿整个教学过程。在"5E"模式中,评价是由教师、学生共同完成。它不但要求对学习结果进行评价,而且要求对学习过程进行评价。

3. 教学流程

一般的 WebQuest 教学模式由下列环节构成。

(1)引言。

引言主要目的的两个方面:一是给学习者指定方向;二是通过各种手段提升学习者的兴趣。为了达到上述目标,引言的设计应当力图使学习/研究主题:与学习者过去的经验相关,与学习者未来的目标相关。

(2)任务描述。

任务描述主要是描述学习者在完成学习行为后的最终结果。最终结果可以是一件作品(如 PowerPoint 演示文稿),或者是口头报告。为了清晰明了地描述学习者行为的最终结果将是什么,"任务"可以是:

①一系列必须解答的问题。

②一系列需要解决的问题。

③对所创建事物进行总结。

④阐明并为自己的立场辩护。

⑤具有创意的工作。

⑥任何需要学习者对自己搜集的信息进行加工和转化的事情。

(3)资源。

WebQuest的资源模块是一个由教师选定的将有助于学习者完成任务的网页清单,其中大部分资源是包括在WebQuest文件中作为超链接指向万维网上的信息。学生使用的所有链接都由设计者预先设定,是WebQuest区别于其他网络活动的又一特征。由于教学资源是预先选定的,而且还包含有明确的指针,所以,学习者在网络空间将不再因迷失方向而完全漫无边际地漂流。通常,明智的做法是将资源清单分成几个部分。一部分资源在课堂上让每个学生学习,另一些则可以由扮演某一特定角色或持某一特殊观点的学习者阅读。通过这种给予学习者不同数据资源的方式,不仅增强了群体之间的合作和依靠,同时也培养了学习者相互学习的意识。

(4)过程描述。

在WebQuest的过程模块中,教师将完成任务的过程分解成循序渐进的若干步骤,并就每个步骤向学习者提出了短小而清晰的建议,其中包括将总任务分成若干子任务的策略,对每个学习者要扮演的角色或者所要采用的视角进行描绘,等等。教师还能够在这个模块中为学习和交互过程提供指导,如怎样开展一个有效的协作活动。

(5)评价。

为了证明用网络来拓展学习是可行的,所以在WebQuest模块中新增加了评价这项内容。对于基于因特网的研究性学习这样一种较高水平的学习形式,WebQuest采用评价测评表来考查学生作品的不同方面。评价人员既可以是教师,也可以是家长或同学。另外,根据学习者学习任务的不同,评价测评表的形式也表现为书面作业、多媒体创建、网页和其他类型。

(6)结论。

WebQuest的结论部分为总结学习内容和经验、鼓励对整个学习过程进行反思,以及对学习成果进行拓展和推广提供了一个机会,它的另一个作用是为教师提供可以在整个课堂讨论中使用的问题。虽然,结论部分算不上是一个很关键的部分,但是它为整个文件画上了完美的句号,给读者一个结束的感觉。

4. 案例

第二次世界大战爆发的原因探究[①]

(1)背景。

《第二次世界大战爆发的原因》的教学是在学习了第二次世界大战的过程的基础上进行的研究性学习活动,旨在训练学生综合运用所学历史知识分析历史问题的能力。

(2)研究目的。

①学会分析第二次世界大战爆发的原因。

---

① 本案例依据何克抗主编的《教育技术培训教程》(教学人员·中级)配套光盘中的《第二次世界大战爆发的原因探究》案例改编。

②了解第二次世界大战期间一些重要的战役。

③了解第二次世界大战初期世界重要大国的政治、经济和军事情况。

(3)研究的目标与内容。

《第二次世界大战爆发的原因》主要研究内容是:通过上网收集有用信息,并且利用已学的历史知识,将收集到的信息加工整理后应用于分析复杂历史现象,得出一般规律,培养运用辩证唯物主义、历史唯物主义的基本观点科学认识历史的重要方法。

(4)学习策略和指导策略。

借助研究性学习网站,学生通过分组协作、自主探究完成。在研究过程中,学生根据自己的观点分成三个小组,然后根据研究主题进行研究。当学生获得一些初步信息,有了一些初步想法后,组织各个小组展开辩论,在辩论中深化认识,促进高级思维。教师在实施研究性学习的每个阶段都要给予相应的指导。

(5)实施过程。

①引言。

第二次世界大战是人类历史上规模空前的全球性大战,61个国家和地区,20多亿人口被卷入其中。参战兵力超过1亿人,大约9 000万士兵和平民伤亡,3 000万人流离失所。其空前的广度、深度和烈度,成为人类战争史上的一次大革命,给予军事战略和战争观以巨大影响。回首第二次世界大战,那一幅幅残酷而血腥的历史画面,永远震撼着人们的心灵,令人难以忘怀。那么,究竟是什么导致了这段残酷的历史呢?没有希特勒,第二次世界大战会爆发吗?

②任务描述。

关于这场战争的爆发,有人说希特勒是这场战争的主谋,没有希特勒,便没有了第二次世界大战。你又是如何看待的呢?以下有三种观点:

(a)没有希特勒,第二次世界大战也会爆发。

(b)没有希特勒,第二次世界大战不会爆发。

(c)第二次世界大战爆发是历史必然性和偶然性的结合。

你会选择哪一种观点?你的观点有根据吗?请利用相关资源进行学习。

③资源。

(a)第二次世界大战起因及历史。

网络上的资源如表7-3-1所示。

表7-3-1 网络上的第二次世界大战探究资源

资源标题	资源地址
第二次世界大战详细介绍	http://army.tom.com/war/famouswar/foreign/secondwar
第二次世界大战爆发原因	http://19391945.netfirms.com/pages/ww2p04.html
第二次世界大战史	http://19391945.netfirms.com

续表

资源标题	资源地址
20世纪30年代国际关系与第二次世界大战	http://www.ch.zju.edu.cn/bkkj/20sjdsj/chap8/page8.htm
第二次世界大战的起源	http://www.dod-g.com/document/ww2history/ww2-1.htm

纪录片:《第二次世界大战实录》

图书资源:《第二次世界大战史》《图文第二次世界大战史(典藏本)》《第二次世界大战史论集》

(b)第二次世界大战其他相关资料。

网络上的资源如表7-3-2所示。

表7-3-2 网络上的第二次世界大战相关资料

资源标题	资源地址
战争的艺术	http://www.chinesewwii.net
战争回顾	http://www.huaxia.com/js/zzhg/00044404.html
第二次世界大战史	http://19391945.netfirms.com/
背景资料:德日两国对第二次世界大战的态度对比	http://news.xinhuanet.com/world/2004-06/09/content_1517022.htm
第二次世界大战军用飞机百科全书	http://oldwolf.myrice.com/ww2aircraft/index.htm
第二次世界大战真实图片资料库	http://www.dod-g.com/ww2photos.htm

④过程描述。

进入问题情境:没有希特勒,第二次世界大战会爆发吗?经过初步讨论,选择自己的观点。

根据不同的观点初步分组,并根据以下问题完成探究:

第一次世界大战以后的国际关系如何?

20世纪30年代的国际关系怎样?

1929—1933年的经济危机对当时的国际关系产生了哪些影响?

20世纪30年代的欧洲和亚洲,存在哪些发展势力?

欧洲各国及日本等的政治、经济、军事情况如何?

德国为什么会发动战争?

第一次世界大战对德国有哪些影响?

20世纪30年代的德国在政治上有哪些发展与变化?采取了哪些措施?

对希特勒的剖析:

希特勒一生的政治生涯及主要观点。

希特勒在第二次世界大战爆发过程中起到了哪些作用？

第二次世界大战涉及了哪些国家？各国关系如何？爆发了哪些主要战役？为什么会扩大化？

注：在研究过程中你可能会发现一些新的问题而致使你改变观点，你可以根据自己的需要再作局部的调整分组。

小组成员之间就上面的一些问题进行探讨，如果你们解决了上面的问题，那么请将你们的发现以作品形式讨论。

成果汇报，各小组之间展开辩论（针对不同的观点，我们会举行一个辩论会，请做好素材准备）。

学生开始进行相关主题的研究，并收集、归纳相关的信息。

⑤评价。

为了对你们的工作作出公正评判，同时也为了指导你们的探究，我们的评价将分为两种形式（过程性评价和总结性评价）、三个部分（学生自我评价、小组互评和教师评价）。详情请见表 7-3-3、表 7-3-4。相信你们一定会取得好成绩的！

表 7-3-3　学生学习评价量表

评价项	说明	所占百分比/%
个人评价（学生个人完成）	能利用网络查找到第二次世界大战爆发原因的信息	5
	能对查到的资料作总结	10
	小组内的表现	5
小组评价（所在小组其他成员完成）	组内表现	30
教师评价（由教师完成）	小组作品（见学生作品评价表）	25
	小组汇报	10
	组内任务	5
	答疑表现及在论坛上讨论的表现	10

表 7-3-4　学生作品评价量表

评价项	所占百分比
知识应用：能运用所学历史知识分析历史问题的能力	20
研究方法：学生为完成研究任务所采用的方法是否科学多样	20
资源应用：运用所学知识及所提供的资源分析历史问题的能力	30
小组协作：各组交流，组长总结，同学协作的能力	20
语言表达：准确运用语言表达观点的能力	10

学生就自己研究的问题,讨论制作出汇报方案,在全班进行汇报展示(辩论),学员之间相互进行交流;教师要在汇报之前,对学员进行相应的指导,如:怎么写自己的汇报方案,如何汇报等。

⑥结论。

任何一个历史事件的爆发都不是偶然的,给人类带来了空前灾难的第二次世界大战的爆发也是如此,其原因是多方面的,是复杂的。希特勒只是第二次世界大战爆发的一个推进者,是一个必然角色,但除了希特勒,第二次世界大战的爆发还具有多种原因,其根本原因是帝国主义政治经济发展不平衡性的加剧,具体原因如:(a)德国、日本对凡尔赛——华盛顿体系中被惩治、受遏制的地位不满;(b)法西斯专政的建立和欧亚两个战争策源地的形成;(c)英、法、美推行绥靖政策纵容侵略;(d)苏联实行中立自保的政策,客观上也促进了世界大战的爆发等。

所以,在对一个历史事件进行分析时,我们要从多方面的角度来考虑,而不是轻易地说是与不是。

四、JiTT 教学模式

1. 简介

JiTT 教学模式全称是 Just-in-Time Teaching,在我国被翻译为"适时教学"或"及时教学",简称"JiTT"。JiTT 教学模式是 20 世纪末在美国高校本科教学中出现的一种新型的教与学策略。由于这种教与学策略必须在网络环境下才能够实施,所以基于 JiTT 的教学过程也被称之为信息技术与课程整合的一种教学模式,即 JiTT 教学模式。

JiTT 教学模式最早是由美国空军学院学者和普渡大学的一批物理教师提出来的。1999年,来自这两所大学的 4 位物理教师共同撰写了有关适时教学的第一本专著——《适时教学:主动学习与 Web 技术的结合》(*Just-in-Time Teaching*: *Blending Active Learning with Web Technology*)。该书对适时教学的内涵与特征、实施过程与运用方法以及适用的教与学对象等都做了详细的介绍。

诺瓦克等人为"适时教学"给出的定义是:Just-in-Time Teaching(JiTT)是建立在"基于网络的学习任务"(Web-based study assignment)和"学习者的主动学习课堂"(active learner classroom)二者交互作用基础上的一种新型教与学策略。

基于网络的学习任务要求学生在课前按照教师精心设计的预习要求,在网上完成教师指定的预习任务——写下自己对预习内容的理解,并通过电子邮件在课前反馈给教师。教师在课前要及时通过网络检查学生就指定预习内容所提交的反馈,根据反馈所了解到的、学生对即将在本节课上讲授内容的理解程度和存在问题,对本节课的教学设计做出适应性调整,在此基础上实施有针对性的、切合实际的教学,以达到适应不同学习者的认知发展水平与认知发展特点的目标。

学习者的主动学习课堂,主要形式是在教师已经实施上述有针对性的、比较切合实际的教学的基础上,开展各种各样的讨论与辩论——包括教师和学生之间、学生和学生之间、全班性的或小组的讨论与辩论。开展这些讨论与辩论不仅是要促进学生对知识与技能的深入理解与掌握,更重要的是力图真正营造出"学习者的主动学习课堂",从而充分调动每一位学习者在学习过程中的主动性、积极性乃至创造性,彻底改变教学中学习者总是处于被动接受的局面。

从信息技术与课程整合的角度看,JiTT教学模式带有明显的课外整合特征。做JiTT教学模式第一个实施阶段的"基于网络的学习任务"主要不是在课内完成,而是在课前和课后、也就是在课外完成。基于网络的学习任务包含三方面的内容。一是学生在课前必须通过网络进行预习并且预习后要用电子邮件向教师提交反馈材料;二是教师根据学生在课前提交的反馈材料,实施有针对性的、比较切合实际的教学;三是学生在课后开展的基于网络的"难题探究"活动。这三方面内容的第一和第三方面涉及课前和课后(即课外),第二方面则涉及课内。在JiTT教学模式里,教师在课堂上的授课内容、方法与进度,以及它所能达到的教学质量与教学效果,很大程度上取决于学生在课前通过网络进行预习的情况和他们在课前通过网络向教师提交反馈材料的翔实程度,因而就"基于网络的学习任务"这个阶段的信息技术与课程整合而言,可以断言:它主要不是在课内完成,而是在课前和课后,也就是在课外完成。

从上述分析可以看出,JiTT教学模式作为信息技术与课程整合的教学模式,基本上属于一种"课外整合模式",不是一种"课内整合模式"或"课内为主的整合模式"。

2.理论基础

JiTT教学模式作为一种新型教学模式,有效地形成了课前、课堂、课后教学的融合,而课前、课后行为是课堂教学的基础,其根本目标是提高课堂教学的有效性,实现有效性教学。因此,有效性教学理论可以作为JiTT教学模式的理论基础。

斯莱文(Slavin)通过对课堂教学质量的系统分析,提出了有效教学的QAIT模型(见图7-3-5)。斯莱文(Slavin)认为,影响有效教学的四个因素组成了一个锁链环,即教学质量(Q)、诱因(I)、教学的适当水平(A)、时间(T)构成了一个锁链环,只有四个因素都是适当的,才能够保障有效教学的发生。

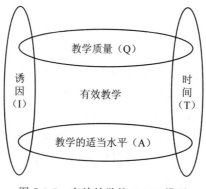

图 7-3-5 有效教学的 QAIT 模型

从 QAIT 模型可以看出，教学质量与教学的诱因(I)、教学的适当水平(A)、时间(T)等因素具有重要的关系。而教学的诱因(I)、教学的适当水平(A)、时间(T)的改变不是凭空产生的，需要系统分析学习者的特征、教学的限制条件等客观因素。通过分析这些客观因素，形成教学模式、方法选择的条件域，只有这样，才能够保证教学模式、方法的科学性。

因此，在课堂教学改革，需要在充分分析学习者的特征和教学的限制条件，在保证教学质量(Q)的基础上，对诱因(I)、教学的适当水平(A)、时间(T)等进行综合考虑，以保证有效教学的发生。

3.教学流程

JiTT 教学模式作为一种新型教学模式，实现了课前、课堂、课后教学的融合，因此，其教学流程具有多个阶段和反馈，具体流程如图 7-3-6 所示。

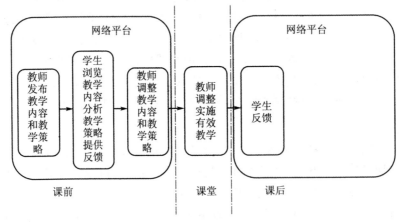

图 7-3-6 JiTT 教学模式运行示意图

(1)教师在网上发布课前预习内容。教师按照下一节课的教学目标仔细设计好学生应事先预习的内容，并由教师制作成网页形式放在网络上，学生可以随时查看。为便于学生预习，教师不仅要提出预习内容要求，还要提供多种形式的、内容丰富的资源性网页。在这类资源性网页上包含有与本课程相关的论文、专著、课件、教学案例和实践活动，此外还列出了许多相关链接。

(2)学生在课前要认真预习并向教师反馈。学生在课前按照教师布置的预习要求，利用资源性网页认真完成以下预习作业，通过网络用电子邮件反馈给任课教师。

(3)教师调整教学内容和策略。教师通过网络在上课前及时地查看学生的反馈材料，根据这些材料了解到的、学生对即将在本节课上讲授内容的理解程度和存在问题对本节课的教学设计做出适应性调整，在此基础上实施有针对性的、切合实际的教学，以达到适应不同学习者的认知发展水平与认知发展特点的目标。

(4)创设"学习者的主动学习课堂"。在实现上述反馈环的基础上，教师利用课堂开展各种各样的讨论与辩论——包括教师学生之间、学生和学生之间、全班性的或小组的讨论与辩论,在这些讨论与辩论过程中,通常还要穿插一些角色扮演、练与练习甚至是演示或实验等活动,从而充分调动每一位学习者在学习过程的主动性、积极性乃至创造性。

(5)促进学生高级、复杂认知能力的发展。为了促进学生高级、复杂认知能力的发展,在主动学习课堂进行充分讨论与辩论,从而使学生普遍对概念有较深入理解、对知识有较牢固掌握的基础上,JiTT教学模式还要求学生将某些较复杂、困难的问题作为专题在网上进行探究。为了使这一环节的学习更有成效,教师应对"难题探究"(Wrap-up Puzzles)的主题和探究内事先做精心的设计。这种探究的主题和内容应紧紧围绕前阶段所学过的重要概念和某些知识点来开展。

4. 案例

教育技术概述

(1)教学目标。
①讲解教育技术的定义。
②分析教育技术的内涵。
③解释为什么采用"现代"教育技术。
④介绍教育技术发展简史。
⑤分析教育技术的发展趋势。
⑥讲解师范生学习教育技术的必要性。
⑦介绍学习理论基础。
(2)教学重、难点。
①讲解教育技术的定义。
②分析教育技术的内涵。
(3)教学方法。
案例教学法。
(4)教具、学具。
多媒体网络教室。
(5)教学媒体。
多媒体课件。
(6)教学过程。
①发布教学内容和教学方法。
教师登录远程教学平台,发布如下的内容。
教学内容:

本节课主要讲授如下内容：

1. 讲解教育技术的定义。

(1)了解 AECT 组织：Association for Educational Communication and Technology，美国教育技术传播与技术协会。

(2)1994 年 AECT 教育技术定义：教育技术是对学习过程和学习资源进行设计、开发、利用、管理和评价的理论与实践。

2. 分析教育技术的内涵。

(1)研究对象：学习过程和学习资源。

(2)研究内容：学习过程和学习资源的设计、学习过程和学习资源的开发、学习过程和学习资源的利用、学习过程和学习资源的管理、学习过程和学习资源的评价。

(3)研究目的：优化学习效果。

3. 解释为什么采用"现代"教育技术。

4. 介绍教育技术发展简史。

(1)浏览一下媒体与技术的大致发展过程。

(2)播放自制视频资料"教育技术的产生与发展——媒体与技术"。

(3)浏览一下理论与概念的大致发展过程。

(4)播放自制视频资料"教育技术的产生与发展——理论与概念"。

(5)介绍我国教育技术的发展。

5. 分析教育技术的发展趋势。

先展示四个发展趋势，再请同学根据自己的理解来分析其含义，最后教师补充。

6. 讲解师范生学习教育技术的必要性。

7. 介绍学习理论基础。

(1)行为主义学习理论：以斯金纳理论为主。

(2)认知主义学习理论：以布鲁纳理论为主。

(3)建构主义学习理论：以皮亚杰理论为主，讲述"鱼牛的传说"。

教学方法：案例教学法。

②学生在课前要认真预习并向教师反馈。

学生登录网络平台，浏览教学内容和教学策略的说明文件，提出如下意见：

教学内容中，"解释为什么采用'现代'教育技术"和"师范生学习教育技术的必要性"可以不在课堂教学中讲授。

③教师调整教学内容和策略。

依据学生的反馈，教师将教学调整为：

本节课主要讲授如下内容：

1.讲解教育技术的定义。

(1)了解 AECT 组织：Association for Educational Communication and Technology，美国教育技术传播与技术协会。

(2)1994 年 AECT 教育技术定义：教育技术是对学习过程和学习资源进行设计、开发、利用、管理和评价的理论与实践。

2.分析教育技术的内涵。

(1)研究对象：学习过程和学习资源。

(2)研究内容：学习过程和学习资源的设计、学习过程和学习资源的开发、学习过程和学习资源的利用、学习过程和学习资源的管理、学习过程和学习资源的评价。

(3)研究目的：优化学习效果。

3.介绍教育技术发展简史。

(1)浏览一下媒体与技术的大致发展过程。

(2)播放自制视频资料"教育技术的产生与发展——媒体与技术"。

(3)浏览一下理论与概念的大致发展过程。

(4)播放自制视频资料"教育技术的产生与发展——理论与概念"。

(5)介绍我国教育技术的发展。

4.分析教育技术的发展趋势。

先展示四个发展趋势，再请同学根据自己的理解来分析其含义，最后教师补充。

5.介绍学习理论基础。

(1)行为主义学习理论：以斯金纳理论为主。

(2)认知主义学习理论：以布鲁纳理论为主。

(3)建构主义学习理论：以皮亚杰理论为主，讲述"鱼牛的传说"。

④创设"学习者的主动学习课堂"。

教师利用课堂开展各种各样讲授活动，特别是利用视频案例讲授教育技术的内涵以及教育技术发展历程，有效地调动了学生的积极性。

⑤课后拓展和反馈。

教师将学习理论的相关内容发布到网络平台中，开设讨论空间，要求学生探讨本节课中尚未解决的问题。依据问题，老师给予必要的解答。

思 考 题

1.简述建构主义理论指导下的信息技术与课程整合的三种模式。

2.阐述信息技术与课程整合的具体策略。

3.结合案例比较 WebQuest 和 JiTT 教学模式的异同之处。

4.试分析传递—接受教学模式的优势及不足之处。

第八章 远程教育

学习目标：
1. 掌握远程教育的概念。
2. 了解远程教育的发展历史。
3. 了解网络教育的相关概念。
4. 掌握网络课程的概念与特点。
5. 理解现代远程教育与中小学教育之间的关系。

21世纪的信息技术革命，正推动人类从工业社会进入信息社会。兴起于20世纪八九十年代的现代远程教育技术，正迅速改变着人们的教育和学习方式，同时引发人们转变教育和学习的观念。构建终身学习体系、向学习化社会迈进，则是知识经济和信息社会向我们提出的时代要求。传统的面对面教育方式在如何使教学、培训能满足不同地点和不同学习时间人们的需要这方面已经力不从心。在这种情况下，现代远程教育应运而生，它的优点在于使学生在时间和空间并不统一的情况下，能与教师进行交互并完成学习任务。计算机辅助教学(CAI)与Internet技术的有机结合，使基于网络的现代远程教育成为现代教育发展的新趋势。本章主要阐述现代远程教育的基本概念及其对网络教育资源的开发。

第一节 远程教育概述

今天，远程教育已经发展成为一个非常复杂的系统，而且还在不断的发展过程中，对它进行严格的定义并不容易。人们从不同的角度对远程教育给予了不同的解释，但由于远程教育是借助各种教育技术手段完成的特殊的教育活动，所以无论其定义还是发展史都与教育技术本身的发展和进步密切相关。毫无疑问，没有计算机和网络的出现，就不可能出现所谓的网络教学或者网络学习，现代远程教育更无从谈起。

一、远程教育的概念与特征

(一)远程教育定义的讨论

远程教育(distance education)也称为远距离教育，它的一个鲜明特征就是非面对面的、有

地域距离的教育活动。远程教育的概念在不同历史阶段有着不同的理解,下面四个定义分别反映了这种变化[①]:

(1)远程教育是一种有系统组织的自学形式,在这种形式中,学生的咨询、学习材料的准备以及学生成绩的保证和监督都是由一个教师小组进行的。这个小组的每个成员都具有高度的责任感。通过媒体手段有可能消除距离,媒体手段可以覆盖很长的距离(多曼,Dohmen,1967)。

(2)远程教学/远程教育是一种传授知识、技能和态度的方法,通过劳动分工与组织原则的应用以及技术媒体的广泛应用而合理化,特别是复制高质量教学材料的目的是使同一时间在学生们生活的地方教导大量学生成为可能。这是一种教与学的工业化形式(彼得斯,Peters,1973)。

(3)远程教育是教育致力开拓的一个领域,在这个领域里,在整个学习期间,学生和教师处于准永久性分离状态;学生和学习集体也在整个学习期间处于准永久性分离状态。技术媒体代替了常规的、口头讲授的、以集体学习为基础的教育的人际交流(这样与自学计划区别开来)。学生和教师进行双向交流是可能的(这样与其他教育技术形式区别开来)。它相当于一个工业化的教育过程(德斯蒙德·基更,Desmond Keegan,1983)。

(4)远程教育是对教师和学生在时空上相对分离,教与学的行为通过各种教育技术和媒体资源实现联系、交互和整合的各类院校或社会机构组织的教育的总称(丁兴富,2001)。

综上所述,远程教育是一种利用现代信息通信技术,使教与学的行为实现超越时空的互动,从而保证各类学习资源最大限度发挥效应的一种新教育方式。这样定义的原则在于,首先,突出了远距离教育实现的媒介——现代信息通信技术;其次,突出了教育方式上的新突破,即突破了面对面教学在时空上的限制;最后,突出了远程教育的效率,即实现了优质教育资源的全面整合。

(二)远程教育的特征

1. 与常规的学校教育相比,"远程教育"的特征

(1)开放性。这是远程教育最基本的特征。常规的学校教育是封闭性的,其表现是教育资源被封闭在校园内,教育的门槛被抬高,接受教育的人始终是社会中的少数精英。远程教育则是面向社会大众的,对学习者来说,教育的门槛被降低,接受教育的机会大幅度地增加,教育信息资源得以共享。远程教育就是应社会大众的教育需求而诞生的,远程教育的根本目的就是为一切有学习意愿的人提供受教育的机会。

(2)延伸性。这是远程教育的功能特征。常规的学校教育把学习者从四面八方汇集在特定的校园中,在一定的制度安排下,由教育者对其实施教育活动。这是一种教育资源与功能收缩和集中应用的教育形式。远程教育正好相反,它把教育信息传送给四面八方的学习者,借助

[①] 丁兴富.远程教育学[M].北京:北京师范大学出版社,2001:3.

各种媒体技术把教育信息向外传输,实际上就是把教育资源和教育功能向外扩散。远程教育就是通过这种扩散,将自己的教育功能向整个社会延伸。这种延伸性符合现代教育的终生学习的理念。

(3)灵活性。从各个国家的情况看,远程教育一般面向成人,承担了在职教育、成人教育的工作。于是,远程教育在高等教育、成人教育领域得到迅速发展。这样一来,远程教育在课程设置、学籍管理、教育管理等方面要比常规的学校教育更灵活多样,充分适应成人学习者的特点。

(4)媒体中介性。与常规的学校教育相比,远程教育是基于媒体技术和各种教育信息资源进行其活动的,只有借助信息工具才能构成远距离的教育活动。所以,远程教育的各个环节,如注册报到、教学活动、作业的布置与提交、评价和信息的交流与反馈等,都离不开有关媒体的中介作用。尽管常规的学校教育也需要媒体技术,但它不像远程教育那样对媒体工具、对传输手段有着高度的依赖性。没有媒体手段的中介作用,远程教育就难以开展。

(5)管理性。尽管远程教育是具有开放性、延伸性和灵活性的教育形式,但它依然是在一定制度下,有目标、有管理、有评价、有反馈、有调控的教育活动。远程教育的开放性、延伸性和灵活性,并不意味着随意性和盲目性,它依然以特有的方式和制度调控教育活动的运行。不能把大众传播的信息接受方式——随意点击网页、随意调换电视频道等行为理解成远程教育,这种行为不是远程教育,而是广义的个人化的"学习"。

远程教育一方面常常作为与学校教育相对的一种教育形态来理解,但在很多时候人们也把它理解为一种教与学的活动。事实上,理解远程教育的概念也可以从"教"与"学"两方面来进行理解,即所谓的远程教学(distance teaching)和远程学习(distance learning)。

所谓远程教学就是指教师与学生在非面对面的状态下,借助媒体技术手段进行的教学活动方式。从本质上说,远程教学是相对课堂教学而言的一种教学活动方式,这种教学活动方式是由师生之间分离的教与学的行为、信息技术媒体、特定的教育信息资源和教学辅导方法等要素组成。

2. 与课堂教学相比,"远程教学"的特征

(1)教与学的行为是分离的。由于教师和学生的活动不在同一个课堂空间,使得教和学的行为在空间上产生分离。教的行为在某地发生,而学的行为在其他地点发生。

(2)教与学的行为可以是异步的。远程教学可以借助现代信息技术进行同步教学,但在大多数情况下,教师教和学生学的行为是非同步、非实时的。当教师在实施教学行为的时候,学生的学习行为可能并没有发生;同样,当学生的学习行为发生时,教师教的行为可能已经结束。

(3)媒体中介作用。远程教学是借助各种通信工具和信息技术媒体而实施的教学活动方式,这也是远程教学可以实现非面对面交互的根本原因。

(4)教学控制的间接性。远程教学也是教与学的活动,只有教或学的单方面的活动不能称为教学活动。当然,远程教学对学习者控制和管理是间接的,如通过教学指导书、课件、网站、通信工具等进行,还要辅之以面对面的讲授等活动,以增进远程教学的效果。远程教学的控制

管理工作是间接的,但不是空白的。

如果说远程教学侧重于描述借助媒体技术和信息资源而进行的教学活动的话,那么远程学习则倾向于说明学生的学习活动。所谓远程学习是指学习者利用各种媒体获取教育信息资源、完成特定的学习任务的活动。它可以有两重含义:一是指大众化的、非教育者指导下的个体自主的学习;二是专指远程教学中学习者的学习行为。远程学习不同于常规的课堂学习,它不存在"完整"的教学过程,学生自己管理和控制学习过程(自学),单元学习密度可以按照自己的时间非均匀分布,教师组织各种活动形式基本通过各种媒体手段来传递[①]。

3. 与课堂学习相比,"远程学习"的特征

(1)学习的自主性。远程学习要求学生有较高的自主意识,有较强的独立性和学习动机。由于远程教学对远程学习不能进行直接的干预,因此学习活动只能由学习者根据自己的爱好、兴趣和实际需要自主发起。

(2)自我需求导向性。由于远程学习是学习者自主发起的学习,推动学习的动力和维持学习的导向主要由学习者自己的需求决定,学习者根据自己的实际需求,选择学习内容,推动学习进程。

(3)远程学习是一种自我调节(self-regulated)的学习活动。学习者必须自我安排学习计划、学习内容、自我监控学习过程和自我评价学习结果等。与远程教学的间接控制相比,远程学习的控制状态完全靠学习者自己。

学习活动单元主要用于完成各种学习活动。远程学习能力可以说是信息社会中获取和加工信息的一种能力,是近年来强调的信息素养的核心部分。在越来越强调自主学习和创造性的今天,通过信息技术手段获取信息和创造信息的能力已经成为现代人的基本素养之一,因此也可以认为远程学习能力将会成为学校教育所关注的基本能力之一。

二、远程教育的发展与类型

在前面阐述远程教育概念时,我们已经从定义的变化中看到了远程教育发展的一个侧面。但是,概念的转变并不等于发展历史,因此有必要从远程教育不同阶段的具体特点和技术基础上,来进一步理解远程教育的发展历史和出现过的各种类型。

(一)远程教育的发展简史

至今为止,远程教育已经历了由19世纪中叶兴起的函授教育,20世纪初兴起的广播电视教育,直到20世纪末期出现的以计算机和网络技术为基础的现代远程教育三个发展阶段。上述发展过程,如表8-1-1所示。

---

① 黄怀荣,张进宝,董艳.论网络教学过程的四个关键环节[J].中国电化教育,2003:1~2.

表 8-1-1　远程教育的发展阶段

发展阶段	兴起时间	技术基础	教育形态
第一代	19 世纪中叶	适合自学的函授印刷材料	函授教育
第二代	20 世纪初期	广播、电视、录音、录像等视听手段（模拟信号）	广播电视大学
第三代	20 世纪末期	现代信息技术,特别是 Internet 和多媒体技术（数字信号）	网络学院、虚拟大学

在 19 世纪发明了印刷术后,人们就利用函授的方式开展教学,即早期的远程教育,也是远程教育的第一个发展阶段。由于函授的成本低廉,这一方式目前仍在使用,它为我国培养了许多人才。但是函授教育有较大的局限性,突出的缺点是信息量小,不直观,交互少。

20 世纪,广播、电视技术陆续出现并很快应用到远程教育中,使得远程教育从无声无像变为有声有像;信息载体从单纯的印刷媒体发展到了电磁波、录音和录像带,这是远程教育的第二个发展阶段。广播电视覆盖面大,规模效益好,仍是当前重要的远程教育手段之一。我国的这一远程教育方式和中央电视大学在世界上享有盛名。但是,这种方式也面临着用现代信息技术改造现有系统,加强教与学的交互等问题。

随着以多媒体计算机、网络通信技术为代表的现代信息技术的迅速发展,远程教育如虎添翼,教与学的交互方式大大改善,这是远程教育的第三个发展阶段,即现代远程教育阶段。现代远程教育是师生凭借现代信息网络技术与多媒体手段所进行的非面对面的教育,它是信息技术和 Internet 在远程教育领域的新应用。人们对此使用了一个新的名词 E-Learning。基于网络的现代远程教育发展越来越快,也越来越灵活,其最显著的特征可以用"五个任何"来概括,即：任何人、在任何时间、任何地点、从任何章节开始、学习任何课程。由于它在学习方式上最直接地体现了现代教育和终身教育的基本要求,因此越来越受到人们的重视。在现代远程教育或 E-Learning 条件下,远程教学和远程学习常常被称为网络教学和网络学习。

众所周知,现代远程教育具有第一代和第二代远程教育无法比拟的优势,主要表现在：

1. 双向互动

因特网中信息资源与用户之间、用户与用户之间可以进行全方位的、能动式的实时互动。网络的这一重要特性,使得现代远程教育实现教师与学生、学生与学生之间的双向互动、实时交互成为可能。

2. 基于多媒体的内容表现

计算机网络具有强大的多媒体传输与表现能力,将多媒体信息表现和处理技术运用于网络课程的讲解和知识学习的各个环节,使现代远程教育具有信息容量大、资料更新快和演示多样、模拟生动的显著特征。

3. 个性化教学

现代远程教育网络为个性化教学提供了现实有效的实现途径和条件。利用计算机网络所特有的数据库管理技术和双向交互功能,对每个学生的学籍资料、学习过程等信息实现系统化的跟踪和记录。在此基础上,教学和学习支持系统就可针对不同学生的具体情况进行个性化学习指导。

新的远程教育形态的出现与应用并不意味着否定和抛弃原有的远程教育形态,即使在现代远程教育得到快速发展的今天,人们仍然可以看到函授教育和广播电视教育等形式在继续发挥着作用。

(二)远程教育的类型划分

远程教育是一种新型的教学形式,这种形式随着媒体和社会的发展变化而产生了多种多样的模式。从不同的研究角度出发,可以将远程教育划分成不同的教学模式。

1. 按教学媒体角度分类

1)函授教学模式

它主要借助印刷媒体教材传送与呈现教学信息,这是最早的远程教育形式。在函授教学模式中,学生以自学印刷材料为主,并且定期或不定期地参加函授机构主持的面授与辅导、实验、实践和考试等。

2)无线电广播教学模式

它利用无线电广播媒体来传送口头语言教学信息,并辅之以印刷媒体教材。这种模式很适合于语言类和音乐类的课程教学,学习者按时收听广播,并且结合印刷媒体教材进行自学。但由于收听时间安排的局限性较大,广播又是稍纵即逝,加之更先进的教学媒体冲击,使得该类型模式目前没有太大的发展。

3)电视教学模式

它主要以电视媒体作为传送教学信息的载体。由于电视媒体信息的呈现特点,使得该类型模式从产生至今一直受到欢迎,是目前世界上最重要的远程教育形式之一。学员除了定时收看电视教学节目或通过录像带学习以外,还必须自学印刷媒体教学资料,定期到当地的学习中心参加面授,完成规定的教学计划或参加考试等。

4)计算机网络教学模式

它运用多媒体网络技术作为教学媒体,是最富于前景的远程教育模式。多媒体网络所至之处就形成了一个大教室,几乎所有的教学活动都可以在网络上来完成。在这里,多媒体技术不仅可以融文字、声音和图像于一体,而且可以消解时空距离,实现自由自在的对话,使师生之间、学员之间进行双向交流,真正做到"足不出户,学所欲学",从而使得教学变得更富个别化。目前,这种模式的教学已在一些国家和地区应用并取得了良好的成效,现在我国也已迈开了迅速发展的步伐。可以肯定的是,计算机多媒体网络技术的教学形式将是现代远程教育发展的必然方式。

2. 按感觉通道角度分类

可以从感觉通道的表现形式将远程教育模式划分为以下 4 类：

1）阅读型远程教育模式

以印刷媒体为主要信息源的函授学校采用的就是这种类型。

2）听觉型远程教育模式

以无线电广播为主要信息源的广播学校采用的就是这种类型。

3）视听型远程教育模式

以广播电视、卫星电视和闭路电视为主要信息源的广播电视学校和教育电视台采用的就是该种类型。

4）交互型远程教育模式

这是一种以多媒体计算机网络为主要信息源的个别化学习类型或形式。

3. 从办学和管理的角度分类

澳大利亚学者基更从办学方式和教学管理的角度对远程教育机构的特征进行分析，他将远程教育系统分为两种不同的大类：

（1）独立的远程教育机构。

（2）常规院校中的远程教育机构。

(三) 现代远程教育的基本类型

对于以网络技术与多媒体技术为主要技术手段的现代远程教育，人们通常从实现技术、信息传输通道、教学形式和传输时效等角度划分类型。但是，这些划分只是相对的。

1. 按照实现技术划分

可以分成四种类型：利用 WWW 技术的网络教学系统、窄频带的视频会议系统、宽频带的实时群播系统及交互式视频点播系统（VOD）。

2. 按照信息传输通道划分

可以分为两类方式："天网"，即利用卫星地面站，通过卫星传输信息，该方式适合实时的单向视频传输；"地网"，即通过互联网或各类专用线路传送信息。

3. 按照教学形式划分

可以分为三种常见类型：实时群播教学系统、虚拟教室教学系统及课程随选教学系统。

4. 按照信息的传输时效划分

可以分为同步传输方式（synchronous delivery）和异步传输方式（asynchronous delivery）两类。

三、现代远程教育与中小学教学

我国的现代远程教育机构是在高等教育大发展的形势下出现的，它最初的设计理念是与高等教育并行的、以正规高等教育为主要目的的教育机构,目前我国高校中附设的网络教育学院基本上都是在此背景下建立的。因此,表面上看现代远程教育与中小学的关系似乎不是很大,最多只是作为教师培养的一条途径而已。事实上,由于现代远程教育使得教育观念和师生关系都发生了重大的改变,对当前中小学教育教学的改革将能够起到积极的推动作用。

(一)现代远程教育与教师

教师是学校最宝贵的财富,教师的素质和教学能力也是决定教育质量的关键因素之一,因此,如何提高教师的素质和教学能力也成了现代远程教育研究和应用的一个热点。可以说,教师教育信息化既是一个教师专业发展问题,同时也是中小学教学方式改革的需要。

1.利用现代远程教育提高教师学历

《2010年全国教育事业发展统计公报》显示,截止2010年底,全国小学专任教师561.71万人,专任教师学历合格率99.52%,比上年提高0.12个百分点,初中专任教师352.54万人,专任教师学历合格率98.65%,比上年提高0.37个百分点。教师脱产进修给学校和教师都带来了很大的压力,因此借助现代远程教育来提高学历,得到了中小学校和广大教师的极大欢迎。

国家在利用现代远程教育改进教师进修和学历提高方面也做出了很大的努力。如2003年9月,教育部启动了全国教师教育网络联盟(http://www.jswl.cn),即教师网联计划,一方面希望以信息化带动教师教育现代化,逐步构建开放灵活的教师终身学习体系;另一方面将借此推进教师继续教育,全面提高教师教育质量,大幅度提升教师队伍的整体素质,尤其是农村教师素质的发展。

目前,全国许多师范院校的继续教育部门都在积极地将传统的函授教育转为现代远程教育,教师的在职学历教育涵盖了专科、本科和教育硕士等不同层次,教师可以在不离开学校教学工作岗位的前提下按照自己的需要选择进修层次、安排学习时间和进度,为教师的学习和提高带来了极大的便利。

2.现代远程教育与教师专业发展

当前,教师专业发展已经成了我国教育研究和行政部门十分关注的问题,也成了教育改革和发展的强大动力之一。教师专业发展的概念非常广泛,其中利用现代远程教育技术进行各种层次的非学历教育、利用网络进行教师教研协作与个人反思等方面,都是目前教育技术研究和实践领域中十分关心的问题。

目前国内利用现代远程教育手段进行教师专业培训的一个重要工程是被称为"百亿工程"的西部远程教育计划——农村中小学现代远程教育工程。该工程由教育部、国家发展和改革委员会、财政部联合实施,2003年试点工作投入的总经费就达到19亿多,覆盖了我国西部各省(自治区、直辖市)25%左右的农村中小学,以及中部六省21%左右的农村中小学。该项目提出的三种试点模式(教学光盘播放点、卫星教学收视点和计算机教室)为不同层次学校的教师获取各种教学资源、拓展视野和学习先进的教育教学理念与方法,都有积极的作用。

利用远程教育手段进行各种层次和范围的协作,已经成为目前教师专业发展中的一个重要方面。比如,利用网络进行教学资源和教学经验的共享,利用BBS、Blog等记载、整理和发布自己的教学反思,利用VLEs传递学习资源的功能进行校本培训等,都是有效促进教师专业发展的手段。目前,有许多Internet服务提供机构(ISP)提供免费的Blog、Wiki和网络硬盘空间,即使学校本身不具备良好的硬件条件,学校和教师也完全可以借助它们促进教师的专业发展,尤其是经过教师加工和改造的各种资源的共享,不仅具有积累学校教学资源的基本功能,还是一个创建学校教学特色的过程。

一般来说,关于教学资源共享可以从下面两个角度去理解。

(1)中小学教师利用现代远程教育技术尤其是学校自主搭建的VLEs共享所有的课程资源,即信息资源。教师把好的资源、自己的实践反思,教学设计成果或是学生的作品上传到网上,建立个人资源库,其他人可以自由地浏览、下载,这样可以使其他教师节约大量的时间,接触更为广泛的优质资源,从而为教学提供更好的支持。这种理解更多的是一种基于校内局域网的资源共享思想。

(2)中小学教师本身作为资源,即人力资源。所谓教师资源共享,就是要打破师资管理中的自我封闭状态,改变教师分布不均匀、结构不合理、人员不流动、余缺不互补的现状,充分挖掘优秀教师、学科带头人等的作用。通过现代远程教育进行教师资源共享,可以建立师资共享网站,甚至可以与全国乃至全世界著名学府的教育系统建立某种链接,使师资力量和教学设施与手段都相对落后的学校的学生也能够接受顶级国际学术大师的指点,这样不仅可以在一定程度上弥补本单位师资力量的不足,又能够节约可观的经费开支。事实上,西部农村中小学现代远程教育工程的三种模式实质上都是建立在这种思想基础上的。

3. 利用现代远程教育改变教学方式

尽管现代远程教育不可能替代中小学课堂的教学活动,但是利用现代远程教育的思想和方法改造现有的课堂教学模式却是一个很好的选择。

从师生关系和教学活动特点来看,传统课堂教学中存在的一个主要问题是,课堂教学有限的时间里无法实现教师和学生之间深入而广泛的互动,导致教师一方面无法全面了解全班学生的学习进展和理解程度,也造成许多学生无法直接向教师提问或者回答教师的问题,学生之间的互动更是基本处于被禁止之列。这种状况是由课堂教学本身的特性即时间和空间的有限性决定的,教师不得不在教学效率和教学效果之间作出选择。

现代远程教育技术由于支持同步和异步两种交互方式,可以使课堂教学的时间和空间得到拓展。也就是说,它可以让课堂教学交互得到最大限度的扩展:一方面,使所有的学生都有机会与教师实现互动,使学生能够充分展现自己的学习进展,从而使教师的教学设计和教学活动变得更有针对性,使教师能够对学生进行真正的个别化指导;另一方面,使学生之间经常性的交流和讨论成为可能,更为重要的是这种交流和讨论是面向所有学生而不仅仅是教师指定的几个学生之间的对话。当然,基于网络的交流活动大量的是在课堂之外的时间和空间,这就使课堂内外、校内外的学习得到了有效的整合。

(二)现代远程教育与学生

由于现代远程教育在教学设计、学习资源和学习方式上体现了最新的一些学习理论和教学思想,如自主学习、建构主义等等,可以为转变传统的学习方式、提高教学效果提供很好的思路。

1.基于现代远程教育的学习方式转变

利用现代教育技术实现学习方式的转变是国家《基础教育课程改革纲要(试行)》提出的要求。现代远程教育中的远程学习方式是一种以自主学习为核心的学习方式,这种学习方式特别符合纲要中提出的培养目标要求,"倡导学生主动参与、乐于探究、勤于动手,培养学生搜集和处理信息的能力、获取新知识的能力、分析和解决问题的能力以及交流与合作的能力。"

基于网络的学习方式有很多。比较简单的模式是基于资源的学习,也就是学生通过获取和利用网上教学资源进行学习和解决问题的活动,这将改变传统课堂中主要以教材和教师作为主要信息来源的学习方式。而基于网络的研究性(探究性)学习则将研究性学习和网络上丰富的资源相结合,引导学生主动搜索、整理和加工各种信息,从而解决问题的学习方式。目前,已经有很多教学设计模板可以支持这种学习方式的实施。

协作学习本身就是建构主义学习理论所提倡的一种学习方式,也被认为是改变传统单一学习模式的一种有效方法。协作学习是学生以小组形式参与、为达到共同的学习目标、在一定的激励机制下最大化个人和他人习得成果,而合作互助的一切相关行为。而计算机支持的协作学习(Computer-Supported Collaborative Learning,CSCL)不仅可以发挥协作本身的优势,而且能够通过网络巨大的交互功能使传统的课堂协作学习过程中难以充分展开交流和讨论、不同年级和不同学校学生难以进行协作的问题得到有效的解决。目前,许多主题学习网站实质上就是 CSCL 的一种应用,它能够使全世界对该主题感兴趣的人一起来进行研究和探讨。

以上这些学习方式已经在教学实践中得到了成功应用,但是在具体实施过程中也遇到很多困难,主要是这类学习方式对学生信息素养的要求比较高,而且教师对这些学习方式缺乏足够的知识与经验,对它们的教育意义和价值认识不足等,使得这些新型学习方式的实际应用效果受到了较大的影响。事实上,只有教师首先掌握了如何利用网络来解决自己面临的问题的时候,他们才有可能很好地意识到这类学习方式的作用和价值,从而增强应用和指导这些新型学习方式的自信心和自觉性。

2.现代远程教育与课堂学习

在某些情况下,人们也可以依赖现代远程教育方式实施正规的中小学教育,据统计目前美国有5%的适龄儿童通过现代远程教育的形式接受义务教育,不过,从绝大多数情况来看课堂学习依然是中小学生学习的主要形式,因此对于绝大多数学校和学生而言,现代远程教育的应用应该以支持课堂学习作为主要的突破口。

除此之外,还可以利用现代远程教育手段对课堂学习进行课后延伸。例如,学生可借助网上的学习资源进一步拓展课堂学习的内容,拓宽自己的视野;预习或者复习时遇到疑难问题可以通过网络通信工具请教专家、教师或是和同学一起探讨。目前一些中小学开设的教育网站都提供类似的服务，如北京 101 网校（http://www.chinaedu.com），北大附中附小网校（http://www.pkuschool.com）等，这些做法实质上使远程教育成了学生学习的"第二课堂"，承担了传统的家庭教师和辅导教师的角色。

（三）现代远程教育与家校联系

家庭是影响孩子学习和成长的首要因素，不论是从学生自身的成长还是从中小学教育的特点来看，都离不开良好的家庭教育。当孩子进入学校以后，家庭对孩子所承担的教育任务并未减少，而是转变为与学校共同承担对孩子的教育。在中小学教育阶段，家长的合作和参与显得更为重要。学校如果能够取得家长的参与，那么孩子们就可能会获得更好的成绩、更高的成就动机，以及对学校和家庭作业持有更为积极的态度。此外，家长的参与还有利于提高出勤率、降低辍学率等。

我国历来有重视家庭教育的传统，但是学校教育与家庭教育之间常常由于在教育理念与方法上存在分歧或矛盾，加上缺少有效的沟通，往往导致双方之间缺乏有效的配合。而依靠家长会、家访、个别电话联系等方式实现的家校联系时效性通常较差，一般是在学生出现了问题后才进行补救和教育，导致学校和家长都处在一个被动的局面；此外家长和学校之间交流的内容和深入程度、家长之间的沟通等方面也受到很大限制，而且双方在沟通的时间和地点上也都无法得到保证。现代远程教育手段的应用为家校联系提供了一条新的思路和方法，可以在很大程度上改变上述不利的现状。

国外在利用现代远程教育手段加强家校联系方面做了很多研究。例如，美国中小学使用校园网进行家校联系，利用 E-mail 和 BBS 为家长与学校、教师的沟通提供了选择；英国中小学也十分强调如何把在学校中的学习活动和在家庭中的学习更为有效地协调和联系。这些方法已经在很多学校得到广泛的应用。

在促进家校联系方面，利用现代远程教育中的虚拟学习社区概念是一个非常有前途的选择。虚拟社区（virtual community）也经常被称为网上社区，它是由网络衍生出来的社会群聚现象，也就是足够多的人在足够长的时间里带着丰富的人类情感进行公开讨论后在虚拟空间中形成的个人关系网络。虚拟学习社区就是以学习为主要目的而形成的虚拟社区，这种社区一般是在特定的 VLEs 系统中形成和发展起来的。

虚拟学习社区可以在家长参与学校教育活动、协调家庭和学校教育、促进家长家庭教育观念的转变等方面起到十分积极的作用。例如，利用公告系统、班级留言及时与家长沟通学校教育情况；通过 VLEs 建立学生电子学习档案袋，积累学生成长和发展的足迹，从而为家长与教师的沟通提供良好的基础等，都是可以尝试和应用的方面。显然，这种沟通使家校之间的交流变得随时随地，在节约沟通成本的同时还提高了沟通的效率。更重要的是，这种充分地交流由于有了共同的基础和语言，为家长与学校之间的联系提供了持久的动力，也使家校联系能够为孩子的健康成长营造一个良好的环境。

建立面向家长的虚拟学习社区可以有效地发挥网络交流的优势。比如，中小学富有先进家庭教育理念的传播和优秀家庭教育经验推广的任务，建立专门的家长论坛，将见面机会少的家长通过虚拟社区的形式联系在一起，就可以更为经济有效地完成该项任务。

第二节 网络教育

以信息化、全球化为特征的信息时代的到来，给人们的生活节奏、管理手段、学习模式、思维方式等带来了很大的冲击，网络教育作为一种新的教育方式具有独特的优势，它结合了多媒体技术、数据库技术、网络技术等现代信息技术，是教育在 Internet 上的一个重要应用。网络教育向传统教育模式提出了挑战，世界各国非常重视网络教育的发展，各国政府在政策上、资金上给予一定的支持，我国也在积极地推动网络教育的发展。截止 2011 年，开展网络高等学历教育招生的试点高校有北京大学、中国人民大学、清华大学、北京师范大学、中国传媒大学、南开大学、吉林大学、东北师范大学、哈尔滨工业大学、华东师范大学、华南师范大学、中央广播电视大学等 68 所。

网络教育的前身是远程教育，作为一种教与学时空分离的教育方式的远程教育已超出原有的意义，网络教育与网络教学相比是一个比较广泛的概念，它不仅包括学校教育，还包括社会教育中所开展的各类教育教学活动。我们国家非常重视网络教育工作，江泽民同志曾明确指出："终身学习是当今社会发展的必然趋势。一次性的学校教育，已经不能满足人们更新知识的需要，要以远程教育网络为依托，形成覆盖全国城乡的开放教育系统，为各类社会成员提供多层次、多样化的教育服务。"

1998 年 11 月 5 日，由中国教育部和埃及教育部联合举办，以"面向 21 世纪的教育"为主题的第三届中埃高层次教育研讨会在北京举行。陈至立同志在会上作了题为《面向 21 世纪中国教育的全面振兴》的主题发言，韦钰同志介绍了中国现代远程教育的情况。

2001 年 3 月 19 日，韦钰同志在北京会见应邀来访的英国教育就业国务大臣布莱克斯通女士一行。双方就中英两国教育交流，特别是高等教育领域内的合作与交流、网络大学和远程教育以及贯彻中英两国政府间教育合作框架协议等问题交换了意见。

陈至立同志在指导学校信息化工作中指出："发展现代教育技术和现代远程教育，是教育领域的一场极其深刻的变革，不仅需要基础设施，还需要软件建设，更需要教育观念和人才培养模式的变革。"

胡锦涛同志在党的十七大报告强调："发展远程教育和继续教育，建设全民学习、终身学习的学习型社会。"

国家中长期教育改革和发展规划纲要（2010—2020 年）指出："大力发展现代远程教育，建设以卫星、电视和互联网等为载体的远程开放继续教育及公共服务平台，为学习者提供方便、灵活、个性化的学习条件。"

综上所述，我们可以看出，我国网络教育的发展得到了国家的大力支持，在网络基础设施建设方面已取得较大的进展，教育网与高校校园网的建成，实现了各高校之间的交流与沟通，有助于优质教学资源的共享，有利于提高教学质量。

一、网络教育的几个相关概念

网络教育涵盖网络教学，网络教学是网络教育的子概念，要想深入地理解网络教育，首先必须了解网络教学，下面将呈现几个国内外学者关于网络教学的定义。

(一) 网络教学

Badrul H. Khan 在 1997 年提出"基于 Web 的教学是一种利用超媒体教学程序来创造一种有意义的学习环境，使学习得到促进和支持。这种超媒体程序能够利用 WWW 的各种特性和资源网络教育。"[1]

同年，Relan 和 Gillani 提出"基于 Web 的教学是在合作学习环境中，基于建构主义的一种认知教学策略全部内容的应用，以便能利用 WWW 的各种特性和资源。"[2]

Clark 提出"WBT(Web Based Training)是一种使用 Web 浏览器，在公共或私人的计算机网络上来实现的个别化教学活动。基于 Web 的训练并非源于基于计算机的训练，但是可以通过网络获得存储在服务器中的训练内容。基于 Web 的训练内容可以获得更快的更新速度，同时访问该方面的资源可以由训练的提供者进行灵活的控制。"[3]

我国学者柳栋在 2002 年提出"网络教学是指将网络技术作为构成新型学习生态环境的有机因素，充分体现学习者的主体地位，以探究学习作为主要学习方式的教学活动。"[4]

(二) E-Learning

近几年，E-Learning 是国内外网络教育中使用比较广泛的名词，国外学者 Vaughan Waller 和 Jim Wilson 对 E-Learning 给出的定义为："E-Learning 是一个将数字化传递的内容同(学习)支持和服务结合在一起而建立起来的有效学习过程。"[5]

我国著名教育技术学家何克抗教授在 2002 年给 E-Learning 所做的定义如下："E-Learning 是指通过因特网或其他数字化内容进行学习与教学的活动，它充分利用现代信息技术所提供的、具有全新沟通机制与丰富资源的学习环境，实现一种全新的学习方式；这种学习方式

---

[1] Badrul H. Khan. Web Based Instruction [M]. Educational Technology Publications Englewood Cliffs, New Jersey. 1997.

[2] Gillani, Relan. Incorporating Interactivity and Multimedia into Web_Based Instruction [J]. In Khan, B. (Ed.). Web_Based Instruction (pp. 239-244). New Jersey: Educational Technology Publications, Inc. 1997.

[3] Clark. Glossary of CBT/WBT Terms [DB/OL]. http://citeseer.nj.nec.com/context/964439/0P.

[4] 柳栋. 网络教学的定义 [DB/OL]. 中国教育与科研计算机网. 2002 http://www.edu.cn/20020513/3025923.shtml.

[5] http://www.etc.edu.cn/articledigest22/duiw.htm

将改变传统教学中教师的作用和师生之间的关系,从而根本改变教学结构和教育本质。"[1]

2011年10月,在中国知网CNKI主题中输入关键字"E-Learning",显示4351条记录,文献主要来源于《中国电化教育》《电化教育研究》《中国远程教育》《开放教育研究》《现代教育技术》等学术期刊,我们可以看出E-Learning在我国深受各界人士的关注与欢迎。

(三)网络教育

与网络教学相比,网络教育涵盖范围更广泛,它囊括学校教育与社会教育中所开展的各类教育教学活动。我国著名教育技术学家南国农教授指出:"网络教育是主要通过多媒体网络和以学习者为中心的非面授教育方式。"

网络教育指在原有函授教育手段中增加互联网的双向互动功能,使异地师生不仅可以通过互联网进行在线辅导和答疑,还可以实现异地实时互动的课堂教学。此外,学生还可以在网上参与校内的文化社团活动以及各种在线交流论坛。据此我们可以看出,网络教育下的学生和传统学生的两大不同点:一是走读,即住宿社会化;二是学生主要依靠网络进行学习。

我国学者程智提出:"网络教育指的是在网络环境下,以现代教育思想和学习理论为指导,充分发挥网络的各种教育功能和丰富的网络教育资源优势,向教育者和学习者提供一种网络教和学的环境,用数字化技术传递内容,开展以学习者为中心的非面授教育活动。"

我们认为网络教育,主要是指运用多媒体计算机与网络通信技术开展教学活动和教育管理的一种新型教育模式。它为我们营造了一种前所未有的教育教学环境,实现了人人之间、人机之间跨地域、跨时空的交互,提供了一种先进的教育技术手段,实现了优质教学资源的丰富和共享,推动了真正意义上的因材施教的实现。

二、网络教育的特点

网络教育不是精英教育的补充,而是继续教育的完善,是全民终身教育的补充。网络教育的便捷性和高效性是传统教育所无法比拟的,它可以充分调动学生的学习积极性和主动性,发挥个性化和协作学习的优势,让更多的人有机会接受再教育,符合现代生活需求。

(一)学习时空的自由化

网络教育最显著的优势就是突破时空限制,一改传统教育受到经济条件、教师资源、时间与空间限制的局面。网络教育充分利用了互联网资源丰富、信息量大的特点,在教育教学上实现横向与纵向的延伸,使教育教学不再受校园、教室等空间上的限制和课堂时间上的束缚。学生不仅可以随时随地进行网上学习,而且可以根据自己的学习需求调整学习进度,使学习得到时间上和空间上的延续,实现了真正意义上的跨时空教育。

---

[1] 何克抗.E-Learning与高校教学的深化改革[J].中国电化教育,2002(1).

(二)教学模式的个性化

网络教育改变了"教师＋教科书＋粉笔＋黑板"的传统教育模式,教师不再是课堂的主宰者、知识的传授者,而是在整个教学活动中作为指导者、组织者,主要培养学生掌握知识的能力,指导学生学习,帮助学生获取信息、选择信息、处理信息,解决学生学习过程中出现的知识性、技术性等方面的问题;学生不再是知识的接受者,而是一个积极地、主动地搜索和处理有关网络教育信息的主体。网络教育能够充分调动学生学习的主动性和参与意识,激发他们的探究热情,开发他们的认知潜力。在网络教育中,学生不仅可根据自身条件主动地、有针对性地选择网上所提供的文字、图形、图像、动画、教师录像等学习资源进行学习,而且整个学习过程也完全由学生掌握,教师则起到辅导、启发的作用,是学生学习的伙伴。由此可见,网络教育充分突显了学生自主学习的主体地位,有利于激发学生的学习兴趣,提高学生的注意力,培养学生思维的发散性、深刻性、灵活性和创造性。

(三)教学内容的多样化

多媒体技术与网络技术的飞速发展,为学生构建了一个良好的学习环境。网络教育与多媒体技术相结合,实现了通过互联网以文字、图形、图像、声音、动画、视频等多种媒体结合的形式来呈现学习内容,能够充分调动学生视觉、听觉、触觉等多种感官,多层次、多角度地对学习内容进行描绘,增加学习内容的表现力与感染力,使学习内容更加形象化、多样化。这样,不仅可以使学生系统地掌握知识,而且可以使学生对所学的知识得到巩固与强化,使整个学习过程具有趣味性与娱乐性,从而提高学生学习热情和学习效率。

(四)教学资源的共享性

比尔·盖茨在谈到网络教学的资源优势时指出:"信息高速公路将把无数教师和作者的最好劳动聚集起来,让所有的人来分享。教师将能够利用这些资料做教学课题,学生们将有机会探讨这些资料。这一途径将有助于及时地把亲自受到最佳教育的机会传到甚至是那些不能有幸进入最好学校,或没有得到最好家庭支持的学生那里。"

随着现代教育技术与网络技术的发展,网络教育促使各种教学资源跨越了空间距离的限制,打破了学生只能在固定时间固定地点听教师讲课的单一局面,使学校教育成为可以超出校园范围向更广泛的社会范围辐射的开放式教育,学生可以在图书馆、多媒体网络教室甚至可以在家里进行学习。网络教育为学生提供了优质、丰富的教学资源,使他们能够最大限度地接受到最好的教师、最好的教授的教学支持服务。与此同时,部分高等院校、中等职业学校、中小学学校充分利用现代远程教育资源的优势,把最优秀的教师、最好的教学成果通过网络进行优质资源的共享,为广大在职人员提供和创造了更多的学习和进修机会。

第三节 网络教育模式及案例分析

网络教育模式主要指以多媒体技术为主要手段,通过网络进行跨时空、跨地域的,实时或非实时的交互式教学形式。网络教育模式的教学不仅强调"教",更突出强调一个"学"字,学生只要具备主动的学习意愿以及基本的上网知识,就可以实现任何时间、任何地点、从任何章节、学习任何课程的愿望。

一、网络教育模式的特点

(一)网络教育模式的优点

网络教育模式的优点概括起来有以下几个方面:

(1)网络给学生提供了集成化的学习环境。比如多媒体学习系统、辅助学习工具、实践环境、演示环境、师生交互环境等等,这些学习环境使学生完全有条件并且能够完成自主学习的全过程。而网络环境下的个别辅导是学生在自行建构知识意义的过程中教师的一种引导。这种辅导真正实现了以学生为中心以及个性化、交互式学习的要求。网络环境同时也为学生提供了形式生动活泼、内容丰富、信息量大、具有交互功能的学习资源,学生根据讨论主题的需求,可以从多种渠道获取学习资源,这样更符合学生认知结构的发展规律。

(2)网络化学习,无所不在。通过对互联网、局域网的整合以及电子通信技术的日新月异,从而创造更高的学习效率。

(3)教育信息化,聚散随心所欲。透过各种信息技术手段的运用,教育机构可以把广大生源和社会的相关"教育信息"输入到一个庞大的数据库,并且运用数据挖掘或通过其他系统来测定人们在某一特定时期会需要什么样的专业课程和教育服务,随之开发这些课程和服务,这对于受教育者来说将更具有价值。

(4)学习为本,工作学习一体化。继续教育与赚钱养家始终是一对矛盾,但这有可能因为网络教育的成熟而真正成为历史。

(5)互联网的开放性决定了网络上的信息资源可随时共享,因此摆脱了传统教育对学习时间、地点的严格要求,求学者可根据需要随时随地给自己"充电加油",不断提高自己。

从以上几个方面不难发现,互联网络丰富的学习资源,为学生创新学习提供了更好的方法和条件。教师所要做的就是确定一些适合由学生自己解决的问题,并在整个过程当中对学生不能解决的疑难问题给以启发和提示,从而使学生处于积极主动的地位,有效地激发学生的学习兴趣和创造性。

(二)网络教育模式的缺点

任何事物都具有两面性,网络教育模式也不例外,相对于传统教育模式而言,它也存在一些不足:网络教育模式过于强调学生的"学"字,而忽视了教师主导作用的发挥;学生的合作意识和集体观念渐趋淡薄、德育教育存在不足,教师无法对学生的行为进行有效的监督,学习者不能适应网络教学方式,甚至成为"网迷"而偏离学习目标。因此,尤其对年龄小的学生而言,网络教育模式不能完全替代传统教育模式。在大学里,网上学习为学习者提供了便捷的以及满足个性化需求的学习平台,从而大大提高了教育的适应性。然而,我们在适应网络教育发展变化时,还应该充分重视网络教育的新的教育管理问题,它是保证网络教育模式达到一定质量和效益的重要基础。

二、网络教育模式的类型

教育部在《现代远程教育资源建设指南》中指出:现代远程教育是利用网络技术、多媒体技术等现代信息技术手段开展起来的新型教育形式。据联合国教科文组织在其一项调查报告中指出:当前,无论是发达国家还是发展中国家,都不同程度存在教育滞后于现实需要的问题,第三世界国家尤其严重,而普及远程教育,尤其是网络教育,不仅是解决这一问题的有效途径,而且将成为革新传统教育模式的重要动力。下面我们将探讨网络教育模式的类型:

(一)远程实时授课模式

教师与学生之间可以在同一时间不同地点,通过互联网传输教师的现场录像实现远程实时的授课与听课,学生可以在同一时间内聆听优秀教师讲授教学内容,并通过电子白板交互、应用程序共享、课件同步浏览、文本聊天交流、课堂管理监控等功能实现师生之间的交流,解决传统课堂教学在时间和空间上的制约问题,实现名师授课及教育资源的共享。清华大学、上海交通大学、中央广播电视大学等采取该模式。

(二)异步点播模式

异步点播模式以流式视频课程或网络课程为主要学习资源,学生可以通过互联网浏览视频、网络课件、教学资料,每个学生都可以根据自己的实际情况确定学习时间、学习内容、学习进度,可随时在网上向教师请教。采取该模式的有中国人民大学、东南大学、北京外国语大学等。

第四节　网络课程的设计与开发

一、网络课程的制作要求

随着计算机网络与通信技术的迅速发展和终身化学习社会的到来,远程开放教育作为一种新型的教育形式,越来越受到社会的关注。作为开放教育基本信息的载体——网络课程是开放教育学习中最常用的形式,是教师"教"和学生"学"的基本环境。因此,网络课程的制作与开发已经成为教育工作者研究的热门课题。

(一)网络课程的相关概念

1. 网络课程的定义

教育部高等教育司颁布的《现代远程教育技术标准体系和11项试用标准(简介)V1.0版》中指出,网络课程是"通过网络表现的某门学科的教学内容及实施的教学活动的总和,它包括两个组成部分:按一定的教学目标、教学策略组织起来的教学内容和网络教学支撑环境"。从广义上来说,网络课程的资源包括支持网络课程学习的一切教学软件,包括网络课件、学习资源库、学习案例库、练习题库、模拟实验室等;狭义上,网络课程的资源则主要是指网络课件。

2. 网络课程的基本构成

根据《现代远程教育资源建设技术规范》的定义,网络课程包括两个部分:教学内容与网络教学支撑环境。

1) 教学内容

教学内容是以知识点为基本教学单元,以文本、图像、动画、音频和视频为综合表现手段的课程内容,应具有科学性、系统性及先进性,表达形式应符合国家的有关规范标准,符合本门课程的内在逻辑体系和学生的认知规律。每一个教学单元的内容都应该包括如下部分:学习目标、课时安排、学习方法说明、教学内容、练习题、测试题和相关资源(包括相关文章、网站、视频及动画等教学资源)。

2) 网络教学支撑环境

网络教学支撑环境指支持网络教学的教学资源、教学平台以及在网络教学平台上实施的教育活动。教学资源指依据教育部信息化技术标准委员会发布的《现代远程教育技术标准(DLTS)术语规范(草案)》,网络课程中的教学资源指与网络课程相关的媒体素材、题库、课件、试卷、案例、文献资料、常见问题解答库和资源目录索引等资源。教学平台指支持网络课程教学的各个环节的教学软件工具,是一个统一的教学与学习、内容整合、网上辅导及讨论、自我测验的系统平台。教学活动是网络课程的核心内容,完整的网络课程需要如下教学活动:实时讲座、实时答疑、分组讨论、布置作业、作业讲评、协作解决问题、探索式解决问题、练习自测、考试阅卷和教学分析等。

3. 网络课程的功能

1) 开放式教学

网络课程支持各类开放式教学,开放不仅是指突破课堂教学、时间空间的限制,也是指教学方法的变革和教学模式的转型。

2) 大规模资源集成

网络课程将各类与课程相关的图文声像资源集成到一起,形成一个支持课程学习的资源库。既有静态的各类相关知识资源,也有教师和学生的思维智慧等动态资源,为学生提供充分选择的自由。

3)多维化信息交互

网络课程为学生自主学习提供多种渠道的信息交互,有实时的、非实时的;有视听方式的、文本方式的,从而更好地推动科学的认知方式和艺术的认知方式的融合。

4)全日制教学的一种重要辅导手段

以往的教育实践活动以及将来的教育实践活动中,分班级的课堂教学是全日制教学活动的主要方式,网络课程成为全日制教学活动中的一个重要辅助手段。用于学生自学、测验、答疑和作业,同时也可以用于强化课堂授课效果,如用多媒体演示相关教学内容。

4. 网络课程的特点

网络课程是网络环境下的全新教学形式,它突破了课堂教学口耳相传、时空固定和以教为主等局限,贯穿了"以学为主,以人为本"的现代教育思想,极大地调动了学习者的积极性、能动性和创造性,并为随机教育、终身教育提供了必要的条件。它和普通教学相比,有着如下鲜明的特点:

(1)开放性。网络课程的体系和内容能够让教师方便地进行调整和更新。

(2)交互性。网络课程不仅可以进行人机交互,更重要的是教师与学生之间、学生与学生之间也可通过网络实现人与人之间的交互。

(3)共享性。网络课程通过链接等多种方式引入丰富的动态学习资源,从而可实现最大范围内的、跨时空的资源共享。

(4)协作性。网络课程可以让教师、学生通过讨论、合作、竞争和角色扮演等多种形式完成一个确定的学习任务。

(5)自主性。网络课程以学生自主学习、自主探索为主。

(二)网络课程制作要求

1. 网络课程的基本要求

开发网络课程时,一般应满足如下基本要求。

(1)网络课程要满足在 Internet 上运行的基本条件,要具备安全、稳定、可靠和下载速度快等特点。

(2)网络课程要有完整的文档(电子稿)。

(3)网络课程文字说明中的有关名词、概念、符号、人名、定理、定律和重要知识点都要与相关的背景资料相链接。

(4)对课程中的重点、难点部分,要采用多媒体技术的表现手段强化学习效果,但要避免表现的复杂化,能用文字充分表达内容意思的不用二维图表来表达,能用二维图表充分表达内容意思的不用三维动画来表达,尽量减少数据量。

(5)系统建构网上学习环境。网络课程应根据不同学科专业教学内容的特点,按照教学单元,遵循网络学习的规律,为学员建构一个网络学习的系统环境。

(6)详细设定学习目标。课程是以学员自学为主的网上学习,因此应设定层级清晰、循序渐进的学习目标,增加网上学习的目的性和指向性。

(7)科学组织网上学习内容。在对学科专业的内容进行详细分解的前提下,对不同性质的学习内容进行排序重组,使学习内容更加适合网络学习的特点和学员非线性学习的要求。

(8)全面提供网上学习策略。课程的各种模式实质上就是教学策略的直接表现。网络课程应按照教学设计的要求体现出4种学习策略:学习组织策略、学习表达策略、学习管理策略和学习评价策略。

(9)精确设计网上学习评价系统。网络课程的网上学习评价是最具网络教学特色的环节,集中体现在学员学完每一个单元之后进行的自我检测上。这也是评价网络课程绩效的重要指标之一。

2. 软件技术要求

开发网络课程时,应尽量选择成熟和通用的技术来满足网络课程的运行要求。

(1)在系统软件方面的要求如下所述。

- 网络协议:TCP/IP 协议;
- 网络操作系统:一般采用 Windows 2000 Server 及以上版本,也可采用 Unix 和 Linux 系统;
- Web 服务器:Internet Information Server 5.0;
- 数据库软件:一般采用 Access 2000、SQL 7.0 或 Oracle 8 及以上版本;
- 软件运行平台:一般采用 Windows 98 加 IE 6.0 及以上版本;
- 流媒体服务器:一般采用 Microsoft Netshow 或 RealSever G2;
- 网络视频、音频播放软件:建议采用 RealPlayer G2 或 Microsoft Media Player 6.0 及以上版本;
- E-mail 服务器:一般采用 Microsoft Exchange 5.5 及以上版本。

(2)在开发工具方面的要求如下所述。

- 图形设计:Fireworks、Photoshop 等;
- 动画设计:Flash、Ulead Gif Animator 和 3DMAX 等;
- 视频工具:Premiere、Video for Windows 等;
- 音频工具:Wave Edit、Sound Edit、Cool Edit pro 等;
- 网页设计:Dreamweaver、FrontPage 等;
- 编程环境:Microsoft Visual Studio、ASP、PHP 等。

3. 安装与运行

网络课程制作完成后,一般应满足如下条件。

(1)安装与卸载。推荐采用光盘直接运行安装。安装、卸载时,一般给出安装程序文件

(setup 或 install)和卸载程序文件(uninstall)，以便于安装与卸载。应允许用户自定义安装路径，同时给出默认目录供用户参考。建议在安装时，安装程序同时在 IIS 中创建虚拟目录和应用程序。安装过程中，如果需要修改系统参数，应提示用户要修改的内容，并提供恢复原系统参数的方法。

(2)运行环境。一般使用分辨率：800×600 dpi 以上，建议使用 Internet Explorer 6.0 及其以上浏览器。在运行中，需要借助浏览器插件时，提供该插件的下载功能。

二、网络课程的设计原则

这里所说的原则，不是从技术角度出发，而是从教育的角度出发，也就是网络课程的设计如何符合现代教学原理的问题。网络课程设计的基本原则如下所述：

(一)开放性原则

所谓的开放性，包含这样几层含义：一是学习者参与的开放性，学习者可以按需参与，不应当有过多的限制；二是教学内容的开放性，教学内容应当体现各个知识领域的相互关联性；三是课程资源的开放性，要为学习者提供所需要的资源，既要便于学习者获取资源，也要便于教师随时补充资源；四是网络课程教学支撑平台的开放性，教师可以根据学习者的学习情况以及课程内容的发展情况来动态调整教学策略与教学设计。

(二)自主性原则

网上教学应该坚持以学习者为主体，营造一种有助于学习者探究性学习的环境，促进自主学习的文化的发展。学习者可以根据自己的需要和实际情况，自主地选择学习内容、学习方式、学习时间以及学习地点等。学习者自主学习活动包括自学知识、观察演示、观察案例、寻找信息、探索问题解法、交流研讨、构建作品以及自我评价等。

(三)交互性原则

所谓交互性包含两层含义：一是在教学内容和教学方式上，要改变传统教学和前两代远程教学的集中式和灌输式的教学方式，不能简单地把教学内容"推送"给学习者，而是要通过人机交互和人际交互的方式进行学习，网络课程应当及时对学习者的学习活动做出相应的反馈，而不是教材的电子搬家；二是要尽可能地为教学双方以及学习者的相互交流创造便利条件，使学习者可以方便地发表自己的见解、寻求帮助和相互讨论，有利于培养学习者的高级认知能力以及合作精神。目前的交互方式除了基于文本的 E-mail、讨论区和 BBS 等，还有基于文本的图像的电子白板、应用程序的共享等方式。

(四)便利性原则

所谓便利性原则，就是在课程设计过程中充分为学习者考虑，为学习者提供尽可能便利的学习条件。例如，提供简洁明了的导航设计，使学习者不必经过培训即可使用；提示信息要详细、准确和恰当,不会引起歧义;媒体运用尽可能提高适应性,在主流机器和主要的操作系统上都可以方便地调用;交互方式要适合绝大多数人的习惯,使得一般人都能够得心应手地使用。

(五)可评价性原则

对学习者的学习情况和学习效果提供真实、有效的评价和反馈,可以比较确切地指出学习者学习中的问题以及相应的解决方法,充分调动学习者的积极性,激发学习者对学习的兴趣。贯彻可评价性原则要求在设计网络课程的时候,应当提供考试的得分、错误答案的分析以及指导教师对习题作业的批阅结果等功能。

三、网络课程的开发流程

(一)需求分析

需求分析是远程教学系统设计的第一阶段。首要任务是要选好题,搞清网络课程要达到的目标,并且明确给出达到目标的评估目标。要确定网络课程的使用对象,了解他们有什么特点和所具备的知识基础和技能。还要明确网络课程运行的环境以及开发所需的时间、人力和经费。

1. 选题

即确定所要开发的网络课程的题目。在网络课程开发全过程中,选题是一个关键,它好比路线方针,选题正确,以后的工作才有意义。

选题应遵循两方面的原则:一是科学性和思想性相结合的原则;二是针对性强的原则。要选好的题目,不仅仅要对传统教学手段的不足和使用者的需要有充分的了解,还必须对计算机的性能有足够的认识,知道怎样能充分发挥计算机的优点。有丰富教学经验的教师对学生比较了解,知道学生学习中的难点,却不清楚计算机能干什么,不能干什么。相反,熟悉网络课程开发的人员就比较清楚计算机的问题。因此,解决的方法一是让教师与网络课程开发人员进行真诚的合作,教师将自己的设想告知网络课程开发人员,网络课程开发人员告知教师这种设想是否可行;二是让教师学习有关软件设计的知识,自己提出问题,并分析问题的可行性。

2. 确定目标

首先要明确所开发网络课程的教学目标。教学目标既是网络课程开发的指南,又是网络课程评价的依据之一。教学目标首先应该具体,其次应明确采用什么样的模式。不同类型的网络课程的教学理论基础和所能达到的目标层次不同。在实际的开发过程中应根据网络课程内容的特点和需要,决定采用其中一种或几种模式。

3. 确定教学内容

教学内容应当由从事教学实践的教师根据教学需要来决定,说明软件所覆盖的主要知识点。

4. 明确对象

明确使用远程教学系统的对象也是需求分析阶段的一项任务。包括远程教学系统使用者的资历、原有的基础知识和基本能力如何、使用者的特点是什么。不同年龄阶段的学生的认知结构有很大的差别,教学媒体的设计必须与教学对象的年龄特征相适应。

5. 运行环境

运行环境一般指硬件环境与软件环境两方面。既要考虑到远程教学系统的开发环境,以便于远程教学系统的开发能顺利完成,又要考虑到教学系统中(如大、中、小学校)的教学用机型以及教学环境。

6. 必要性与可行性分析

达到上述教学目标是否有必要或值得开发网络课程,可从成本、可行性及效果等方面加以考虑。若考虑采用其他媒体应经过多方面的论证,确有必要且可行的可进入下一阶段,不必要或不可行的则停止。

(二)系统设计与教学设计

设计从广义上讲应包括远程教学系统从需求分析阶段结束后至远程教学系统的运行代码完成前的所有过程。设计阶段是重要的一个阶段,网络课程设计的质量直接影响着软件的质量。这一阶段通常包括教学设计和系统设计,它们在时间上是并行的,通常是用系统设计的思想来指导教学设计。由于设计要受到远程教学系统使用后的评价的影响,可能要反复修改。

1. 系统设计

为了保证网络课程的质量,并使开发工作能顺利进行,必须制订一个周密的计划,这项工作就称为系统设计。系统设计实际上是为需求说明书到程序开始之间的过渡架起一座桥梁。系统设计要决定网络课程的结构,包括数据结构和程序结构。通常将系统设计分为概要设计和详细设计。概要设计的任务是决定系统中每个模块的外部、内部的算法过程及使用的数据。

1)概要设计

概要设计又称总体设计,它的基本任务是:将系统划分为模块;决定每个模块的功能;决定模块的调用关系;决定模块的接口,即模块间传递的数据。所以概要设计的主要工作就是完成模块分解,确定系统的模块层次结构。概要设计是开发过程中关键的一步,因为软件系统的质量及一些整体特性基本上是在这一步决定的。因此概要设计应该由资历较高、经验较丰富的软件人员担任。概要设计的主要成果是模块说明部分,包括模块结构图及每个模块的功能说明。模块结构图描述了系统的模块组成以及模块间的调用关系,每个模块的功能说明则需描述模块的输入输出及其功能(即"做什么",而不是"怎么做")。

概要设计常用的设计方法有结构化设计、Parnas方法和Jackson方法等,这些方法都采用了模块化、自顶向下逐步细化等基本思想。它们的差别在于构成模块的原则,结构化设计以数据流图为基础构成模块结构;Parnas方法以信息隐藏为原则建立模块结构;而Jackson方法则以数据结构为基础建立模块结构。这些方法可以结合起来使用。

2)详细设计

详细设计确定每个模块的内部特性,即每个模块内部的执行过程(怎么做)。主要包括局部数据组织、控制流、每一步的具体加工要求及种种实现细节等。详细设计的方法主要有结构化程序设计。即每一个模块只由顺序、分支和循环3种基本的控制结构来构造。结构化程序设计采用自顶向下逐步求精的设计方法和单入口的控制结构。因此,在详细设计时确定每个模块的实现算法应先考虑整体后考虑局部,先抽象后具体,通过逐步细化,最后得到详细的实现算法。

由于概要设计后已确定了每个模块的功能和接口,而详细设计只需分别考虑每个模块,所以问题的规模已大大缩小。又因为有了结构化程序设计的方法,一般来说,详细设计的难度已不大了,关键是用一种合适的表示方式来描述每个模块的执行过程,这种表示方式应该是简明而精确的,并由此能直接、机械地导出用编程语言表示的程序。目前常用的描述方式一般有流程图、盒图(N-S图)、问题分析图及表格描述等。流程图是开发人员最熟悉也是应用最广泛的一种描述方式,其特点是简单、直观且易学。

由于详细设计的难度相对来说不高,所以初级软件设计人员一般可以胜任,但是模块结构图中的上层模块或一些关键模块(如含有新的算法的模块),最好还是由高级软件设计人员来做详细设计。对于网络课程来说,详细设计主要是对概要设计中所划分的各知识内容模块、各练习部分模块内部具体功能的设计。

2. 教学设计

教学设计是网络课程开发最为细致复杂的一项工作,必须进行教学目标的分解、教学内容的安排和逻辑的组织,规定各教学阶段成果的测量方法和处理策略。因此教学设计过程通常包括以下几个方面:教学目标的分解、选择教材内容、设计教学策略、教学媒体的选择及脚本设计。

教学设计类似于电影电视分镜头脚本,主要指出每一教学步骤的屏幕显示内容,并且指出如何与学生交流会话,在什么情况下转入下一个单元和下一个单元是什么;也可以是一份教学设计说明,指出所要教学的知识模型、教学策略的选取方法,如何判断学生学习进展的规则等。这些成果的质量将直接影响网络课程的质量。这一阶段的工作需要对教学过程十分熟悉和了解,通常由教学设计人员或有经验的教师来完成。

1)确定分解教学目标

根据需求分析的结果,要进一步制定具体教学目标,也就是目标细化工作。一般可由有经验的教师依据教材内容,分析其知识结构,勾画出知识结构之间的逻辑关系。例如直线性的顺序结构关系或者是树型结构的层次关系,最好能给出形式化的知识结构图,从而为远程教学系统的教学内容、教学序列以及教学过程的选取提供重要依据。

2)选择教学内容

网络课程的内容是整个网络课程的灵魂。内容要具有科学性、系统性、突出主题、重点和难点。在典型的网络课程中,教学内容包括如下几项。

- 事实与规则:是与所确定的教学目标有关、需要学生实际掌握的知识;
- 例子:解释和说明事实与规则所必需的,有助于学生对知识的理解;

- 问题：为了检查学生对所学知识的掌握程度而设置，问题应直接针对教学目标；
- 预期的回答：预先设定学生对问题的各种可能回答，包括正确的和不正确的，以便计算机判别学生的应答，并对各种情况作适当的反馈；
- 反馈信息：简单的反馈信息可包括鼓励、提示、建议以及补救信息等；
- 参考资料：是否提供允许学生访问联机资料，如历史年表、词汇解释等。

3）选择教学策略

设计适当的教学过程，选择适当的教学方法，通称为教学策略。教学策略应给出教学内容的排列方法、每一项学习内容、学习过程设计的原则以及决定教学信息呈现方法的原则，还应给出学生应答控制的原则和方法以及实现分支的原则和方法等。教学策略类型很多，如诊断和纠正错误法、苏格拉底的启发对话法等。在实际的教学实践中，教学策略决定于两个因素：知识点自身的因素（类型、难度、重要程度和教学目标等）；学生认知结构方面的因素。

教学策略的主要功能包括选择与生成问题，以便学生回答；提供个别指导与讲解；调整教学步骤；组织安排教学内容；根据诊断结果指出学生错误类型，并提出复习材料与补救措施。

4）选择教学媒体

为了使每个知识点的教学达到预定的教学目标，在原来多种媒体组合的课堂教学中，教师除了使用传统的教学媒体外，还常常选择幻灯、投影、电视录像和录音等电教媒体进行课堂辅助教学，而在教学系统中则可以通过计算机技术将文字、图表、图像、活动影像和声音等多种媒体的信息进行综合处理和管理，因此，在设计教学系统中，关于教学媒体的选择与设计，应注意明确原来课堂教学中使用的媒体类型与现在计算机教学系统中的信息形式的对等关系。因此，在网络课程设计时就可以根据教学内容与教学目标分解的结果和各种媒体信息的特性，选择合适的媒体信息（如文本、图形、动画、图像、影像、解说和效果等）。

3. 脚本设计

脚本设计是将网络课程的教学内容、教学策略进一步细化，具体到远程教学系统的每一屏幕的呈现信息、画面设计、交互方式以及学习过程的控制。网络课程的实现直接依据是脚本设计。规范的网络课程脚本，对保证软件质量水平，提高软件效率，具有积极的作用。因此，网络课程脚本的编写是网络课程研究和开发工作中的一项重要内容。下面就从几个方面对脚本进行介绍。

1）脚本的作用

脚本是网络课程实现的直接依据。利用脚本可以更有效、更方便地进行画面设计。画面设计是对远程教学系统中每帧画面的信息排列位置和显示特点的设计。基于网络课程制作的特点、编程方法和编程技术，画面设计必须具有统一性、连续性和系统性。因此画面设计应在脚本设计中完成。脚本实现了教学过程中的每一个细节。

2）脚本系统的主要内容

脚本系统是一种用于描述脚本的方法和体系。可以有多种不同的方式建立脚本系统，但不管是怎样的方式，都应达到有效地描述网络课程设计的要求，要能有效地对网络课程制作者、使用者进行支援。脚本设计、编写的基本内容就是一张张脚本卡片的设计和编写。在一定程度上,可以认为脚本是脚本卡片的集合。脚本系统应规定卡片的基本格式和编写方法。脚本卡片的排序由学习流程所决定,脚本卡片也是学习流程的具体体现。脚本系统中应包含学习流程的说明,并在学习流程中标明各处理阶段和各功能所对应的脚本卡片的序号或序号范围。

网络课程的开发目的、教学内容的结构形式和控制策略、画面设计的原则和方法等在网络课程设计、实现、使用以及维护中非常重要,它不仅决定了网络课程中教学序列的呈现结构形式的选定和学习流程控制,还为每帧画面的设计、制作提供了原则和方法。同时,也为网络课程的使用、维护和二次开发创造了条件,提供了依据。脚本系统中,对这些内容的描述是以脚本说明的形式给出的。综上所述,脚本系统应包括脚本说明、学习流程、脚本卡片及其序列。

4. 系统实现

这一阶段的工作是将网络课程从纸面上转换成学生使用的软件系统。具体工作包括画流程图、程序设计、测试和调整程序,最后生成一个或一套可运行的网络课程。实现质量直接关系到网络课程的效果。该过程是将前面各个环节的工作在计算机上实现的过程。除了要求开发人员对多媒体计算机技术有较高的水平外,还应对教学有一定了解。应由美工人员参与画面创意,试运行后还必须征求网络课程使用者(教师或学生)的评价与反馈,并将其及时地在网络课程的实现中体现出来,要反复修改过程中的各环节,直到最终成为用户满意的成型网络课程。

1) 网络课程的结构设计

有了脚本系统的编制基础,对网络课程的结构设计也就有了依据,此时,考虑的重点应该是技术上实现的注意细节。其内容包括为了实现已定的教学流程和教学模式,如何体现网络课程的风格、版面设计以及多媒体的运行等,如影像的内容、动画的形式;用什么格式的音乐、音响及语音效果;对于图像、图表用多高的分辨率和颜色数,用何种形式的人机交互等。

2) 多媒体素材的准备

多媒体素材的准备相当于建筑"材料",而选用的程序设计语言或写作系统则相当于施工的"工具"。在教学系统实现阶段中,要收集、采编和制作网络课程所需的多媒体素材,可做以下考虑:如果已有多媒体素材的数据库,如光盘存储的原始资料,或自己过去收集、制作的资料,那么尽可能从中寻找,取出所需的素材;如果只有部分满足需求,可借助一些工具,进行裁剪、编辑,满足应用的需要。这样会加快网络课程实现的速度,降低开发费用。

如需要制作图形、图像动画,那么就得请美工技术人员进行设计,运用计算机工具软件进行制作;如需要制作影像,可先请摄影人员摄制教学片段,然后用动态影像媒体制作软件进行处理。如果已有影视片,也可以利用软件摘录一部分转成 AVI 文件。影视片的质量如能满足要求,就不必进行摄录工作。但是制作出来的 AVI 文件一般容量比较大,因此可以利用软件将其转换成 MPEG 文件;如需要音响、音乐和语音,同上述图像、影像素材的采集原则一样,先查找已有的多媒体数据库,若找不到,再考虑制作。对于音乐,先考虑 MIDI 是否符合要求,因为 MIDI 存储容量小,而且容易编辑,如需录制语音,要利用专业的录音室并请播音员,才能保证高质量的语音效果。

3) 网络课程的编制

在网络课程实现阶段中进行软件编制的方法与工具较为成熟,概括地说有高级程序设计语言、写作语言和写作系统。在这些方法及工具中,写作语言在我国应用不广,主要使用的是高级程序设计语言及写作系统。选择什么样的方法及工具来实现网络课程,取决于该方法及工具的功能、效率以及使用难易等因素。

5. 测试、使用和维护

在远程网络课程的开发与应用过程中,软件的测试、使用和维护是其中的重要环节,这对远程网络课程能否正常应用有着重要的意义。

1) 网络课程的试用

即使在网络课程设计与实现阶段考虑得非常周密,也不可能保证系统完全达到了设计要求。试用可以检查系统是否满足设计要求,可以检查出系统实现上的错误。通过专业教师和学生试用,将不正确之处、使用的意见记录下来,并对网络课程进行改进。上述过程一般要反复几次,才能最后使网络课程成型。

2) 评价与分析

教学评价是教学过程中的重要环节,不仅要评价学生的学习成绩、素质的提高,而且要评价教学本身的有效性。对网络课程还要评价它的效果,这对提高网络课程应用水平具有很大的促进作用。评价的依据之一是需求说明书。网络课程设计实现之后,是否达到了需求说明书的要求是评价网络课程优劣的重要标准。评价人员一般由教学专家、心理学家和软件人员组成。评价的一般过程是:制定网络课程标准及评价用的各种表格;收集网络课程的有关信息,包括各种开发文档、运行及使用记录;初审,包括文档是否完备,软件是否正常运行;专家审议,主要评价网络课程的教学能力;现场评价,让学生直接使用网络课程,并检查学习效果是否达到要求,以评价网络课程的教学效果;综合评价。

3) 使用与维护

网络课程凝聚了教师的智慧和心血,是设计者辛勤劳动的成果。因此,它不仅应获得良好的社会效益,也应获得经济效益。当网络课程的质量获得用户认可,符合所制定的评价标准,就应将其商品化,投放市场。在使用过程中发现问题就需进一步维护改进系统,因此整个网络课程直到生命周期结束(停止使用),才会停止其维护改进的工作。

思 考 题

1. 什么是现代远程教育?
2. 简述网络教育的特点。
3. 网络课程的开发流程有哪些环节?

第九章 信息技术教育应用的新发展

> **学习目标：**
> 1. 了解信息技术教育应用的最新发展方向和趋势。
> 2. 掌握虚拟现实技术、流媒体技术、人工智能、移动学习、教育游戏以及WEB 2.0的基本概念和特点。
> 3. 了解虚拟现实技术、流媒体技术、人工智能、移动学习、教育游戏以及WEB 2.0技术在教育中的应用过程。

信息技术教育有两个方面的含义：一是指学习与掌握信息技术的教育；二是指采用信息技术进行教育的活动。① 前者主要是从教育目标与教育内容方面来理解信息技术教育的，后者则是从教育的手段和方法角度来理解信息技术教育。由此，我们可对"信息技术教育"作如下定义：信息技术教育是指学习、运用信息技术，培养信息素质，实现学与教优化的理论与实践。对该定义的理解要注意这样两个问题：首先，信息技术教育包括理论与实践两个领域。理论领域是指信息技术教育是一门科学，它是现代教育学研究的一个新分支，同时又具有课程教学论的一些特征，具体包括概念体系、理论框架、原理、命题、模式、方法论等研究内容。实践领域指信息技术教育是一种教学活动，一种工作实践，一项教育现代化事业，具体包括信息技术的软硬件资源建设、课程教材的设计开发、师资培训、教学中各种信息技术的综合运用、学习指导、评价与管理等。其次，信息技术教育的本质是利用信息技术培养信息素质。这里，"利用信息技术"只是一种手段和工具，最终目的是培养学生的信息素质，以适应信息社会对人才培养标准的要求。

近些年，信息技术教育领域有了许多新发展，许多新技术被引入到教育教学活动过程中来，为信息技术教育注入了新的活力。

第一节 虚拟现实技术在教育中的应用

一、什么是虚拟现实技术

虚拟现实（Virtual Reality，VR），亦可称为虚拟实在、灵境或者临境等，起源于20世纪20

---
① 百度百科. http://baike.baidu.com/view/3226.htm,2011-10-09

年代。20世纪80年代末,虚拟现实(Virtual Reality)一词由美国VRL Research Inc公司的J. Lanier创造,自此,虚拟现实的概念被正式提出。

虚拟现实通常是指利用一系列传感辅助设施来实现的一种三维现实,人们通过这些设施以自然的技能或操作向计算机输入各种信息,同时,计算机通过视觉、听觉以及触觉等方式给人以刺激,从而使人获得一种贴近自然的模拟和逼真体验。① 虚拟现实的根本目标就是实现真实的体验和方便自然的人机交互过程,能够达到或者部分达到这种目标的系统称为虚拟现实系统,而构建这样的虚拟现实系统的硬件和软件技术即虚拟现实技术。根据上述描述,我们可以知道,虚拟现实由两部分构成,其一为通过计算机及相关技术创建的虚拟环境,其二为操作者、学习者或体验者本身。虚拟现实的概念模型如图9-1-1所示:

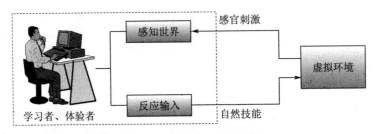

图9-1-1　虚拟现实概念模型

不同的研究者对虚拟现实概念的理解不同,Keppell(1997)认为:虚拟现实是人们沉浸在计算机生成的环境中的一种状态,这些环境包括虚拟实验系统、虚拟教学系统、虚拟训练系统等。在这里虚拟现实等同于计算机仿真。也有人从心理的角度定义虚拟现实,他们认为虚拟现实不是一种技术,而是一种使用者自身产生的心理状态,这种心理状态以与现实环境中同样的方式占据使用者的意识,如虚拟社区、虚拟聊天等网络社会活动提供给用户的心理感受。

随着科学的发展,虚拟现实有了更为准确的概念,即虚拟现实是20世纪末发展起来的一门涉及众多学科的高新技术。它是集计算机技术、传感技术、仿真技术、微电子技术为一体,通过计算机创建的一种虚拟环境,通过视觉、听觉、触觉、嗅觉等作用,使用户产生和现实中一样的感觉。用户借助必要的设备以自然的方式与虚拟环境中的对象进行交互作用、相互影响,从而产生如同真实环境的感受和体验。尽管该环境并不真实存在,但它作为一个逼真的三维环境,仿佛就在我们周围。这样用户就会产生身临其境的感觉,并可实现用户与该环境的直接交互。这种技术应用于学习当中,也就是说学生不再是被动地看、听和接受所提供的内容,而是能够以各种形式参与到事件的发展变化过程中去,在事件的变化过程中扮演角色。同时,学生的行为将影响事件的发展方向,使学习像生活,像游戏。另一方面,教师也可以在虚拟环境中扮演一定的角色,与学生共同协调学习,形成和谐、互动合作的教学关系。

---

① 祝智庭,王陆.网络教育应用[M].北京:北京师范大学出版社,2004.

二、虚拟现实技术的特征

很多学者用三个"I"来描述虚拟现实的特征：

(1) 沉浸性(Immersion)：虚拟现实技术可以使受教育者全身心地投入到仿真的虚拟环境中去，人由观察者变为投入者，成为仿真系统的一部分，这是区别于教育领域中其他应用技术最显著的特征。高级的沉浸性虚拟现实技术可以调动受教育者的全部感觉器官，达到与现实世界最相似的逼真程度，它已经成为科学知识可视化的强大工具。[①] 在这种虚拟环境中的体验不是受教育者传授的间接经验，而是受教育者在虚拟情境中运用感觉器官接触得到的直接经验，因此从虚拟现实中学习到的知识更能在受教育者头脑中形成长时记忆。

(2) 交互性(Interaction)：虚拟现实的交互性可分为两个层次。在计算机虚拟现实技术没有广泛普及的前提下，通过键盘与虚拟环境之间的交互是一种较低层次交互。而运用头盔、数据手套等虚拟现实设备，参与者可以全身心地沉浸在虚拟现实中，仿佛就是在真实的环境中与虚拟环境中的对象发生关系，此时，学习者获得的感受是使用键盘交流工具所不能比拟的。当然，这种深层次的交互，高速计算和处理是必不可少的。

(3) 想象性(Imagination)：想象性是指通过学习者沉浸在"真实的"虚拟环境中，与虚拟环境进行各种交互作用，从定性和定量综合集成的环境中得到感性和理性的认识，从而可以深化概念，萌发新意，产生认识上的飞跃。这样可以使学习者主动地寻求、探索并接收信息，从而培养他们的综合感知能力，促进他们产生高水平的思维，发挥学习者的创造性。

除此之外，虚拟现实技术还有自主性的特征，自主性是指虚拟环境中物体依据物理定律动作的程度。例如，当受到力的推动时，物体会向力的方向移动或翻倒，或从桌面落到地面等。

三、虚拟现实系统的类型

虚拟现实技术在很多领域都有应用，如娱乐、军事、航天、设计、医疗、建筑、教育与培训等，根据虚拟现实系统的不同特征，我们可以将虚拟现实系统简单地分为桌面虚拟现实、沉浸式虚拟现实、分布式虚拟现实和增强现实型虚拟现实。其相关特征如表 9-1-1 所示。

表 9-1-1 虚拟现实系统类型

分类	沉浸度	交互性	特点	实际系统
桌面虚拟现实	低，只有视觉和听觉	低，通过鼠标和键盘等简易设备与电脑进行交互	将计算机平面作为虚拟世界的观察窗口，可在个人机上运行，易受环境干扰，真实体验感差，成本低	全景现实、桌面虚拟现实、CAD系统

---

① Andies van Dam, Andrew S. Forsberg, et al. Immersive VR for Scientific Visualization: A Progress Peport[R]. IEEE Computer Graphics and Applications 2000.

续表

分类	沉浸度	交互性	特点	实际系统
沉浸式虚拟现实	高，多重感知	较高，通过多种设备与虚拟对象进行交互	利用设备把参与者的视听和其他感觉封闭起来，参与者能全身心地投入和沉浸	基于头盔的系统、摇杆系统、投影虚拟现实系统
分布式虚拟现实	较高，多重感知	高，除与虚拟对象进行交互外，还可与其他参与者实时交互	多用户通过网络同时进行虚拟现实体验，可协同工作	协同实验室Mud/Moo
增强现实型虚拟现实	高，多重感知	高，可在虚拟环境中与现实世界无法被感知或很难被感知的虚拟对象交互	实现了真实世界与虚拟世界三维空间上的整合，实时人机交互，增强感知通道	飞机上的平视显示器

四、虚拟现实技术在教学中的作用及启示

在教育领域，虚拟现实技术具有广泛的作用和影响。由于人类主要是通过视觉来感知事物的，我们对空间三维图像的反应要比对平面二维图像的反应更好。有了虚拟现实技术产生的三维图像，我们便能更好地看清事物之间的关系和趋势。运用虚拟现实技术，能够创建与真实的教与学相类似的环境，营造良好的教学环境和学习氛围，并允许学生与各种信息发生交互作用，学生在仿真过程中可以与各种仿真物体交互，与虚拟环境的各个部分接触，因而能够明显提高教与学的效率和效益，在教育领域内有着巨大的应用前景。虚拟现实技术跨越了静止空间，它可以是某一特定现实环境的表现，也可以是纯粹构想的世界。亲身去经历、感受，比空洞抽象的说教更具说服力，主动去交互与被动的观看有着质的区别。难怪有专家指出：崭新的技术，会带给我们崭新的教育思维，会解决我们以前无法解决的问题，给我们的教育带来一系列的重大变革。尤其是在科技研究、虚拟仿真校园、虚拟教学、虚拟实验室和教育娱乐等方面的应用，更具广泛性。[①]

1. 时空虚拟，使学习者跨越距离、突破时间障碍

利用虚拟现实技术，可以彻底打破空间的限制。大到宇宙天体，小至原子粒子，学习者都可以进入这些物体的内部进行观察。例如电机制造业的学习者，可以进入虚拟发电机内，考察发电机的每个部件的工作情况以及部件之间的相互联系，了解整个发电过程，这是电视录像媒体和实物媒体所无法比拟的。虚拟技术还可以突破时间的限制，那些成百上千年的历史流

---

① 张朝华. 虚拟现实技术及其在网络教育中的应用[J]. 现代远程教育研究, 2006(5).

变,通过虚拟现实技术,可以在很短的时间内呈现给学习者。例如,对于历史的学习,学习者就可以通过虚拟的历史空间,参观半坡氏族社会生活起居,经历三国群雄纷争的狼烟,感受天安门城楼上伟人庄严宣布"中华人民共和国成立了"的激情,等等。

2. 内容虚拟,帮助学习者实现假设、激发创造

利用虚拟现实系统,根据所学的内容进行相应的虚拟处理,无论是在知识学习、能力创新,还是经验积累、技能训练等方面,都将获得意想不到的效果。比如,在知识学习方面,它可以再现实际生活中无法观察到的自然现象或事物的变化过程,为学习者提供生动、逼真的感性学习材料,帮助学习者解决学习中的知识难点,使抽象的概念、理论直观化,形象化;在能力创新方面,虚拟现实技术可以对学习者在学习过程中所提出的各种假设模型进行虚拟,通过虚拟系统可以直观地观察到这一假设所产生的结果或效果,有利于激发学习者的创造性思维,培养创新能力;在经验积累方面,可以建立各种虚拟实验室,自由地做各种实验,反复观察各种现象,思索其产生的机理,探索不同条件下的实验结果与条件变化的规律性,增强感性认识并上升到理论认识;在技能训练方面,虚拟现实的沉浸性和交互性,使学习者能够在虚拟的学习环境中扮演相应角色,全身心地投入到学习环境中,亲手练一练、亲口说一说,做各种各样的技能训练。虚拟技能训练系统没有任何危险,可以使学习者反复练习,直至掌握操作技能为止,而且几乎没有成本的再投入。

3. 设备虚拟,弥补教学建设诸多不足,突破场地、经费限制

虚拟现实技术能够克服教育教学活动中硬件建设方面的诸多不足。在教学过程中,我们时常会因实验设备、实验场地、教学经费等教学条件欠缺方面的原因,使一些应该开设的教学实验无法进行。利用虚拟现实系统,可以弥补这些不足。学习者足不出户便可以做各种各样的实验,获得与真实实验一样的体会,从而丰富感性认识,加深对教学内容的理解。

4. 角色虚拟,创建和谐人际氛围,加强教育过程情感投入

虚拟现实系统可以虚拟历史人物、教师、导游、医生甚至学习者本人等各种人物形象,创设一个人性化的学习环境,使学习者能够在自然、亲切的气氛中进行学习。例如,在虚拟的课堂学习氛围中,学习者可以与虚拟的教师进行交流、讨论,共同探讨学习中的问题,进行协作化学习。

5. 环境虚拟,创设情境,实现"真实情境"下的形象化教学

虚拟现实技术是创设真实情境的最有效工具,其通过构建事物发展变化的虚拟环境,对参与者产生视觉、听觉、触觉、嗅觉等各种感官的刺激信息,可以给人一种身临其境的感觉。在这种虚拟环境下,学习者完全沉浸其中,难以将其与真实世界区分开来,学习者的各个感官都和虚拟的外部世界发生着作用,学习者完全沉浸于虚拟现实创造的学习环境中,因此会给人以很好的临场感和真实感。

由于基于虚拟技术的教学实现了这种临场化,多种媒介的信息同时作用于学习者的各个器官,并且营造了一种"自主学习"的环境,改变了以往教学的被动性,使参与者与虚拟环境能够相互作用、相互影响,学生通过自身与环境的相互作用来获得知识和技能,使那些抽象、枯燥、难懂的学习内容以生动形象的形式表现出来,这样,可以大大增强学生的理解力和掌握能力。

五、虚拟现实技术在教育中的应用

目前,虚拟现实技术已广泛应用于各种类型的计算机辅助教学系统中,使教学活动过程变得更加形象、生动和直观,极大地提高了学生的学习兴趣。

1. 虚拟实验室

简单地说,虚拟实验室就是指借助虚拟现实的环境完成相关实验。如图 9-1-2 所示,虚拟实验环境是利用计算机建立的三维的模拟实验场景,在三维实验场景中能够从不同的视角观察实验对象,虚拟实验中的每一个实验对象都由可视化的三维物体来代表,对象一般是实际物体的仿真。学习者与虚拟实验环境之间的交互通过这些可视化的实验对象来完成。虚拟实验对象和学习者之间可以通过鼠标的点击或拖动操作来完成交互。例如,中学电路虚拟实验室,可以通过鼠标的选择和拖动搭建各种类型的电路,表现基本的电学原理。

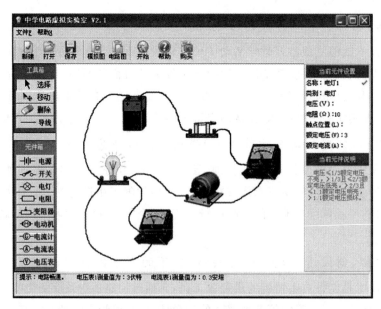

图 9-1-2　中学电路虚拟实验室界面

利用虚拟现实技术,可以建立多种虚拟实验室,如地理、物理、化学、生物实验室等。"实验室"里,学生可以自由地做各种实验。例如,在虚拟物理实验室,学生可以做重力、惯性等实验;

在虚拟地理实验室,可以做地震波传播、火山喷发等实验。

2. 虚拟校园

传统意义上,学校教育一般是一种封闭式的模式,它有校园和教室,学生、老师在规定时间、地点展开相应的教学过程。但随着网络技术及虚拟现实技术的发展,改变了传统学校的存在方式,一种没有围墙的开放式的校园——"虚拟校园"应运而生。1996 年,美国西部 10 个州联合创办了第一所"虚拟大学";在德国,柏林大学和勃兰登堡大学,也通过互联网创办了能为众多学生提供各门不同学科知识讲座的"虚拟大学"。在"虚拟大学"中,教师和学生可以打破时空的限制,在虚拟的环境中获取资料,获得帮助。

我国有几所大学建立了自己的虚拟化校园,如中山大学利用 VRML 建立的虚拟校园给其他高校展示教学设施、宣传校园学习环境提供了很好的示范作用。但是现在这种三维虚拟化校园的建设还没有达到虚拟化校园生活的程度,模拟、仿真校园的教学环境需要多方面的努力,真正意义上的虚拟化校园还有待进一步提高。

3. 虚拟学习环境

虚拟学习环境(Virtual Learning Environment),简称 VLE 技术,是指由虚拟现实技术和信息技术构建起来的多媒体学习系统、校园网络环境、教育网站、网络课程、虚拟学习社区等。虚拟学习环境与参与其中的主体(学生)相互作用、相互影响共同构成了一个生态化的学习系统。随着信息技术在教育中的应用与普及,由信息技术构建起来的虚拟学习环境,已经成为影响学生发展的一种重要学习环境。现在的虚拟学习环境很多,比如说 Moodle 平台、BlackBoard 平台、First Class 等,这些平台都可以为学习者提供网上虚拟学习环境。

4. 直观知识的学习

知识学习是指学生利用虚拟现实系统学习各种知识。它的应用有两个方面:一是再现实际生活中无法观察到的自然现象或事物的变化过程,为学生提供生动、逼真的感性学习材料,帮助学生解决学习中的知识难点;二是使抽象的概念和理论直观化、形象化,方便学生对抽象概念的理解。

六、虚拟现实技术应用于教育过程中存在的问题

首先,虚拟现实提供的人机交互过程与人在自然环境下的交互相比,总是会有一定的差距的,即使虚拟现实技术发展到极致,它毕竟仍然是计算机系统,它的使用仍然会牵扯到新的应用软件和硬件的使用方法的学习和适应,在虚拟现实系统中,交互性、存在感和自主性都不可能达到理想的状态。

其次,虚拟现实教学过程要求学生具有良好的自觉性和自主学习观念,这种以学生为中心的教学模式注重的是在学习过程中发挥学生的主动性和积极性。这种教学结构由于强调学生是学习过程的主体,是知识意义的主动建构者,因而有利于学生的主动探索,有利于创造型人才的培养。但在强调学生的"学"的同时,往往容易忽视教师主导作用的发挥,忽视师生情感因

素在教学和学习过程中的作用,从而使学生的自主学习的自由度过大,很容易偏离教学目标的要求。

再次,虚拟现实技术与传统教育教学模式在教育观念、教师的素质要求和教学方式等方面都有着很大的差异。使用新技术并不能全盘否定传统的教育思想和观念。新技术有不可比拟的优点,但同时也存在着自身难以克服的不足。对于传统教学思想和观念,要在继承和借鉴其经验的基础上创造新的符合教育教学规律的教学方法和模式。如何找到二者的契合点,还需要我们进行不断的思考和探索。

最后,虚拟现实教学对情感目标(如思想品质、心理素质等)和动作技能目标(如体育、实验、手术技术训练等)的教学效果不是太理想。由于虚拟现实教学必须借助计算机或网络终端,使本来很直接的师生关系复杂起来,师生之间处于"半隔离"状态,教学中的"人—机"关系或"人—机—人"关系会削弱师生之间的直接交流。同时,虚拟现实教学虽然能够为学习者提供接近真实的问题情景,但终归是通过键盘、鼠标进行操作而不是真正动手,因此对于操作技能要求非常强的知识网络教学具有相当大的局限性。

第二节 流媒体技术在教育中的应用

一、流媒体技术概述

经过近40年的发展,Internet发生了翻天覆地的变化,规模和作用都远远超出了当初的预期。Internet集成了广播、电视、报纸三大传统媒体的优点,利用网络广播技术能同时传输声音、图像、文字等多媒体信息。网络广播是通过在网络上建立广播服务器,并在服务器上运行节目发送软件将节目广播出去,访问者在自己的计算机上运行节目接收软件访问广播站点,收听收看阅读广播信息。这里所说的网络不仅是指互联网,也包括局域网。与网络广播相关的技术主要是流技术。通过流技术可以在带宽较窄的条件下实现视频、音频以及交互式多媒体和直播视频的传递和播放。

流媒体技术也称流式媒体技术,就是把连续的影像和声音信息经过压缩处理后放到网站服务器上,让用户一边下载一边观看、收听,而不需要等整个压缩文件都下载到自己的计算机上才可以观看的网络传输技术。该技术先在使用者端的计算机上创建一个缓冲区,在播放前预先下载一段数据作为缓冲,在网络实际连线速度小于播放所耗的速度时,播放程序就会取用一小段缓冲区内的数据,这样可以避免播放的中断,也使得播放品质得以保证。[①]

流媒体技术的主要特征可概括为以下几个方面:

---

① http://baike.baidu.com/view/495922.htm,2011-10-14

(1) 启动延时短。流媒体文件的播放采用边传输、边播放方式,在用户端,当用户点击播放连接时,只需要一段较短的预置时间(几秒钟或十几秒钟),文件就开始播放了。

(2) 存储空间少。流媒体运用了特殊的数据压缩/解压缩技术(CODEC),与同样的声音文件(.wav)以及视频文件(.avi)相比,同样内容的流媒体文件的体积只有它们的 5 ％左右。

(3) 所需带宽小。由于流媒体文件经压缩后体积大大缩小,所以传输的带宽要求也较低,在好的网络环境下甚至用 Modem 拨号上网的用户也可进行视频点播。

(4) 可双向交流。流媒体服务器与用户端流媒体播放器之间的交流可以是双向的。服务器在发送数据时还可接收用户发送来的反馈信息,在播放期间双方一直保持联系。用户可以发出播放控制请求(跳跃、快进、快退、暂停等),服务器可自动调整数据发送。

二、流媒体技术原理

1. 缓存处理

Internet 的传输方式主要是以数据包传输为基础的异步传输,其设计之初主要是用来传输文本数据的,对于传输实时的音/视频流信息或存储音/视频文件,必须将其分解为多个数据包进行传送。但数据包在传输过程中所选择的路由不尽相同,这就会造成多媒体数据包在到达客户端时的延迟不相等的情况。如果直接播放这种数据流,会引起音、视频的延迟和抖动。为了克服这些问题,流媒体传输使用缓存系统来弥补延迟和抖动的影响,保证数据包的顺序正确,从而使媒体数据能连续输出。

2. 流式传输

流式传输是指用户可以在等待下载的同时收听、观看音/视频信息,并且使视音频开始播放的整个过程只需要经过几秒或几十秒这样很短的时间,而剩余部分的多媒体文件将在后台服务器继续下载,因此这种方式比传统方式更适应网络平台。所以,流媒体传输可以使得用户不用等待所有内容下载到本地硬盘就开始播放这些信息。

流式传输的实现有两种方式:顺序流式(Progressive Streaming)传输和实时流式(Real-time Streaming)传输。顺序流式传输即顺序下载,就是在文件下载的同时用户即可播放观看在线媒体;在给定的时刻,用户仅能播放已经下载的那一部分,并且不能跳到尚未下载的部分。实时流式传输可在传输期间根据连接速度对传输作出相应调整,但顺序流式传输则做不到。实际应用中,顺序流式传输多用于短片断,比如片头、片尾、广告。在播放前由于观看的文件是无损下载的,因此顺序流式传输对视频播放的质量很有保证,但前提条件是,用户在播放观看之前要经历延迟,对于较慢的接入方式要等待一段时间。实时流式传输需要专用的流媒体服务器与传输协议,文件实时传送,特别适合现场事件,它支持随机访问,用户在播放观看过程中,可随意选择快进或者后退,以观看想看的内容。其流式传输基本原理如图 9-2-1 所示。

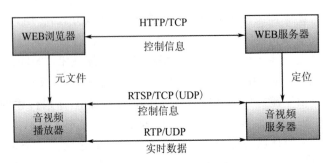

图 9-2-1　流式传输基本原理

三、流媒体系统的关键技术

在流媒体系统中,影响流媒体播放质量的三个关键因素是:编码和压缩的性能与效率、媒体服务器的性能、媒体流传输的质量控制。

1. 编码/压缩

流媒体系统中的编码主要用于创建、捕捉和编辑多媒体数据,形成流媒体格式。压缩编码的基本原理是采用一定的编码方式,将文件的数据结构进行重组,以达到减小文件尺寸将文件分成压缩包,形成数据流,进而将原有的多媒体文件转化为具有流格式的流媒体的目的。

2. 流媒体服务器

流媒体服务器是流媒体应用系统的核心设备,向用户提供音/视频服务的关键平台。它的主要功能是对媒体内容进行采集、缓存、调度和传输发送。流媒体应用系统性能的优劣与服务质量的好坏,取决于流媒体服务器的性能。

3. 流媒体传输网络

流媒体传输网络是适合多媒体传输协议的网络。从图 9-2-2 中可以看出原始的音/视频信号经过编码和压缩后,形成流媒体文件存储后(直播方式不需要文件存储),媒体服务器根据用户的请求把媒体文件(或者直播的媒体流)传递到用户端的媒体播放器。在媒体传输中还可能需要代理服务器进行媒体内容的分发或转发。

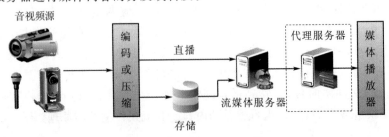

图 9-2-2　媒体流传输流程

四、常见流媒体产品

流媒体产品主要由两部分构成,即编码器和解码器。编码器一般由一台计算机、一块高清视频采集卡(流媒体采集卡)和流媒体编码软件组成。流媒体采集卡负责将音视频信息源输入计算机,供编码软件处理。编码软件将流媒体采集卡传送过来的数字音视频信号压缩成流媒体格式。如果做直播,它还负责实时地将压缩好的流媒体信号上传给流媒体服务器。流媒体服务器一般由流媒体软件系统和硬件服务器组成,以负责管理、存储、分发编码器传来的流媒体信息。解码器,也可称为终端播放器,这部分由流媒体系统的播放软件和普通PC机组成,主要负责播放用户想要收看的流媒体服务器上的音视频节目。在此,我们只对目前比较流行的几种流媒体终端播放器进行介绍。

1. Real Media

Real Media 由 Real Networks 公司提出。Real Media 是目前 Internet 上最流行的跨平台的客户/服务器结构多媒体应用标准,其采用音频/视频流和同步回放技术实现了网上全带宽的多媒体回放。其主要的文件格式有:RA 格式是一种新型流式音频 Real Audio 文件格式,用以传输接近 CD 音质的音频数据。RV 格式则是流式视频 Real Video 文件格式,主要用来在低速率的网络上实时传输活动视频影像。RP(Real Pix)格式是新近发表的 Real Media 文件格式的一部分,是允许直接将图片文件通过 Internet 流式传输到客户端。通过将其他媒体如音频、文本捆绑到图片上可以制作出各种目的用途的多媒体文件。Real Pix 文件是可以用 Real Server 发送到 Real Player(见图 9-2-3)直接播放的。RT(Real Text)格式也是新近发表的 Real Media 文件格式的一部分,发布这种格式是为了让文本从文件或者直播源流式发放到客户端。Real Text 文件既可以是单独的文本也可以是在文本的基础上加上其他媒体,具体哪种形式完全由需要决定。Real Text 文件也是可以用 Real Player 流式播放的。

2. Windows Media

微软公司的 Windows Media Technology 是一套完整的基于 TCP/IP 协议网络的视音频流媒体技术,ASF(Advanced Streaming Format)是它的重要代表。ASF 文件是 Microsoft 为了和现在的 Real Player 竞争而发展出来的一种可以直接在网上观看视频节目的文件压缩格式。由于它采用 MPEG-4 的压缩算法,所以它的压缩质量如果不考虑文件大小的话,要比同是视频格式的 *.rm 好很多。对于这种格式,Microsoft 有明确说明:"ASF 是一种支持在各类网络和协议下进行数据传递的公开标准。"ASF 用于排列、组织、同步多媒体数据以通过网络传输。ASF 是一种数据格式,然而,它也可用作指定实况演示的格式。ASF 不但最适于通过网络发送多媒体流,也同样适于在本地播放。任何压缩—解压缩运算法则(编解码器)都可用以编解码 ASF 流。在 ASF 流中存储的信息可用于帮助客户决定应使用何种编解码器解压缩流。另外,ASF 流可按任何基础网络传输协议传输。如图 9-2-4 是 Windows Media Player 11.0。

图 9-2-3　免费软件 Real Player 11.0

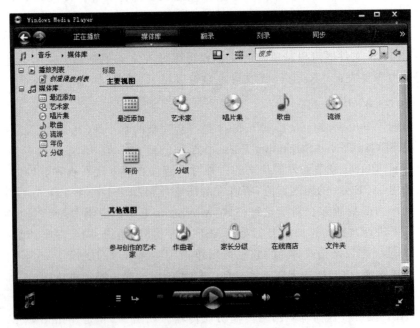

图 9-2-4　免费软件 Windows Media Player 11.0

3. Quick Time Movie

Quick Time 是由 Apple 公司于 1991 年开始发布的,它几乎支持所有主流的个人计算平台和各种格式的静态图像、视频和动画格式。QuickTime 由服务器 QuickTime Streaming Server、带编辑功能的播放器 QuickTime Player(见图 9-2-5)、制作工具 QuickTime Pro、图像浏览器 Picture Viewer 以及使 Internet 浏览器能够播放 QuickTime 影片的 QuickTime 插件等组成。这类文件的扩展名是.mov,QuickTime 支持两种类型的流:实时流和快速启动流。使用实时流的 QuickTime 影片必须从支持 QuickTime 流的服务器上播放,是真正意义上的 Streaming Media,它使用实时传输协议(RTP)来传输数据。快速启动影片可以从任何 Web Server 上播放,用超文本传输协议(HTTP)或文件传输协议(FTP)来传输数据。QuickTime 压缩编码可以选择包括 H.263 在内的多种编码,但以 Sorenson Video 为主,由 5.0 版本开始已经采用了 MPEG-4 压缩技术。

图 9-2-5　免费软件 QuickTime player 7.7

4. Shockwave

SWF(ShockWave Flash)是 Macromedia 公司推出的一种动画格式,它采用矢量图形方法存储动画,使得生成的文件很小,但是质量却丝毫不变,且播放质量不随画面的放大而变差,因而得到了广泛应用。ShockWave 对于交互式多媒体处理有着十分重要的作用,在教育上使用的一些网上多媒体课件与它有着紧密的联系。如多媒体著作工具 Authorware 的网上多媒体作品的制作实际上就是借助于 ShockWave 技术实现的。如今它与 Real Networks 公司进行合作,正在一同推进流媒体服务。

五、流媒体技术的教学特点

1. 教学信息的交互性

远程教学的最大特点是,师生异地分离,学生的学习是以电视、文字教材等为主要媒体,教学信息的传输通常是单向传播,是点对面的广播,学生无法控制教学媒体,教师与学生缺乏及时的沟通渠道。流媒体技术则可以解决上述问题,因为流媒体信息不仅可以点对面地传播,而且可以点对点地传播。学生可以对流媒体中的视、音频流进行快退、快进或暂停等交互操作。利用流媒体的视频会议和视频点播功能,教师与学生、学生与学生、学生与媒体之间可以进行全方位的交互。

2. 教学过程的实时性

利用流媒体可以在网络上实时直播视音频教学信息,也可以实时直播电子文档和电子屏幕信息,异地的学生可以同步获得直播课堂的教学内容。

3. 教学资源的丰富性

流媒体技术为学生提供了丰富的教学资源,通过流媒体的网络课程直播、点播功能,网络上有丰富的流媒体资源库,学生可以在网上获取资源,从而达到资源共享的目的。

4. 教学系统的开放性

对于流媒体而言,教学时空是开放的。流媒体彻底打破了时、空的限制,在学习时间上,学生可以根据自己的实际情况,选择合适的时间进行学习,这比传统的远程教学要求学生在同一时间内收视学习要灵活得多。在学习地点上,只要有 PC 机及可上网的地方,都是学习的场所,学生无论在单位、学校、宿舍或家里,都可以利用计算机选择合适的教学内容进行学习。另外,网络对每一个学习者来说,都是平等的,无论职位高低、贫富贵贱、年龄大小、种族不同,都可以利用流媒体进行学习。

六、流媒体技术在教育中的应用

流媒体技术解决了以音视频信息为代表的多媒体信息在中低带宽网上的传输问题,能够使宽带互联网变得更富有娱乐性、多样性、互动性,所以流媒体技术被广泛用于视频点播、视频会议、远程教育、远程医疗、远程监控和直播过程等。流媒体技术在教育中有着广阔的应用前景,主要应用有电视直播、会议直播、多媒体课件直播、课堂直播、交互资源点播和考场监控等。

1. 流媒体技术在远程教育中的应用

随着社会发展,科学技术的引用,采用流媒体技术为主要实现方式的网络教育,作为远程教育的一种形式,被寄予厚望。

从技术上讲,远程教育系统是建立在现代传媒技术基础上的多媒体应用系统,它通过现代的通信网络将教师的图像、声音和电子教案传送给学生,也可根据需要将学生的图像、声音回送给教师,从而模拟出学校教育的授课方式。由于音/视频信息占用带宽比较宽,不可能让学生将所有的节目下载到本地计算机上再播放,这样就必须要采用先进的流媒体技术来实现边发送边播放。流媒体技术可将教师现场授课的语音、数据、图像等实时地传送到远端学生的桌面上,帮助教师呈现案例分析,模拟传输复杂知识,增进了教学的直观性,简化了学习过程,有利于学生的理解,为学生创设了一种优越的学习环境,并可满足多层次学生的需求,确保学生通过网络提取不受时间、空间限制的数字式的档案文件,使学生能够接近教育领域中最新、最先进的思想,还可访问到该领域的顶尖学者。

流媒体技术在远程教育中的应用主要表现在以下几个方面:

第一,在线直播教学。利用流媒体技术实现基于 Internet 的课堂广播、在线培训等,可以使学习者在任何拥有连接到网络的多媒体计算机终端的地方进行学习,建立一种异地实时的教学环境,缩短教学双方的空间距离。与基于 Web 的网络教学相比,这种环境下教师采用的教学手段也不仅仅是语言、文字,而是更多地辅之以图形、图像、动画、视频等多媒体信息,使学生几乎就像在课堂听老师讲课一样,给学习者提供多重感官刺激,激发学习兴趣,调动学习者的深层次思维,加深对所学内容的理解,从而学会某种知识,掌握某种技能。

第二,点播自主学习。流媒体技术采用先进的视、音频压缩编码算法对音频、视频信息进行压缩编码,并且可以针对不同的网络环境生成多达 6 种不同数据传输速率的 ASF 流文件,一台普通的服务器可允许多人并发点播。当用户点播节目时,会根据用户接入带宽的不同,选择一种与用户接入带宽最接近的速率传给用户,这样,同一个节目,以不同带宽接入的用户均可点播。另一方面,在播放过程中,它还可以根据网络带宽的变化而动态地调整,确保始终处于最佳播放速率,避免信息流的中断。根据以上分析,利用流媒体技术可以很容易地在远程教学系统中实现多媒体课件点播功能。我们可以将教师上课的过程压缩编码成多媒体流文件,然后放置到相应的服务器,供学习者浏览该服务器的内容列表,如果学习者选中了某个感兴趣的课程,那么服务器会将相应的流信息发布给学习者。因此,学习者可根据听课情况点播教师上课的有关内容或多媒体课件,进一步理解、巩固学习内容,强化学习效果。在点播过程中,学习者可自主地控制播放过程,如开始、快进、后退、暂停等操作,真正实现按需点播。

第三,异地协作学习。利用流媒体的视频会议或可视电话功能,异地教师、学生可以通过交流、讨论等活动,进行协作式学习。远程教育与学校教育之间明显的差别是:在传统的远程教育中,师生之间、学生之间缺乏交流讨论,无法营造良好的学习氛围,从而影响了教学效果。情感和思想的交流是教育的一个重要方面,好的教师不仅能用他的知识来教育学生,更能用他的思想来影响学生。流媒体的视频会议功能为异地师生之间、学生之间的交流、讨论提供了条件。学生在学习过程中,可以就大家感兴趣的问题进行讨论,交流自己学习的心得体会,供其他同学借鉴,使大家相互促进、相互启发、开阔思路、共同提高,从而营造良好的学习氛围,激发他们的创造性灵感,培养他们的创造性思维。通过协作学习,使他们的知识得到重新建构,从而产生新的知识,拼发出创造性火花。

2. 流媒体技术在校园网建设上的作用

流媒体技术在校园网建设上的应用主要表现在校园网环境下的流媒体服务，主要包括视频点播、电视转播、视频会议和视频监控等。在校园网上应用视频流媒体技术，可以使校园网具有交互性、实时性、多媒体化和针对性等特点，通过实时广播、定时广播、视频点播等通信模式为学生创建一个良好的学习平台和环境。

运用流媒体技术开发网络型交互式多媒体课件和网络课程，将各种教学内容转换成流式文件存储在流媒体服务器中。学生可以根据自己的实际情况，选择合适的时间，通过访问校园网服务器，进行学习。

借助交互式电子白板和相关网络通信工具，可以进行视频会议，教学辅导和实时网络讨论，同时借助摄像头等设备可以建立校园网的视频监控网络。目前监控系统已成为教育界的必备设施，很多学校都设有教学监控系统，集中监控各教室、各部门的教学活动，有利于教学质量的提高。

3. 流媒体技术应用于教育过程中应注意的问题

首先，流媒体视频点播系统一般都是单向播放的，学习者处于被动接受的地位。无法和教师、同学进行实时的交互，因此不利于学习者主动性的发挥和创造性思维的发展，所以在使用流媒体技术进行视频教学过程中要注意教学过程的组织和教学情境的创设，最好借助其他网络手段加强这种交流，巩固流媒体视频教学的效果。

其次，流媒体技术通常是将现有的视频、音频教学资源简单地呈现给学习者，没有将视频、音频和当前先进的教育教学理论有机地结合起来。所以，我们在借助流媒体资源进行教学和学习时不能完全依赖这种技术形式。

再次，流媒体技术没有提供基于视频、音频内容的检索与查询功能，不能满足学生有目的、有需要的学习。由于在现有系统中，视频、音频都是一个完整并且先后顺序确定的资源，所以它就无法满足不同学习风格学生的学习需求，也无法为学生的学习提供充分的服务。

尽管如此，流媒体已成为校园网和互联网上应用的主流，受到众多业内人士的普遍重视，流媒体技术在教育领域中得到了广泛的应用，但还不很成熟。如何利用和发挥流媒体的特点和优势，使它能在教育中得到合理的应用，更好地为教育服务，还要大家共同努力奋斗。

第三节 人工智能技术在教育中的应用

一、什么是人工智能

"人工智能"（Artificial Intelligence，AI）一词最初是在 1956 年 Dartmouth 学会上提出的。从那以后，研究者们发展了众多理论和原理，人工智能的概念也随之扩展。人工智能是一门研究机器智能的高技术学科,是计算机科学、控制论、信息论、心理学、语言学等多种学科相互渗透而发展起来的学科;是模拟、延伸和扩展人类智能,实现某些脑力劳动自动化的技术基础;是探索人脑奥秘科学的重要分支和计算机应用的一个新领域。

总的来说,人工智能的目的就是让计算机能够像人一样思考。人工智能的研究更多的是结合具体领域进行的,主要研究领域有专家系统、机器学习、模式识别、自然语言理解、自动定理证明、自动程序设计、机器人学、博弈、智能决策支持系统和人工神经网络等。迄今为止,人工智能技术已经成功地应用于制造、建筑、服务、军事、娱乐等领域。随着人工智能的诞生和发展,人们开始把计算机用于教学领域。自 20 世纪 70 年代以来,有教学能力的专家系统不断得到研制和开发。人工智能对教育领域产生了深远的影响,传统的教育理念、教学策略、学习方式正在发生重大的变革。人工智能技术与专家系统的成就,促使人们把问题求解、知识表示这些技术引入计算机辅助教学(CAI)过程中。

二、人工智能的实现方法

人工智能在计算机上实现时有两种不同的方式。一种是采用传统的编程技术,使系统呈现智能的效果,而不考虑所用方法是否与人或动物机体所用的方法相同。这种方法叫工程学方法(Engineering Approach),它已在一些领域内取得了成果,如文字识别、电脑下棋等。另一种是模拟法(Modeling Approach),它不仅要看效果,还要求实现方法也和人类或生物机体所用的方法相同或相类似。例如遗传算法(Generic Algorithm,GA)和人工神经网络(Artificial Neural Network,ANN)均属后一类型。遗传算法模拟人类或生物的遗传进化机制,人工神经网络则是模拟人类或动物大脑中神经细胞的活动方式。为了得到相同的智能效果,两种方式通常都可使用。采用前一种方法,需要人工详细规定程序逻辑,如果游戏简单,还是方便的。如果游戏复杂,角色数量和活动空间增加,相应的逻辑就会很复杂(按指数级增长),人工编程就非常繁琐,容易出错。而一旦出错,就必须修改原程序,重新编译、调试,最后为用户提供一个新的版本或提供一个新补丁,非常麻烦。采用后一种方法时,编程者要为每一角色设计一个智能系统(一个模块)来进行控制,这个智能系统(模块)开始什么也不懂,就像初生婴儿那样,但它能够学习,能渐渐地适应环境,应付各种复杂情况。这种系统开始也常犯错误,但它能吸取教训,下一次运行时就可能改正,至少不会永远错下去,不需要发布新版本或打补丁。利用这种方法来实现人工智能,要求编程者具有生物学的思考方法,入门难度大一点。但一旦入了门,就可得到广泛应用。由于这种方法编程时无须对角色的活动规律作详细规定,应用于复杂问题的解决,通常会比前一种方法更省力。

三、人工智能在教育中应用的意义

人工智能是计算机科学的一个分支,是一门研究运用计算机模拟和延伸人脑功能的综合性学科。换言之,它研究如何用计算机模仿人脑所从事的推理、证明、识别、理解、设计、学习、思考、规划以及问题求解等思维活动来解决需要人类专家才能处理的复杂问题,例如咨询、诊断、预测、规划等决策性问题。人工智能也是一门涉及数学、计算机科学、控制论、信息学、心理学、哲学等学科的交叉和边缘学科。与一般的信息处理技术相比,人工智能技术在求解策略和处理手段上都有其独特的风格。今天,人工智能的不少研究领域如自然语言理解、模式识别、机器学习、数据挖掘、智能检索、机器人技术、人工神经网络等都取得了许多成果,有许多研究成果已经进入人们的生活、学习和工作中,并对人类的发展产生了重要影响。在教育领域人工智能的相关研究也取得了很大的进展,如智能教学系统、智能导师系统等,人工智能在教育领域的研究也越来越深入,人工智能技术在教育中的作用也越来越重要。

首先,人工智能技术在教育领域的应用和发展,能够起到引领现代化教育前沿的作用。人工智能技术在一定程度上代表着信息技术的前沿,最近几年,我国一直在大力倡导教育信息化。人工智能技术在教育领域的应用对现代化的教育手段有一种引领作用。人工智能在教育领域的每一个成果都将吸引更多的专家学者关注现代化教育的发展。

其次,教育领域内智能助学、智能助教系统的开发和应用,有助于激发学习者对知识的追求。人工智能技术和人工智能系统在教育教学领域的应用,能够帮助学习者开阔视野,培养兴趣,激发他们对知识、技术的学习欲望,促进学习者对知识的渴求,从而为教育发展和社会进步打下良好基础。

再次,人工智能教学和学习系统独有的专家库和知识库,促使其能够增强对学习者的诊断。采用人工智能技术,使得教学过程中系统可以自动诊断学生的学习水平,不仅能发现学生的错误,而且能指出学生错误的根源,从而做出有针对性的辅导或学习建议。而且根据学生的特点自动选择教学内容,自动调整教学进度,自动选择教学策略与方法。

此外,人工智能技术在教育教学上的应用能够使教学管理过程智能化,这主要表现在智能教学系统能够帮助教育工作者进行一些教育管理上的决策,帮助教师完成一些教学上的决策,而这些决策通常都是在对大量数据和资料进行分析的基础上完成的,这对教育教学质量的提高有着至关重要的作用。

四、人工智能在教育中的具体应用

1. 智能教学系统(Intelligence Tutoring System)

智能教学系统是人工智能技术在教育中的重要应用之一,是对计算机辅助教学相关研究的进一步发展。智能教学系统旨在为学生创造一个优良的学习环境,使学生可以方便快捷地调用各种资源,接受全方位的学习服务,以获得学习的成功。当前的智能教学系统主要依靠智能主体技术来进行构建,通过建立教师主体、学生主体、教学管理主体等,可以根据不同学生的特点来制定和实施相应的教学策略,为学生提供个性化的教学服务。基于网络的分布式智能教学系统是目前智能教学系统的最新发展方向,它可以使原本相隔在不同地区的学生在虚拟的环境之中共同学习,充分利用网络资源,发挥学习者的主动性,取得更好的教学和学习效果。

第九章　信息技术教育应用的新发展

我国张景中院士主持开发的"Z+Z"智能教育软件就是一个多功能、交互式的工具型智能教学系统,这是一套智能教学软件,其中包括初中代数、三角函数、解析几何、立体几何、初中物理、初中化学等多个软件。该软件的基本功能是能够智能解题、人机交互、自动推理和动态作图。[①] 如图9-3-1所示。

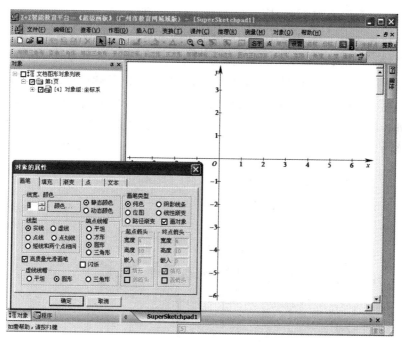

图9-3-1　Z+Z超级画板 V2.1

2. 智能网络组卷阅卷系统（Intelligent Network Examine System）

目前无纸化考试已经成为了考试的一种重要的新型形式。从广义上来说,无纸化考试包括使用计算机来建立与管理题库、选题组卷、考试与阅卷等多个环节。它不仅从形式上对传统的纸质考试方式进行了创新,对考试的设计与评价环节也有了重大的改进。智能网络组卷系统具有成本低、效率低、保密性好、试卷一致性高,即使在限制条件较多的情况下,仍可以按给定的组卷策略生成满足要求的试卷。同时,基于网络的试题库可以收集广大教师编写的经典习题,集中和共享教师的劳动成果,确保了试卷的质量。采用人工智能的阅卷系统能够有效地识别试卷,并减少出错的可能性,极大地提高阅卷流程的工作效率。

3. 智能决策支持系统（Intelligent Decision Support System）

智能决策支持系统是人工智能的重要应用之一,是人工智能和决策支持系统相结合,应用专家系统,使决策支持系统能够更充分地应用人类的知识,如关于决策问题的描述性知识、决

---

① 张剑平. 关于人工智能教育的思考[J]. 电化教育研究,2003(1).

策过程中的过程性知识、求解问题的推理性知识,通过逻辑推理来帮助解决复杂的决策问题。智能决策支持系统主要由数据库、模型库、方法库、人机接口以及智能部件组成。目前,智能决策支持系统已经成为了决策支持系统的主要发展方向,在网络教育领域的应用显示出了极强的发展潜力和美好的前景。

4. 智能仿真教学系统(Intelligent Simulation Technology)

在远程教育教学中,实验教学是一个不可缺少的教学环节,但目前以教学教务管理为主的网络教学平台很少涉及实验教学内容。智能仿真技术是人工智能与仿真技术的高度集成,它力求克服以往传统仿真的模型及建模方法的局限性,以及建模艰巨、界面单调和结果费解等方面的问题。智能仿真系统在某种程度上可替代仿真专家完成建模、设计实验、理解及评价仿真结果的步骤,并具有一定的学习能力。运用智能仿真系统来开发实验教学课件可以大大节省人力物力,降低开发成本,加快开发速度,缩短开发周期。如图 9-3-2 所示。

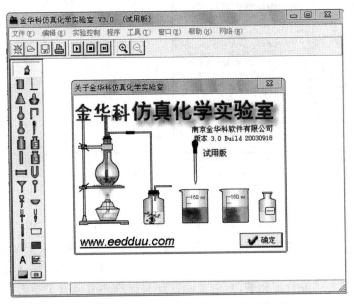

图 9-3-2　金华科仿真化学实验室 3.0

五、人工智能技术在教育中应用的新方向

1. 智能计算机辅助教学(Intelligence Computer Assisted Instruction,ICAI)

传统的计算机辅助教学过程存在缺乏人机交互能力、教师与学生的互动少以及智能性差等问题,为了克服这些缺点,需要在知识表示、推理方法和自然语言理解等方面应用人工智能原理。为此,很多专家提出了智能计算机辅助教学。智能计算机辅助教学以认知学为理论基础,将人工智能技术应用于 CAI,它允许学生与计算机进行较为自由的对话,学生的应答不限

于数字或简单的短语,系统能够判定学生应答的正确程度,并给予适当的反馈而不是简单的对或者错。ICAI 的宗旨在于利用现有计算机技术实现较好的人工智能,模仿人类的交互方式、思维习惯及情绪流动,修饰和掩盖计算机的缺陷。

2. 智能代理技术(Agent)

近几年,分布式人工智能中的 Agent 和多 Agent 技术在教学中的应用逐渐受到关注。在教学中引入 Agent 可以有效地提高教学系统的智能性,创造良好的学习情境,并能激发学习者的学习兴趣,进行个性化教育。目前,Agent 和多 Agent 技术多用于远程智能教学系统,通过利用其分布性、自主性和社会性等特点,提高网络教学系统的智能性,使教学资源得到充分利用,并可实现对学习者的学习行为进行动态跟踪,为学习者的网络学习创造合作性的学习环境。在网络教学软件中应用 Agent 技术的一个典型是美国南加利福尼亚大学(USC)开发的教学代理 Adele(Agent for Distance Education-Light Edition)。[①] Agent 技术在网络教学软件中取得的良好效果,促进了研究者对分布式人工智能在教育中的应用研究。

第四节　移动学习在教育中的应用

一、移动学习概述

随着科技的发展,WAP(Wireless Application Protocol,无线应用协议)技术作为把无线通信网和互联网有机结合在一起的桥梁和纽带应运而生,并且已经开始在电子商务、证券交易和银行等领域发挥着重要作用。作为 WAP 技术与现代教育相结合的产物 Mobile-education (移动教育)也初现雏形,与之相对应的学习模式 M-Learning(移动学习)已成为 E-Learning (数字学习)家族中新的一员,并受到教育界越来越多的密切关注。

关于移动学习的定义,目前学术界尚无明确统一的界定,从不同的角度出发有不同的理解,大致分成三种:一是将移动学习作为远程教育的一种新形式;二是将移动学习作为数字化学习的扩展;三是从认知学习的角度看,移动学习的移动性、情境性等特点使其成为一种全新的技术与学习方式。本书认同第一种意见,并参照另外两种观点将移动学习作如下界定:

移动学习是指利用无线移动通信网络技术以及无线移动通信设备(如电子书、移动电话、个人数字助理 PDA、PocketPC 等)使学习者能在任何时间、任何地点通过获取教育信息、教育资源和教育服务进行学习的一种新型学习形式。

[①] Erin Shaw, W. Lewis Johnson, Rajaram Ganeshan. Pedagogical Agents on the Web[DB/OL].

二、移动学习的特点

移动学习作为远程学习发展的一种新形式,它的开展在形式上具有移动性,在内容上具有互动性,在实现方式上是数字化的,具体特征如下:

1. 时空泛在性

在移动学习中,学习者使用的是手持移动设备,如智能手机、PDA、电子书等,具有携带方便的特点。移动学习使用可移动设备进行学习,使学习者不受时间和地点的限制,在任何时间、任何地点都可以进行学习。学习者可以在校园内学习,也可以在家里、公园里、商场中进行学习。学生利用终端在可以连接到无线网络的街道上、火车上、飞机场里轻轻松松地学习,在地铁里可以利用联网的 PDA 学习,或者在博物馆利用 PDA 收听、收看讲解资料等。

2. 学习过程片断化

当学习者处在持续移动状态下的时候,他们比较容易受到外部环境的影响,从而无法长时间保持注意力的集中。移动状态学习和固定状态学习最大的不同点之一,就是人在相对移动中,注意力难以集中,学习者是在一定的零碎时间中进行片段式的学习。例如,学习者在候车的时候或飞机上短时间的学习。因此,移动学习的内容要简明扼要。

3. 交互的及时性

通过无线网络消除地理空间限制,随时与他人交流新的想法或用摄像头拍下新的现象就可以马上与其他人交流分享。移动学习的核心特征是让学习者始终能够体验学习的快乐,让学习者始终在最佳的时间和最佳地点进行学习。同时,教师也可以在课堂之外,及时回答学生的问题,与学生交流,而不影响他们的工作。例如,在逛超市或在公园中散步时,可以通过短消息、视频电话等方式与学生进行交流并指导他们的活动。

4. 学习方式个性化

移动学习可以实现个性化的学习内容,根据个人需要制订学习方案。由于移动学习是基于手持设备开展的,因而它也具备手持设备所具有的个体性。因此,其学习内容、学习方法、学习进度等都具备较强的个性化特点,可以满足学习者个性化的需要。在移动学习中,不同年龄、不同知识基础和不同能力的人都可以找到适合自己和符合需要的学习方法。

5. 学习对象的广泛性

随着移动通信网络技术和高性能终端设备的更新换代,移动网络可以支撑更快的上传和下载速度、更大的容量和更高的质量。移动学习者可以利用自己的手持设备通过移动互联网下载课件、查看教务信息并在线观看教师讲座,还能在移动学习圈内与其他学习者或指导老师进行同步或异步交流。这就大大拓宽了学习者学习和受教育的范围,对终身学习、教育公平和学习型社会理想的实现将产生巨大推动作用。

三、移动学习的实现技术

1. WAP 技术

WAP 由一系列协议组成,通过这些协议,标准化无线通信设备(如数字移动电话、无线电收发机等)就能够以移动方式实现对 Internet 的访问,包括收发电子邮件、访问 WAP 网站、在线聊天等。WAP 技术最吸引人之处,就是它将使随时随地获取丰富的多媒体教育资源更加现实。专家预测,WAP 技术在远程教育中的应用将会使远程教育进入一个新时代——移动教育时代。在移动教育时代,学习就是生活,生活也就是学习,学习会像劳动一样成为人类的需要,WAP 技术的应用将使得学习无处不在、无时不在。

2. WML 标记语言

WML 是 Wireless Markup Language(无线标记语言)的缩写,它是一种从 HTML 继承而来的基于 XML 的标记语言,因此比 HTML 更加严格。WML 被用来创建可显示在 WAP 浏览器中的页面。WML 是一种简单易学的标记语言,使用合适的 WML 符号,开发者能够轻易地在移动设备屏幕上展示内容形式:如文本、链接、图像、数据登录和选项。当 WML 命令程序与 WML 用在一起时,就能够产生强大的应用功能。

3. P2P 技术

P2P(Peer-to-Peer)可译为"对等互联技术"或"点对点技术"。简单地说,P2P 就是一种用于不同 PC 用户之间,不经过中继设备而直接交换数据或服务的技术,它允许 Internet 用户之间直接建立点对点的连接,不通过服务器就可进行面对面的共享交流、并实现资源下载。P2P 不仅可以实现服务器到服务器、服务器到 PC 机以及 PC 机到 PC 机的互联和数据交换,也可以实现 PC 机到 WAP 手机、服务器到 WAP 手机的互联和数据交换,这使得人们在 Internet 上的共享行为被提升到了一个更高的层次。

4. 蓝牙技术

蓝牙(Bluetooth)技术实际上是一种用于替代便携或固定电子设备上使用的电缆或连线的短距离无线接入(Wireless Access)技术。蓝牙设备使用全球通行的、无需申请许可的 2.45 GHz 频段,可实时进行数据和语音传输。通过蓝牙遥控装置可以形成一点到多点的连接,即在该装置周围组成一个"微网",网内任何蓝牙收发器都可与该装置互通信号。

5. 3G 技术

3G 是"3rd Generation"(第三代)的缩写,即第三代移动通信系统(IMT-2000),它是高速移动数据网络通信领域的行业术语。基于此系统的新型手机被称为 3G 手机。第三代移动通信系统将无线通信与国际互联网等相结合,能够随时随地满足高速处理图像、音乐、视频流等多种媒体形式,提供包括全视频、视频会议、高质量语音、网页浏览、Web 数据服务、电子商务等多种高带宽应用数据信息服务。

6. WIFI 技术

WIFI 是一种可以将个人电脑、手持设备（如 PDA、手机）等终端以无线方式互相连接的技术。WIFI 原先是无线保真的缩写，WIFI 的英文全称为 wireless fidelity，在无线局域网的范畴是指"无线相容性认证"，实质上是一种商业认证，同时也是一种无线联网的技术，以前通过网线连接电脑，而现在则是通过无线电波来联网；常见的就是无线路由器，在这个无线路由器的电波覆盖的有效范围都可以采用 WIFI 连接方式进行联网。如果无线路由器连接了一条 ADSL 线路或者别的上网线路，则又被称为"热点"。

四、移动学习的实现形式

移动学习的实现形式主要有以下三种：

1.基于短消息的移动学习

通过短消息，可在用户间和用户与互联网服务器之间实现有限字符的传送。用户通过手机等移动通信设备将短信息发送到教学服务器，教学服务器分析用户的短消息后转化成数据请求，并进行分析、处理，再反馈回用户手机。利用这一特点，可以实现用户通过无线网络与互联网之间的通信，并借此完成一定的教学活动。短消息方式适合通信数据量少，可用简单文字描述的教学活动。

2.基于连接浏览方式的移动学习

对于基于短消息的移动学习来说，其数据通信是间断的，不能实时连接，因而不能利用该种方式实现移动学习终端对学习网站的浏览。

移动用户使用无线终端，经过电信的网关后可以接入互联网并访问教学服务器（主要是通过 WAP 协议接入），这种移动学习方式可以做浏览、查询、实时交互等类似于普通互联网用户的操作。基于连接浏览的移动学习方式不但可以传输文本，还可以传输一些图像信息。

3.基于校园无线网络的准移动学习

所谓准移动学习是指可以在局部范围内（如一个校园、一栋楼、一片户外学习区或一个教室）实现移动学习。从 3G 技术不同标准之间的争论和产品开发进展来看，在全球或全国范围内完全实现连接浏览的移动学习还需要一段时间，但无线局域网络（WLAN）技术相对比较成熟了，可以作为准移动学习的实现技术。作为当前校园面授教育的补充，这种移动学习方式是比较可行的。

五、移动学习作为现代教育发展的新方向

首先，从媒体发展的角度来看，在教学过程中，媒体是教育教学信息交流的纽带和桥梁。教师与学生之间通过教学媒体来进行教学活动并实现教学目的。印刷媒体的产生、电声媒体的使用、视听媒体的发展以及多媒体信息技术的崛起，被认为是教学媒体四次重大变革。教学

媒体越来越先进,他们对学习过程的影响和所起到的作用也越来越大。在移动学习中使用的媒体如手机、电子书、掌上电脑等现代通信设备,以及时快速地给学习者提供信息见长,可以使学习过程随时随地进行。由于移动媒体对文字、图像、声音的表现力达到了一定的水平,再加上不断智能化的本领、方便的操作和控制,给教学带来了崭新的局面。

其次,从媒体对学习方式的影响来看:学习形式随着媒体技术的发展经历了如下的变化:群体学习→个别化学习→基于网络的小组学习→虚拟学习→泛在学习。在这一过程中,学习者的规模在不断减小,学习的组织形式逐渐从集体教学转向个别化学习,学习者获得学习资料越来越容易,他们可以方便地使用适合自己需要的学习方法及辅助媒体,因此学生理解得更快,教学效率更高。泛在学习(Ubiquitous Learning)是指任何人可以在任何地方、任何时刻获取所需的任何信息的一种学习方式。移动学习具备了:学习对象多元化、学习地点随意性、学习时间不确定以及学习资源广泛化的这些特征,所以,移动学习是泛在学习的一种具体表现形式。

再次,从远程教育的发展历程来看。加拿大学者伽里森(Garrison)、丹麦学者尼珀(Nipper)和英国学者贝茨(Bates)等人提出了三代信息技术和三代远程教育的理论。按照他们的划分思路,移动通信技术的使用和移动远程学习的出现就应该是第四代信息技术和第四代远程教育。如表9-4-1所示,基更(Desmond Keegan)在《从远程学习到电子学习再到移动学习》的论文中,把第一代和第二代远程学习方式定义为远程学习——D-Learning,基更特别强调远程学习是指远程教育系统中的学生一方的活动和行为。

表 9-4-1 四代远程教育发展历程[①]

发展阶段	名称	特点	学习方式
第四代	移动远程教育	学习时空随意化	M-Learning
第三代	网络教育	师生交互时代	E-Learning
第二代	电子远程教育	教育信息多媒化	D-Learning
第一代	函授远程教育	教育活动分离化	

由此看来,远程教育的发展经历了四代、应用了三种学习方式、产生了四种变化,每代远程教育都增添了新的特征,为远程教育发展做出了贡献。目前还看不出四代远程教育之间存在某种取代关系,但移动学习势必会成为未来远程教育发展的重要形式。

此外,就移动学习的发展前景来说,未来的世界将是一个移动互联的世界,移动通信兴起于20世纪80年代,它的发展速度远远超过了固定网络,在今天已经相当普及。同时,移动学习符合终身学习的要求,未来的学习仅仅通过学校教育获取知识和技能是远远不够的,要想适应未来快速变化和发展的社会,必须在日常的生活和工作中不断学习新的知识和技能,同时未来的学习应该摆脱时间和空间的束缚,可以根据实际需求随时随地进行学习。移动技术和设

---

① 李玉斌,张爽.移动学习的内涵方式及其对远程教育的影响[J].现代远程教育研究,2004(11).

备就能满足学习者对终身学习的需求。

六、移动学习过程中存在的问题

1. 缺乏理论基础和可供效仿的成功经验

移动学习是一种崭新的学习形式,我们对移动学习的基础理论研究和应用研究是比较缺乏的。在国内,有关移动学习的论文论著现在还比较少,目前我们对移动学习的研究和实践主要是借鉴国外的一些成果和经验,结合实际进行创造性的使用。因此,我们应该努力总结和发展自己的具有中国特色的移动学习理论和模式,为我们的移动学习研究和实践服务。

2. 移动学习支持系统和平台建设不够完善

移动终端技术、移动通信技术和网络技术是移动学习系统的支撑技术,移动学习系统是一个复杂的技术系统,开展移动学习必须首先建立起支持移动学习的技术系统和支持平台。移动学习系统和平台与传统的数字化学习系统和平台有着显著的差异,我们现在的移动学习系统和平台还处于起步阶段,系统不稳定、互操作性差,这些问题都在等待着我们去解决。

3. 移动学习设备可用性与适用性不好

制约移动学习发展的一个重大因素是目前移动设备存在问题。比如说用户界面显示屏幕小、分辨率低、运行能力速率低下、接入速度慢、存储容量小等。这几方面是设备可用性的主要制约因素,必然会阻碍移动学习的普及和发展。另外,移动设备最大的局限性和困难是将各种不同类型的设备链接到同一个网络上,这对终端器件性能要求较高。

4. 移动学习对学生的自主性要求较高

移动学习的特点决定了这种学习形式容易受到外界的干扰和影响,因此移动学习过程要求学习者有较高的自主性,学习者要能够克服各种外界影响学习的因素,并能适应这种小片段式信息提取的学习方式才能保证学习效果。

5. 移动学习资源相对匮乏

移动学习资源是移动学习系统的实体,移动学习系统是技术支撑,学习者真正需要获取的是学习资源。目前,移动学习缺乏教学设计、内容匮乏。教学内容缺乏趣味性和吸引力、未顾虑到学习者的感受等问题比较突出。

第五节　教育游戏在教育中的应用

一、关于教育游戏

2002年,华盛顿特区伍德罗威尔逊国际学者中心(Woodrow Wilson International Center

for Scholars)发起了"严肃游戏计划"(Serious Games Initiative),目的是鼓励解决政策和管理问题的游戏的设计和开发。2003年,国际游戏开发者协会(IGDA)的活动负责人罗卡(Jason Della Rocca)在 China Joy 大会上进行了名为《"严肃"游戏:游戏对社会经济的潜在影响》的主题发言,他把"严肃游戏"定义为"不以娱乐为主要目的的游戏",并列举了用于训练市长的《模拟城市》、训练董事长的《虚拟领袖》、训练员工的《直言者》、训练海军陆战队员的《DOOM》等经典游戏作品。自此,教育游戏逐渐开始发展起来。

教育游戏属于新生事物,关于教育游戏的概念,目前学术界还没有一个统一的说法。在国外,一般称教育游戏为"Edutainment"或"educational games"。"Edutainment"是由英文"education"(教育)和"entertainment"(娱乐)两个单词组合而成,是指教育中的娱乐形式,即通过在教学中使用各种娱乐形式,实现一定的教育目的,它类似于国内所提的娱教技术;而"educational games"则是指从教育研究者的角度探讨如何把教育内容以电脑游戏的形式进行表现的问题,它的重点是游戏产品。

二、教育游戏的特征

教育游戏就是在教育中使用游戏,将游戏带入课堂,走进学生的生活,活跃课堂气氛,激发学生的学习动机和积极性,教育游戏的具体特征如下:

1. 直观的视觉刺激

单纯的"语言、黑板、粉笔"这种教学模式,很难满足教学中的需求,在教育中引入教育游戏,可以很大程度上吸引学生的注意力。教育游戏的界面设计引入的各种元素,可以直接刺激学生的视觉,吸引学生的注意力。例如,利用多媒体技术将教学内容与教学过程制作成游戏或动画,将知识的产生与形成过程进行直观、动态的演示,既能帮助学生深入理解问题,又可提高学生学习的积极性。

2. 虚拟的文化系统

在教育游戏中,同样蕴含着文化,它通常是以现实世界为依托,把现实生活的文化以一种虚拟的形式或完善或扭曲地通过游戏环境下的虚拟文化系统表达出来。《宠客帝国》就是很好的例子,用中国传统的仙侠文化作为游戏的大背景,在喜好武侠的东方玩家群体中,拥有了极大的亲和力。

3. 任务驱动机制

任何一款游戏的策略之一都是设置任务,以吸引玩家的参与。为了完成某一任务,玩家们花费心思去升级。在教育游戏中同样具有这样的策略,通过在游戏中设置任务,让学生在游戏中学到知识,并激励学生去完成各项教学任务。

三、游戏所具备的教育应用价值

1. 可以激发学习者的学习动机

学习动机是学习过程中一个非常重要的因素。很多学生学习起来动机不高,但玩起游戏来却精神十足,甚至不吃不喝,通宵达旦。这自然引起了很多学者的兴趣,希望将游戏的特点应用到教育游戏或者教育软件的设计之中,从而使得学习更加有趣。目前许多实验研究表明,基于游戏的学习方法确实比传统的学习方法更能调动学习者的积极性。

2. 可以增长学习者的各种知识

张胤曾指出:"电子游戏的真义在于它是生活世界的虚拟化,从本质上说电子游戏反映了某个特定时期的现实生活以及由这种生活环境所营造的经验与活动,并以富有趣味的途径将其表达出来。同时它也是文化蕴藏的体现以及人类知识情趣化的表征与新的、变异的传递方式。"① 仔细分析目前市场上流行的各种网络游戏或电脑游戏,我们就会发现大部分游戏实际上都蕴藏了丰富的社会文化生活知识和专业知识。例如《三国志》这款游戏,就是以特定的历史时期和历史事件为背景进行设计开发的,自然可以让游戏者学习到一定的历史文化知识;再如《模拟城市》这款模拟游戏,包含了大量的规划、建筑、交通、消防和税务方面的知识。这些游戏还不是专门为教育开发的游戏,对于一些专门为教育开发的游戏则能让学生学到更多的知识。

3. 可以培养学习者的一些基本能力

与知识相比,游戏中的能力培养其实是人们更为关注的。Greenfield 通过对一系列电子游戏的研究认为游戏可以培养学习者的手眼互动等基本能力。同时,由于学习者需要自己去探索总结游戏规则,所以能培养归纳总结的能力;学习者要经常处理同时来自各方面的资讯,所以能够培养游戏者平行处理的能力;很多游戏都会提供二维或三维的空间,所以可以培养游戏者的空间想象的能力。

4. 可以促进学习者情感、态度、价值观的培养

某种程度上讲,培养一个人对社会、对他人的责任感、对事物的正确态度和正确的人生观比培养知识和能力更为重要。在这一目标上,游戏展示了得天独厚的优势。它可以将一些教育理念融入到故事中,使学生在不知不觉中接受教育。

5. 可以构建游戏化学习环境

学习环境是学习者在追求学习目标和问题解决的活动中,可以使用多样的工具和资讯资源并相互合作和支援的场所。② 由于当今的游戏往往使用 2D 或 3D 技术创设了一个复杂的游

---

① 张胤. 游戏者——学习者:论电子游戏作为校本课程的价值的发掘及建构[J]. 教育理论与实践,2002,22(5),60-64.
② Wilson,B. G. Constructivist Learning Environments:Case studies in instructional design[M]. Cambridge,MA:Harvard University Press,1996.

戏情境，可以让学习者在其中通过互动和交流去自主探索，因此许多学者认为可以利用游戏来构建游戏化的学习环境，从而进行体验式学习、协作学习、研究性学习。

四、常见的教育游戏产品

在我国，很多教育机构早在几年前就开始使用互动课件的形式授课，这些多媒体课件其实就可以被视为是一种早期的严肃游戏，虽然它们的互动性还过于简单，还不能被视为是绝对意义上的游戏，但是他们存在的目的就是为了通过互动体验的环节向用户传递信息。随着网络技术的发展和电脑游戏的迅速普及，国内教育游戏的发展也开始出现了可喜的兆头，已经有许多产品开始出现。

1. 超级单词连连看1.0

这是一款用于单词记忆的连连看游戏，连连看主要是考察游戏者的观察和记忆能力，这款游戏充分考虑到了这一点，所以它采用在繁杂的对象中找到单词和它的汉语释义来增强学习者的记忆效果。这款教育游戏主要通过时间限制和过关的方式来激发学习者的兴趣和挑战的欲望。如图9-5-1所示。

图 9-5-1 超级单词连连看1.0

2. 蜡笔物理学

蜡笔物理学是一款基于2D物理引擎的解谜游戏。学习者可以用手中蜡笔绘制出任意图形，它会奇迹般地变成实际物体，利用真实的物理原理将小球推到目标点即可过关。解决谜题需要学习者运用带有艺术性和创造性的思维来完成。这个游戏创意十足,是一个只有 25 岁叫作 Petri Purho 的芬兰游戏开发者制作的,起初目的是做给老师上课教学用,现在用于普及物理知识。如图 9-5-2 所示。

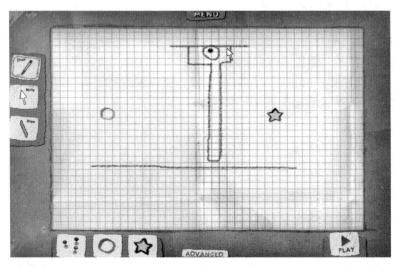

图 9-5-2　蜡笔物理学

3. 金山打字通

金山打字是一款训练学习者动作技能的教育软件,是金山公司推出的系列教育软件之一,主要由金山打字通和金山打字游戏两部分构成。它是一款功能齐全、数据丰富、界面友好的、集打字练习和测试于一体的打字软件。金山打字可针对用户水平定制个性化的练习课程,循序渐进,能提供英文、拼音、五笔、数字符号等多种输入练习,同时也可为收银员、会计、速录等职业提供专业培训。如图 9-5-3 所示。

五、教育游戏存在的问题

首先,由于教育游戏尚属新生事物,目前市场上开发的教育游戏数量和质量都很有限,能直接用于教学的优秀资源比较少;

其次,由于软件开发商各自为政,市场中现有的游戏软件多散见于各类网站,没有进行归类整理,不便于教师使用和查找;

再次,目前中国教育界对教育游戏的研究还处于起步阶段,缺少成熟的理论研究成果,教师在使用教育游戏的过程中缺乏相关的理论指导,容易陷入盲目状态。

因此,教育游戏要想在教育教学过程中充分发挥其作用还有待于我们做进一步的研究和探讨。

图 9-5-3　金山打字游戏软件界面

第六节　WEB 2.0 技术在教育中的应用

一、WEB 2.0 的概念和特点

由于 WEB 2.0 是新兴事物,至今还没有完全统一的概念,很多学者从不同角度给出了自己的理解。

WEB 2.0 概念的提出者 Tim O'Reilly 认为,WEB 2.0 的经验是有效利用消费者的自助服务和算法上的数据管理,以便能够将触角延伸至整个互联网,延伸至各个边缘而不仅仅是中心,延伸至长尾而不仅仅是头部。WEB 2.0 的一个关键原则是:用户越多,服务越好。[1]

有些学者认同 WEB 2.0 的列举式定义:WEB 2.0 是包括博客(BLOG)、维基(Wiki)、RSS(Really Simple Syndication)、社会性书签(Social Bookmark)、Tag(大众分类或 Folksonomy)、SNS(Social Networking Service)、Ajax 等的一系列技术及应用。

WikiPedia 关于 WEB 2.0 的定义是这样描述的:网站不能是封闭的,它必须可以很方便地被其他系统获取或写入数据;用户应该在网站上拥有他们自己的数据;完全地基于 Web,大多数成功的 WEB 2.0 网站可以几乎完全通过浏览器来使用。

---

[1] 中国互联网协会.2005—2006 中国 Web 2.0 现状与趋势调查报告[EB/OL]. http://repor t.internetdigital.org,2011-10-18.

互联网实验室的观点是：WEB 2.0 不单纯是技术或者是解决方案而是一套可执行的理念体系，实践着网络社会化和个性化的理想，使个人成为真正意义上的主体，实现互联网生产方式的变革从而解放生产力，这个理念体系在不断发展完善中，并且会越来越清晰。

实际上，WEB 2.0 是相对于 WEB 1.0 的新的一类互联网应用的统称。WEB 1.0 的主要特点在于用户通过浏览器获取信息。WEB 2.0 则更注重用户的交互作用，用户既是网站内容的浏览者，也是网站内容的制造者。所谓网站内容的制造者是说互联网上的每一个用户不再仅仅是互联网的读者，同时也成为互联网的作者；不再仅仅是在互联网上冲浪，同时也成为波浪制造者；在模式上由单纯的"读"向"写"以及"共同建设"发展；由被动地接收互联网信息向主动创造互联网信息发展，从而更加人性化。

WEB 2.0 的主要特点如下：

（1）用户参与网站内容制造。与 WEB 1.0 网站单项信息发布的模式不同，WEB 2.0 网站的内容通常是用户发布的，使得用户既是网站内容的浏览者也是网站内容的制造者，这也就意味着 WEB 2.0 网站为用户提供了更多参与的机会。

（2）WEB 2.0 更加注重交互性。WEB 2.0 不仅实现了用户在发布内容过程中与网络服务器之间交互，也实现了同一网站不同用户之间的交互，以及不同网站之间信息的交互。

（3）符合 WEB 标准的网站设计。WEB 标准是目前国际上正在推广的网站标准，通常所说的 WEB 标准一般是指网站建设采用基于 XHTML 语言的网站设计语言。实际上，WEB 标准并不是某一标准，而是一系列标准的集合。网站设计代码规范，减少了大量冗余代码，减少了网络带宽资源浪费，加快了网站访问速度。

（4）WEB 2.0 网站与 WEB 1.0 没有绝对的界限。WEB 2.0 技术可以成为 WEB 1.0 网站的工具，一些在 WEB 2.0 概念之前诞生的网站本身也具有 WEB 2.0 特性。

（5）WEB 2.0 的核心不在于技术而在于指导思想。WEB 2.0 有一些典型的技术，但技术是为了达到某种目的所采取的手段。WEB 2.0 技术本身不是 WEB 2.0 网站的核心，重要的在于典型的 WEB 2.0 技术体现了具有 WEB 2.0 特征的应用模式。因此，与其说 WEB 2.0 是互联网技术的创新，不如说是互联网应用指导思想的革命。

二、常见的基于 WEB 2.0 的社会性应用软件

1. BLOG

Blog 全名 Web log，中文意思是"网络日志"，后来缩写为 Blog。它是继 Email、BBS、IM 之后出现的第四种网络交流方式，是网络时代的个人"读者文摘"，是以超链接为武器的网络日记，它代表着新的生活方式和新的工作方式，更代表着新的学习方式。简言之，Blog 就是以网络作为载体，简易迅速便捷地发布自己的心得，及时有效、轻松地与他人进行交流，再集丰富多彩的个性化展示于一体的综合性平台。Blog 之间可以互相共享与交流，通过自身与他人的

Blog进行学习。Blog已经将互联网从信息共享提高到资源共享、思想共享和生命历程层次的共享。

2. WIKI

WIKI是一种多人协作的写作工具。WIKI站点可以有多人（甚至任何访问者）维护，每个人都可以发表自己的意见，或者对共同的主题进行扩展或者探讨。WIKI是一种超文本系统，使用WIKI技术的网站是一种共同创作的网站，每个人都可以在WIKI网站上通过普通的浏览器对WIKI文本进行浏览、创建、修改、发表自己的意见或者对共同的主题进行探讨与研究，网页的访问者同时也是新网页的创建者。

3. RSS

RSS是Really Simple Syndication的缩写，即真正简单的连锁。RSS被广泛应用于Blog中，可以用来看别人的Blog有没有更新。有了RSS，用户再也不用一个网站一个网站，一个网页一个网页去逛了，只要将用户需要的内容订阅在一个RSS阅读器中，这些内容就会自动出现在用户的阅读器里，用户也不必为了一个急切想知道的消息而不断地刷新网页，因为一旦有了更新，RSS阅读器就会自己通知用户。

4. TAG

TAG在中国并没有统一的中文名称，有的称之为"分类"，也有的称之为"开放分类"或"大众分类"，还有的称之为"标签"。TAG是一种更为灵活、有趣的日志分类方式，可以为每篇日志添加一个或多个TAG（标签），然后可以看到博客上所有和您使用了相同TAG的日志，并且由此和其他用户产生更多的联系和沟通。

5. SNS

SNS（Social Networking Service）社会化网络软件是WEB 2.0体系下的一个技术应用架构。SNS基于六度分隔理论运作，这个理论的通俗解释是："在人脉网络中，要结识任何一位陌生的朋友，中间最多只要通过六个朋友就可以达到目的。"放在WEB 2.0的背景下，每个用户都拥有自己的Blog、自己维护的Wiki、社会化书签或者Podcast，用户通过Tag、RSS或者IM、邮件等方式连接到一起，按照六度分隔理论，每个个体的社交圈都不断放大，最后成为一个大型网络，这就是社会化网络（SNS）。

三、WEB 2.0对教育的影响

1. 提供了更为丰富的学习资源

WEB 2.0技术的应用，使学习者之间原来的鸿沟逐渐缩小。在传统的基于WEB 1.0的教育过程中，由于带宽等限制，我们通常只能获得文字信息，对于文件相对大的视频资源来说，我们很难轻易地获得。WEB 2.0中相关技术的使用，使得越来越多的学习者能更加快速地获得和其他学习者相同的学习资源。

2. 学习方式的变化

随着互联网技术的快速发展,我们的学习方式发生了很重要的变化。作为我们主要学习方式的传统正规教育正在逐渐淡化,非正规学习开始逐渐占据我们的生活。我们可以通过个人网络和其他的学习者就感兴趣的问题进行无障碍的直接的交流。学习者的学习更多的是真正的主动学习。

3. 促进了多元智能的发展

从目前我国学校的教育内容和方法看,对学习者的能力开发多局限在部分基本认知技能上,学习者很多潜能没有得到有效开发。实际上人类蕴藏着丰富的潜能。通过发掘和培养学习者的不同种智能,可以使学习者增强自己的自信。事实上,当用户使用 WEB 2.0 时,就潜移默化地提升了这些智能。如在通过博客进行交流时即可加强言语智能、自我认识智能。在进行博客空间构建时,通常要融入学习者的个人特点,这样便可潜移默化地增强逻辑、音乐、空间等智能。

4. 促进网络学习共同体的形成

学习共同体是对共同任务感兴趣的人聚集在一起进行交流的社会群体。他们为完成真实的任务而进行探究、合作、交流。学习共同体的形成打破了常规的教师学生的思想,在共同体内部大家是平等的。WEB 2.0 提供的准真实性网络促进了学习共同体的形成。WEB 2.0 能使用户更容易找到不同地域的学习者、专家。这种共同体的扩大使得不同层次的学习者能相互补充、相互学习。不同地域的学习者对同一问题的认识能形成更加深入的思考,有利于学习组织的构成和学习社会的完善。

5. 有助于形成协作式的学习环境

教师在 WEB 2.0 的环境中可以很轻松地通过 WIKI、BLOG 或者网络上一些现成的软件如在线讨论组去实现协作式的学习。例如 BLOG 的应用,目前很多教师都采用这种方式与他人进行网上交流与协作,共享经验,传递心得,探讨问题,互相协作。在基于 WEB 2.0 的学习环境下,学习者对互联网的贡献最大,他们提供信息,传播信息,使得越来越多的学习者都能发挥自己的作用。

6. 增加了交流互动的效果

从交互方式看,WEB 2.0 已经从"网站对用户"的交互转为"用户对用户"的交互。如博客中的记录就可让学习者能更多地了解其他学习者的思想和心情,从而使其建立更深刻的认识,既能增加交流者间的信任,又可促进网络学习者之间的人际交往。

四、WEB 2.0 技术在教育教学中的应用

1. 为网络教学和学习提供了一个完善的交流系统

WEB 2.0 提供给用户的是一个可读写的互联网,为师生提供了更为方便快捷的信息交流平台,围绕某个主题建立的个人或群体博客和维客,借助于 Tag、RSS、SNS 可以让更多对此感兴趣的用户参与进来展开交流、评价与讨论,可以很自然搭建起网上交流平台与虚拟教学平台,学生可以借助这些平台进行自主学习,进行研究性学习和协作学习。WEB 2.0 还可以充当学生学习和教师教学评价的工具,为基于网络的学习与教学提供一个完善、自发性的交流系统。

2. 体现以学生为中心,积极主动的合作学习

去中心化是 WEB 2.0 最显著的特征,去中心化就是以个体为中心。基于 WEB 2.0 的学习,学生可以选择学习内容、教师和进度,知识也不再是教师传授的对象,而是学生自己建构的主体。另外,WEB 2.0 的社会性特征决定了可以将学习作为一种对话与交流,参与对话和交流的人包括教师、学生、专家和其他社会成员,这种对话和交流有利于促进积极主动的合作学习。通过 Tag、RSS、SNS 等技术,WEB 2.0 能主动为学生寻求合作的目标,并主动在学生的 Blog 和 Wiki 之间建立起联结,众多的学习者被这种联结所聚集,会不由自主地投入到合作中去,从而大大提高合作学习的主动性和积极性。

3. 能促进教育资源的建设与共享

基于 WEB 2.0 的教学资源的建设与管理由用户共同参与,强调以人为中心的资源管理,使用者可根据自身使用网络信息的习惯、爱好、需求甚至价值观来进行教学资源的组织和传递。WEB 2.0 还强调教学资源的开放性,包括内容开放、API 函数开放以及开源软件的开发与应用。WEB 2.0 教学资源通常来源于用户自己创造的内容和用户添加的内容。

4. 便于开展基于学习共同体的分布式学习

使用 WEB 2.0 学习者更容易自发地在网络空间不断构建不同领域不同学习主题的学习共同体。不同的学习领域、不同的学习内容、不同的研究深度,使得学习领域中不同学习者相互补充、相互学习、共同进步,有利于问题的解决。

5. 促进教师专业发展

社会性软件给教师提供了一个展示自己的平台,一个与人沟通的环境,一个用于自我反思的工具,一个共同学习的组织,可在沟通与交流中实现知识共享和知识创新,从而促进教师自我专业发展。

6. 提高学习者学习能力,促进知识的再生产、分享、应用和创新

以 WEB 2.0 作为平台学习的时候更多要"借助集体智慧",这必然要涉及协作共建的问题,这就要求培养学习者在网络大环境中与人相处和沟通的能力。知识过程包括知识的采集

和加工、存储和积累、传播和分享、使用和创新等一系列活动。学习者在WEB 2.0的学习环境中,不仅是知识的收集吸收者,更是知识的分享、生产和发布者;学习方法由单独的"读"向"写与读"共同发展;学习内容则由"阅读网页"向"发布信息"发展;学习者是信息加工与情感体验的主体,是知识的主动建构者,具有更强的主动性和自发性,从而提高了学习者的学习能力。

7. 提供客观公正的学习评价

具有可读可写特性的WEB 2.0可以记录学习全过程,其中包括学习者自身的创作内容、完成作业情况等。学习者还可以利用Web 2.0记录下每天的所学、所思、所想,而基于WEB 2.0的学习评价则提供了学生学习过程中的更多信息,让学校的评价体系更具有多面性和人性化的色彩。

8. 方便教师布置批改作业

教师可以借助RSS向学生布置作业,教师和学生通过互相定制对方的学习频道或博客了解作业信息。RSS的聚合功能使得教师不用访问每一个学生的博客就能够快速检查几十名乃至更多学生的作业完成情况,利用博客技术对学生的作业给予批改,并根据学生作业情况发布辅导信息,解决学生提出的问题。

综上所述,WEB 2.0逐步应用于教育教学领域,为学习者提供了友好的支持,与学习的发生和知识的转化相辅相成;延伸了学习空间,丰富了学习资源;能实现知识共享 激发知识创新,培养学习者的信息处理能力和协作能力,促进教育社会化、学习生活化。因而WEB 2.0在教育教学中具有广阔的发展空间和应用前景,我们有必要加以关注和研究。

思 考 题

1. 信息技术教育应用的最新发展包括哪些方面?各有什么特点?
2. 什么是WEB 2.0?它对教育过程有何影响?
3. 什么是人工智能?它在教育领域有哪些具体应用?

参 考 文 献

[1] KEMBER D. Reconsidering Open and Distance Learning in the Developing World -Meeting students' lenrning needs [M]. Routledge ,2007.
[2] SOMEKH B. Pedagogy and Learning with ICT -Researching the art of innovation[M]. Routledge ,2007.
[3] 陈晓慧. 教学设计[M]. 北京:电子工业出版社,2005.
[4] 孔祥田,李兴宝. 现代教育技术学[M]. 济南:山东大学出版社,2000.
[5] 张大均. 教学心理学研究[M]. 重庆:西南师范大学出版社,1998.
[6] 施良方,崔允漷. 教学理论:课堂教学的原理、策略与研究[M]. 上海:华东师范大学出版社,1999.
[7] 何克抗. 信息技术与课程深层次整合理论[M]. 北京:北京师范大学出版社,2008.
[8] 周谦. 学习心理学[M]. 北京:科学出版社,1992.
[9] 王逢贤. 学与教的原理[M]. 北京:高等教育出版社,2000.
[10] 祝智庭. 信息教育展望[M]. 上海:华东师范大学出版社,2001.
[11] 何克抗,李文光. 教育技术学[M]. 北京:北京师范大学出版社,2002.
[12] 张奇. 学习理论[M]. 武汉:湖北教育出版社,1998.
[13] 祝智庭. 现代教育技术:走向信息化教育[M]. 北京:教育科学出版社,2002.
[14] 佐藤正夫. 教学原理[M]. 北京:教育科学出版社,2001.
[15] 张向葵. 教育心理学[M]. 北京:中央广播电视大学出版社,2003.
[16] 刘美凤. 教育技术学学科定位问题研究[M]. 北京:教育科学出版社,2006.
[17] 张剑平. 现代教育技术:理论与应用[M]. 北京:高等教育出版社,2006.
[18] 罗文浪. 现代教育技术[M]. 北京:北京航空航天大学出版社,2006.
[19] 王钢. 现代教育技术[M]. 北京:人民教育出版社,2007.
[20] 李克东. 新编现代教育技术基础[M]. 上海:华东师范大学,2002.
[21] 乌美娜. 教学设计[M]. 北京:高等教育出版社,1994.
[22] 何克抗. 教学系统设计[M]. 北京:北京师范大学出版社,2002.
[23] 顾明远. 教育技术[M]. 北京:高等教育出版社,1999.
[24] 冯广超,方钰淳. 数字电视广告[M]. 北京:北京广播学院出版社,2004.
[25] 刘俊强,朱建华,王克生. 教育技术导论[M]. 哈尔滨:黑龙江教育出版社,1998.
[26] 余胜泉. 信息技术与课程整合[M]. 上海:上海教育出版社,2005.
[27] 张剑平,熊才平. 信息技术与课程整合[M]. 杭州:浙江教育出版社,2006.
[28] 孙杰远. 信息技术与课程整合[M]. 北京:北京大学出版社,2002.
[29] 何克抗,吴娟. 信息技术与课程整合[M]. 北京:高等教育出版社,2007.
[30] 孙绍荣. 教育信息学[M]. 北京:人民教育出版社,2001.
[31] 章伟民,曹揆申. 教育技术学[M]. 北京:人民教育出版社,2000.

[32] 王西靖.现代教育信息技术[M].北京:高等教育出版社,2000.
[33] 胡小强.现代教育技术[M].北京:北京大学出版社,2007.
[34] 张有录.大学现代教育技术教程[M].北京:中国铁道出版社,2009.
[35] 徐福荫,袁锐锷.现代教育技术基础[M].北京:人民教育出版社,2005.
[36] 屋庆麟.教育心理学[M].北京:人民教育出版社,2001.
[37] 韩广兴,韩雪涛.摄录像机原理与维修[M].北京:电子工业出版社,2002.
[38] 金东兴,白露.心理学[M].长春:吉林大学出版社,2001.
[39] 余胜泉,杨可.非线性编辑系统[M].北京:北京广播学院出版社,2000.
[40] 姜秀华.数字电视原理与应用[M].北京:人民邮电出版社,2003.
[41] 韩宪柱.声音节目后期制作[M].北京:中国广播电视出版社,2003.
[42] 卢峰.数字视频设计与制作技术[M].北京:清华大学出版社,2006.
[43] 赵英良,董雪平.多媒体应用技术实用教程[M].北京:清华大学出版社,2006.
[44] 赵子江.多媒体技术应用教程[M].北京:机械工业出版社,2003.
[45] 朱伟.录音技术[M].北京:中国广播电视出版社,2003.
[46] 南国农,李运林.教育传播学[M].北京:高等教育出版社,2004.
[47] 祝智庭.教育技术培训教程[M].北京:北京师范大学出版社,2006.
[48] 曹揆申.教育电声系统[M].北京:高等教育出版社,1996.
[49] 武法提.网络教育应用[M].北京:高等教育出版社,2003.
[50] 王志军.数字媒体非线性编辑技术[M].北京:高等教育出版社,2005.
[51] 方德葵.电视数字播控技术[M].北京:中国广播电视出版社,2005.
[52] 杨晓宏,刘毓敏.电视节目制作系统[M].北京:高等教育出版社,2005.
[53] 全国专业技术人员计算机应用能力考试专家委员会.PowerPoint 2003 中文演示文稿[M].沈阳:辽宁人民出版社、辽宁电子出版社,2005.
[54] 吴全会.联合国教科文组织《教师信息和传播技术能力标准》解读[J].中国信息技术教育,2008(4).
[55] 李浩君,邱飞岳.数字电视技术及其在现代教育教学年中的应用[J].中国有线电视,2007(12).
[56] 何克抗.从 Blending Learning 看教育技术理论的新发展[J].国家教育行政学报,2005.
[57] 胡根林.中美教师教育技术标准之比较[J].素质教育大参考,2006(8B).
[58] 王炜.英国《ICT 应用于学科教学的教师能力标准》概览及启示[J].中国信息技术教育,2008(4).
[59] 叶成林,徐福荫.移动学习及其理论基础[J].开放教育研究,2004(3).
[60] 余胜泉.从知识传递到认知建构、再到情境认知:三代移动学习的发展与展望[J].中国电化教育,2007(6).
[61] 谢小林,余胜泉,程罡,等.网络教育平台的新发展[J].开放教育研究,2007(5).
[62] 李建华.论教育信息化与信息技术教育[J].黑龙江高教研究,2005(1).
[63] 郝艺雄.农村信息技术教学及现状[J].陕西教育(教学),2007(7).
[64] 见证中国基础教育信息化发展历程[J].信息技术教育,2007(1).
[65] 何克抗.关于《中小学教师教育技术能力标准》[J].电化教育研究,2005(4).
[66] 祝智庭,黎加厚.走向中国教育改革实践的英特尔未来教育[J].电化教育研究,2003(4).
[67] 雄建辉.美国教育技术能力标准概况及其启示[J].中国信息技术教育,2008(4).
[68] 移动教育调研报告[R].http://hi.baidu.com/garoma/blog/item/4f613112504ff254f819b815.html

[69]《中国远程教育》杂志市场研究室.教育游戏产业报告[R].中国远程教育(资讯),2004.

[70] 2005 年中国网络游戏简版报告[R].http://www.okokok.com.cn/service/20060403mao2ser.pdf,2006.04.18.

[71] 信息技术与课程整合优秀案例选辑(一).北京:高等教育电子音像出版社,2005.

[72] 苗逢春.概论信息技术与课程整合的教师专业发展[EB/OL].http://www.dj2006.cn/UploadFile/20061104072316109.pdf.

[73] 基础教育跨越式发展创新试验研究优秀课例.北京师范大学现代教育技术研究所,2006.

[74] 尹俊华.教育技术学导论[M].北京:高等教育出版社,1996.

[75] 李龙.信息化教育:教育技术发展的新阶段[J].电化教育研究,2004(4).

[76] 陈琦,刘儒德.当代教育心理学[M].北京:北京师范大学出版社,2002.

[77] 郭顺清.现代学习理论与技术[M].广州:中山大学出版社,2007:29.

[78] 李臣之.普通高中综合实践活动课程目标与内容浅析.教育科学研究,2004.

[79] 施良方.课程理论:课程的基础、原理与问题[M],北京:教育科学出版社,1996.

[80] 袁振国.当代教育学[M],北京:教育科学出版社,2004.

[81] 和学新.教学策略的概念、结构及其运用[J].教育研究,2000.

[82] 王友社.现代教育技术.合肥:安徽大学出版社,2004.

[83] 王颖.现代与传统教学媒体的比较研究.北京工业职业技术学院学报,2009,8(2).

[84] 许维新,郭光友,魏吉庆.现代教育技术应用基础[M].北京:科学出版社,2000:109.

[85] 丁兴富.远程教育学[M].北京:北京师范大学出版社,2001(3).

[86] 黄怀荣,张进宝,董艳.论网络教学过程的四个关键环节[J].中国电化教育,2003:1~2.

[87] 李运林.电视教材编导与制作[M].2版.北京:高等教育出版社,2004.

[88] KHAN B H.Web Based Instructio n[M].Educational Technology Publications Eng lewood Cliffs,New Jersey,1997.

[89] GILLANI,RELAN.Incorporating Inter activity and Multimedia into Web_Based Instruction[J].In Khan,B.(Ed.).Web_Based Instruction(pp.239-244).New Jersey:Educational Technology Publicat ions,Inc,1997.

[90] CLAR K.Glossar y of CBT/WBT Terms[DB/OL].http://citeseer.nj.nec.com/contex t/964439/0P.

[91] 何克抗.E-Learning 与高校教学的深化改革[J].中国电化教育,2002(1).

[92] 祝智庭,王陆.网络教育应用[M].北京:北京师范大学出版社,2004.

[93] DAM A V,Andrew S.forsberg et.al.Immersive VR for Scientific Visualization:A Progress Peport[R].IEEE Computer Graphics and Applications 2000.

[94] 张朝华.虚拟现实技术及其在网络教育中的应用[J].现代远程教育研究,2006(5).

[95] 张剑平.关于人工智能教育的思考[J].电化教育研究,2003(1).

[96] SHAW E,JOHNSON W L,and Rajaram Ganeshan,Pedagogical Agents on the Web[DB/OL].http://www.isi.edu/isd/ADE/papers/agents99/agents99.htm,2011-10-11.

[97] 李玉斌,张爽.移动学习的内涵方式及其对远程教育的影响[J].现代远程教育研究,2004(11).

[98] 张胤.游戏者——学习者:论电子游戏作为校本课程的价值的发掘及建构[J].教育理论与实践,2002,22(5):60-64.

[99] W B G.Constructivist Learning Environments:Case studies in instructional design[M].Cambridge,MA:Harvard University Press,1996.

[100] JOHNSON D W,JOHNSON R T,HOLUBEC E J. Circles of Learning:cooperation in the classroom [M]. 4th ed. Edina,MN:Interaction Book Company,1993.

[101] 中央教育科学研究所比较教育研究室.简明国际教育百科全书·教学:下册[Z].北京:教育科学出版社,1990:410.

[102] 刘瑜.NTeQ 教学模式在信息技术与学科课程整合中的应用与实践[J].现代教育技术,2007(12).

[103] 沈琰.NTeQ:信息技术与课程整合的一种模式[J],上海教育科研,2005(6).

[104] 柳栋.网络教学的定义[DB/OL].中国教育与科研计算机网.2002 http://www.edu.cn/20020513/3025923.shtml.

[105] http://baike.baidu.com/view/495922.htm,2011-10-14.

[106] 中国互联网协会.2005-2006 中国 Web2.0 现状与趋势调查报告[EB/OL].http://repor t.internetdigital.org,2011-10-18.

[107] http://eblog.cersp.com/userlog22/146075/archives/2007/600215.shtml.

[108] http://www.chiariglione.org/mpeg/.

[109] http://202.116.45.198/xxjsjy.

[110] http://www.lady-sdiary.com/text1.htm.

[111] http://jszb.ceiea.com/zcwj/bjwj/3904.asp.

[112] http://www.iresearch.com.cn/html/Consulting/wireless_service/Free_classid_id_1174.html.

[113] 北京网梯科技发展有限公司:http://www.whaty.com/product/pda-jj.htm.

[114] http://202.116.45.198/xxjsjy/webcourse/ppt/9.ppt.